COSTA BRAVA

Thomas Schröder

INHALT

Costa Brava – Die „Wilde Küste"

Text und Recherche: Thomas Schröder
Lektorat und Recherche: Anja Keul
Redaktion und Layout: Dirk Thomsen, Sebastian Sabors
Karten: Judit Ladik, Susanne Handtmann, Joachim Bode
Fotos: Thomas Schröder,
außer Doppelseiten, s. u. (Turespaña, Frankfurt/Main)
Covergestaltung: Karl Serwotka
Covermotive: oben: *Küste bei Platja d'Aro*
unten: *Calella de Palafrugell*
Seite 3: *Platja de la Illa Roja* (alle: Thomas Schröder)
Doppelseite 8/9: *Soportales, Calella de Palafrugell* (Turespaña)
Doppelseite 66/67: *Cala el Golfet, Calella de Palafrugell* (Turespaña)

Die in diesem Reisebuch enthaltenen Informationen wurden vom Autor nach bestem Wissen erstellt und von ihm und dem Verlag mit größtmöglicher Sorgfalt überprüft. Dennoch sind, wie wir im Sinne des Produkthaftungsrechts betonen müssen, inhaltliche Fehler nicht mit letzter Gewissheit auszuschließen. Daher erfolgen die Angaben ohne jegliche Verpflichtung oder Garantie des Autors bzw. des Verlags. Beide übernehmen keinerlei Verantwortung bzw. Haftung für mögliche Unstimmigkeiten. Wir bitten um Verständnis und sind jederzeit für Anregungen und Verbesserungsvorschläge dankbar.

ISBN 978-3-89953-436-8

© Copyright Michael Müller Verlag, Erlangen 2000, 2003, 2006, 2009.
Alle Rechte vorbehalten. Alle Angaben ohne Gewähr.
Druck: Wilhelm & Adam, Heusenstamm.

Aktuelle Infos zu unseren Titeln, Hintergrundgeschichten zu unseren Reisezielen sowie brandneue Tipps erhalten Sie in unserem regelmäßig erscheinenden Newsletter, den Sie im Internet unter **www.michael-mueller-verlag.de** kostenlos abonnieren können.

4. überarbeitete und aktualisierte Auflage 2009

Die nördliche Costa Brava: Alt Empordà 68

Die mittlere Costa Brava: Baix Empordà 137

Die südliche Costa Brava: La Selva 206

Barcelona 233

Etwas Spanisch 258

Register 261

Alles im Kasten

Was haben Sie entdeckt?

Haben Sie ein charmantes Hotel gefunden, eine prima Bar, einen schönen Wanderweg? Und welcher Tipp war nicht mehr so toll? Wenn Sie Tipps, Verbesserungsvorschläge oder Ergänzungen zum Costa-Brava-Buch haben, lassen Sie es mich bitte wissen. Ich freue mich über jede Zuschrift!
Bitte schreiben Sie an:

Thomas Schröder
c/o Michael Müller Verlag
Stichwort „Costa Brava"
Gerberei 19
91054 Erlangen
thomas.schroeder@michael-mueller-verlag.de

Verzeichnis der Karten und Wanderungen

Zeichenerklärung für die Karten und Pläne

Autobahn	Grünanlage
asphaltierte Verbindungsstraße	Berggipfel
asphaltierte Straße	Campingplatz
Nebenstraße	Badestrand
Piste	Leuchtturm
Fußpfad/Wanderweg	Turm
	Ruine

Kirche	
Sehenswürdigkeit	
Flughafen/-platz	
Bushaltestelle	
Information	
Post	
Museum	
Parkplatz	

Costa Brava – Die „Wilde Küste"

Typisch Costa Brava: wilde Felsküste ...

Gesichter einer Küste

Massentourismus in Betonburgen – das ist die eine Seite der Costa Brava. Traumschöne Buchten, charmante Dörfer und ein verlockendes, vielfältiges Hinterland sind die andere: Die Costa Brava ist schon längst reif für eine Wiederentdeckung.

Im Jahr 1908 prägte der katalanische Journalist und Schriftsteller Ferran Agulló den Begriff der „Wilden Küste": Costa Brava. Agulló stand damals bei einer kleinen Einsiedelei, hoch über dem Meer in der Nähe von Sant Feliu de Guíxols. Was er von dort sah, macht immer noch den Reiz der Costa Brava aus: spektakulär steile Hänge, leuchtend grüne Pinienwälder, schroffe Felsen, versteckte Sandbuchten und ein glasklares, türkisblaues Meer. Nur wenig später entdeckten Künstler das besondere Licht dieser Küste und den Charme ihrer kleinen Fischerdörfer. Pablo Picasso, Marc Chagall, René Magritte und viele andere fanden hier Inspiration. Salvador Dalí, im Hinterland der Costa Brava geboren, konnte ohnehin zeitlebens nicht von ihr lassen. Bald bildeten sich kleine Künstlerkolonien wie in Cadaqués oder Tossa de Mar.

Und heute? Natürlich hat sich an der Costa Brava vieles geändert seit diesen unschuldigen Anfängen des Fremdenverkehrs. Und natürlich ist an den gern bemühten Klischees auch etwas dran. Es gibt sie, die per Reisebus angekarrten Horden, denen der Sinn nur nach Sonne und Saufen steht; die von monströsen Bettenburgen flankierten Strände, kaum noch zu erkennen unter der Masse

... und viele versteckte Sandbuchten

geröteter Leiber; die Reklameschilder, die Wiener Schnitzel, English Breakfast und Filterkaffee anpreisen. Aber das ist längst nicht die ganze Wahrheit.

Entlang der gesamten Costa Brava trifft man ebenso auf viele kleine, sympathische Dörfer, die sich ihren Charakter weitgehend erhalten haben. Wer ein paar Schritte zu Fuß nicht scheut, findet – oft nur wenig abseits der überlaufenen Strände – völlig unverbaute, manchmal fast einsame Buchten. Im hügeligen, fruchtbaren Hinterland überraschen mittelalterlich geprägte Städtchen mit Wehrtürmen und mächtigen Kirchen. Die größeren Inlandsstädte Girona und Figueres werden zwar als Ausflugsziele besucht, leben aber weiterhin ungerührt ihren katalanischen Alltag.

Es gibt noch viel mehr zu entdecken an der Costa Brava. Dalís kurioses Wohnhaus beispielsweise, sein originelles Theater-Museum und das Schloss, in dem er begraben sein wollte. Wie wäre es mit einer Wanderung im Naturpark Aiguamolls d'Empordà oder auf den windigen Höhen um das Cap de Creus? Einem Besuch der uralten Ibererstadt Ullastret oder der griechischen Siedlung Empúries? Oder einem Ausflug zum fantastisch gelegenen Kloster Sant Pere de Rodes? Und da sind dann noch die Unterwasserwelt der Medes-Inseln, die wildromantische Küste zwischen Sant Feliu und Tossa, der kilometerlange Strand von Sant Pere Pescador, das Denkmalstädtchen Besalú und und und ... Nicht zu vergessen Kataloniens prachtvolle Hauptstadt Barcelona, von der Costa Brava aus schnell zu erreichen und einen Abstecher allemal wert. Entdecken Sie die Costa Brava neu!

Einsam: Bauernhof im Bergland bei Cadaqués

Wohin an der Costa Brava?

Zwischen dem nördlichen und dem südlichen Ende der Costa Brava liegen immerhin etwa 90 Kilometer – Luftlinie, wohlgemerkt. Die Küstenlinie mit ihren zahlreichen Buchten, den größeren und kleineren Kaps misst hingegen rund 220 Kilometer Länge.

Ein ausgedehntes Gebiet also, dessen einzelne Regionen auch recht unterschiedliche Charakteristika aufweisen – Grund genug, hier schon einmal einen ersten Überblick zu geben. Mancher wird sich bereits in der Heimat sein Quartier vorbuchen wollen; für Individualreisende wiederum ist es aufgrund der räumlichen Ausdehnung sehr erwägenswert, einmal oder besser noch mehrfach den Standort zu wechseln. Die folgende Kurzübersicht will Anregungen zur Auswahl geben und gleichzeitig ein erstes Bild der Costa Brava vermitteln. Die Reihenfolge der einzelnen Regionen entspricht dabei dem Aufbau dieses Handbuchs.

▸ **Die nördliche Costa Brava – Alt Empordà**: Die Region zwischen der französischen Grenze und L'Escala weist zwei ganz unterschiedliche Landschaften auf. Im dünn besiedelten Norden bestimmen die Ausläufer der Pyrenäen das Bild, schmiegen sich kleine Fischerdörfer in vorwiegend felsige Buchten; Pauschaltourismus ist hier ein Fremdwort. Weiter südlich erstreckt sich der große Golf von Roses mit seinem ausgedehnten Sandstrand. Wo ein langer Strand, da auch die Touristikkonzerne – außerhalb von Roses selbst bleibt jedoch genug Platz.

● **Wichtige Urlaubsorte Llança**: Ein Doppelort aus Altstadt und Hafensiedlung, in der Umgebung viele Villenurbanisationen. Relativ breites touristisches Angebot, mehrere recht hübsche Strände.

Port de la Selva: Das Fischerdorf an seiner hübschen Bucht beschäftigt sich mit Fremdenverkehr eher nebenbei. Unverbautes Ortsbild, reizvolle Umgebung, mittelprächtiger Strand, wenige Unterkünfte.

Cadaqués: Vielleicht das schönste Städtchen der Costa Brava. Attraktive, abge-

Unterhalb von Begur: Cala Sa Riera

schiedene Lage, keine Bausünden, buntes internationales Publikum mit künstlerisch-alternativer Tendenz. Trotz des Mangels an Stränden gut besucht.

Roses: Das bedeutendste Touristenzentrum und die größte Küstensiedlung des Nordens. Strand satt, umfangreiches Unterhaltungsangebot. Wer ein Fahrzeug besitzt oder gut zu Fuß ist, findet östlich der Stadt sehr reizvolle Buchten.

Empuriabrava: Die Feriensiedlung für Freizeitkapitäne – der planmäßig angelegte Ort wird von einem dichten Netz von Kanälen durchzogen, das Boot direkt vor der Haustür geparkt. Guter Strand, relativ wenige Hotels, Unterkunft vorwiegend in Apartments oder Ferienwohnungen.

Sant Pere Pescador: Das sympathische kleine Städtchen liegt etwas landeinwärts der Bucht von Roses. Sant Pere ist vor allem Versorgungsbasis für die vielen Campingplätze am nahen, kilometerlangen Sandstrand der Extraklasse. Hotels sind rar.

L'Escala: Eine sehr ausgedehnter Ort, der sich in mehrere Teile gliedert. Die Altstadt ist nicht ohne Reiz, die umgebenden Feriensiedlungen sind hingegen Geschmackssache. Passabler Strand, schönere Bademöglichkeiten in der Umgebung.

▶ **Die mittlere Costa Brava – Baix Empordà**: Bewaldete Hügel, Felder und Obstgärten prägen die Landschaft zwischen L'Estartit und Sant Feliu de Guíxols. An der Küste finden sich kleine, felsgerahmte Buchten, aber auch längere Sandstrände, darunter der kilometerlange Strand zwischen L'Estartit und Platja de Pals. Vielfältig auch der Charakter der Ortschaften: Kleine Fischernester gibt es ebenso wie große Touristenzentren.

● *Wichtige Urlaubsorte* **L'Estartit**: Der reinrassige Ferienort profitiert ebenso von seinem langen Sandstrand wie von den vorgelagerten Medes-Inseln, die ein erstklassiges Tauchrevier darstellen. Breites Angebot an Hotels und Unterhaltung.

Platja de Pals: Eine kleine, außerhalb der Hochsaison sehr ruhige Urlaubssiedlung am südlichen Ende des Sandstrands, der sich von L'Estartit bis hierher erstreckt. Nur wenige Hotels, die meisten Besucher wohnen in Apartments, Ferienhäusern oder auf Campingplätzen.

Begur: Das angenehme Städtchen besitzt ein ausgesprochen hübsches Ortsbild. Begur liegt auf einer Hügelkuppe oberhalb der hier stark gegliederten Küste, an der sich eine ganze Reihe schöner kleiner Buchten versteckt. Das Preisniveau bei Unterkünften ist hoch, die Nachfrage auch.

Wahrzeichen von Tossa de Mar: die Vila Vella

Tamariu, Llafranc und **Calella de Palafrugell**: Drei kleinere, freundliche Strandsiedlungen unweit der Inlandsstadt Palafrugell. Abwechslungsreiche Küste mit eingelagerten Sandbuchten. Architektonische Schandtaten sind selten, Bettenburgen gibt es ebensowenig wie um Begur, und auch hier sind Unterkünfte sehr gefragt und nicht billig.

Palamós: Eine relativ große und moderne Küstenstadt, die dank des langen Sandstrands auch – aber nicht nur – vom Tourismus lebt. Bedeutender Fischereihafen, viele gute Fischrestaurants. Entlang des Strands unschöne Hochhausbebauung.

Sant Antoni de Calonge: Der Nachbar von Palamós schließt sich fast nahtlos an die größere Stadt an. Sant Antoni ist eine reine Feriensiedlung in wenig erfreulicher Architektur. Südlich des Ortes liegt eine Reihe hübscher Buchten, in deren Hinterland sich große Campingplätze ausbreiten.

Platja d'Aro: Der größte Touristenkomplex der mittleren Costa Brava, im Sommer Highlife fast rund um die Uhr. Ausgesprochen breites Angebot an Quartieren, Restaurants und Unterhaltungsmöglichkeiten, zur Saison sehr intensives Nachtleben. Breiter und langer Strand, auf den die hohe Bebauung nachmittags teilweise ihren Schatten wirft.

Sant Feliu de Guíxols: Das genaue Gegenteil von Platja d'Aro, ein sehr altes Städtchen, in dem der Fremdenverkehr nicht die Hauptrolle spielt. Reizvolles Ortsbild, vielfältige Hotellerie und Gastronomie. Der Stadtstrand ist nicht mehr als passabel, der schönere Strand Platja de Sant Pol jedoch nicht weit entfernt. An der Steilküste zwischen Sant Feliu und Tossa de Mar liegt eine Reihe weiterer reizvoller Buchten.

▶ **Die südliche Costa Brava – La Selva**: Ein relativ kurzer Küstenabschnitt, an dem auch nur drei größere, touristisch aber sehr bedeutende Ortschaften liegen. Die wildromantische Küste in diesem Bereich zeigt sich mit felsigen Kaps, verstreuten Inselchen und kleinen Buchten höchst abwechslungsreich und lässt sich am besten auf einem der zahlreich angebotenen Bootsausflüge entdecken. Alle drei großen Siedlungen liegen an schönen Sandstränden.

● *Wichtige Urlaubsorte* **Tossa de Mar**: Eines der ältesten Urlaubsziele der Costa Brava, gleichzeitig eines der reizvollsten. Tossas Altstadt Vila Vella ist ein aufwändig restauriertes Schmuckstück, die Tourismuspolitik von der fortschrittlicheren Sorte. Breites Angebot an Unterkünften und Restaurants, darunter viele sehr angenehme Adressen. Nachts geht es, zumindest verglichen mit dem südlichen Nachbarn, eher ruhig zu.

Lloret de Mar: Das größte Touristenzentrum der gesamten Costa Brava, gleichzeitig die Hauptstadt ihres Nachtlebens. Wer nach Lloret fährt, ist jung und will Spaß haben; außerhalb der Sommersaison ist jedoch wenig los. Weit über hundert Hotels, ganz überwiegend von Pauschalveranstaltern gebucht; Dutzende von Discos, breites Unterhaltungsangebot. Ästheten kommen allerdings kaum auf ihre Kosten.

Blanes: Die größte Siedlung der Costa Brava markiert auch ihr südliches Ende. Der geschichtsträchtige Ort lebt nicht allein vom Fremdenverkehr, sein alter Stadtkern zeigt sich deshalb auch außerhalb der Saison lebendig. Großer Fischereihafen mit werktäglicher Versteigerung der Fänge und vielen guten Fischrestaurants; in der etwas abseits liegenden Strandsiedlung insgesamt elf Campingplätze.

Costa-Brava-Highlights ...

... für Liebhaber schöner Strände

Lange, breite und feinsandige Strände gibt es an der Costa Brava zur Genüge. Charakteristisch für diese Küste sind jedoch ihre zauberhaften kleinen Buchten, oft von duftenden Pinienwäldern umfangen und von felsigen Kaps begrenzt. Wer nicht gerne vor einer Hochhauskulisse badet, findet also reichlich Alternativen – hier eine kleine und natürlich subjektive Auswahl.

Buchten bei Roses: In dem fast unbesiedelten Gebiet östlich des Touristenzentrums versteckt sich eine Reihe mittelgroßer und kleinerer Buchten, die nur über ein enges Sträßchen und teilweise sogar nur zu Fuß (siehe auch Wanderung 3) zu erreichen und deshalb selten überfüllt sind. Zu den größeren Buchten zählen die Cala Montjoi und die Cala Jòncols, beide mit dem Auto anzufahren. Die vielleicht schönste Bucht hier ist die Cala Rostella.

Platja de Sant Pere Pescador: Zwischen der Mündung des Riu Fluvià und den Dörfchen Sant Martí lockt ein sechs Kilometer langer, breiter und feinsandiger Strand. Das Hinterland ist fast unverbaut. Nutznießer dieses fantastischen Strands sind in erster Linie Ausflügler und die Bewohner der nahen Campingplätze, Hotels gibt es in Sant Pere nur wenige.

Platja Gran de L'Estartit/Platja de Pals: Ein weiterer, ebenfalls mehrere Kilometer langer Sandstrand, unterbrochen nur von der Mündung des Riu Ter. Das Hinterland ist hier schon etwas stärker bebaut als an der Platja de Sant Pere, bislang jedoch noch nicht allzu störend.

Platja de la Illa Roja: Eine wahre Traumbucht, vom Südende der Platja de Pals über einen Küstenweg zu erreichen. Hier darf man nicht, sondern man muss sogar die letzten Hüllen fallen lassen – der Strand ist Nacktbadezone.

Cala Sa Riera: Die größte und als Badestrand attraktivste der zahlreichen Buchten unterhalb von Begur. Maßvolle Bebauung, schöne Küstenwege beiderseits der Bucht

– der linke Weg führt zur Platja de la Illa Roja und weiter zur Platja de Pals.

Platja de Tamariu: Zwar der kleinste der Strände in den Küstenorten um Palafrugell, aber einer der schönsten. Reizvoll ist auch das Dörfchen Tamariu selbst, eines der letzten typischen Fischernester der Costa Brava.

Cala Castell: Nordöstlich von Palamós bietet diese hübsche, völlig unverbaute Bucht eine echte Alternative zum Stadtstrand, der von hässlichen Hochhäusern flankiert wird. Sie ist nicht ganz leicht zu erreichen, doch der Weg lohnt sich.

Buchten zwischen Sant Antoni und Platja d'Aro: Zwischen den beiden Ferienzentren erstreckt sich eine sehr attraktive Küstenlandschaft, die durch einen Wanderweg erschlossen ist. Die kleinen Buchten hier lohnen besonders zur Nebensaison einen Besuch; im Hochsommer wird es wegen der nahen Campingplätze recht voll.

Cala del Senyor Ramón: Der Paradestrand an der buchtenreichen Küste zwischen Sant Feliu de Guíxols und Tossa de Mar. Nur über eine (nur zur Saison geöffnete) Privatpiste zu erreichen; der Parkplatz an deren Ende ist teuer. Der Strand selbst ist praktisch unbebaut, eine Seltenheit in diesem Gebiet. Nacktbaden ist üblich.

Platja de Santa Cristina/Platja de Treumal: Zwei sehr schöne, aneinander angrenzende Strandbuchten zwischen Lloret de Mar und Blanes, kein Geheimtipp mehr, aber auch selten wirklich überfüllt. Zu erreichen sind sie über Nebensträßchen oder zu Fuß auf einer kurzen Wanderung, siehe Wanderung 10.

... für Kunst- und Kulturinteressierte

Die küstennahen Zonen erlitten über Jahrhunderte hinweg immer wieder Zerstörungen durch Piratenüberfälle, weshalb hochklassige Baudenkmäler hier eher selten vertreten sind. Dennoch gibt es einiges zu entdecken – entlegene Klöster, mittelalterliche Städtchen, monumentale Kirchen, Ausgrabungsstätten, Museen, und natürlich den größten Künstler der Costa Brava: Das „surrealistische Dreieck" des ebenso genialen wie exzentrischen Salvador Dalí ist eine der Hauptattraktionen der Costa Brava und nicht nur für eingeschworene Jünger interessant.

Monestir Sant Pere de Rodes: Die uralte, festungsartige Klosteranlage zählt zu den bedeutendsten romanischen Bauten Kataloniens. Grandios ist auch die einsame Lage hoch über dem Meer und dem Fischerstädtchen El Port de la Selva.

Ruïnes d'Empúries: Knapp nördlich von L'Escala liegen die Reste einer der ersten griechischen Kolonien, die in Spanien gegründet wurden. Der Ausgrabungsstätte angeschlossen ist ein sehenswertes Museum, in der Nähe liegen reizvolle Strände.

Poblat Ibéric de Ullastret: Noch eine hochinteressante Ausgrabungsstätte. Die Iberer gelten als die älteste bekannte Volksgruppe Spaniens. Ihre Siedlung bei Ullastret war durch eine mächtige Mauer geschützt, die bis heute gut erhalten blieb; das zugehörige Museum dokumentiert die hier gemachten Funde.

Peratallada: Ein mittelalterliches Städtchen wie aus dem Bilderbuch – schmale Pflastergassen, Steinbögen, Türme und Stadtmauern formen ein eindrucksvolles Ensemble. Völlig zu Recht steht Peratallada unter Denkmalschutz.

Pals: Im Charakter ganz ähnlich wie Peratallada, jedoch ungleich bekannter und auch stärker besucht. Der mittelalterliche Kern von Pals, einheitlich aus goldgelbem Sandstein errichtet, wurde über Jahrzehnte hinweg aufwändig restauriert.

Sant Feliu de Guíxols: Wichtigste Sehenswürdigkeit der alten Hafenstadt ist die Placa del Monestir mit den Resten des im 10. Jh. gegründeten Klosters, darunter ein dreibogiges Tor, dessen Funktion bis heute nicht genau geklärt werden konnte.

Girona: Die Hauptstadt der Costa Brava glänzt mit einem der am besten erhaltenen mittelalterlichen Ortskerne ganz Spaniens, der fantastischen gotischen Kathedrale, einer begehbaren Stadtmauer und zahlreichen Museen. Girona ist einen Abstecher unbedingt wert.

Barcelona: Kataloniens schöne Hauptstadt, von der Costa Brava aus schnell zu erreichen, bietet Kulturgenuss im Überfluss – das mittelalterliche Stadtviertel Barri Gòtic, die einzigartigen Gebäude Gaudís und anderer Modernisme-Architekten sowie zahlreiche Kunstausstellungen und Museen.

• *Das „surrealistische Dreieck" des Salvador Dalí*: Für alle Anhänger des katalanischen Genies gibt es gleich drei Wallfahrtsstätten.

Casa-Museu Dalí: Dalís Wohnhaus in Port Lligat wurde erst 1997 für die Allgemeinheit geöffnet. Der Meister hat dem Anwesen, das sich aus mehr als einem halben Dutzend früherer Fischerhäuser zusammensetzt, deutlich seinen Stempel aufgedrückt. Ebenfalls einen Besuch wert ist das Museu d'Art Municipal im nahen Cadaqués.

Teatre-Museu Dalí: Dalís eigenhändig gestaltetes Museum in Figueres ist im ehemaligen Stadttheater untergebracht. Nicht umsonst zählt es zu den meistbesuchten Museen ganz Spaniens – ein surrealistischer Traum, den man selbst erlebt haben muss.

Casa-Museu Castell Gala Dalí: Im Dörfchen Púbol, nahe der C 66 von La Bisbal nach Girona, steht dieses Schloss, das Dalí für seine Gefährtin Gala gekauft und in typischer Dalí-Manier eingerichtet hatte. Hier wollte er auch begraben sein, doch dazu kam es nicht ...

... für Landschafts- und Naturgenießer

Oft nur ein kleines Stück abseits der touristischen Zentren überrascht die Costa Brava mit ihrer landschaftlichen Schönheit. Erfreulicherweise wurde eine Reihe dieser Gebiete großräumig unter Naturschutz gestellt.

Costa Brava – Allgemeines

Üppige Vegetation: Im Frühjahr blüht es überall

Paratge Natural Serra de L'Albera: Ein Naturschutzgebiet der östlichen Pyrenäen, die hier noch Höhen von knapp über tausend Metern erreichen. Der Park teilt sich in zwei Zonen, eine von ausgedehnten Buchenwäldern, die andere eher mediterran geprägt. Er ist Heimat einer besonderen Rinderrasse, zahlreicher Greifvögel und seltener Säugetierarten wie Dachs, Ginsterkatze und Mufflon.

Parc Natural Cap de Creus: Der östliche Ausläufer der Pyrenäen wurde erst 1998 als Naturpark ausgewiesen. Die nur dünn besiedelte, in ihrer Art absolut faszinierende Landschaft ist von ausgedehnten Garigueflächen bewachsen, um das Kap selbst jedoch fast völlig kahl, duster und felsig. Geschützt sind auch weite Teile des angrenzenden Meeres, das für Taucher ein wahres Paradies darstellt.

Parc Natural dels Aiguamolls d'Emporà: Der Park der „Seichten Wasser" liegt an der Küste unweit von Roses. Die topfebene, von Kanälen und Lagunen durchzogene Landschaft bildet eines der bedeutendsten Feuchtgebiete der katalanischen Küste und ist ein Refugium für viele seltene Vogelarten, darunter auch der Weißstorch.

Zwischen L'Escala und L'Estartit: Die mit Garigue bewachsene Hochebene zwischen den beiden Ferienorten ist praktisch unbesiedelt und weitgehend menschenleer, ein schönes Gebiet für Wanderungen (siehe Wanderung 5 und 6). Nicht minder reizvoll zeigt sich die angrenzende Steilküste, die von beiden Orten aus auf Bootsausflügen erkundet werden kann.

Illes Medes: Sieben unbewohnte Inselchen vor L'Estartit, alle unter Naturschutz gestellt und bekannt wegen ihrer artenreichen Unterwasserwelt. Die Illes Medes sind Ziel von Bootsausflügen und eines der besten Tauchreviere der katalanischen Küste.

Serra de les Gavarres: Eine ausgedehnte Hügellandschaft im Hinterland zwischen Palamós und Sant Feliu de Guíxols. Das dicht bewaldete, einsame Gebiet wird nur von wenigen Pisten durchzogen. Eine schöne Autotour führt von Calonge zum Dolmen Cova d'en Daina und weiter zum winzigen Weiler Romanyà de la Selva.

Küste zwischen Sant Feliu de Guíxols und Tossa de Mar: Der wildeste Teil der „Wilden Küste" – herbe Felsabstürze, Kaps, kleine Buchten und Inselchen. Auf der Küstenstraße gewinnt man einen guten ersten Eindruck, so richtig erschließt sich die Schönheit des Gebiets jedoch erst auf einem Bootsausflug, wie er in beiden Orten angeboten wird.

Symbolträchtig: Kataloniens „La Senyera" und die Europa-Flagge

Hintergrund: Katalonien

Die Costa Brava ist Teil Kataloniens, einer geschichtsträchtigen Region, die politisch zwar zu Spanien zählt, sich aber als eine eigenständige Nation versteht.

Das Gebiet der Costa Brava reicht von der französischen Grenze im Norden bis zur Mündung des Flusses Riu Tordera bei Blanes im Süden und entspricht damit exakt der Küste der Provinz Girona. Girona wiederum ist eine der vier Provinzen Kataloniens, einer Autonomen Gemeinschaft (Comunidad Autónoma) Spaniens, die in etwa einem deutschen Bundesland zu vergleichen ist. Katalonien genießt gewisse Selbstbestimmungsrechte, z. B. in Bezug auf Kultur, Städtebau, Transportwesen, Handel, Tourismus und Gesundheitswesen, doch gehen diese vielen Katalanen längst nicht weit genug.

Catalunya no es Espanya, Katalonien ist nicht Spanien: Das Recht auf Eigenständigkeit begründen die Katalanen mit ihrer eigenen Sprache *català* und ihrer besonderen Kultur und Geschichte, die sich vom Rest des Landes deutlich unterscheiden. Schon immer war die Region eher dem Mittelmeerraum und dem übrigen Europa zugewandt als dem Inneren Spaniens. Jahrhundertelang rang sie um ihre Unabhängigkeit von der Zentralmacht Madrid. Längerfristige Erfolge wie den Autonomiestatus und die Anerkennung des Katalanischen als Amtssprache, die auch in den Schulen gelehrt wird, konnten die Katalanen jedoch erst nach Francos Tod erreichen. Älteren Datums ist ein anderer Eckpfeiler katalanischen Stolzes: Wirtschaftlich steht die Region im innerspanischen Vergleich hervorragend da. In den Augen Restspaniens gilt Katalonien deshalb als die „Schweiz" des Landes, seine Bevölkerung als geschäftstüchtig, bienenfleißig,

Costa Brava – Allgemeines

praktisch, ordentlich und dynamisch – ein Blickwinkel, der einer gewissen Portion Neid wie auch Argwohn nicht entbehrt. *Seny* ist das Wort, das die katalanische Mentalität umschreibt: Es meint etwa so viel wie „Augenmaß", Erkenntnis dessen, was zählt im Leben. Ein guter Teil der auch außerhalb Spaniens bekannten Künstler des 19. und 20. Jahrhunderts stammt aus Katalonien, darunter so illustre Persönlichkeiten wie Salvador Dalí oder Joan Miró. Katalonien war die Geburtsstätte des *modernisme*, der spanischen Variante des Jugendstils, dessen berühmtester Vertreter die Architekt und Bildhauer Antoni Gaudí ist. Künstler waren es auch, die ab den Sechzigern und selbstverständlich auf Katalanisch immer lauter die Forderung nach Selbstbestimmung aussprachen. Der unter Franco verbotene Volkstanz *sardana* geriet ebenfalls zum politischen Ausdruck einer Nation, die sich zu Recht lange um ihre eigene Kultur betrogen sah.

Wirtschaftlich gefestigt und im Bewusstsein der eigenen Sprache und Kultur, treiben es die Katalanen mit ihrem Nationstolz nach Meinung vieler Spanier heute allerdings etwas weit. Allerorten prangt die rot-gelb gestreifte katalanische Flagge, ersetzen rein katalanische die bisher zweisprachigen Inschriften. Die Landesregierung Generalitat de Catalunya unterstützt den Trend nach Kräften, leistet sich unter anderem einen eigenen Sprachkommissar. Ende der Neunziger wurde sogar ein Gesetz verabschiedet, das die „Präferenz" des Katalanischen festlegt, dem Regionalfernsehen, den privaten Radios und den Kinos Katalanisch-Quoten vorschreibt und alle Firmen mit Strafen bedroht, die ihre Offerten nicht „mindestens" in Katalanisch ausschreiben. Was den Katalanen recht sein kann, wirft für die starke Minderheit der vor allem aus Südspanien kommenden Einwanderer ernste Probleme auf – ohne Kenntnis des Katalanischen bleibt ihnen z. B. die Anstellung im öffentlichen Dienst verwehrt.

Katalanische Nationalsymbole

Flagge: *La Senyera*, vier waagrechte rote Streifen auf gelbem Grund, ein Motiv, das bis weit ins Mittelalter zurückgeht. Ebenso gefärbt ist das Wappen, bei dem die roten Streifen allerdings senkrecht stehen.

Hymne: *Els Segadors* (Die Schnitter), Ende des 19. Jh. komponiert, aber erst 1993 offiziell vom Parlament als Nationalhymne eingeführt. Der Text erinnert an den"Krieg der Schnitter", einen Volksaufstand des 17. Jh. gegen die kastilische Zentralmacht.

Nationalfeiertag: *La Diada*, der 11. September, jener Tag des Jahres 1714, als der Bourbone Philipp V. in Barcelona einmarschierte und damit alle Hoffnungen auf Eigenständigkeit zerstörte. Man feiert nicht etwa die Niederlage, sondern den heimischen Widerstandswillen.

Català, Sprache der Katalanen: Català ist nicht etwa ein Dialekt des Spanischen, besser gesagt des Kastilischen (castellano, „hochspanisch"), sondern tatsächlich eine völlig eigene Sprache. Wie Spanisch zählt es zu den aus dem Vulgärlatein entstandenen romanischen Sprachen, ist aber dem Provençalischen näher verwandt. Wer etwas Italienisch, Latein oder Französisch beherrscht, wird viele verwandte Ausdrücke entdecken; „si us plau" bedeutet z. B. erwartungsgemäß „bitte". Natürlich ähneln auch viele Bezeichnungen ihrem spanischen Pendant, wie man überhaupt mit Spanisch überall problemlos durchkommt – Ausländern wird der Gebrauch dieser „Fremdsprache" in der Regel verziehen.

Der Sprachraum des Català reicht bis hinunter nach Alicante in der Comunidad Valencia. Gesprochen und verstanden wird Katalanisch jedoch auch auf den Balearen, in Andorra, Teilen Aragóns, im französischen Roussillon jenseits der Pyrenäen und sogar in der sardischen Gemeinde Alghero, letzteres als Erbe der hohen Zeit Kataloniens, als die Nation auch über Sardinien und Sizilien herrschte. Seit 1990 ist Català vom Europäischen Parlament als europäische Sprache anerkannt. Dies erfolgte reichlich spät, bedenkt man, dass etwa sechs Millionen Menschen Katalanisch sprechen, etwa ebenso viele wie z. B. Dänisch.

Mittlerweile hat sich der Einfluss des Català noch verstärkt, wurde das Spanische weiter zurückgedrängt. Auf den ehemals zweisprachigen Wegweisern an Landstraßen muss die spanische Bezeichnung kaum noch von katalanischen Aktivisten übermalt werden: Sie fehlt mittlerweile fast überall. Wo nötig, wurden die Autokennzeichen allmählich ausgetauscht, ersetzt das „GI" für Girona nun das alte „GE" von Gerona. Auch ganz neue Nationalitätskennzeichen tauchen im Straßenbild auf: Manche Autofahrer geben mit einem „CAT"-Schild zu erkennen, welcher Nation sie sich zugehörig fühlen. Und weil das schon mal Ärger mit der Polizei geben kann, klebt sich mancher stattdessen eben das Bild einer Katze (englisch: Cat) aufs Auto, wahlweise auch den katalanischen Esel als Gegensatz zum spanischen Stier.

Landschaft und Geographie

Die Costa Brava besitzt kein einheitliches Landschaftsbild, zeichnet sich stattdessen durch ihre Vielfältigkeit aus.

Eine geographische Eingrenzung fällt schon deshalb schwer, weil der Begriff „Costa Brava" für Katalanen mit den Grenzen der Provinz Girona identisch ist, die allerdings bis weit ins Binnenland reicht und deshalb auch einen guten Teil der Pyrenäenregion Kataloniens umfasst. Um den Rahmen nicht zu sprengen, beschäftigt sich dieses Reisehandbuch jedoch nur mit dem Gebiet der drei Comarques (Landkreise, „Gemarkung"), die auch wirklich an der Küste liegen. Von Nord nach Süd sind dies *Alt Empordà*, *Baix Empordà* und *Selva*.

Die Pyrenäen im Norden an der Grenze zu Frankreich sind das einzige echte Gebirge der Costa Brava. Im küstennahen Gebiet erreicht der mächtige Bergzug zwar nicht mehr die Höhen seiner Zentralregion, ragt aber dennoch bis über tausend Meter Höhe auf. Allmählich flacher werdend, ertrinken die Pyrenäen am Cap de Creus im Meer und bilden hier den östlichsten Punkt des spanischen Festlands. Ein zweiter, allerdings weit niedrigerer Höhenzug, „Serralada Litoral" genannt, verläuft ab der mittleren Costa Brava parallel zur Küste südwärts; seine runden, bewaldeten Kuppen erreichen nur selten die Marke von 500 Metern.

Der Rest der Region wird überwiegend von sanft gewelltem, landwirtschaftlich genutztem Hügelland geprägt. Vor allem im Hinterland von Flussmündungen gibt es jedoch auch völlig flache, aus Schwemmland gebildete Ebenen wie am Golf von Roses und südlich von L'Estartit. Ganzjährig Wasser führende Flüsse finden sich mit dem Riu Muga, dem Riu Fluvià und dem Riu Ter überwiegend in der nördlichen Hälfte; im Süden bildet der Riu Tordera die Grenze der Costa Brava.

Die rund 220 Kilometer lange Küstenlinie der Costa Brava ist stark gegliedert, überwiegend felsig, teilweise von Land her kaum zugänglich und stürzt oft abrupt ins Meer ab. Typisch für die „Wilde Küste" sind ihre kleinen, zwischen fel-

Nackter, harscher Fels: Cap de Creus

sige Kaps geschmiegten Buchten (Calas), deren Untergrund zwischen Fels, Stein, Kieseln und Sand wechseln kann. Wirklich ausgedehnte Strände, die sich ohne Unterbrechung über gleich mehrere Kilometer erstrecken, gibt es hingegen nur vereinzelt. Die beiden längsten Sandstrände der Costa Brava liegen am Golf von Roses und zwischen L'Estartit und Platja de Pals, doch weisen auch das Gebiet zwischen Palamós und Sant Feliu sowie der äußerste Süden längere sandige Abschnitte auf.

Flora und Fauna

Zeigt sich die Flora der Costa Brava noch ausgesprochen artenreich, so präsentiert sich ihre Tierwelt weit ärmer.

Pflanzenwelt: Im Frühjahr ist die Costa Brava ein einziger großer Garten, selbst auf den ärmsten Böden grünt und blüht es allerorten. Im Sommer, wenn viele Blüten schon vertrocknet sind, zeigen manche Regionen ein ganz anderes Gesicht – vor allem der karge Norden um das Cap de Creus wirkt dann stellenweise wie ausgedörrt. Nach den ersten Herbstregen sprießt jedoch schon wieder überall das Grün. Etwas vereinfacht und von den spezialisierten Gewächsen der Feuchtgebiete, Dünen und Felsküste abgesehen, trifft man an der Costa Brava vor allem drei Vegetationstypen an.

• *Wälder* sind nicht mehr so zahlreich wie einst, wurden weite Gebiete doch schon von den Römern abgeholzt; dennoch finden sich vor allem in der Südhälfte der Costa Brava noch ausgedehnte Bestände. Die vorherrschenden Bäume sind in Küstennähe Pinien, die oft in Gruppen oder ganzen Wäldern stehen. Landeinwärts wachsen vor allem Korkeichen, die in früheren Zeiten den Rohstoff für die bedeutende Korkindustrie lieferten und auch heute noch kultiviert werden. Häufig sieht man auch Steineichen, verwilderte Ölbäume und Johannisbrotbäume.

Vielfältig: die Flora der Costa Brava

● *Macchia/Garigue* Macchia ist der Oberbegriff für immergrüne Krüppelbäume, Büsche und Sträucher, die häufig Rodungsgebiete oder Waldbrandflächen besetzen. Bis zu vier Meter hoch, dornig und stachelig, bildet die für das Mittelmeergebiet charakteristische Vegetationsform ein oft undurchdringliches Hindernis. Typische Pflanzen sind hier beispielsweise der Erdbeerbaum, immergrüne Mastixsträucher, im Herbst kenntlich an den roten Beeren, und der Ginster, der statt Blättern grüne Zweige ausbildet und im Frühjahr wahre Meere aus Gelb an die Hänge zaubert. Degradierte, schüttere Macchia, die nur noch höchstens hüfthoch wächst, wird Garigue genannt.

● *Kulturpflanzen* bedecken den größten Teil der Costa Brava, besonders das Gebiet um Sant Pere Pescador ist ein wahrer Obstgarten. Oft anzutreffen sind auch Ölbäume, Feigenbäume und die immergrünen Johannisbrotbäume (Karoben) mit ihren länglichen, erst grünen, im Reifezustand dann schwarzen Schoten. Feigenkakteen (Opuntien) schützen ihre herrlich süßen Früchte durch winzige, aber sehr lästige Stacheln – nicht anfassen! Sie stammen ursprünglich vom amerikanischen Kontinent, ebenso wie die Agaven, eine Sukkulentenart, deren auffällige, meterhohen Blütenstände im Juni blühen; nach der Blüte stirbt die Pflanze ab.

Tierwelt: Vor allem durch den Einfluss des Menschen zeigt sich die Tierwelt der Costa Brava weit ärmer als die Flora. Eine Ausnahme bilden die Vögel, die in großer Artenvielfalt vertreten sind. Recht häufig zu beobachten sind auch Reptilien und Insekten. Meerestiere, insbesondere die essbaren, sind durch die Überfischung des Mittelmeers relativ rar geworden.

● *Vögel* In den Pyrenäen kreisen noch viele Greifvögel, darunter Steinadler, Habichtsadler und Uhu. Das Feuchtgebiet des Naturparks Aiguamolls d'Empordà bildet nicht nur eine Raststation für Zugvögel auf dem Weg nach Afrika, sondern auch ein wichtiges Refugium für Wasser- und Watvögel wie Reiher, Störche, Flamingos, Kormorane und natürlich zahlreiche Entenarten.

● *Reptilien* Häufig sind Eidechsen, darunter die possierlichen Geckos, die mit ihren Saugfüßchen oft an Wänden zu kleben scheinen. Auf Schlangen zu treffen, ist eher unwahrscheinlich, die meisten Arten sind zudem ungiftig. In unübersichtlichem Gelände ist ein fester Schritt dennoch angebracht: Schlangen fliehen, wenn man ihnen die Chance gibt. Gelegentlich sind Sumpf-

und Wasserschildkröten zu sehen, besonders im Naturpark Aiguamolls d'Empordà. In der Serra de l'Albera gibt es ein Reproduktionszentrum, das sich der Wiederansiedlung der Mediterranen Schildkröte widmet.

• *Spinnentiere und Insekten* Zu den Spinnentieren zählen kleinere Skorpione, deren Stich schmerzhaft, jedoch in der Regel nicht lebensbedrohlich ist. Mit Stechmücken muss man leben, ein mückenabweisendes Mittel sollte deshalb im Gepäck sein. Grillen sind nicht zu überhören, Zikaden ebenfalls nicht. Recht häufig lassen sich Gottesanbeterinnen beobachten: Die kurios geformten, räuberischen Fangheuschrecken sind etwa 4–7,5 Zentimeter lang, grasgrün, beige oder braun.

• *Meerestiere* Unterwasserparadiese sind das Cap de Creus, vor dessen Küsten gelegentlich auch Delfine zu beobachten sind, und die Illes Medes. Außerhalb dieser Schutzzone präsentiert sich die maritime Fauna ärmer. Am besten mit den verbliebenen Arten vertraut macht ein Streifzug über einen der Fischmärkte.

Feiern Sie mit!

In Spanien haben sich alte Traditionen lebendiger erhalten, als dies in den meisten anderen Ländern Westeuropas der Fall ist. Das gilt selbstverständlich auch für die Dörfer und Städte der Costa Brava.

Feste und Feiertage

Festes, die oft uralten Volksfeste, haben ihren festen Platz im katalanischen Kalender. Ohne Teilnahme an einem dieser vor Lebensfreude überschäumenden Feste wäre eine Reise nicht komplett. Gefeiert wird gern und oft. Neben den landesweit begangenen Festen und Feiertagen geht die Zahl der örtlichen Ereignisse in die Hunderte, feiert doch schon jedes Dorf einmal jährlich seinen Schutzpatron. Auf die lokalen Feste wird in den jeweiligen Ortskapiteln näher eingegangen, hier deshalb nur eine Aufstellung der wichtigsten Ereignisse und der Feiertage.

Festa del Reis, *5./6. Januar, Dreikönig*: vor allem ein Spaß für die Kinder. Der 6. ist Feiertag.

El Pelegrí de Tossa, *20./21. Januar,* große Wallfahrt über rund 40 Kilometer ab Tossa de Mar.

Carnestoltes, Carnaval (*Karneval, Fasching*): Unter Franco wegen antikonservativer Gesinnung der Feiernden verboten, heute wieder bunt und ausgelassen wie eh und je. Der Karneval von Platja d'Aro hat sich in kurzer Zeit zum drittgrößten Spaniens entwickelt, auch Palamós feiert heftig.

Semana Santa, die *Karwoche* bis Ostern: Sie wird nicht ganz so aufwändig begangen wie z. B. in Andalusien, ist aber dennoch ein großes Fest. Besonders sehenswert die Prozessionen von Girona und der „Totentanz" von Verges bei Torroella de Montgrí. Karfreitag und Ostermontag sind Feiertage.

Dia de Sant Jordi, *23. April*: Das Fest des Schutzpatrons Kataloniens. Männer schenken ihrer Herzensdame Rosen, sie revanchiert sich traditionell mit einem Buch. Die UNESCO hat den 23.4. offiziell zum „Tag des Buches" erklärt.

Festa de la Sardana, am Sonntag nach Sant Jordi. Fest des traditionellen katalanischen Volkstanzes Sardana, der dann im ganzen Land zu sehen ist.

Dia del Treball, *1. Mai*, Tag der Arbeit. Ähnlich wie bei uns, Feiertag.

Girona Temps de Flors, *etwa Mitte Mai*, künstlerischer Blumenwettbewerb in Girona, mit musikalischem Beiprogramm.

Fiestas de Primavera, *Pfingsten.* Frühlingsfest in Palafrugell, das eingeführt wurde, um das Verbot des Karnevals durch Franco zu umgehen. Peppige Umzüge besonders am Pfingstsonntag beim „Carousel Costa Brava".

Corpus Cristi, *Fronleichnam*, ohne festes Datum. Blumenteppiche in vielen Orten, besonders aufwändig in Roses.

Dia de Sant Joan, *23./24. Juni*: Mittsommernachtsfest, das wirklich die ganze Nacht („Verbena de Sant Joan") hindurch gefeiert wird. Am 23. abends riesige Feuer aus alten Möbeln und Hausrat, der 24. ist Feiertag.

Festival de Músiques Religioses del Món, *Ende Juni, Anfang Juli* in Girona. Rund zweiwöchiges Fest religiöser Musik aus allen Teilen der Welt.

Cantada d'Havaneres, *erster Samstag im Juli*, in Calella de Palafrugell. Das berühmteste Festival dieser alten, ursprünglich aus der Karibik stammenden Seemannslieder.

Verge del Carme, *16. Juli*, Fest der Schutzheiligen der Fischer, mit Meeresprozessionen in vielen Küstenorten.

Procesó per Mar, *24. Juli*, in Lloret de Mar, eine weitere große Meeresprozession anlässlich des Hauptfests der Stadt.

Concurs Internacional de Focs d'Artifici Costa Brava, *24.–28. Juli*, internationaler Wettbewerb der Feuerwerker zum Hauptfest der Stadt Blanes.

Festival Internacional de Música de la Porta Ferrada, im *Juli/August* in Sant Feliu de Guíxols. Das älteste Musikfestspiel Kataloniens, Vorreiter vieler ähnlicher Festivals in den Sommermonaten.

L'Assumpció, 15. *August*, Mariä Himmelfahrt, wie in allen katholischen Ländern des Mittelmeers enthusiastisch begangen. Feiertag.

Concurso de Pintura Rápida, *letzter Sonntag im August*, in Tossa de Mar. Schnellmalwettbewerb mit über zweihundert Teilnehmern.

La Diada, *11. September*, der Nationalfeiertag Kataloniens. Kundgebungen, Gedenkfeiern und ein beliebter Anlass zu antispanischen Aktionen. In Castelló d'Empúries findet ein großes mittelalterliches Fest statt, die „Terra de Trobadors".

Festes de la Mercé, Woche um den *24. September*. Das lebendige Hauptfest von Barcelona, umfangreiches Programm, darunter auch der „Correfoc" (Lauf-Feuer) genannte Feuerwerksumzug von Pappmaché-Figuren.

Festa de la Hispanitat, *12. Oktober*, der spanische Nationalfeiertag anlässlich der Entdeckung Amerikas, in Katalonien allerdings eher durch Anschläge auf staatliche Einrichtungen berücksichtigt.

Tots Sants, *1. November*, Allerheiligen. Auf den Straßen stehen oft Stände mit Naschwerk und Esskastanien. Feiertag.

La Immaculada, *8. Dezember*, Mariä unbefleckte Empfängnis, ebenfalls offizieller Feiertag.

Nadal, *24./25./26. Dezember*, Weihnachten. Gefeiert wird nur im engen Familienkreis. Der 25. und der 26. sind Feiertage.

Revetlla de Cap d'Any, *31. Dezember*, Silvester – wie bei uns. Der 1. Januar ist Feiertag.

Feurig: Sant Joan in Cadaqués

Beschwingt: Sardana-Denkmal

Castells, Gegants und **Cap-Grossos**: Die *Castells* stammen eigentlich aus dem südlichen Bereich Kataloniens, sind jedoch gelegentlich auch bei Festen der Costa Brava zu sehen. Es handelt sich um mehrstöckige Menschentürme, deren Errichtung von den Teilnehmern akrobatische Leistungen verlangt. Ganz unten stehen die kräftigsten und schwersten Erwachsenen, an die oberste Spitze klettern Kinder. Oft bilden Dutzende von Menschen diese Türme, die häufig bis zu sechs Etagen erreichen; der Rekord liegt gar bei zehn „Stockwerken". Wie es heißt, sollen die Castells die Stabilität und Solidarität der katalanischen Nation symbolisieren. Auf katalanischen Festen ebenfalls häufig sind *Gegants* und *Cap-Grossos*. Die „Giganten" sind grotesk wirkende, weit überlebensgroße Riesenfiguren, die gelegentlich auch Tänze aufführen. Die „Groß-Köpfe" bestehen ihrem Namen gemäß praktisch nur aus Kopf. Beide Figurengruppen werden aus Pappmaché hergestellt.

Sardana

Die Sardana ist der katalanische Nationaltanz schlechthin. Unter Franco war sie Ausdruck des Widerstandswillens und zeitweilig sogar verboten. Heute gilt sie deshalb als Symbol für nationale Identität. Getanzt wird im Kreis, während man sich an den Händen fasst. Mittanzen darf jeder, die Schrittfolge ist allerdings nicht unkompliziert. Wichtig dabei ist es, keine Pärchen zu trennen: der Mann tanzt links von seiner Partnerin. Sardanas kann man in Barcelona zu festen Zeiten erleben, ansonsten auf jedem Volksfest, im Sommer oft auch in Touristenorten. Die Sardana-Kapelle *Cobla* besteht traditionell aus elf Musikern, die mehrere Arten von Blasinstrumenten spielen, darunter die lange Flöte *Flabilio*; für den Rhythmus sorgen Kontrabass und *Tambori* (Tamburin).

Romanisches Kloster Sant Pere de Rodes: trutzige Mauern ...

Geschichte im Überblick

Paläolithikum – Altsteinzeit: Archäologische Funde belegen die Besiedlung Kataloniens bereits ab der Altsteinzeit. An vielen Stellen der Costa Brava erinnern Dolmen (Steingräber) an die lange Vorgeschichte der Küste.

Ab dem 8./7. Jh. v. Chr. – Iberer: Die erste geschichtlich bezeugte Volksgruppe auf spanischem Boden sind die Iberer, ein Volk, das bereits eine eigene Schrift besaß. Ihre bedeutendste Hinterlassenschaft an der Costa Brava ist die Siedlung Poblat Ibèric de Ullastret.

Ab dem 6. Jh. v. Chr. – Griechische Kolonien: Gegen 600 v. Chr. gründen Griechen die Handelskolonie Empúries, deren Ausgrabungsstätte bei L'Escala liegt. Auch Rhodes (Roses) ist eine griechische Gründung.

Ab 218 v. Chr – Beginn der Romanisierung: Im Zweiten Punischen Krieg (218–201 v. Chr.) schlägt Rom Karthago und wird zur bestimmenden Macht in Spanien. Die Iberer nehmen allmählich die Lebensgewohnheiten Roms an; römische Kultur, Gesetzgebung und die lateinische Sprache prägen die Region nachhaltig.

Ab dem 5. Jh. n. Chr. – Westgoten: Westgoten fallen in Spanien ein und treten das römische Erbe an. Zunächst wird ab 531 Barcelona ihre Hauptstadt, später dann Toledo. Die Kultur Kataloniens beeinflussen sie kaum.

Ab 711 – maurisches Zwischenspiel: Binnen weniger Jahre erobern Araber- und Berberstämme fast die gesamte Iberische Halbinsel. Aus dem Norden Kataloniens werden sie jedoch bald wieder vertrieben.

Ab 785 – die Franken: 785 gelingt den Franken unter Karl dem Großen die Eroberung Gironas von den Mauren, 801 wird Barcelona befreit. Die von den Franken regierte Spanische Mark, ein Bollwerk gegen den Islam, gilt als die Keimzelle der katalanischen Nation.

Ab dem 9. Jh. – Vereinigung der Grafschaften: Der fränkische Graf Wilfried der Behaarte (Guifré el Pilós) vereinigt gegen Ende des 9. Jh. erstmals mehrere Grafschaften und schafft so einen Vorläufer des heutigen Katalonien.

988 – die Geburt der katalanischen Nation: Borell II., der Graf von Barcelona, erreicht auch politisch die Unabhängigkeit. Schon wenig später taucht erstmals der Begriff „Katalonien" auf, weht die Nationalflagge *Senyera*.

1137 – ein Großreich entsteht: Im Jahr 1137 vereinigt Ramón Berenguer IV. durch Heirat Katalonien mit dem westlichen Königreich Aragón.

Ab 1229 – Katalonien in voller Blüte: Unter Jaume I. dem Eroberer erkämpft sich die mächtig gewordene Nation die Balearen und die Region Valencia, später kommen Sizilien und Sardinien hinzu. Der Seehandel floriert, mit den *Corts Catalans* entsteht eine erste, für die Zeit fast revolutionäre Ständevertretung. Mit dem Aufschwung der Wirtschaft entfalten sich auch Kunst und Wissenschaften.

Ab 1469 – Niedergang unter Kastilien: Die Heirat König Ferdinands II. von Aragón mit der Thronfolgerin Isabella von Kastilien verändert die Landkarte Spaniens. Die „Katholischen Könige" Reyes Católicos sichern Kastilien die Führung und zwingen den Katalanen die kastilische Sprache auf. Mit der Entdeckung Amerikas 1492 verlagert sich der Handel von den mittelmeerischen Küsten an den Atlantik. Katalonien wird der Seehandel mit den Kolonien verwehrt, die Nation rückt ins politische und wirtschaftliche Abseits.

1640–1652 – vergeblicher Volksaufstand: Die unter schwerer Steuerlast leidende Region wagt einen von Frankreich unterstützten Volksaufstand,

... und Relief im Innern

den „Krieg der Schnitter", aus dem die katalanische Nationalhymne *Els Segadors* stammt. Er scheitert jedoch an der Überlegenheit des kastilischen Militärs.

18. Jh. – Verlust der Souveränität: Von 1701 bis 1714 kämpft Katalonien im Spanischen Erbfolgekrieg auf Seiten Habsburgs – und verliert. Philipp V. erobert am 11. September 1714 Barcelona, ein Datum, an das heute der Nationalfeiertag *La Diada* gemahnt. Der Bourbone schafft alle katalanischen Institutionen ab und verbietet die katalanische Sprache. Katalonien hat seine Souveränität gegenüber der kastilischen Krone völlig verloren.

19. Jh. – wirtschaftlicher Aufschwung: Bereits Mitte des 18. Jh. hatte mit den Anfängen der Industrialisierung ein wirtschaftlicher Aufschwung eingesetzt, 1778 Madrid sogar gnädig den Zugang zu den wichtigen Märkten in Amerika gewährt. Im 19. Jh. setzt sich der wirtschaftliche Erfolg fort, und mit ihm erholt sich das Nationalgefühl. 1859 markiert die Wiederaufnahme des mittelalterlichen

Dichterwettbewerbs Jocs Florals den Beginn der sprachlichen und kulturellen Wiedergeburt, der *Renaixença*. Zu Selbstbewusstsein verhilft auch die Weltausstellung 1888 in Barcelona, etwa zeitgleich beginnt sich der katalanische Jugendstil *Modernisme* zu entwickeln.

1914 – erste politische Erfolge: Mit der Gründung der provinzübergreifenden *Mancomunitat* gelingt es den Katalanen, eine De-facto-Regionalregierung zu etablieren. 1923 macht der Staatsstreich von General Primo de Rivera diese Erfolge wieder zunichte. Nach dem Sturz der Diktatur erhält Katalonien 1932 ein fast vollständiges Autonomiestatut mit eigenem Parlament, der *Generalitat de Catalunya*, kann sich jedoch nicht lange daran freuen.

1936–1939 – Spanischer Bürgerkrieg: Dem Bürgerkrieg fallen über eine halbe Million Menschen zum Opfer. Katalonien steht ganz überwiegend auf Seite der Republikaner, verliert jedoch letztlich den Kampf – 1939 erobert General Francisco Franco Bahamonde Barcelona. Unter dem Franco-Regime folgen Jahrzehnte der systematischen politischen und kulturellen Unterdrückung Kataloniens.

1975: Franco stirbt – und nicht nur in Katalonien knallen die Sektkorken.

1977: In Spanien finden die ersten demokratischen Wahlen seit mehr als 40 Jahren statt. Katalonien erhält zunächst eine vorläufige Autonomie. Die Möglichkeit, erstmals wieder den Nationalfeiertag zu begehen, nutzen die Katalanen nach Kräften. Es wird ein rauschendes Fest – rund eineinhalb Millionen Menschen feiern in Barcelona, die Rambles und die Plaça Catalunya verschwinden unter einem Meer gelb-roter Fahnen.

1979: Nach einem Referendum erhält Katalonien eine Autonomieregelung mit offiziell anerkannter Zweisprachigkeit und zumindest teilweiser Selbstbestimmung in Verwaltungs- und Rechtsangelegenheiten. 1980 gewinnt die konservative Convergencia i Unio (CiU) unter Jordi Pujol die ersten Regionalwahlen.

1992: Die Olympischen Spiele, für die Barcelona ein völlig neues Gesicht erhalten hat, werden ein voller Erfolg und verschaffen dem Selbstbewusstsein der Katalanen weiteren Auftrieb.

1999: Bei den Wahlen zum Regionalparlament gewinnt erneut die CiU unter Jordi Pujol, der seit nun fast zwei Jahrzehnten als Präsident der Generalitat de Catalunya vorsteht. Zur absoluten Mehrheit reicht es diesmal jedoch nicht, Pujol bleibt auf die Stimmen der Volkspartei PP angewiesen.

2003: Bei den katalanischen Regionalwahlen wird die konservative CiU, bis dahin 24 Jahre ununterbrochen an der Macht, von einer linksgerichteten Koalition abgelöst, die sich aus der sozialistischen PSC (dem katalanischen Ableger der „gesamtspanischen" PSOE), den katalanischen Regionalisten der ERC und den Ökosozialisten der ICV zusammensetzt; Präsident der Generalitat de Catalunya wird Barcelonas ehemaliger Bürgermeister Pasqual Maragall.

Heute: Im Sommer 2006 zerbricht das linke Bündnis über die Frage des neuen katalanischen Autonomiestatuts, das Katalonien zwar mehr Selbstbestimmung und einen höheren Steueranteil bringt, der ERC aber dennoch nicht weit genug geht. Es kommt zu vorgezogenen Neuwahlen, an deren Ende aber nach zähen Verhandlungen doch wieder die alte Koalition aus PSC, ERC und ICV steht. Angeführt wird sie vom Sozialisten José Montilla, seines Zeichens ehemaliger spanischer Industrieminister, gebürtiger Andalusier und der erste Präsident der Generalitat, der nicht aus Katalonien stammt.

Reiseziel Costa Brava

Es gibt viele Varianten, die Küste zu entdecken. Schon vor der Abfahrt stellt sich die Frage, ob es ein Pauschalurlaub oder eine Individualreise sein soll.

Die Costa Brava lässt sich mit dem Mietwagen, mit Bussen und Bahnen, dem Fahrrad oder auch zu Fuß erobern. Man kann in großen Urlaubshotels übernachten, in kleinen Pensionen oder auf Campingplätzen. Schließlich lohnt sich auch eine nähere Beschäftigung mit der exquisiten katalanischen Küche.

Pauschal- oder Individualreise?

▸ **Pauschalurlaub**: Die vorgebuchte Kombination von Anreise, Unterkunft, Reiseleitung und meistens auch Verpflegung, ist in den wenigen wirklich großen Touristenzentren der Costa Brava die vorherrschende Form des Fremdenverkehrs. Für die kleineren und mittelgroßen Ferienorte gilt dies jedoch nicht oder nur bedingt, wie ein Blick in die Veranstalterkataloge schnell beweist. Die Auswahl ist mithin ziemlich eingeschränkt. Aber natürlich hat eine Pauschalreise auch ihre handfesten Vorteile. So werden Reiseveranstaltern vom Hotelier oft erhebliche Nachlässe auf den Zimmerpreis eingeräumt – so manches noble Strandhotel, das bei privater Buchung ein sehr hohes Preisniveau aufweist, kann für Pauschalgäste durchaus bezahlbar bleiben. Außerdem hat man bei dieser Urlaubsform auch die Gewähr, wirklich ein Zimmer im gewünschten Quartier zu erhalten: In der Hochsaison, besonders in der Zeit ab Mitte Juli bis Ende August, kann sich die Suche nach einem freien Bett ausgesprochen mühsam gestalten.

▸ **Individualreisen** besitzen ebenfalls ihre Vorteile: Flexibilität bei der Wahl des Zeitraums, jederzeit möglicher Standortwechsel bei Nichtgefallen des Quartiers oder des gewählten Urlaubsorts, Unabhängigkeit von eventuellen Essenszeiten etc. Die Auswahl an Hotels und Pensionen ist immens, die öffentlichen Verkehrsverbindungen sind überwiegend gut, Mietwagen relativ preiswert. Verbunden ist diese Reiseform allerdings mit einem höheren Aufwand bei der Planung, vor allem bei einer individuell durchgeführten Rundreise, der wohl schönsten

Art, die Costa Brava zu erkunden. Wichtig ist dann auch die richtige Wahl des Zeitraums. Zur absoluten Hochsaison kann es sehr schwierig sein, ein freies Zimmer zu finden, doch sind auch schon im Juni und oft noch im September viele Urlaubsorte so gut gebucht, dass zumindest eine telefonische Reservierung am Vortag viel Ärger erspart. Wer ganz sicher gehen will, das gewünschte Quartier zu erhalten oder längere Zeit am selben Ort verbringen möchte, sollte in Erwägung ziehen, schon ab der Heimat vorzubuchen: Telefon- und Faxnummern sind bei der Beschreibung der in diesem Handbuch vorgestellten Quartiere jeweils angegeben, wo vorhanden, auch Internet-Adressen. Billiger als eine Pauschalreise ist eine individuell geplante Tour meist nur dann, wenn eher einfache Unterkünfte gewählt werden.

Stolz: „La Senyera" über dem „Casino" von St. Feliu

Anreise

Von allen spanischen Regionen liegt die Costa Brava Mitteleuropa am nächsten. Dennoch sind von Berlin bis zum Grenzort La Jonquera rund 1600 Kilometer zurückzulegen, ab Wien mehr als 1500 Kilometer. Und auch von Frankfurt am Main sind es bis La Jonquera immerhin noch 1200 Kilometer.

Anreise mit dem eigenen Fahrzeug

Gleichgültig, ob von Hamburg, Berlin oder München: Die kürzeste Anreise erfolgt auf der Rhônetalautobahn über Valence, Nîmes, Montpellier und Perpignan bis zur spanischen Grenze.

Bis Lyon, eventuell auch Valence, scheiden sich jedoch die Geister: Bayern und Österreicher fahren am schnellsten über die Schweiz, der Westen der Republik am besten via Luxemburg beziehungsweise Saarbrücken und Metz; für die meisten anderen Abfahrtsorte ist die Strecke über die Rheintalautobahn zum Grenzübergang Mulhouse (Mühlhausen) die günstigste Wahl.

▸ **Durch die Schweiz nach Lyon** (*Deutsche Grenze-Lyon ca. 570 km)*: Die schnellste Strecke führt bei Lindau/Bregenz durch den Pfändertunnel (Achtung: Vignettenpflicht! Am günstigsten ist meist die sogenannte „Korridorvignette" für 2 € einfach, die z. B. am ehemaligen Grenzübergang der Autobahn erhältlich ist, zur Ausfahrt *Dornbirn-Süd* und weiter nach Lustenau). Ab der Schweizer Grenze auf der Autobahn N 1 (vignettenpflichtig) über *Zürich* bis *Bern*, dann auf N 12/N 9 bis *Lausanne*, schließlich auf die N 1 nach *Genf* und zum Grenzübergang nach Frankreich. Weiter über die gebührenpflichtige französische A 40/42 nach *Lyon*.

Verkehrstipps Schweiz

• *Vignette*: Die rund 25 € teure Plakette ist auf Schweizer Autobahnen und autobahnähnlichen Straßen **Pflicht** – wer ohne sie ertappt wird, riskiert eine hohe Geldstrafe! Erhältlich ist sie bei den Automobilclubs oder an der Schweizer Grenze. Für Anhänger sind Extra-Vignetten erforderlich.

• *Benzin* In der Regel preiswerter als in Deutschland und Frankreich.

• *Geschwindigkeitsbegrenzungen* Innerorts 50 km/h; auf Landstraßen für Pkw und Motorräder 80 km/h, auf Autobahnen 120 km/h, mit Anhänger 80 km/h. Achtung, die Strafen bei Verkehrsvergehen sind extrem hoch!

• *Unfall/Panne* **Polizeinotruf** und **Rettungsdienst** ✆ 117 bzw. mit dem Handy 112; **Pannendienst** an Autobahnen über ✆ 140 oder über Handy 0318 505311.

Von Luxemburg/Saarbrücken über Metz nach Lyon (*Luxemburg-Lyon ca. 510 km):* Ab dem Westen Deutschlands die preisgünstigste Variante. Die Autobahn Luxemburg-Thionville-Metz ist gebührenfrei, das französische Teilstück Saarbrücken-Metz hingegen mautpflichtig. Ebenfalls gebührenfrei ist die A 31 von Metz bis *Toul* bei Nancy; die folgenden rund 400 Kilometer bis Lyon sind dann wiederum mautpflichtig. Die Strecke führt zunächst weiter auf der A 31, hinter dem Dreieck bei *Beaune* dann auf der A 6 von Paris; ab hier regelmäßig hohes Verkehrsaufkommen.

Vom Rheintal über Mulhouse nach Lyon (*Grenze-Lyon ca. 400 km*): In der Regel flott zu befahren ist die A 36 vom deutschen *Autobahndreieck Neuenburg* über Mulhouse und Besançon bis zur A 31 bei *Beaune*, wo sie auf obige Route trifft. Ab dem Autobahndreick mit A 6 erhöhte Staugefahr.

Verkehrstipps Frankreich

• *Geschwindigkeitsbegrenzungen* Innerorts 50 km/h, Landstraßen 90 km/h, bei Nässe 80 km/h; vierspurige Landstraßen mit Mittelstreifen 110 km/h, bei Nässe 100 km/h; Autobahnen 130 km/h, bei Nässe 110 km/h. Wer den Führerschein erst kürzer als zwei Jahre besitzt, darf generell außerorts nur 80 km/h, auf Schnellstraßen 100 km/h und auf Autobahnen nur 110 km/h fahren.

• *Autobahngebühren* Fast das gesamte französische Autobahnnetz ist mautpflichtig, Ausnahmen bilden die Autobahnen im Umkreis mancher Großstäd-

te. Die Bezahlung der Gebühren mit gängigen Kreditkarten (Eurocard, Visa) ist problemlos möglich.

• *Unfall/Panne* **Polizeinotruf** und **Rettungsdienst** ✆ 112; Pannendienst an Autobahnen über die Notrufsäulen. **ADAC-Notruf**: ✆ 0825 800 822, Handy 0033 825 800 822.

• *Mistral* Ein vor allem im Rhônetal auftretender, kalter und trockener Nordwind, dessen Böen Gespannkapitänen, Wohnmobil-Lenkern und Motorradfahrern schwer zu schaffen machen können.

Weiter von Lyon zur spanischen Grenze (*Lyon-Grenzstation Le Perthus/La Jonquera ca. 460 km*): Zunächst südlich auf der Rhônetalautobahn A 7 bis Orange, ab dort südwestlich auf der A 9 über *Nîmes*, *Montpellier* und *Perpignan*. Die gesamte Strecke kann sich ab Mitte Juli bis in den August hinein in einen einzigen Stau verwandeln. In der Gegenrichtung liegen die verkehrsstärksten Zeiten zwischen Ende Juli und Ende August. Besonders neuralgische Termine sind jeweils die Wochenenden. Außerhalb dieser Zeiten lassen sich A 7 und A 9 gleichermaßen zügig befahren.

Costa Brava – Reisepraktisches

Anreise mit der Bahn

Die Reise mit der Bahn ist umweltfreundlich, aber aufwändig und oft zeitraubend. Spartarife helfen den sonst recht hohen Fahrpreis senken.

Bahnreisen nach Spanien sind in aller Regel mit ein- oder mehrmaligem Umsteigen verbunden, Direktzüge (Ausnahme sind manche Nachtzüge ab der Schweiz) bislang eine Rarität. Die preisgünstigsten Verbindungen nehmen je nach Abfahrtsort unterschiedliche Streckenführungen – mit ein Grund, weshalb die Fahrzeiten ganz erheblich schwanken. Ab dem Norden Deutschlands kann man jedoch bis zur spanischen Grenze ohne weiteres 24 Stunden und mehr unterwegs sein.

● *Information* **Info-Telefon der DB**: ✆ 11861 (Mensch zu Mensch, gebührenpflichtig) oder unter 0800 1507090 (Computer); im **Internet**: www.bahn.de

● *Preise/Sondertarife* Der sehr häufigen Änderungen unterworfene Tarifdschungel der Bahnen im In- und Ausland ist im Rahmen dieses Handbuchs unmöglich darzustellen. Sparangebote gibt es unter anderem für weite Distanzen innerhalb Deutschlands und Frankreichs, für bestimmte Abfahrtstage, für Kinder, Jugendliche unter 26 Jahren, Familien, kleine und größere Gruppen, Senioren etc. Am Bahnschalter werden einem diese Sondertarife nicht unbedingt aufgedrängt, es lohnt sich also sehr, gezielt danach zu fragen.

● *Schlaf- oder Liegewagen* Angesichts der recht langen Anreise eine feine Sache. Die Zuschläge auf den Fahrpreis halten sich besonders beim Liegewagen in engen Grenzen. Reservierungen, auch für Frankreich und Spanien, bei allen größeren Bahnhöfen. Für Schweizer interessant sein können die komfortablen Direktverbindungen Zürich-Barcelona mit den „Hotelzügen" von Trenhotel Elipsos (www.elipsos.com); mit dieser spanisch-französischen Gesellschaft bestehen auch Verbindungen ab Paris und Mailand.

● *Platzkarten* Wo nicht ohnehin Pflicht, dringend zu empfehlen; Reservierungen auch für Züge in Frankreich oder der Schweiz sind von jedem größeren Bahnhof in Deutschland problemlos möglich.

● *Fahrradtransport* Das Fahrrad nach Frankreich oder Spanien als Reisegepäck aufzugeben, ist nicht möglich. Einzige Ausnahme ist die wenig praktikable „häppchenweise" Fahrt durch Frankreich, gefolgt vom Grenzübertritt per Rad, eine Alternative die Versendung per Post auf dem Land- oder Luftweg. Informationen, auch zu möglichen aktuellen Änderungen, bei der Radfahrer-Hotline der DB oder auf den Internet-Serviceseiten des Allgemeinen Deutschen Fahrradclubs ADFC.
Radfahrer-Hotline: ✆ 01805/151415
ADFC: Hauptgeschäftsstelle Bremen, ✆ 0421/346290, www.adfc.de.

Erste Station für Zugreisende nach Spanien: Bahnhof in Port Bou

Anreise mit dem Bus

Rund ums Jahr ist die Costa Brava auch mit dem Linienbus zu erreichen. Im Sommer verkehren zusätzlich Busse kleinerer Gesellschaften.

Der Bahn gegenüber kann die Busfahrt den Vorteil ins Feld führen, im Allgemeinen etwas preiswerter zu sein. Der Zeitvorteil der Bahn wird oft durch das nötige Umsteigen aufgehoben. Generell sind die Busse durchaus komfortabel ausgestattet – die reine Erholung ist eine Busfahrt über mehr als tausend Kilometer natürlich ebensowenig wie die Anfahrt per Bahn oder Auto.

● *Linienbusse* Die Busse der „Europäischen Fernlinienverkehre" (Eurolines, Europabus) verbinden Katalonien und das restliche Spanien mit vielen Städten Deutschlands. Ansprechpartner in Deutschland ist meist die Deutsche Touring.

Preisbeispiel: Die Strecke Frankfurt–Girona (18 Stunden Fahrt) kostet im Normaltarif einfach etwa 85 €, für Hin- und Rückfahrt gibt es je nach Buchungsdatum gestaffelte, z.T. recht interessante Ermäßigungen. Reisende bis 26 oder über 60 Jahre sowie Studenten erhalten 10 %, Kinder bis 12 Jahre nach Alter 50–80 % Rabatt. **Modalitäten**: Zwei Gepäckstücke sind frei, Übergepäck gegen Aufpreis und nur, falls genug Platz ist.

● *Information, Buchungen* **Service-Center Frankfurt**, Deutsche Touring GmbH, Am Römerhof 17, 60486 Frankfurt/Main. **Servicehotline** ✆ 069 7903501. Büros in vielen Städten, zu finden über die Website **www.touring.de**.

● *Fahrradtransport* In den Linienbussen nicht möglich. Über mögliche Spezialveranstalter für Fahrradreisen nach Spanien (zuletzt gab es – leider aber nur zweimal jährlich – mit der Gesellschaft Sausewind eine Verbindung von Oldenburg, Dortmund, Köln und Trier nach Figueres, Näheres im Netz bei www.bike-and-bus.de) informiert der ADFC, siehe „Anreise mit der Bahn".

● *Pauschalreisen/Restplätze* Viele Veranstalter offerieren Busreisen zur Costa Brava, insbesondere nach Lloret de Mar. Die Preise inklusive Unterkunft, z. T. sogar Halbpension, übersteigen dabei zur Vor- und Nachsaison kaum den Tarif eines Linienbustickets oder einer Bahnfahrkarte – allzu hohe Erwartungen an das Quartier und die Verpflegung sollte man jedoch besser nicht stellen. Die nicht gebuchten Plätze werden bei manchen Veranstaltern kurz vor Abfahrt auch ohne Hotel zum Sondertarif angeboten – geworben wird dafür nicht, man muss sich also bei auf Busreisen spezialisierten Reisebüros erkundigen.

Anreise mit dem Flugzeug

Der schnelle und bequeme Weg in den Süden. Dank preisgünstiger Low-cost-Airlines und ermäßigter Linientarife muss der Flug gar nicht einmal so teuer sein.

Wegen der starken Nachfrage sind alle Flüge zur Hauptsaison oft sehr schnell ausgebucht. Man sollte sich also rechtzeitig um das Ticket bemühen.

● *Flughäfen* Für die Costa Brava kommen nur zwei Flughäfen in Frage, nämlich Barcelona und Girona.

Flughafen Girona: Aeroport Girona (GRO), die bessere Wahl, da wesentlich näher an dor Costa Brava gelegen. Gute Infostelle, ✆ 972 186708, Flughafeninfo ✆ 972 186600, www.aena.es. Es besteht eine Busverbindung (ca. 2,20 €) zum Bahnhof/Busbahnhof in Girona, außerdem Verbindungen u. a. nach Tossa, Lloret, Blanes und Roses. Zeiten unter www.sagales.com und www.sarfa.com.

Flughafen Barcelona: Barcelona wird überwiegend von Linienfluggesellschaften angeflogen, doch gibt es auch Lowcost- und Charterflüge. Nachteil des Flughafens Barcelona ist die deutlich längere Anreisezeit zur Costa Brava (Busverbindungen ab Busbhf. unter www.renfe.com auch mit den Renfe-Cercanías bzw. -Rodalies der Linie C1). Die öffentlichen Verkehrsverbindungen ins Zentrum sind allerdings gut – Details im Kapitel zu Barcelona.

● *Transport von Fahrrad und Sportgepäck* Prinzipiell bei jeder Airline möglich. Der Transport von Fahrrädern und Sportartikeln ist bei vielen Low-Cost-Carriern relativ preisgünstig, für ein Fahrrad oder ein Surfboard sind meist 20–25 € zu rechnen. Bei Linienfliegern sind die Regelungen unterschiedlich. In jedem Fall ist es sehr ratsam, Sondergepäck schon vor der Buchung anzumelden. Gute Verpackung ist zu empfehlen: ausgediente Fahrradkartons z.B. gibt es oft gratis beim Fahrradhändler; Pedale nach innen, Lenker verdrehen etc.

Dicht an dicht: Parkplatznot am Strand

Unterwegs an der Costa Brava

Das engmaschige Verkehrsnetz der Costa Brava macht es leicht, die Küste und das Hinterland zu entdecken.

Die Straßen sind überwiegend gut, die Busverbindungen ebenfalls, es gibt ein ausreichendes Angebot an Mietfahrzeugen, Taxis und eine große Flotte von Ausflugsschiffen. Aber auch Radfahrer und Wanderer kommen auf ihre Kosten.

Mit Auto oder Motorrad

Die Fahrweise der Katalanen ist gelassener, als mancher vielleicht vermutet. Man fährt zwar flott, aber in aller Regel fair.

In den Großstädten Girona und Barcelona stellt ein Auto allerdings nur eine Last dar, ist stark aufbruchgefährdet und ohne realistische Chance auf einen normalen, gebührenfreien Parkplatz.

▸ **Autobahnen**: Die *Autopista AP 7* verläuft von der Grenze über Girona nach Barcelona und ist der Hauptzubringer zur Costa Brava. Am südlichen Ende der Küste beginnt bei Blanes die A 19, die ebenfalls nach Barcelona führt. Spanische Autobahnen sind gebührenpflichtig und derzeit die teuersten Europas. Motorradfahrer dürfen sich doppelt ärgern – sie werden mit dem gleichen Tarif zur Kasse gebeten wie Pkw-Fahrer und sogar Wohnmobilisten. Die Bezahlung der Maut mit gängigen Kreditkarten ist an allen Schaltern möglich. An manchen Stationen bestehen schnellere Extraspuren mit Zahlautomaten, die allerdings mit exakten Beträgen gefüttert werden wollen.

▸ **Unfall/Panne**: Bei kleineren Schäden einigt man sich in Spanien gern ohne Polizei und in bar; sehr zu empfehlen, denn das Recht geht hier verschlungene Wege.

Bei ernsthaften Beschädigungen Polizei holen, Namen und Anschrift, auch die Versicherungsnummer des Unfallgegners notieren sowie die Adressen etwaiger Zeugen; Fotos der Unfallstelle machen. Mitglieder von Automobilclubs sollten unbedingt ihre Notrufstationen konsultieren. Wieder in der Heimat, geht es an die Abwicklung des Schadens. Dabei hilft der Kontakt mit dem von der eigenen

Besonderheiten und Verkehrsbestimmungen in Spanien

• *Höchstgeschwindigkeiten* Innerorts 50 km/h, außerorts 90 km/h (Wohnmobile 70 km/h), auf autobahnähnlichen Straßen 100 km/h (WoMo 80 km/h), Autobahnen 120 km/h (WoMo 90 km/h). Mit Anhänger auf Landstraßen 70 km/h, auf autobahnähnlichen Straßen und Autobahnen 80 km/h.

• *Besonderheiten* An **Fahrzeugpapieren** benötigt man Führer- und Fahrzeugschein; die Grüne Versicherungskarte wird dringend empfohlen.

Kreisverkehre sind in Spanien viel häufiger als bei uns. Der Kreisverkehr hat immer Vorfahrt.

Linksabbiegen von Fernstraßen: Auf Überlandstraßen muss zum Linksabbiegen oft erst nach rechts abgebogen und die gerade verlassene Straße dann hinter einem Stoppschild auf direktem Weg überquert werden.

Linkseinbiegen in Fernstraßen: Ebenso ungewohnt – vielfach gibt es nach dem Linkseinbiegen zunächst eine Beschleunigungsspur, die links (!) von der eigentlichen Fahrspur verläuft. Durchgezogene Linien nicht überfahren!

• *Tanken* Die Benzinpreise an Tankstellen differieren wenig. Diesel nennt sich „gasoleo", Bleifrei mit 95 Oktan „gasolina sin plomo" und ist flächendeckend verfügbar.

• *Verkehrsverstöße/Strafen* Die Strafen für Verkehrsvergehen liegen in Spanien weit höher als bei uns. So kostet Halten auf der Fahrbahn außerorts rund 200–400 €, eine Geschwindigkeitsüberschreitung um 20 km/h mindestens 90 € usw. Die Strafen sind sofort zu zahlen, andernfalls wird der Wagen sichergestellt. Achtung zudem, Bußgelder ab 70 € dürfen seit 2009 EU-weit eingetrieben werden, wahrscheinlich sogar rückwirkend. Bei extremen Überschreitungen (z.B. 110 km/h in Ortschaften, mehr als 1,2 Promille) ist auch Haft möglich.

Jeder Unfallbeteiligte ist verpflichtet, sich einem Alkohol- und Drogentest zu unterziehen. Das Fahren mit Kopfhörern (Walkman etc.) ist verboten, ebenso die Benutzung von Handys und Headsets während der Fahrt – Ausnahme: „echte" Freisprechanlagen, die keine elektromagnetischen Störungen verursachen. Bei Unfällen, Pannen etc. außerorts muss beim Verlassen des Fahrzeugs eine reflektierende Warnweste getragen werden, beim Tanken müssen Motor, Licht, Musikanlage und auch das Handy ausgeschaltet sein. . Für Kinder unter drei Jahren sind Babysitze vorgeschrieben. Nach hinten überstehende Ladung muss mit einer genormten Warntafel gesichert sein. Sehr empfohlen wird die Mitnahme der Grünen Versicherungskarte sowie einer Box mit Reserve-Glühlampen.

Promillegrenze: 0,5; für Berufskraftfahrer und Fahranfänger, die ihren Führerschein noch keine zwei Jahre besitzen, gilt sogar 0,3. Die Kontrollen sind strikt, die Strafen hoch. **Höchstgeschwindigkeit für Pkw**: Innerorts 50 km/h, außerorts 90 km/h, auf autobahnähnlichen Straßen 100 km/h, Autobahnen 120 km/h. WoMos oder Pkw mit Anhänger auf Landstraßen 70 km/h, auf autobahnähnlichen Straßen 80 km/h und auf Autobahnen 90 km/h.

Überholverbot: 100 m vor Kuppen und auf Straßen, die nicht mindestens auf 200 m zu überblicken sind.

Abschleppen durch Privatfahrzeuge ist verboten!

Gurtpflicht/Helmpflicht besteht sowohl inner- wie außerorts.

Reservekanister im Auto sind verboten.

Warndreiecke: Ausländische Fahrzeuge benötigen nur ein Warndreieck, Autos mit einheimischen Kennzeichen jedoch zwei – das gilt auch für Mietwagen!

Haftpflicht benannten Schadensregulierer in Spanien, der sich mit der Versicherung des Unfallgegners in Verbindung setzen muss; den jeweils zuständigen Beauftragten nennt der *Zentralruf der Autoversicherer* unter der Telefonnummer 0180 25026. Mittlerweile darf man als Geschädigter die Versicherung des Unfallgegners übrigens auch im Heimatland verklagen, wenn auch nach dem Recht des Unfall-Landes.

• *Notrufnummer*: ☎ **112**, eine einheitliche Rufnummer für Feuerwehr, Ambulanz und Polizei.

• *ADAC-Notrufstationen* **Deutschland** (rund um die Uhr): ☎ 0049 89 767676. **Spanien**: Barcelona, ☎ 935 082828.

• *Abschleppwagen/Werkstatt* **La Grúa** heißt der Abschleppwagen, die Werkstatt nennt sich **Taller de reparaciones**.

• *Pannenhilfe* **(Auxilio en carretera)**: ☎ 902 300505. Ansprechpartner ist der spanische Automobilclub RACE.

▶ **Parken**: In Großstädten grundsätzlich ein heikles Kapitel. Auch aus Sicherheitsgründen ist es empfehlenswert, Parkhäuser oder bewachte Parkplätze anzusteuern, beide durch weißes „P" auf blauem Grund gekennzeichnet.

Gelb markierte Bordsteine: Parkverbot, alternativ (oder gleichzeitig) auch durch die bei uns üblichen Schilder angezeigt.
Blau markierte Bordsteine: Gebührenpflichtige Parkzone. An der nächsten Ecke steht ein Automat, den man je nach vorgesehener Parkdauer mit Münzen füttert; die Quittung gehört für den Parkwächter gut sichtbar unter die Windschutzscheibe. Auf dem Automaten stehen auch die Zeiten, in denen bezahlt werden muss; gebührenfrei parkt man, von Strandorten abgesehen, meist sonntags, nachts und zur Siesta-Zeit. Wer einen Strafzettel bekommen, seine Parkzeit aber nur kurz (bis zu einer Stunde) überzogen hat, kann die Option „Anulación Denuncia" nutzen: Am Parkautomat den grünen Knopf „AD" drücken, ermäßigte Strafe bezahlen und das erhaltene Ticket samt der Anzeige zusammengefaltet in den Briefschlitz am Automaten werfen – die Sache ist damit erledigt.
La Grúa, der spanienweit gefürchtete Abschleppwagen, kommt schnell im Parkverbot und, bei längerer Überschreitung der Parkzeit, auch in den blauen Zonen. Wer einen **Strafzettel** an der Scheibe findet, kann die Bezahlung dafür nicht mehr „vergessen", wie das früher gängige Praxis war, gilt seit 2009 doch ein EU-Abkommen zur europaweiten Eintreibung von Geldstrafen und -bußen ab 70 €. Und die spanischen Tarife sind hoch: Verbotenes Parken kann bis zu 90 € kosten.

▶ **Diebstahl**: Der Pkw selbst ist nicht gefährdeter als bei uns; Vorsichtige sichern ihn durch eine Zusatzsperre am Lenkrad. Autoaufbrüche dagegen sind in vielen Gebieten zur echten Plage geworden. Deshalb nichts, aber auch gar nichts im

Auto lassen: Radio raus, Handschuhfach und, wo vorhanden, die Heckablage öffnen – die Chancen auf eine eingeschlagene Fensterscheibe stehen sonst gut. Das gilt nicht nur für Großstädte, sondern auch für Touristenorte, Strandparkplätze etc. Bei Verlassen des Fahrzeugs immer den Zündschlüssel abziehen!

• *Diebstahl auf der Autobahn* Seit einigen Jahren in den Schlagzeilen sind Banden, die vor allem auf der A 7 Urlauber überfallen. Das System ist fast immer das gleiche: Durch aufgeregte Handzeichen werden Urlauber auf einen angeblichen (oder von den

Banden vorher verursachten) Defekt am Fahrzeug aufmerksam gemacht und an den Pannenstreifen gelockt. Steht der Wagen erst einmal, haben die Diebe leichtes Spiel.

Seien Sie in solchen Fällen also misstrauisch, halten Sie möglichst nicht an und überprüfen Sie Ihr Fahrzeug lieber erst an der nächsten Raststätte.

Mietwagen

Vermieter finden sich in den meisten Küstenorten, zu erfragen bei den Fremdenverkehrsämtern. Es lohnt sich, mehrere Agenturen abzuklappern und die Preise zu vergleichen, denn die Unterschiede sind oft beträchtlich.

Wer schon zuhause weiß, wann genau er den Wagen benötigt, sollte möglichst ab der Heimat buchen. Das ist meist preisgünstiger als die Miete vor Ort, zudem hat man die Garantie, dass auch wirklich das Auto der Wahl verfügbar ist – in der Hochsaison kann es sonst schon mal eng werden.

• *Konditionen* Mindestalter in der Regel 21 Jahre, Führerschein mindestens 1 Jahr alt; Mindestmietdauer 3 Tage. Die Angebote beinhalten meist unbegrenzte Kilometer und – wichtiger Unterschied zur Anmietung in Spanien – auch alle Steuern. Daran gemessen, können sich die Preise internationaler Vermieter schon sehen lassen: Richtwert für eine Woche kleinste Kategorie zur NS ca. 150-220 €. Vollkaskoversicherung, Insassenversicherung und die Deckungssummen der Haftpflicht werden unterschiedlich gehandhabt: beim Preisvergleich auch darauf achten.

• *Vermittler* **www.billiger-mietwagen.de** vergleicht die Preise von Vermittlern wie www.holidayautos.de, www.cardelmar.com etc. Alle vermitteln sie vorab Mietverträge, die dann mit einem lokalen Vermieter abgeschlossen werden; die Preise liegen dabei in aller Regel deutlich unter denen einer Direktmiete. Beim Vergleich auch auf Details wie Gerichtsstand, Tankregelung (Rückgabe mit vollem Tank ist günstiger als der Ankauf einer Tankfüllung bei Anmietung und Abgabe mit leerem Tank), Selbstbehalt der Vollkaskoversicherung usw. achten.

Zum Vergleich einige weitere Internet-Vermittler: www.spanien-mietwagen.com, www.doyouspain.com, www.carjet.com, alle drei von Lesern empfohlen. Auch viele Reisebüros vermitteln Mietwagen in Spanien; ratsam, auch hier genau auf die Vertragsbedingungen zu achten.

▶ **Konditionen bei der Miete vor Ort:** Immer auf das Kleingedruckte achten. Nur selten werden Endpreise angeboten! Die meisten Prospekte und Verträge werden zweisprachig, in Spanisch und Englisch, abgefasst.

• *Mietwagen* Zwei Grundvarianten von Verträgen sowie diverse Rabattformen.

Miete mit Kilometergeld („mas kilómetros"): Nicht mehr so häufig angeboten wie früher. Hier wird ein günstiger Grundpreis angesetzt sowie eine Gebühr für jeden gefahrenen Kilometer fällig. 100 Tageskilometer werden jedoch meist grundsätzlich berechnet, auch wenn man sie nicht gefahren ist.

Inklusiv-Tarif („kilometraje ilimitado"): Heute fast die Regel. Gelegentlich wird der Inklusiv-Tarif auf lokale Benutzung beschränkt, ein schwammiger Begriff, den man mit dem Vermieter besser genau klärt.

Achtung: Zu den von den Vermietern genannten Preisen ist fast immer noch die spanische Mehrwertsteuer IVA zu addieren, im Fall Mietwagen 16 %.

Versicherung („Seguro"): Im Preis meist – aber nicht immer – enthalten sind Haftpflicht („responsabilidad" – auf Deckungssummen achten), Kautionsgebühren und ein gewisser spanischer Rechtsschutz sowie Diebstahl- und Feuerversicherung. Extra zu zahlen, jedoch nicht obligatorisch, sind Vollkasko- und Insassenversicherung.

Weitere Bedingungen: Bei Pkw-Vermietung üblicherweise Mindestalter 21 Jahre, Führerschein mindestens ein Jahr alt. Kaution („Deposito") in Höhe von 20 % der Mietsumme. Bei Zahlung mit Kreditkarte ist in der Regel keine Kaution nötig.

• *Mietmotorräder* sind seltener zu finden als Mietwagen, in den größeren Touristenorten gibt es jedoch meist einen oder sogar mehrere Anbieter. Die Preise liegen in der Regel höher als die Tarife für Autos. Beim Führerschein wird dieselbe Klasse vorausgesetzt wie bei uns.

Öffentliche Verkehrsmittel

▸ **Bahn**: Entlang der Costa Brava spielt der Zug keine wichtige Rolle, da die Linie Port Bou-Barcelona sich bereits hoch im Norden von der Küste landeinwärts wendet und diese erst im äußersten Süden erreicht. Interessant ist die Bahn deshalb in erster Linie, um Ausflüge nach Figueres, Girona und Barcelona zu unternehmen.

▸ **Bus**: An der Costa Brava das öffentliche Verkehrsmittel Nummer eins, zuverlässig und preisgünstig. Größere Ortschaften besitzen meist einen Busbahnhof, in kleineren Siedlungen gibt es dagegen meist nur eine Haltestelle, die nicht immer deutlich gekennzeichnet ist. Gekauft wird das Ticket dann im Bus, über die Abfahrtszeiten weiß in der Regel die nächstgelegene Bar Bescheid. Die mit Abstand wichtigste Busgesellschaft der Costa Brava ist SARFA; in den meisten Gebieten besitzt sie praktisch ein Monopol. Das Liniennetz ist insgesamt gesehen gut, mit Ausnahme einer ärgerlichen Lücke auf der nur im Hochsommer (und auch das nicht immer) bedienten Strecke zwischen Sant Feliu de Guíxols und Tossa de Mar; zur Reisesaison kann man hier aufs Schiff ausweichen, im Winter bleibt nur der Umweg über Girona.

● *Achtung* **An Sonn- und Feiertagen**, teilweise auch an Samstagen, verkehren die Busse deutlich seltener, auf manchen Strecken überhaupt nicht. Das gilt ebenso während des Winterfahrplans. Unsere Angaben beziehen sich auf Werktage im Sommerhalbjahr, zur Hochsaison von etwa Mitte Juli bis Ende August sind oft noch zusätzliche Busse unterwegs.

Fahrpläne sind an den Busbahnhöfen und in den Fremdenverkehrsämtern erhältlich, aber auch im Internet: **www.sarfa.es**. Die Websites einiger weiterer, meist nur regional tätiger Busgesellschaften der Costa Brava: **www.ampsa.org**, **www.teisa-bus.com**, **www.transpujol.com**.

Taxi: Taxistände gibt es vor allem in größeren Orten oder wichtigen Touristenzentren, in letzteren oft nur zur Saison. In kleineren Dörfern kann man sich in der nächsten Bar ein Taxi rufen lassen. Innerorts sind Taxis günstiger als bei uns, außerorts jedoch recht teuer – ratsam, in diesem Fall den Fahrpreis vorab zu klären.

In vielen Orten unterwegs: „Touristenzug" für die Straße

Andere Sicht der Dinge: Ausflugsschiffe erschließen die Küste

Costa Brava – Reisepraktisches

Schiffsausflüge

Ab fast jedem größeren Urlaubsort finden zur Sommersaison Ausflugsfahrten per Schiff statt. Die Costa Brava vom Meer aus zu sehen, kann die Tour durchaus wert sein, insbesondere auf den Fahrten entlang der Steilküsten am Cap de Creus, zwischen L'Escala und L'Estartit, um die Medes-Inseln und zwischen Sant Feliu de Guíxols und Tossa de Mar. Manche der Schiffe haben einen Glasboden, durch den man die Unterwasserwelt beobachten kann; oft verspricht die Aufmachung der Werbung hier allerdings mehr, als die Realität dann hält. Ebenfalls angeboten werden feuchtfröhliche „Piratenfahrten" mit reichlich Sangría – Geschmackssache.

• *Informationen* Auf die möglichen Touren wird in den einzelnen Ortsbeschreibungen verwiesen; über das komplette Angebot, Zeiten und Preise informieren die Fremdenverkehrsämter. An vielen Häfen und Ortsstränden stehen auch Kioske der Betreiber.

Mit dem Fahrrad an der Costa Brava

Wenn man sich das richtige Revier aussucht, können Radtouren an der Costa Brava viel Spaß machen. Günstige Reisezeiten sind das Frühjahr und der Herbst, im Hochsommer wird es oft unangenehm heiß.

Ein schönes Gebiet für gemütliche Touren ist z. B. die Region zwischen Sant Pere Pescador und Platja de Pals; hier gibt es viele kleinere Straßen und die Höhenunterschiede sind auch im Hinterland recht gering. Wer die gesamte Costa Brava entlang radeln will, muss sich auf einige anspruchsvollere Passagen einstellen. Der Norden bis Roses ist landschaftlich sehr reizvoll, doch wartet dort eine Reihe herber Steigungen, verkehrsreiche Straßen lassen sich zudem kaum vermeiden. Südlich von Palafrugell bietet sich ein ähnliches Bild; besonders

Schwer bepackt: Immer mehr Urlauber entdecken die Küste per Rad

zwischen Sant Feliu und Lloret de Mar gibt es praktisch keine Alternative zur allerdings sehr schönen Küstenstraße. Autofrei ist hingegen die Fahrradstrecke „Carril bici", die vom weit im Inland gelegenen Städtchen Olot über Girona bis nach Sant Feliu führt und entlang einer ehemaligen Bahnlinie angelegt wurde. Ambitionierte Mountainbiker, die auch gern mal Sandpisten unter die Räder nehmen (und dabei hoffentlich auf Wanderer achten), finden z. B. um das Cap de Creus und um Tossa de Mar, mit Einschränkungen auch auf dem Höhenzug zwischen L'Escala und L'Estartit gute Möglichkeiten.

Generell ist eine gute Karte (siehe Kapitel „Wissenswertes von A bis Z", Stichwort „Karten"), auf der auch kleine Sträßchen und Sandpisten eingezeichnet sind, sehr nützlich. Zudem empfiehlt es sich, die Tour möglichst nicht gerade in die Hauptreisezeit zu legen, da dann die Verkehrsbelastung natürlich stark ansteigt.

● *Fahrradtransport* Zum Fahrradtransport nach Spanien siehe im Anreisekapitel.

● *Fahrradverleih* In fast allen größeren Ferienorten finden sich Vermieter, die manchmal allerdings nur zur Hochsaison arbeiten; Adressen über das jeweilige Fremdenverkehrsamt. Besonderer Beliebtheit erfreut sich auch in Spanien das Mountainbike, „Bicicleta Todo Terreno" (All-Gelände-Rad) genannt und BTT abgekürzt.

● *Verkehrsvorschriften* Ob die Polizei die einzelnen Vorschriften auch überall durchsetzt, mag eine andere Frage sein, darauf einstellen sollte man sich vorsichtshalber jedoch.

Helmpflicht besteht grundsätzlich außerhalb geschlossener Ortschaften. Spanien ist damit das einzige Land in der EU, das Radfahrer zum Helm zwingt.

Reflektierende Kleidung ist außerhalb geschlossener Ortschaften ebenfalls vorgeschrieben.

Verboten sind Fahrradanhänger, auch für den Transport von Kindern. Gestattet ist die Mitnahme von Kindern nur auf einem Kindersitz, der sinnigerweise am Lenker befestigt sein muss. Ebenfalls verboten ist es, an stehenden Kolonnen (z. B. vor Ampeln) rechts vorbeizufahren.

Promillegrenze: 0,5 Promille gelten auch für Radfahrer.

Wandern an der Costa Brava

Wanderziel Costa Brava? Aber sicher! Dem Wanderer erschließt sich eine ganz andere, ursprüngliche Küste, manchmal nur ein paar Schritte von den Ferienzentren entfernt.

Etwas Wandererfahrung fordern die meisten Touren schon: Die schönsten Wandergebiete sind bergig, ihre Pfade steinig, nicht immer leicht zu finden und längst nicht überall schattig. Bei längeren Wanderungen ist deshalb ein guter Orientierungssinn nötig, denn die erhältlichen Karten sind nicht immer aktuell, Markierungen nicht überall vorhanden und gelegentlich sogar irreführend. Etwas Kondition und Ausdauer sollte man ebenfalls mitbringen. Dann belohnt die Costa Brava den Wanderer mit ihren versteckten, oft nur über Pfade erreichbaren Buchten, mit den ausgedehnten Blumenteppichen des Frühjahrs, den schattigen Schluchten, einsamen Kirchlein und weiten Ausblicken. Schöne Wanderreviere finden sich überall dort, wo das Hinterland bergig und möglichst unbewohnt ist. Feriensiedlungen und deren Zufahrtsstraßen, die oft uralte Pfade überdecken, sind deshalb der größte Feind des Wanderers, gefolgt von Grundstückseigentümern, die ihren Besitz manchmal von heute auf morgen für den Durchgang sperren.

Gut markiert: GR 92 zwischen Cadaqués und Roses

• *Wanderwege* Zwei Sorten von Wegen bieten sich für Wanderungen an der Küste und im Hinterland besonders an. Beide bilden auch den Grundstock für viele in diesem Buch vorgestellte Routen.

Senders de Gran Recorregut (GR): Hierbei handelt es sich um Fernwanderwege, deren Netz sich auch über die Costa Brava erstreckt. GR-Wege sind in der Regel gut in Schuss gehalten und intelligent markiert. Leider ändert sich ihr Verlauf gelegentlich, vor allem durch die Sperrung von Privatgrundstücken. Achten Sie im Zweifel auch darauf, ob die Markierung frisch ist.

Markierung der Fernwanderwege: Alle Fernwanderwege sind weiß-rot markiert.

Weißer Balken über rotem Balken: Sie sind auf dem richtigen Weg.

Kreuz aus weißem und rotem Balken: falscher Weg – hier nicht entlang!

Weißer Balken über rotem Balken, darüber ein weißer Schrägbalken: Abzweigung folgt. Ein eher seltenes Zeichen.

Camís de Ronda: In früheren Zeiten überzog die spanischen Küsten ein Netz von Pfaden, auf denen Streifen der Polizeitruppe Guardia Civil nach Schmugglern und anderen dunklen Elementen Ausschau hielten. Viele dieser Wege blieben bis heute erhalten oder wurden wieder restauriert. Küstenwege decken generell jede einzelne Bucht ab, weshalb die Distanzen oft deutlich größer sind als etwa auf einer parallel verlaufenden Straße – wer nur schnell von einem Ort zum anderen möchte, hält sich deshalb besser an den Asphalt. Andererseits bleibt dem Wanderer auf einem Camí de Ronda auch kein Winkel und kein noch so versteckter Strand der Küste verborgen – fast immer lohnt es sich, Badesachen im Gepäck zu haben.

• *Jahreszeiten* Das Frühjahr, wenn viele Gebiete in Blüte stehen, stellt sicher die beste Wanderzeit dar. Von den sehr heißen Monaten Juli und August ist eher abzuraten; wer dennoch zu dieser Zeit wandern möchte, sollte zumindest sehr früh am Tag starten. Der Herbst ist klimatisch wieder günstiger, die Vegetation dann allerdings karger; die Tage sind deutlich kürzer. Im Winter regnet es häufig.

• *Vorsichtsmaßnahmen* Wandern Sie möglichst nie allein – die Costa Brava ist zwar kein Hochgebirge, in entlegenen Gebieten (es gibt sie!) kann jedoch schon ein verstauchter Knöchel zu unangenehmen Situa-

Versteckt: Manch kleine Bucht ist nur zu Fuß zu erreichen

tionen führen. Gehen Sie nur bei guten Wetterverhältnissen und beginnen Sie Ihren Wandertag früh: Zum einen ist dies mit die schönste Zeit des Tages, zum anderen bringt es Sicherheit, wenn mit aufkommender Mittagshitze schon ein großer Teil der Strecke geschafft ist. Achten Sie auf die richtige Ausrüstung – wandern Sie nie ohne entsprechend angepasste Kleidung und Schuhwerk, ohne Sonnenschutz und ausreichenden Trinkwasservorrat!

• *Basisausrüstung* Viele Wegstrecken sind steinig und steil – knöchelhohe und gut eingelaufene (!) Wanderschuhe mit fester Profilsohle sind deshalb dringend zu empfehlen. Ab und an muss stachelige Macchia durchquert werden, wobei eine lange Hose aus festem Stoff gute Dienste leistet. Nicht zu vergessen: Sonnenschutzmittel, -brille und eine Kopfbedeckung, ein Rucksack, für Notfälle und plötzliche Wetterwechsel eine leichte, regendichte Jacke.

• *Verpflegung* Zum Essen nur das Nötigste, jedoch reichlich (!) Wasser mitnehmen. Nur selten finden sich unterwegs Quellen, die auch nicht immer Trinkwasser führen.

• *Vorgestellte Touren* In diesem Buch finden Sie eine Reihe von Wanderbeschreibungen inklusive Routenskizzen, die natürlich keine großformatigen Wanderkarten ersetzen können. Ebenso ist es im Rahmen eines Reiseführers schon aus Platzgründen unmöglich, haarklein jedes Detail einer Wanderung durch raues Gelände zu beschreiben; selbst bei kürzeren Touren wären dafür jeweils mehrere Seiten erforderlich. Bei einigen Wanderungen ist also etwas Orientierungssinn gefragt, doch sind auch eine Reihe von leichteren Wegen mit eindeutiger Wegeführung vorgestellt. Falls Sie jedoch einmal nicht sicher sein sollten, sich auf dem richtigen Weg zu befinden, kehren Sie besser um. Gehen Sie nicht das Risiko ein, sich in weglosem Gelände zu verlaufen! Die angegebenen Wanderzeiten, die keine Pausen beinhalten, sind natürlich nur als Richtwerte zu verstehen, mancher geht eben schneller, mancher langsamer. Bereits nach kurzer Zeit jedoch werden Sie unsere Angaben in die richtige Relation zu Ihrem Wandertempo setzen können.

• *Wanderkarten* Die erhältlichen Karten sind leider nicht für alle Gebiete aktuell. Dennoch sollte man zumindest bei größeren Touren nicht auf sie verzichten. Details im Kapitel „Wissenswertes von A-Z", Stichwort „Karten".

Übernachten

Das Angebot an Hotels und Pensionen ist gut, viele Häuser sind jedoch nur zur Saison geöffnet. Dies gilt auch für die zahlreichen Campingplätze der Costa Brava, die zu den besten Spaniens zählen.

Fast immer sind die Quartiere gepflegt und entsprechen zeitgemäßen Standards. Schwierigkeiten bei der Hotelsuche können sich für Individualreisende besonders zur Hauptreisezeit zwischen Mitte Juli und Anfang September ergeben; mancher Ferienort ist auch vor und nach dieser Periode gut gebucht. Dies gilt besonders für die sogenannten „Puentes" (Brücken) an denen ein günstig gelegener Feiertag ein langes Wochenende möglich macht. Wer Probleme hat, eine Unterkunft zu finden, wendet sich am besten an die örtliche Touristeninformation, die immer Bescheid weiß, wie und wo sich noch freie Zimmer finden. Viele Ferienhotels haben ab Ende Oktober bis in den April oder Mai hinein geschlossen. Wir geben bei den Hotelbeschreibungen nach Möglichkeit die Öffnungszeiten mit an; wo kein Vermerk vorhanden ist, hält die Unterkunft in der Regel ganzjährig geöffnet. Wer im Winter Urlaub an der Costa Brava macht, sollte darauf achten, dass eine Heizung vorhanden ist und diese vor allem auch funktioniert: Die feuchte Kälte, die dann in manchen einfachen Quartieren herrscht, kann sehr unangenehm werden.

> **Ein Rat für Reisende zur Hochsaison**: Überlegen Sie, besonders als Autofahrer, ob Sie sich nicht eine einfache Campingausrüstung für Notfälle mitnehmen – auf Campingplätzen findet sich fast immer noch ein freies Eck. Sie brauchen im Sommer an der Küste nicht mehr als ein kleines Zelt, einfache Schlafsäcke und Luftmatratzen oder Isoliermatten. Wer weiß, vielleicht finden Sie ja sogar Gefallen am Leben „open-air"...

▸ **Hotel-Klassifizierung**: Die Einstufung der spanischen Unterkünfte wird von den örtlichen Behörden vorgenommen. Doch ist die Zahl der Sterne nicht unbedingt aussagekräftig, da sie sich vor allem an bestimmten Ausstattungsdetails wie Radio/ TV im Zimmer, dem Vorhandensein eines Aufzugs und dergleichen orientiert. Ein Einsternhotel kann ohne weiteres besser möbliert und moderner sein als der Nachbar in der Dreisternklasse. Auch eine besonders schöne Architektur oder Lage oder eine herausragend freundliche Atmosphäre werden von diesem System natürlich nicht erfasst.

● *Hotel/Hotel-Residencia (H/HR)* Diese Kategorie entspricht in etwa unseren Hotels, die Spanne liegt zwischen einem und fünf Sternen. Das breite Angebot reicht vom sterilen 250-Betten-Klotz in Stahlbeton bis zum familiären Traditionshotel. Hotel-Residencias sind Garni-Hotels, bieten also mangels Restaurant nur Frühstück an, doch ist diese Zusatzbezeichnung anscheinend im Aussterben begriffen.

● *Pensió (P)* Etwa mit unseren Gasthöfen oder Pensionen vergleichbar und manchmal inoffiziell auch als „Hostal" benannt, Kategorie zwischen einem und drei Sternen. Obwohl in den meisten Küstenorten vertreten, sind sie an der Costa Brava etwas seltener und meist auch etwas teurer als in manch anderer Region Spaniens. Vom Komfort, aber auch von den Preisen her rangieren Pensionen in der Regel unter den Einsternhotels, wobei es sich dennoch um sehr freundliche und angenehme Quartiere handeln kann.

● *Übernachtungs-Tipps für Individualreisende* **Unterkunftsverzeichnisse** informieren über Adressen, Preise, Standard und Öffnungszeiten. Die jährlich neu aufgelegte Broschüre „Hoteles, Campings, Apartamentos"

Campers Traum: Platz bei Tossa de Mar

verzeichnet nahezu alle Hotels, Zweistern-Pensionen und Campingplätze der Provinz Girona und damit der Costa Brava; Einstern-Pensionen sind leider nicht aufgeführt. Erhältlich ist das Heft in größeren Fremdenverkehrsämtern vor Ort und bei den Auslandsvertretungen. Im spezialisierten spanischen Buchhandel und in den Fremdenverkehrsämtern mancher größerer Städte kann man sich für 6 € den offiziellen Hotelführer „Hotels de Catalunya" besorgen, der auch Einstern-Pensionen auflistet, bei den Preisangaben aber Lücken aufweist. Zusätzlich verfügen die örtlichen Infostellen meist über eine Liste der Quartiere ihres Zuständigkeitsbereichs.

Preise: Die Mehrwertsteuer IVA von 7 % ist nicht immer inklusive („incluido"), sondern wird manchmal erst bei Erstellen der Rechnung aufgeschlagen. Die in diesem Führer genannten Preise beziehen sich auf die individuell gebuchte Übernachtung im Doppelzimmer (DZ) und auf die reguläre Hochsaison (HS) und Nebensaison (NS). Sie orientieren sich an den offiziellen Angaben, was nicht ausschließt, dass mancher Betrieb in der Nebensaison mit sich handeln lässt oder sogar von sich aus weniger fordert.

Beschwerden: Jeder Beherbergungsbetrieb muss Beschwerdeformulare („Hojas de Reclamación") zur Verfügung stellen; meist verhilft schon die Frage danach zur gütlichen Einigung. Falls nicht: Die Beschwerdeformulare dürfen auch auf Deutsch ausgefüllt werden. Der Wirt erhält nur den rosa Durchschlag, das weiße Original kann z.B. im Fremdenverkehrsamt abgegeben werden und den grünen Durchschlag behält der Reisende. Schon die Drohung mit dem Gang zum Fremdenverkehrsamt zieht fast immer.

Singles haben es oft schwer in Spanien: Nicht jeder Beherbergungsbetrieb verfügt über Einzelzimmer. Wo vorhanden, muss man in etwa mit 70 Prozent des Doppelzimmerpreises rechnen. Ob Doppelzimmer verbilligt als Einzelzimmer abgegeben werden, steht allerdings im Ermessen des Hoteliers.

Reservierungen: Um keine üblen Überraschungen zu erleben, empfiehlt sich auch bei flexibler Reisegestaltung zumindest ein Anruf am Vortag. Vor allem Häuser der Dreisternklasse aufwärts sind manchmal günstiger, wenn sie, auch in derselben Stadt, in einem Reisebüro gebucht werden. Über Hotelportale wie www.hrs.de, www.hotel.de oder www.booking.com lassen sich ebenfalls schon mal Schnäppchen machen, nicht zuletzt auch über die Internetseiten vor allem höherklassiger (Ketten-) Hotels selbst.

▶ **Andere Unterkünfte**: Apartments und Ferienhäuser sind reichlich vorhanden, Jugendherbergen hingegen sehr rar.

• *Apartments und Ferienhäuser* Besonders für Familien mit kleinen Kindern sind Apartments eine feine Sache, speziell der eigene Herd ist Goldes wert. Vor Ort auf eigene Faust ein Apartment oder Ferienhaus zu suchen, ist über Reisebüros und Immobilienagenturen möglich. In kleineren Dörfern können sich Anfragen in Bars und Geschäften lohnen, seltener verweist auch ein Schild „Apartamentos" auf einen Vermieter. Zur HS, wenn auch die Preise kräftig ansteigen, wird man bei der Suche vor Ort jedoch oft nur ein bedauerndes Lächeln ernten. Dann ist Vorausbuchung geraten, entweder über einen der vielen Reiseveranstalter, die neben Hotels auch Apartments und Ferienhäuser im Programm haben oder von privat, z. B. über die Kleinanzeigen im Reiseteil überregionaler Zeitungen. Übrigens vermieten auch viele Campingplätze mehr oder minder komfortable Bungalows.

• *Zwei Veranstalter/Vermittler* **Terraviva**, Scheffelstraße 4A, 76275 Ettlingen, ☎ 07243/30650, ✆ 07243/537677, www.terraviva.com. **www.fewo-direkt.de** vermittelt online zahlreiche Objekte an der Costa Brava.

• *Jugendherbergen* An der Costa Brava und in ihrem direkten Hinterland gibt es gerade mal vier Jugendherbergen, die in Llançà (private JH), bei L'Escala, in Girona und in Banyoles am gleichnamigen See liegen. In Barcelona ist die Auswahl größer. Spanische Jugendherbergen sind oft von Gruppen belegt; rechtzeitige Anfrage empfiehlt sich grundsätzlich. Website: www.xanascat.cat.

Camping

Die Costa Brava ist Camper-Hochburg, die Auswahl an Plätzen ausgesprochen vielfältig. Gleichzeitig zählen die hiesigen Campingplätze zu den am besten ausgestatteten Südeuropas.

Viele Plätze bieten Swimmingpool, Sportmöglichkeiten und andere Extras bis hin zu Kinderbetreuung und Animation. Klassifiziert sind sie nach folgenden Kategorien: Luxus (nur ein Platz bei Platja de Pals); 1. Kategorie (meist auch sehr gut ausgestattet); 2. Kategorie (Durchschnitt), 3. Kategorie (ziemlich selten, magere Ausstattung). Alle Plätze müssen ein Depot zur Abgabe von Wertsachen unterhalten.

▶ **Öffnungszeiten**: Im Gegensatz zu den weiter südlich gelegenen Regionen Spaniens halten an der Costa Brava nur wenige Plätze ganzjährig geöffnet. Zwischen Anfang Juni und Mitte/Ende September ist aber praktisch jeder in Betrieb. Offizielle Öffnungszeiten sind im Text angegeben, doch nicht immer verlässlich: Bei Mangel an Kundschaft wird auch mal früher geschlossen oder später geöffnet. Ärgerlich, dass manche eigentlich grundlegenden Versorgungseinrichtungen wie Bar oder Restaurant, nicht zu reden von Extras wie dem Swimmingpool, nur in der Hauptsaison in Betrieb sind. Am engsten wird es auf den Plätzen der Costa Brava ab Mitte Juli bis Ende August, doch riskiert man nur selten, abgewiesen zu werden.

▶ **Preise**: Den gebotenen Luxus lassen sich die besseren Plätze auch gut bezahlen: 25 € pro Nacht ist man zu zweit und mit Auto ganz schnell los, zur Hochsaison und auf sehr guten Plätzen können es auch noch leicht ein paar Scheine mehr werden. Die meisten Campingplätze unterscheiden zwischen Hochsaison und Nebensaison, die von Camping zu Camping unterschiedlich definiert werden – wer mehr mit mitteleuropäischer Kundschaft rechnet, setzt die Hochsaison länger an als Plätze mit überwiegend spanischem Publikum. Unsere Angaben beziehen sich auf die Hochsaison; wer beispielsweise im Mai unterwegs ist, wird auf vielen Plätzen weniger bezahlen müssen. Ein Teil der Plätze berechnet die Preise separat nach Personen, Auto und Zelt. Andernorts (und immer häufiger) werden die Parzellen dagegen pauschal oder zu einem hohen Grundbetrag mit Aufschlag je nach Personenzahl vermietet, ein für Einzelreisende unangenehmes und oft auch für zwei Personen noch sehr teures System, das sich vor allem an Familien wendet.

Guía de Campings: Das Campingplatzverzeichnis der Landesregierung listet alle katalanischen Plätze samt Preisen und Ausstattung auf und ist für 3,50 € bei manchen Fremdenverkehrsämtern und größeren Buchhandlungen erhältlich.

„Caravan Inn": Wer mit dem Wohnwagen unterwegs ist und sich so für die Costa Brava begeistert hat, dass er im nächsten Jahr zurückkehren will, kann gegen Gebühr seinen Caravan über den Winter hier parken. Angeboten werden auch Vermietung (mobil und stationär) sowie An- und Verkauf von Wohnwagen. Adresse: Caravan Inn, C 31 Figueres-La Bisbal, km 368,5 (bei Ventalló); ✆ 972 520468, 📠 972 550113. www.caravaninn.net.

La cuina catalana, die katalanische Küche

Das älteste Rezeptbuch Spaniens stammt aus dem Mittelalter und wurde in Katalonien verfasst. An Tradition besteht also kein Mangel.

Gerät man an den richtigen Koch, dann ist auch der kulinarische Einfluss von Frankreich und Italien nicht zu überschmecken; bedingt ist er durch die gemeinsame Geschichte. Klar, dass an der Costa Brava Fisch und Meeresfrüchte die Grundlage des Speisezettels bilden. Zu wahrer Hochform laufen katalanische Köche jedoch dann auf, wenn sich die Küchen der Küste und des Gebirges treffen: *Mar i Muntanya* heißt das Zauberwort, unter dem beispielsweise Huhn mit Languste serviert wird – fremdartig, aber köstlich. Diese Kombination von Krustentieren und Geflügel soll übrigens bis auf die Römer zurückgehen.

Obwohl Katalonien also durchaus eine eigene Küchenkultur besitzt, ist es auch auf kulinarischem Gebiet ebenso ein Teil Spaniens. Längst nicht überall sind die Speisekarten nur in katalanischer Sprache gehalten. In Feriengebieten denkt man grundsätzlich an die spanischsprachigen Besucher, vergisst auch die Franzosen, Deutschen und Engländer nicht. Bei spanienweit vertretenen Gerichten verwenden wir deshalb auch die spanische (kastilische) Bezeichnung, rein katalanische Spezialitäten werden in der Landessprache benannt. Meist ist der Unterschied übrigens gar nicht so groß, so dass man sich nach einer Weile gut zurechtfindet.

Lokale

▸ **Bars**: In Spanien praktisch die Kneipe ums Eck. Außer allen möglichen Getränken gibt es zumindest in den auf Einheimische ausgerichteten Bars fast immer auch kleine Gerichte. Hier nimmt man vor dem Gang ins Büro sein schnelles Frühstück und einen Kaffee und isst vielleicht auch nachmittags noch eine oder zwei Tapas.

● *Essen in Bars* **Tapas**, katalanisch **Tapes**, sind leckere Kleinigkeiten aller Art. Oliven, ein Häppchen Schinken, frittierte Fischchen, ein Stück Tortilla – die Auswahl ist bestechend. Früher wurden sie oft gratis zum Getränk serviert, doch ist diese Praxis selten geworden. Eine „Ración" meint eine Art Über-Tapa, nämlich eine ganze Portion vom Gleichen. **Bocadillos**, katalanisch Bocatas: Belegte Weißbrote ohne Butter, etwa in der Art von Baguettes. Sie sind ideal für den sättigenden Imbiss zwischen-

Katalanisch	Spanisch	Deutsch
Tapes	**Tapas**	**„Häppchen"**
Olives	Aceitunas	Oliven
Mandoguilles	Albóndigas	Fleischbällchen
Anxova	Anchoas	Sardellen
Seitons	Boquerones	„Fischchen"
Tripes	Callos	Kutteln
Cargols	Caracoles	Schnecken
Xampinyons	Champiñones	Champignons
Ensalada russa	Ensaladilla rusa	Russischer Salat
Empanadas	Empanadas	Gefüllter Fladen
Faves	Habas	Bohnen
Patatas bravas	Patatas bravas	Kartoffeln scharf
Truita	Tortilla	Omelettstück
Bocatas	**Bocadillos**	**Sandwichs**
Tonyina	Atún	Thunfisch (meist Dose)
Botifarró	Butifarra	Blutwurst
Sobrassada	Sobrasada	Paprikawurst
Pernil serrà	Jamón serrano	Schinken (roh)
Pernil York	Jamón York	Schinken (gekocht)
Llomo	Lomo	warmer Kochschinken
Formatge	Queso	Käse
Salchichon	Salchichón	Art Salami

Costa Brava – Reisepraktisches

durch und nur in den einfacheren Bars zu haben. Die Auswahl ist ähnlich breit wie bei Tapas, reicht von Wurst und Schinken über Käse bis hin zu Sardellen und Tortilla.

Pa amb tomàquet: Eine einfache Sommerspeise und katalanische Spezialität – reife Tomaten werden auf Weißbrot zerrieben und mit Olivenöl beträufelt.

Torrades sind geröstetes Weißbrot, das mit Beilagen nach Wahl serviert wird, z. B. mit Schinken, Käse oder gegrilltem Fleisch, manchmal auch als „vegetal" mit Gemüse. Manche Torrades fallen so üppig aus, dass sie eine komplette Mahlzeit ersetzen.

▶ **Restaurantes**: Ein komplettes Essen besteht in ganz Spanien mindestens aus Vorspeise, Hauptgericht und Dessert. Anders als in Italien ist der Wirt jedoch nicht böse, wenn man es beispielsweise bei Salat und Hauptgericht belässt. Im Inneren von Restaurantes verweist oft ein Schild auf den *comedor*: Es zeigt den Weg zum Speisesaal, der manchmal im ersten Stock liegt.

● *Einige Tipps zum Thema „Essengehen"*
Essenszeiten: Sie beginnen in Spanien viel später als bei uns, das Mittagessen keinesfalls vor 13 Uhr, meist sogar erst um 14 Uhr oder danach; zum Abendessen braucht man nicht vor 21 Uhr anzutreten. In Touris-tenzentren hat man sich allerdings an den mitteleuropäischen Magenfahrplan angepasst.

Platz nehmen: In Spanien gilt es als ausgesprochen unhöflich, sich zu einem Fremden an den Tisch zu setzen. In vielen Restaurants

Der richtige Platz für Tapas: gemütliche Bar an der Ecke

wird man ohnehin vom Kellner platziert, setzt sich also nicht einfach an einen freien Tisch. Vor allem an Wochenenden und in der spanischen Ferienzeit ist es in besseren Restaurants ratsam, zu reservieren.

Zahlen: Die Rechnung verlangt man mit „el compte, si us plau", auf spanisch „la cuenta, por favor". Der Umgang mit der Mehrwertsteuer IVA wird unterschiedlich gehandhabt. Vor allem in teureren Restaurants wird die Mehrwertsteuer manchmal erst beim Zahlen auf den Gesamtbetrag aufgeschlagen. Getrenntes Zahlen ist absolut unüblich. Einer am Tisch begleicht die Rechnung und die anderen geben ihm ihren Anteil oder übernehmen die nächste Runde.

Trinkgeld: Beim Bezahlen lässt man sich zunächst das Wechselgeld herausgeben und dann, je nach Zufriedenheit, einen gewissen Betrag auf dem Tellerchen liegen. Die übliche Zehn-Prozent-Regelung wird in Spanien nicht so eng gesehen.

Menú del Dia: Das „Tagesmenü" ist ein Festpreismenü, das meist sehr günstig Vorspeise, Hauptgericht, Dessert und wahlweise Wasser oder ein Viertel Wein beinhaltet. In Lokalen, in denen Einheimische die Gästemehrheit bilden, ist es fast grundsätzlich gut und reichhaltig, in Touristenorten längst nicht immer. In ersterem Fall wird es in der Regel auch nur zur Mittagszeit an Werktagen angeboten, abends und an Wochenenden dagegen nicht.

Jornades gastronómiques: Eine Art „Gastronomische Wochen" des Landkreises Baix Empordà, in ähnlicher Form aber auch in anderen Regionen der Costa Brava anzutreffen. Zu bestimmten Terminen servieren gehobene Restaurants verschiedener Orte die jeweilige lokale Spezialität als Bestandteil eines vergleichsweise preisgünstigen Festmenüs, in Palamós und Sant Antoni z. B. Gambas, in Begur Fisch von der Felsküste und in Pals Reisgerichte. Mit Ausnahme eventuell der Hochsaison findet sich fast immer ein Ort, in dem die Aktion gerade läuft; ein entsprechender Kalender ist bei den Fremdenverkehrsämtern erhältlich.

Katalanische und spanische Spezialitäten

Typisch für die katalanische Küche ist die Verwendung zweier Fette: Schweineschmalz als Bratfett für Fleisch und Olivenöl für alles andere.

▸ **Vorspeisen und Salate**: Auffällig ist der reichliche Gebrauch von Gemüse in vielen Variationen. Auch Salate sind beliebt, Suppen werden eher im Winter gegessen.

Katalanisch	Spanisch	Deutsch
Pa	Pan	Brot
Mantega	Mantequilla	Butter
Oli	Aceite	Öl
Vinagre	Vinagre	Essig
Sal	Sal	Salz
Pebre	Pimienta	Pfeffer
All	Ajo	Knoblauch
Amanida	**Ensalada**	**Salat**
d'arròs	de arroz	Reissalat
de marisc	de marisco	Meeresfrüchtesalat
del temps	del tiempo	nach Saison
Verda	Verde	grüner Salat
Trempó	Trampó	Tomaten, Paprika, Zwiebeln

Costa Brava – Reisepraktisches

● *Katalanische Vorspeisen* Escalivada: Auf dem Holzkohlengrill geröstete Paprika, Zwiebeln und Auberginen; angemacht mit einer Mischung aus Knoblauch und Olivenöl. Eine Köstlichkeit, die man probiert haben sollte.

Esqueixada: Salat aus Tomaten, Paprika, Zwiebeln, Oliven und dem Stockfisch Bacallà. Schmeckt besser, als es für manchen vielleicht klingt.

▸ **Saucen**: Gemeinsam ist vielen katalanischen Gerichten die Verwendung gewisser Grund-Saucen, alle auf Gemüsebasis. Ihre Kenntnis bildet geradezu den Schlüssel zur katalanischen Küche.

Sofregit besteht nur aus in Öl gedünstetem Knoblauch, Zwiebeln und Tomaten und ist Grundbestandteil vieler Gerichte.
Samfaina: Eine Art Ratatouille aus Paprika, Auberginen, Zucchini, Tomaten, Zwiebeln und Knoblauch; gegessen als Beilage oder püriert als Sauce.
Picada: Ein damit gewürztes Gericht verspricht mit einer Mischung aus zerstoßenen Mandeln, Knoblauch, Petersilie und geröstetem Brot ungeahnte Geschmackserlebnisse; gelegentlich sind noch zerriebene Haselnüsse oder Pinienkerne mit von der Partie.

Romesco: Ähnlich der Picada, doch mit dem Zusatz von Tomaten und „Romesco" genannten Peperoni aus der Provinz Tarragona. Romescos werden, kalt oder warm, meist zu Fischgerichten serviert.
Allioli ist als Beilage zu Grillfleisch und manchen Fischgerichten in unseren Breiten schon recht bekannt. Es handelt sich eigentlich um eine Mischung nur aus Knoblauch und Olivenöl; die mit Eigelb versetzte mayonnaiseartige Version gilt als nicht original, wird aber ebenso gern gegessen.

▸ **Eiergerichte** (Ous/Huevos): In Spanien als *Tortilla* einer der Klassiker überhaupt, werden Omeletts als Vorspeise wie als Hauptgericht gegessen. Auf katalanisch heißen sie *Truita* und bergen so eine Verwechslungsgefahr zur gleichnamigen Forelle in sich. Enthalten kann so eine Truita alles mögliche, von Kartoffeln bis Garnelen.

▸ **Reisgerichte** (Arrossos/Arroces): Reisgerichte, weltberühmt die *Paella* aus Valencia, haben ihren katalanischen Ursprung in der Provinz Tarragona, genauer gesagt im Gebiet des Ebre-Delta, wo der Reis angebaut wird.

● *Katalanische Reisspezialitäten* **Arròs a banda** ist ein Reisgericht mit Meeresgetier.

Der Reis und die Beilagen werden separat serviert.

Arròs negre: Der schwarz gefärbte Reis wirkt auf den ersten Blick ungewöhnlich. Die dunkle Tönung rührt von der mitgekochten Tinte des Tintenfischs her.

Rossejat: Ein traditionelles und sehr beliebtes Reisgericht, das im Ofen überbacken wird; auch mit Nudeln statt Reis erhältlich.

Paella: Valencia, die Heimat der Paella, zählt zum Sprachraum des Català, weshalb die Paella noch fast als katalanische Spezialität durchgehen kann. Es gibt sie in mehreren Variationen, als „Mixta" bzw. „Valenciana" mit Fleisch und Meeresfrüchten, als „de Marisco" nur mit Meeresfrüchten etc. Eine anständige Paella wird über offenem Feuer frisch zubereitet, sollte also nicht aus der „Sammelpfanne" kommen, wie bei manchen Billigangeboten üblich. Sie benötigt daher ihre Zeit (ca. 30 min.) und wird auch nur für mindestens zwei Personen angeboten. Leider ersetzt heute manchmal Lebensmittelfarbe den eigentlich für die goldfarbene Tönung zuständigen Safran.

▸ **Nudelgerichte** (Pastes/Pastas): Ein Erbe aus der Vergangenheit, als Katalonien im Verein mit Aragón Sizilien und Sardinien regierte. Im Rest von Spanien sind Nudelgerichte eher unüblich.

• *Katalanische Nudelspezialitäten* **Canelons**, gefüllte Nudelröhren nach Art der italienischen Canneloni. In vielen Variationen erhältlich: gefüllt mit Spinat, mit Käse überbacken etc. Am 26. Dezember sind sie das traditionelle Essen.

Fideuà: Eine Art „Nudelpaella" mit Meeresfrüchten, nämlich ein Pfannengericht aus gebratenen Nudeln und Fisch, Tintenfisch oder Garnelen.

▸ **Fleischgerichte:** Rindfleisch ist an der Costa Brava natürlich auch erhältlich, Huhn ohnehin, doch gebühren die Küchenmeriten den zahllosen Zubereitungsarten von Schwein, Lamm und Zicklein. Köstlich sind die katalanischen Würste.

• *Katalanische Fleischspezialitäten* **Escudella i carn d'olla**: Das katalanische Nationalgericht, ein Fleisch-Gemüse-Eintopf, der neben „Botifarra"-Würsten auch die „Pilota" genannten Fleischklöße enthält und in zwei Gängen serviert wird: zuerst Suppe, dann das Fleisch. Eine typische Winterspeise, leider selten im Restaurant erhältlich.

Katalanisch	Spanisch	Deutsch
Carn	**Carnes**	**Fleisch**
Bistec	Bistec	Beefsteak
Costella	Chuletas	Koteletts
Escalopa	Escalope	Schnitzel
Filet	Solomillo	Filet
Cabrit	Cabrito	Zicklein
Porc	Cerdo	Schwein
Conill	Conejo	Kaninchen
Xai	Cordero	Lamm
Guatlle	Cordoniz	Wachtel
Faisà	Faisán	Fasan
Fetge	Hígado	Leber
Perdiu	Perdiz	Rebhuhn
Pollastre	Pollo	Huhn
Ronyons	Riñones	Nieren
Vedella	Ternera	Kalb
Vaca	Vaca	Rind

Conill amb allioli: Kaninchen, meist „a la plancha" zubereitet, also vom heißen Blech. Serviert mit der schon bekannten Knoblauchmayonnaise – wunderbar.

Pollastre amb Llagosta: Huhn mit Languste, ein typisches Gericht des „Mar i Muntanya". Alternativ zur Languste wird Huhn auch mit Gambas kombiniert.

▶ **Fisch und Meeresfrüchte**: Die Überfischung des Mittelmeers ist auch in Katalonien spürbar – Maritimes kostet meist mehr als Fleisch. Die Auswahl ist dennoch riesig. Für uns ungewöhnlich, aber für Katalonien typisch ist *bacallà*, getrockneter Kabeljau. Im Schaufenster sehen die dünnen, weißen Stücke nicht allzu appetitlich aus; sie munden aber, nach dem Einweichen in Wasser und zu einer der vielen Bacallà-Spezialitäten verarbeitet, ganz hervorragend.

● *Katalanische Fischspezialitäten* **Sarsuela**: Eine köstliche Erfindung aus Barcelona ist dieser „Singspiel" genannte Eintopf aus Meeresfrüchten und Fisch in Tomaten-Weinsauce. Eine gute Sarsuela hat ihren Preis.

Suquet de peix: Im Prinzip ähnlich, doch wird überwiegend Fisch verwandt. Suquets gibt es in Katalonien annähernd soviele, wie es Köche gibt.

Katalanisch	Spanisch	Deutsch
Peix	**Pescados**	**Fisch**
Tonyina	Atún	Thunfisch
Bacallà	Bacalao	Stockfisch
Besuc	Besugo	Seebrasse
Bonítol	Bonito	kl. Thunfisch
Déntol	Dentón	Zahnbrasse
Orada	Dorada	Goldbrasse
Llenguado	Lenguado	Seezunge
Lluç	Merluza	„Seehecht"
Mero	Mero	Zackenbarsch
Rap	Rape	Seeteufel
Salmó	Salmón	Lachs
Sardines	Sardinas	Sardinen
Marisc	**Mariscos**	**Meeresfrüchte**
Cloïsses	Almejas	Venusmuscheln
Escopinyes	Berberechos	Herzmuscheln
Llamàntol	Bogavante	Hummer
Calamars	Calamares	Tintenfisch (klein)
Calamarsons	Chipirones	Tintenfisch (noch kleiner)
Gambes	Gambas	Garnelen
Llagosta	Langosta	Languste
Llagostins	Langostino	Hummerkrabben
Musclos	Mejillones	Miesmuscheln
Sèpia	Sepia	Tintenfisch (groß)

Zubereitungsarten für Fleisch und Fisch		
a la brasa	a la brasa	vom Grill
a la planxa	a la plancha	vom heißen Blech
a l'ast	al ast	vom Drehspieß
a la cassola	a la cazuela	in der Kasserolle
a la marinera	a la marinera	nach „Seemannsart"
al forn	al horno	im Backofen
bullit/cuit	cocido	gekocht

▸ **Süßspeisen:** Viele traditionelle Süßigkeiten werden besonders an einem bestimmten Festtag gegessen, sind aber meist das ganze Jahr erhältlich. Eine herrliche Erfrischung an heißen Sommertagen ist natürlich Obst – wie wäre es z. B. mit einer kühlen Scheibe Wassermelone (*Sandía*)?

● *Katalanische Süßspeisen* **Crema catalana** ist das klassische Dessert Kataloniens, eine Creme aus Ei, Milch und karamelisiertem Zucker – Pflicht am Josefstag, dem 19. März. **Bunyols**, ein leichtes Fettgebäck, ist als Nachtisch zur Fastenzeit beliebt. **Coca**, ein flaches Hefegebäck. Coca gibt es in ganz Katalonien am Johannistag, genauer gesagt in der feuerwerksblitzenden Johannisnacht am 23./ 24. Juni.

Katalanisch	*Spanisch*	*Deutsch*
Postres	**Postre**	**Nachtisch**
Flam	Flan	Karamelpudding
Pastís	Pastel	Gebäck
Gelat	Helado	Eis
Formatge	**Queso**	**Käse**
Mel i mató	Miel y mató	Frischkäse mit Honig
Fruita	**Fruta**	**Obst**
Maduixes	Fresas	Erdbeeren
Poma	Manzana	Apfel
Préssec	Melocotón	Pfirsich
Meló	Melón	Melone
Taronja	Naranja	Orange
Pera	Pera	Birne
Pinya	Piña	Ananas
Aranja	Pomelo	Grapefruit
Raïm	Uva	Trauben
Suc de fruta	Zumo de fruta	Fruchtsaft

Spaniens Weine wachsen bei besten Bedingungen

Getränke

Eines vorweg: Katalanen sind wie alle Spanier beim Trinken keine Kinder von Traurigkeit – oft begleitet schon vormittags ein Sherry die Tapas oder ein Brandy den Kaffee. Betrunken zu sein, *borratxo* beziehungsweise *borracho*, gilt jedoch als absolut unwürdig. Für die trunkenen Horden in Lloret de Mar und anderswo haben Katalanen nichts als blanke Verachtung übrig.

▶ **Wein:** Der bekannteste Wein Spaniens kommt sicherlich aus der Region La Rioja; wer ihn bestellt, geht nie fehl. Doch sollte man in Katalonien den vorzüglichen heimischen Qualitätsweinen eine Chance geben, man wird nicht enttäuscht werden. Auch die einfacheren Weine ohne Qualitätsbezeichnung („Vi/Vino de la Casa" oder „del país") sind in aller Regel durchaus trinkbar.

▶ **Katalanische Weinbaugebiete**: Wie alle spanischen Weinregionen sind auch Kataloniens Weinbaugebiete unter der Herkunftsbezeichnung D.O. (Denominació d'Origen) geschützt. In Spanien sind sie wohlbekannt, in Mitteleuropa dagegen bislang weniger – zu Unrecht, wie viele meinen.

D.O. Empordà-Costa Brava, das Weinbaugebiet der Costa Brava, gleich hinter der französischen Grenze. Es ist die Heimat fruchtiger Rosés mit leichter Säure, aber auch kräftigerer Rotweine.

D.O. Alella, kurz vor Barcelona. Hier keltert man vor allem herbere, geschmacksreiche Weißweine, bemüht sich aber, die Palette um leichtere Sorten zu erweitern. Sie sollten sehr jung getrunken werden.

D.O. Penedès, südlich von Barcelona. Das bedeutendste und qualitativ herausragende der katalanischen Weinbaugebiete. Die Region ist vor allem berühmt für ihre Schaumweine, produziert aber auch hervorragende, leichte Weiß-, Rot- und Roséweine.

D.O. Pla de Bages: Nördlich des Penedés, empfehlenswert die Weine der Bodega S.A.T. Masies d'Avinyó.

D.O. Tarragona, Conca de Barbera, Terra Alta, Priorat, Montsant: Sie alle schließen sich südlich oder westlich an Penedès an. Hervorzuheben sind besonders die D.O. Priorat mit ihren tiefdunklen und schweren Rotweinen und die benachbarte D.O. Montsant.

D.O. Costers del Segre: Ein nördlicher Nachbar der D.O. Conca de Barbera. Gute Produzenten von Rotweinen sind hier die Kellereien Raimat und Castell del Remei.

D.O. Catalunya, eine erst 2001 eingeführte Bezeichnung. Sie umfasst rund 350 Gemeinden in der gesamten Region, die nicht zu den anderen katalanischen D.O. gezählt werden können.

▸ **Cava**: Schon seit dem Mittelalter produziert Katalonien ganz hervorragenden Schaumwein, der sich mit Champagner durchaus messen kann. Die *Cavas* stammen vorwiegend aus dem Penedès und hier wiederum vor allem aus Sant Sadurni d'Anoia, der „Hauptstadt der Cavas".

Tropfen mit Tradition: Wein und Sekt aus katalanischen Kellern

Cava aus Katalonien

Cava („Keller") dürfen sich nur solche Schaumweine nennen, die nach der auch in Katalonien traditionellen Méthode Champenoise in der Flasche reifen. Die Giganten des Marktes sind Codorniu und Freixenet, beide durch verstärkte Marketing-Offensiven auch in Mitteleuropa gut bekannt. Der Markt boomt, rund zehn Prozent der in Deutschland geleerten Sektflaschen stammen mittlerweile aus Katalonien.

Klassifiziert wird Cava nach der Zuckermenge, die vor der Gärung hinzugefügt wird und die Süße des Ergebnisses bestimmt: *Brut* (trocken), *Sec* („trocken": manchem schon zu süß), *Semisec* („halbtrocken": süß), *Dolç* („süß": Zuckerwasser). Die ideale Trinktemperatur für Cava liegt bei 6–8 Grad Celsius.

Vom echten Cava zu unterscheiden sind die *granvas*, die ihre Gärung in Tanks oder großen Fässern durchmachen. Das Ergebnis muss nicht zwangsläufig schlechter sein. Bedenklich wird es bei den *gaseosos*, die ihre Sprudelbläschen dem Zusatz von Kohlensäure verdanken und meist wirklich kopfwehsüß sind.

„Feuerwasser" für die Fremden: Schaufenster in Lloret

▶ **Bier**: Bier (*Cervesa*, span. Cerveza) gibt es in zahlreichen deutschen Sorten, doch ist der einheimische Gerstensaft auch durchaus trinkbar und zudem preisgünstiger. Ein Glas vom Fass bestellt man mit „una caña", eine Flasche (Botela) schlicht mit „una cervesa". Alkoholfreies Bier (Cervesa sin alcohol) gibt es fast überall in kleinen Flaschen.

▶ **Härtere Alkoholika**: Sie sind in Spanien immer noch sehr preisgünstig, leider auch ein Urlaubsanreiz für trinkfeste Zeitgenossen aus dem Norden.

Sangría: Die angeblich so „typisch spanische" Mischung aus Rotwein, Brandy, Orangen- oder Pfirsichsaft und Zucker wird von Spaniern selbst nur selten getrunken. Sie wissen warum, der Kopfschmerz am nächsten Tag kann fürchterlich sein.

Sherry: Ein Aperitif- oder Likörwein mit Stärkegraden zwischen etwa 15 und 18 Prozent Alkohol. Keine katalanische Spezialität, sondern heimisch in Andalusien, allerdings in ganz Spanien gern getrunken. Aufgrund der Reifung nach der „Solera-Methode" gibt es bei Sherry (spanisch: Jerez) keine Jahrgangsweine, die Qualität bleibt immer gleich. Sorten von trocken bis süß: Fino, Amontillado, Oloroso, „Cream Sherry", ein verschnittener Oloroso.

Brandy: Fälschlicherweise, aber geschmacklich relativ treffend auch als „Coñac" bezeichnet. Ein Weinbrand, dessen beste Sorten aus Andalusien kommen. Dort reifen sie in alten Sherry-Fässern, was ihnen den speziellen Geschmack und die besondere Färbung verleiht.

Aguardientes: „Feuerwasser", Sammelbezeichnung für alle Arten von Schnaps.

▶ **Alkoholfreies**: Erfrischungsgetränke gibt es im üblichen internationalen Angebot. *Granizados* sind dagegen etwas Besonderes, eine Art halbflüssiges Wassereis, meist in den Geschmacksrichtungen *café* oder *limón* (Zitrone).

Kaffee bedeutet in Spanien immer etwas in der Art von Espresso. *Café solo* ist schwarz, *Café cortado* enthält etwas Milch, während *Café con leche* aus einem Tässchen Espresso mit sehr viel Milch besteht, optimal fürs Frühstück. Ein *Carajillo* ist ein Kaffee mit „Schuss", wahlweise mit Brandy, Whisky oder anderen Alkoholika. Wer unbedingt Filterkaffee bevorzugt, findet ihn in allen Ferienorten.

Xocolate/Chocolate ist eine ganz unglaublich dicke flüssige Schokolade. Zum Frühstück allein schon fast sättigend, wird sie meist mit dem Fettgebäck Xurros (Churros) serviert.

Horchata de chufa: Süße Erdmandelmilch, die aus der Region Valencia kommt, aber auch in Katalonien zu haben ist. Sie sollte frisch hergestellt sein, industrielle Horchata schmeckt mäßig.

Wissenswertes von A bis Z

Ärztliche Versorgung

Prinzipiell übernehmen die gesetzlichen Krankenkassen die Kosten ärztlicher Behandlungen im EU-Ausland. Erkundigen Sie sich jedoch vorab bei Ihrer Kasse über die aktuelle Verfahrensweise und den benötigten Versicherungsnachweis. Um der Bürokratie aus dem Weg zu gehen und vor unangenehmen Überraschungen sicher zu sein, ist die *Urlaubs-Krankenversicherung*, die z. B. im Gegensatz zu fast allen anderen Versicherungen auch medizinisch notwendige Krankenrücktransporte einschließt, in jedem Fall eine sinnvolle Ergänzung. Zu erhalten ist sie zu sehr günstigen Tarifen bei manchen Automobilclubs und bei fast allen Krankenversicherungen, natürlich auch für Mitglieder gesetzlicher Kassen.

Bester Ansprechpartner im akuten Notfall ist die Notaufnahme *Urgències* eines Krankenhauses (Hospital); sie ist rund um die Uhr geöffnet und behandelt mit entsprechendem Versicherungsnachweis kostenlos. Bei niedergelassenen Ärzten muss man in aller Regel bar bezahlen, lässt sich dann unbedingt eine genaue Rechnung mit Diagnose und Aufstellung der ärztlichen Leistungen geben und reicht diese beim Versicherer zur Rückerstattung ein. Gesetzliche Kassen erstatten in diesem Fall nur die heimischen Gebührensätze.

> **Notruf** (Urgencia): ☎ 112. Diese Notrufnummer für Polizei, Ambulanz und Feuerwehr funktioniert landesweit.

Apotheken *(farmàcies)* können bei kleineren Wehwechen oftmals den Arzt ersetzen. Die spanischen Apotheker dürfen auch manche Medikamente abgeben, die daheim rezeptpflichtig sind. Nacht- und Sonntagsdienste (farmàcies de guardia) sind an jeder Apotheke angeschlagen.

Baden

Baden an der Costa Brava ist (fast) das reine Vergnügen – an schönen Stränden und reizvollen Buchten herrscht wahrlich kein Mangel. Die Badesaison beginnt allerdings nur für Abgehärtete schon im Mai; erst ab Mitte Juni werden halbwegs komfortable Temperaturen erreicht. Dafür bleibt das Wasser bis in den Herbst hinein angenehm warm. An den meisten größeren Stränden besonders der Ortschaften darf der Badegast zur Saison mit Duschen, Vermietern von Son-

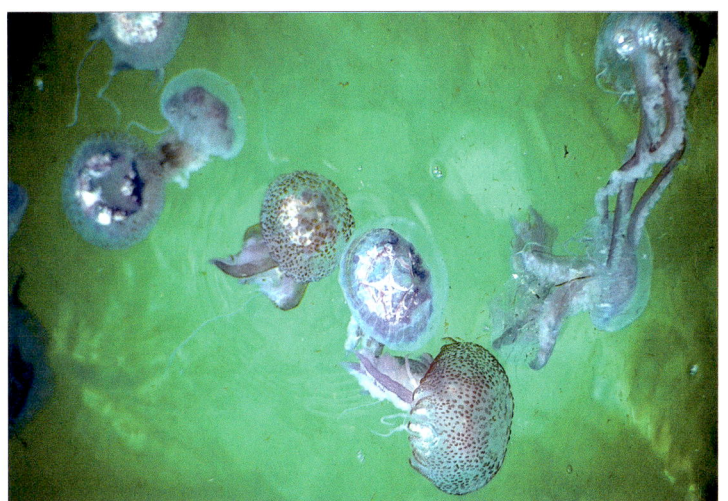

Seltene Begegnung der unangenehmen Art: Feuerquallen

Costa Brava – Reisepraktisches

nenschirmen, Liegen, Paddelbooten etc. rechnen, an vielen (aber immer noch zu wenigen) auch mit Rotkreuz-Stationen.

FKK ist in Spanien generell wenig verbreitet. An der Costa Brava gibt es jedoch einige meist entlegene Buchten und Strandabschnitte, an denen Nacktbaden gestattet ist oder zumindest toleriert wird. Eine kurze Auswahl besonders schöner Strände, Details und weitere Möglichkeiten in den Ortstexten: Cala Murtra (östlich von Ro-

ses), Platja de la Illa Gran (zwischen Platja de Pals und Begur), Platja del Senyor Ramón (zwischen Sant Feliu und Tossa), Platja de la Boadella (südlich von Lloret). Überzeugte FKK-Anhänger finden sogar einen entsprechenden Campingplatz, siehe im Text zu Palamós.

Die Wasserqualität an den Stränden der Costa Brava ist generell gut, viele prunken deshalb auch mit der „Blauen Flagge". Abstand halten sollte man jedoch von Flussmündungen, da spanische Flüsse leider allzuoft noch der „Entsorgung" kommunaler und industrieller Abwässer dienen.

Badeunfälle vermeiden: Auch am so harmlos erscheinenden Mittelmeer kommt es jedes Jahr zu vielen tödlichen Badeunfällen. Unterströmungen beispielsweise können auch bei scheinbar ruhiger See auftreten, auflandige Winde unter Wasser Verwirbelungen hervorrufen. Ablandige Winde wiederum sind, insbesondere für Kinder, gefährlich beim Baden mit Plastikbooten oder Luftmatratzen. Nehmen Sie die Gefahren des Meeres ernst! Schwimmen Sie möglichst nicht allein und vermeiden Sie Alkohol und das Baden mit vollem Magen. Lassen Sie Ihre Kinder am Strand nie auch nur für kurze Zeit unbeaufsichtigt, ebensowenig am Pool des Hotels oder der Feriensiedlung, denn auch dort geschehen alljährlich viele tragische Unfälle.

● *Warnflaggen* Falls an einem Strand grüne, gelbe oder rote Flaggen wehen, signalisieren sie mögliche Gefahren beim Baden: Rot – Gefahr, Badeverbot! Gelb – Vor-

sicht, Grün – Baden erlaubt. Bitte beachten Sie zu ihrer eigenen Sicherheit diese Flaggen unbedingt. Leider wird die Beflaggung außerhalb der Hochsaison oft eingestellt.

www.blausand.de liefert weitere Informationen zum Thema Badeunfälle und Strandsicherheit.

• *Giftige Meerestiere* **Quallen** (Medusas) können, abhängig von den Wetterverhältnissen und Strömungen, zeitweilig das Badevergnügen verleiden. Falls es einen erwischt hat, die betroffene Stelle mit warmem oder besser noch heißem Meerwasser abwaschen, keinesfalls mit Süßwasser! Sehr gut hilft auch Rasierschaum, den man nach dem Trocknen vorsichtig mit einer Kreditkarte, einem Messerrücken o.ä. abstreift. Einen mit Essig (deaktiviert das Quallengift) getränkten Wattebausch auf die Verbrennung drücken. Im Anschluss mit Eis kühlen, später helfen Kortison oder Antihistamine. Viel trinken. Bei kleinen Kindern, Verletzungen im Gesicht, großflächigen Verbrennungen oder Kreislaufbeschwerden gibt es aber nur eins: sofort zum Arzt.

Mittlere Wassertemperaturen in Grad Celsius					
Januar	12	Mai	17	September	21
Februar	12	Juni	20	Oktober	18
März	12	Juli	21	November	16
April	14	August	23	Dezember	14

Einkaufen

▸ **Märkte** (Mercats): Fast jedes Dorf hält einmal wöchentlich seinen Markttag ab, der aber in der Regel nur am Vormittag stattfindet und gegen 13.30 oder 14 Uhr endet. Die Märkte in den Ferienzentren sind heute allerdings sehr auf die dort überwiegend touristische Kundschaft eingestellt. Ursprünglicher und authentischer zeigen sich oft die Stände in den weniger besuchten Inlandsorten wie Girona oder La Bisbal. Auch Markthallen, wie es sie in Sant Feliu und anderen Städten gibt, besitzen meist eine ganz eigene Atmosphäre. Supermärkte finden sich nahezu überall, im Umfeld größerer Ortschaften zudem auch gigantische Einkaufszentren („Hipermercats"), die vom Frischfisch bis zum Wagenheber nahezu alles unter einem Dach anbieten.

• *Markttage (Auswahl)* **Montag** in Blanes, Cadaqués, Torroella de Montgrí; **Dienstag** in Besalú, Girona, Lloret de Mar, Palamós; **Mittwoch** in Begur, Sant Antoni de Calonge, Sant Pere Pescador, Llançà; **Donnerstag** in L'Estartit, Figueres, Tossa de Mar; **Freitag** in La Bisbal, Platja d´Aro, Port de la Selva, Port Bou; **Samstag** in Empuriabrava, Girona; **Sonntag** in Palafrugell, Roses, L'Escala, Sant Feliu de Guíxols.

• *Öffnungszeiten* In Städten halten die Geschäfte in der Regel Mo–Sa ab 9/10–13.30/14 und 16/17–20 Uhr geöffnet, manche Supermärkte und Hypermercados durchgehend bis 21 Uhr. In Ferienorten gelten oft längere Öffnungszeiten, zumal ein neues Gesetz kleineren Läden auch das Öffnen am Sonntag erlaubt.

• *Souvenirs* Eine nette Erinnerung sind kulinarische Souvenirs. Wie wäre es mit ein paar Flaschen Cava, Wein oder Coñac, alles in Spanien ausgesprochen preiswert. Ebenfalls (noch) deutlich günstiger als bei uns sind kubanische Zigarren.

Keramik: Die Keramik-Hauptstadt der Costa Brava ist La Bisbal – dort erwartet den Käufer eine ganze Straße voller Keramikläden. Tönerne Ware wird jedoch auch in vielen Ferienorten und auf manchen Märkten angeboten.

Kleidung und Schuhe: Katalonien gilt als Spaniens führende Region in Sachen Mode und Design; besonders günstig und aktuell sind Schuhe. Noble Boutiquen und Schuhgeschäfte gibt es auch in größeren Urlaubsorten, die breiteste Auswahl hat man jedoch in den Städten, allen voran natürlich Barcelona. Es lohnt sich, auf Sonderangebote („Rebaixes") zu achten.

• *Estancos* So nennen sich die Tabakläden, kenntlich an dem braunen Schild mit der orangen Aufschrift „Tabacos". Doch gibt es im Estanco, auf katalanisch „Estanc" genannt, nicht nur Zigaretten, Zigarren und Tabak in breiter Auswahl, sondern ebenso Briefmarken und Telefonkarten.

Geld

Gleich das ganze Bargeld für die Reise mitzuschleppen mag bequem sein, ist aber nicht ohne Risiko. Es gibt sicherere Alternativen.

Geldautomaten („Bancomat"): Um an Bargeld zu kommen, ist das Abheben am Automaten wohl mit die beste, ganz sicher auch die bequemste Lösung, bei einer Filiale der heimischen Bank sogar umsonst. Die Bedienungsanleitung kann deutschsprachig abgerufen werden. Bei *Verlust* der Magnetkarte sofort das Konto sperren lassen, siehe unten! Die Polizei empfiehlt, auch dann die Karte sofort sperren zu lassen, wenn der Automat sie einbehalten hat, da Bancomaten gelegentlich von Betrügern manipuliert werden. Vorsicht auch beim nächtlichen Abheben an frei zugänglichen Automaten; besser, den Vorraum einer Bank aufzusuchen und darauf zu achten, dass sich niemand mit hineindrängt.

Kreditkarten: Die gängigen Karten werden von fast allen größeren Hotels, teureren Restaurants etc. akzeptiert. Auch Geldabheben vom Automaten ist möglich.

Reisechecks: Beim Kauf von Reisechecks wird eine Gebühr fällig, in der auch eine Versicherungsprämie enthalten ist. Ärgerlich deshalb, dass in Spanien auch von der einwechselnden Bank noch Gebühren einbehalten werden, die teilweise recht horrend sind – vor dem Einwechseln nach der Höhe der *comisión* fragen! Öffnungszeiten der Banken: Mo–Fr 8.30–14 Uhr, von Oktober bis April vielfach auch Sa bis 13 Uhr.

Postsparbuch: Für Geldabhebung im Ausland muss das Sparbuch bei der heimischen Postbank in die „Postbank Sparcard" umgetauscht werden. Mit dieser kann dann auch am Automaten Geld abgehoben werden. Weitere Details gibt es in den Filialen der Postbank.

Schnelles Geld: Bei finanziellen Nöten, die sofortige Überweisungen aus der Heimat nötig machen, ist die Geldüberweisung mit Western Union die flotteste Methode. Der zu überweisende Betrag wird auf dem heimischen Postamt eingezahlt und trifft schon Minuten, maximal wenige Stunden später auf der spanischen Post ein. Mit saftigen Gebühren ist bei diesem Verfahren allerdings zu rechnen, deshalb nur für den Notfall geeignet.

> **Spermnummer für Bank- und Kreditkarten**: 0049 116116. Diese einheitliche Sperrnummer gilt mittlerweile für die Mehrzahl der deutschen Bankkunden. Aus dem Ausland ist sie zusätzlich unter 0049 30 4050 4050 anwählbar. www.sperr-notruf.de.

Haustiere

Hundehalter sollten es sich zweimal überlegen, ob sie ihren Vierbeiner nicht lieber bei guten Freunden daheim lassen. Die Mehrzahl der Hotels, Campingplätze und Restaurants akzeptiert nämlich keine Hunde, fast alle Strände und öffentlichen Verkehrsmittel sind für sie gesperrt.

EU-Pass Die EU hat einen neuen, für Hunde, Katzen und Frettchen (ja!) obligatorischen „Reisepass" eingeführt, durch den die Identität des Tiers nachgewiesen und attestiert wird, dass es gegen Tollwut geimpft ist. Über Details informiert der Tierarzt.

Informationsstellen und Konsulate

▸ **Spanisches Fremdenverkehrsamt**: Informationsstellen der spanischen Tourismusbehörde gibt es in Deutschland, Österreich und der Schweiz. Oft kommt man allerdings nur schlecht durch oder darf seine Wünsche nur einem Anrufbeantworter darlegen. Um die Büros zu entlasten, wurde deshalb für die Bestellung von Prospekten eine separate, für ganz Deutschland zuständige Serviceleitung geschaffen.

● *Deutschland* **Serviceleitung**: ✆ 06123 99134, ✆ 06123 9915134. Die richtige Telefonnummer für die Anforderung von Broschüren, Hotelverzeichnissen, Festkalendern etc.

Fremdenverkehrsämter: 10707 **Berlin**, Kurfürstendamm 63, ✆ 030 8826541, ✇ (030) 8826661. berlin@tourspain.es.
40237 **Düsseldorf**, Grafenberger Allee 100; ✆ (0211) 6803981, ✇ (0211) 6803985. dusseldorf@tourspain.es.
60323 **Frankfurt/Main**, Myliusstraße 14; ✆ (069) 725038, ✇ (069) 725313. frankfurt@tourspain.es.
80051 **München**, Postfach 151940/Schubertstr.

10, ✆ (089) 5307460, ✇ (089) 53074620. munich@tourspain.es.
• *Österreich* 1010 **Wien**, Walfischgasse 8, ✆ (01) 5129580, ✇ (01) 5129581. viena@tourspain.es.
• *Schweiz* 8008 **Zürich**, Seefeldstraße 19; ✆ (01)2536050, ✇ (01) 2526204. zurich@tourspain.es.

▸ **Fremdenverkehrsämter vor Ort**: Informationsstellen der Gemeinde oder der katalanischen Tourismusbehörde sind in vielen Ferienorten eingerichtet. Fast immer spricht das Personal Deutsch oder zumindest Englisch. Erwarten kann man allgemeine Tipps, Hinweise zu Bussen und Bahnen, aktuelle Öffnungszeiten der Sehenswürdigkeiten, Ortspläne sowie eine ganze Reihe weiterer Broschüren und Listen. Adressen und Öffnungszeiten der einzelnen Fremdenverkehrsämter sind im Text jeweils angegeben.

▸ **Konsulate**: Konsulate Deutschlands, Österreichs und der Schweiz bestehen jeweils in Barcelona, Adressen siehe dort. Sie sind Ansprechpartner im akuten Notfall, zuviel erwarten sollte man sich allerdings nicht; selbstverständlich sind alle Auslagen zurückzuzahlen. Alle Konsulate sind nur Mo–Fr bis jeweils 12/12.30 Uhr geöffnet.

Internet

Auch das Internet bietet gute Möglichkeiten, sich vorab über die Costa Brava zu informieren. Und dann gibt es – für aktuelle Infos nach Redaktionsschluss dieser Auflage, aber auch für das schnelle Senden stets gern gesehener Lesertipps – natürlich noch die Seite unseres Verlags …

• *Einige ausgewählte Sites* Im Folgenden einige interessante Seiten, weitere Adressen finden Sie unter den jeweiligen Themenbereichen. Sites in deutscher Sprache sind relativ rar, Englisch ist aber meist verfügbar.

www.spain.info: Die offizielle Site des spanischen Fremdenverkehrsamts. Sehr breites Infoangebot.

www.deutsche-in-spanien.de, ebenfalls aufs ganze Land bezogen, Forum und viele Links, zu finden unter „Suchmaschine".

www.gencat.cat/probert: Site des katalanischen Fremdenverkehrsamts, Infos zu ganz Katalonien.

www.publintur.es: Noch eine Site zu ganz Katalonien. Viel Service, auch Links zu den Sites einzelner Ortschaften.

www.costabrava.org: Touristische Site der Provinz Girona, die gute allgemeine Infos zur Costa Brava bietet.

www.cbrava.com, eine aktuelle, auch deutschsprachige Nachrichtenseite für die Regionen Alt und Baix Empordà.

www.amigosmagazin.com: Die Onlineausgabe des deutschsprachigen Magazins, ebenfalls mit Neuigkeiten von der Costa Brava.

www.parcsdecatalunya.net: Alle Naturparks von Katalonien im Netz. Auch Englisch.

www.esplaya.com, eine Seite zu allen spanischen Stränden. Unter „Playas Nudistas" kann man z. B. auf der Karte nach Nacktbadestränden suchen.

www.festivales.com, Suchmaschine für Feste, Kulturereignisse etc. Nur Spanisch.

www.aena.es, die Site der spanischen Flughäfen, auch mit Details zur Anreise.

www.renfe.es, die Site der spanischen Staatsbahn, teilweise englischsprachig. Infos zu Nahverkehrszügen gibt es unter www.renfe.es/cercanias.

www.michael-mueller-verlag.de: Unsere Site, auch mit Reiselinks, aktuellen Informationen, einem Spanienforum… Schauen Sie doch mal rein!

Karten

Hundertprozentig genau ist keine der erhältlichen Landkarten. Trotzdem gibt es einige recht brauchbare Exemplare.

• *Straßenkarten* Beide sind gleichermaßen empfehlenswert und auch für die meisten Radtouren bereits ausreichend.
Generalkarte Costa Brava, 1:200.000, mit allen bekannten Vorzügen.
Michelin Costa Brava Zoom, mit noch detaillierterem Maßstab 1:130.000.

• *Topographische Karten* Die richtige Wahl für Wanderer, aber auch für Mountainbiker. Leider nicht überall erhältlich. Gute Auswahl in Girona, in Figueres eingeschränkter, Adressen in den Ortskapiteln. In Ferienorten braucht man Glück und eine gute Buchhandlung.
Mapas Comarcales de Catalunya, 1:50.000, die Karten der katalanischen Regionalregierung, erhältlich für die einzelnen Comarcas Alt Empordà, Baix Empordà und Selva. Detailliert sind sie alle, der Aktualitätsstand variiert. www.icc.cat.
Editorial Alpina Cap de Creus, 1:25.000, eine sehr aussagekräftige Karte, die die Region von Llançà bis Empuriabrava abdeckt – in diesem Gebiet absolut zu empfehlen.

Katalanische Windrose:
Jeder Richtung ihren Namen

Kinder

Spanier gelten als sehr kinderfreundlich, die Katalanen machen da keine Ausnahme. Die lieben Kleinen dürfen fast alles und müssen anscheinend nie ins Bett, schreiende Rabauken im Restaurant quittiert der Kellner nur mit nachsichtigem Lächeln. Den üblichen „Kinderbedarf" gibt es natürlich auch in Katalonien, im Zweifel bieten die großen Einkaufszentren „Hipermercats" die breiteste Auswahl. Wer einen Leihwagen mieten möchte, sollte schon vor Vertragsabschluss klarstellen, dass er Kindersitze benötigt. Ein Buggy mit großen, luftbereiften Rädern rollt auf Kopfsteinpflaster und unebenem Untergrund besser als ein Wagen mit kleinen Rädern. Für kleine und größere Kinder besitzt die Costa Brava eine ganze Reihe von (freilich nicht immer billigen) Attraktionen, angefangen von den vielen Wasserparks bis hin zu den Ausflugsschiffen der Küste. Spielzeugmuseen finden sich in Figueres und in Sant Feliu de Guíxols; bei etwas älteren Kindern sollte auch Dalís Museum in Figueres Anklang finden.

Klima und Reisezeit

Das mediterrane Klima der Costa Brava wird geprägt durch trockene Sommer und milde, aber feuchte Winter. Auch im Frühjahr und Herbst muss man durchaus mit gelegentlichen Regenfällen rechnen. Eine Besonderheit vor allem der nördlichen Costa Brava ist die Tramuntana, ein böiger, kalter Fallwind aus den Pyrenäen, der Spitzengeschwindigkeiten von mehr als hundert Stundenkilometern erreichen kann. Baden lässt es sich in Anbetracht der Luft- und Wasser-

Klimadaten am Beispiel Barcelona
(Durchschnittswerte in Grad Celsius bzw. Tagen)

Monat	Lufttemperatur		Regentage *
	max.	*min.*	
Januar	12.7	6.4	5
Februar	13.6	7.1	5
März	15.7	9.0	8
April	18.2	11.0	9
Mai	21.3	14.0	8
Juni	25.1	18.0	6
Juli	27.9	20.7	4
August	27.7	20.9	6
September	25.0	18.8	7
Oktober	20.6	14.6	9
November	16.4	10.6	6
Dezember	13.0	7.5	6

* Regentage: Tage mit mehr als 0,1 mm Niederschlag

temperaturen am angenehmsten von Juni bis einschließlich September, oft sogar noch bis in den Oktober hinein. Für Wanderungen und Touren sind Frühling und Herbst mit ihren kräftigen Farben sicherlich die schönsten Reisezeiten.

● *Die Jahreszeiten an der Costa Brava* Im **Frühjahr** grünt und blüht die Küste. Das Wetter kann zwar wechselhaft sein, doch der Andrang hält sich in Grenzen, Hoteliers und Bedienungen haben die Saison noch vor sich und sind meist wohlgelaunt. Die Reisezeit beginnt an Ostern (Karwoche: Hochsaison!), in manch kleinerem Küstenort ist aber selbst im Mai noch kaum etwas los.

Der **Sommer** startet im Juni und erreicht ab Ende Juli seinen Höhepunkt. Regenfälle sind jetzt eine Seltenheit, die Landschaft trocknet aus, die Farben verblassen. Im Juli und erst recht im August liegt auch die Höchstsaison mit vollen Hotels und dicht belegten Stränden.

Der **Herbst** beginnt oft schlagartig, bereits ab Ende August sind Schlechtwettereinbrüche möglich. Meist scheint aber bald schon wieder die Sonne, und das Meer bleibt ohnehin noch lange warm. Allerdings werden die Tage besonders ab der Zeitumstellung (wie bei uns) deutlich kürzer.

Der **Winter** hat auch seine sonnigen Seiten. An Schlechtwettertagen spürt man der hohen Feuchtigkeit wegen allerdings die relative Kälte umso mehr, auch in den Zimmern. Wer im Winter in einem der wenigen dann geöffneten Hotels urlaubt, sollte unbedingt darauf achten, dass die Heizung gut funktioniert!

Kriminalität

Spanien genießt in Sachen Kleinkriminalität keinen besonders guten Ruf. Besonders zur Sommersaison kommt es leider auch in den Touristenzentren der Costa Brava zu Autoaufbrüchen und anderen Eigentumsdelikten. Panik und generelles Misstrauen sind dennoch nicht angebracht, stattdessen die üblichen Vorsichtsregeln: geparktes Auto immer offensichtlich leer lassen (Handschuhfach offen!), Geld und Pass am Körper tragen, Fotoapparate lieber im abgewetzten Rucksack als in der protzigen Fototasche transportieren.

Post (Correos)

Postämter, teilweise in mobilen Containern untergebracht, gibt es fast überall, doch sind sie in kleineren Orten meist nur bis etwa 14 Uhr geöffnet. Um Briefmarken („Sellos") zu kaufen, muss man sich ohnehin nicht auf die Post bemühen, zu erhalten sind sie auch im Tabakladen („Estanco"). Die Gebühren für Briefe und Postkarten sind identisch, ändern sich aber fast jährlich.

Rauchverbote

Am 1. Januar 2006 trat in ganz Spanien ein neues Anti-Tabak-Gesetz in Kraft. Rauchen am Arbeitsplatz und in allen öffentlichen Gebäuden ist tabu, Tabakwaren gibt es nur noch im Estanco (oder am Zigarettenautomaten in der Kneipe, der aus Jugendschutzgründen per Fernbedienung kontrolliert werden muss), nicht mehr am Kiosk oder der Tankstelle. Größere Bars und Gaststätten müssen separate Raucherzonen ausweisen. Bei Lokalen bis 100 Quadratmeter Fläche darf jedoch der Wirt entscheiden, ob sie als Nichtraucher- oder als Raucherlokal gelten sollen. Dies betrifft den Großteil der Gaststätten, wobei es schon erstaunt, wieviele Kneipen laut ihren Eigentümern exakt 99 Quadratmeter Fläche messen... Meist gibt ein Schild am Eingang Auskunft darüber, ob es sich um ein Raucher- oder ein Nichtraucherlokal handelt.

Reisedokumente

Trotz des Schengener Abkommens ist weiterhin ein gültiger Personalausweis oder Reisepass Pflicht; wer auf dem Landweg ein- und ausreist, muss ohnehin trotz Schengen weiterhin mit Kontrollen vor allem französischer Zöllner rechnen. Autofahrer benötigen zusätzlich Führer- und Fahrzeugschein; die Grüne Versicherungskarte wird dringend empfohlen. Anzuraten ist auch, von allen wichtigen Papieren Fotokopien mitzuführen.

Siesta

Zwischen etwa zwei und fünf Uhr nachmittags hat ganz Spanien geschlossen. Zwar fordern die modernen Zeiten auch hier ihren Tribut, weshalb sich Angestellte im öffentlichen Dienst seit 2006 die Siesta verkneifen müssen. Wem es möglich ist, der hält jedoch immer noch daheim im abgedunkelten Zimmer ein Nachmittagsschläfchen oder ruht sich zumindest aus. Die Nächte sind dafür oft lang... Wichtig zu wissen ist, dass es als ausgesprochen unhöflich gilt, während der Siesta zu stören; das wäre etwa vergleichbar dem Besucher, der bei uns da heim um fünf Uhr morgens vorbeischaut.

Sport

Die Costa Brava verfügt über ein äußerst vielfältiges Sportangebot und günstige klimatische Bedingungen, die aktive Sportler vieler Kategorien anziehen. Die Mehrzahl der Anbieter findet sich in den Ferienzentren, wo vom Minigolfplatz bis zur Segelyacht nahezu alles geboten wird. Bei Spezialinteressen sind die touristischen Informationsstellen vor Ort gerne behilflich.

Costa Brava – Reisepraktisches

Angeln im Meer bringt meist nicht viel ein. Eine Erlaubnis ist zwar auch dort offiziell erforderlich (Adressen der zuständigen Stellen bei den Fremdenverkehrsämtern), doch kümmert man sich kaum um angelnde Touristen. Ratsam, sich vorab über eventuelle Schutzbestimmungen zu informieren.

Golf: Insgesamt neun Plätze liegen an der Costa Brava und in ihrem Hinterland, davon eine deutliche Konzentration im Gebiet zwischen Platja de Pals und Sant Feliu de Guíxols.

Tennis: Tennisplätze gibt es in praktisch jedem Ferienort. Meist sind sie Hotels angeschlossen.

Tauchen: Dank ihrer Felsküsten und der artenreichen Unterwasserwelt bildet die Costa Brava für Taucher fast ein Paradies. Als die beiden besten Revier gelten das Cap de Creus und die Illes Medes bei L'Estartit, beides Naturschutzgebiete. Tauchschulen finden sich jedoch auch in einer ganzen Reihe anderer Küstenorte.

Windsurfen: Vermieter und Schulen gibt es in den meisten Urlaubsorten. Als gutes Revier gilt besonders die Bucht von Roses – mehreren Campingplätzen bei Sant Pere Pescador sind Windsurfbasen angeschlossen. **Kiting** ist nur noch in Sant Pere Pescador erlaubt.

Telefonieren

▶ **Vorwahlen**: Spanien hat die Vorwahlen de facto abgeschafft bzw. den jeweiligen, seitdem neunstelligen Teilnehmernummern zugeschlagen. Innerhalb der Provinz Girona, also auch entlang der gesamten Costa Brava, beginnen alle Teilnehmernummern mit 972, in Barcelona mit 93. Aus dem Ausland ist keine Vorwahl nötig, stattdessen wird nach der Landesvorwahl 0034 die komplette neunstellige Teilnehmernummer gewählt. Ab Spanien gilt die 00 als Einwahl ins internationale Netz.

Vorwahlen

Nach **Deutschland** 0049, nach **Österreich** 0043, in die **Schweiz** 0041.
Immer gilt: die Null der Ortsvorwahl weglassen.

Nach Spanien ab Deutschland, Österreich und der Schweiz: Vorwahl 0034, Teilnehmernummer (Beispiel: 0034/972 123456).

Gebühren: Von Calling Cards etc. abgesehen, ist es im Normalfall billiger, sich von der Heimat aus anrufen zu lassen – die spanischen Normaltarife für Auslandsgespräche sind höher als bei uns.

Telefongesellschaften: Der Telekommunikationsmarkt ist viel zu schnelllebig, um hier Informationen über die günstigsten Anbieter für Gespräche Richtung Spanien zu geben. Das gilt auch in der Gegenrichtung.

Telefonzellen werden immer seltener. Sie akzeptieren nicht nur Münzen, sondern meist auch Telefon- und sogar Kreditkarten.

Telefonkarten: Die „Tarjetas telefónicas", in praktisch jeder Telefonzelle anwendbar, bedeuten bei Ferngesprächen großen Komfortgewinn. Es gibt sie im Tabakgeschäft (Estanco) oder bei der Post.

Calling Cards: Eigentlich nur eine Merkhilfe für eine Netzzugangsnummer, mit der man sich zu einem meist sehr günstigen Tarif bei der jeweiligen Telefongesellschaft einwählt. Abgerechnet wird über das Girokonto oder prepaid, also per Vorauszahlung.

Handys: Die ganz große Abzocke ist vorbei: Durch eine EU-Verordnung wurden die Minutenpreise bei Auslandsanrufen auf zuletzt maximal 43 Cent, bei angenommenen Gesprächen auf 19 Cent gedeckelt, jeweils zzgl. Mehrwertsteuer. Das ist erheblich weniger als früher. Für Vieltelefonierer geht es aber noch günstiger, z. B. durch die Buchung eines speziellen Auslandstarifs

Costa Brava: Paradies für Wassersportler

oder die Anschaffung einer internationalen oder spanischen Prepaid-Karte. Letztere gibt es in jedem spanischen Telefonladen, in Einkaufszentren etc. oder bereits vorab z. B. bei www.gsm-webshop.com.

www.teltarif.de/reise: Nützliche Seite mit aktuellen Infos und Tipps zum Thema „Telefonieren im Ausland".

Telefonieren ohne Geld: Der „Deutschland Direkt-Dienst" ist ein Service der Telekom, nützlich z. B., um nach Verlust der Bar-schaft von zuhause telegrafischen Nach-schub (siehe „Geld") anzufordern – die Ge-bühr zahlt der Angerufene.

Telefonnummer ab Spanien, ohne jede Vor-wahl: **900 99 0049**

Eine Zentrale verbindet weiter. Die Tarife liegen in erträglichem Rahmen: pro Verbin-dung 2,50 €, zusätzlich pro Minute 0,51 €. Der Service funktioniert nur zu Festnetzan-schlüssen, Details im Internet: www.detecardservice.de.

Zeitungen und Zeitschriften

Zur Saison sind in den Läden der größeren Ferienorte die meisten deutschen Zeitungen und Zeitschriften bereits am Nachmittag oder Abend des Erschei-nungstags erhältlich. Eine Ausnahme bildet die vornehmlich für Mallorca ge-druckte Ausgabe der „Bild", die bereits morgens zum Verkauf steht und somit vielleicht auch für Leute interessant wird, die sonst nicht unbedingt zu den Fans des Blattes zählen.

● *Deutschsprachige Lokalpublikationen an der Costa Brava* Beide wenden sich be-sonders an Residenten (Dauerbewohner) und erst in zweiter Linie an Urlauber. Sie fi-nanzieren sich über Anzeigen und liegen deshalb gratis aus, z. B. in manchen Frem-denverkehrsämtern.

Amigos, das älteste derartige Magazin der Costa Brava, gegründet 1985. Guter Service-teil. www.amigosmagazin.com.

Arena, eine deutsche Tageszeitung für das Alt Empordà. www.arena-info.com.

Zoll

Waren zum eigenen Verbrauch dürfen im privaten Reiseverkehr der EU, also auch zwischen Deutschland, Österreich und Spanien, unbegrenzt mitgeführt werden. Anders ist die Regelung natürlich weiterhin für Schweizer.

● *Richtmengen zur Unterscheidung zwischen privater und gewerblicher Verwendung* 800 Zigaretten, 400 Zigarillos, 200 Zigarren, 1 kg Rauchtabak. 10 Liter Spirituosen, 20 Liter so genannte Zwischenerzeugnisse, 90 Liter Wein, davon maximal 60 Liter Sekt, und 110 Li-ter Bier. Auch die Mitnahme höherer Men-gen ist möglich, sofern sie dem eigenen Ver-brauch dienen, was bei eventuellen Kontrollen dem Zoll allerdings glaubhaft zu machen wäre.

Costa Brava – Die Reiseziele

Kaum Strand, viel Charme: Cadaqués zieht ein buntes Publikum an

Die nördliche Costa Brava: Alt Empordà

Treffpunkt für Individualisten, Wanderer und Naturfreunde: Die nördliche Costa Brava beeindruckt durch landschaftliche Vielfalt und ihre oft noch unverbauten Dörfer und kleinen Städtchen.

Die Comarca (= Bezirk, Landkreis) Alt Empordà zählt rund 130.000 Einwohner und umfasst eine Fläche von 1342 Quadratkilometern. Ihr Gebiet erstreckt sich zwischen der französischen Grenze und der Ortschaft L'Escala am Südende des Golfs von Roses. Dabei wechselt der Küstencharakter dieser Region von Nord nach Süd ganz erheblich: Auf markante Felsformationen folgen weite Sandstrände, auf kaum besiedelte Berglandschaften die weite Mündungsebene zweier Flüsse.

Im Norden fallen steil die Pyrenäen ins Meer, formen atemberaubende Felsabstürze, die nur vereinzelt von kleinen Sandbuchten unterbrochen werden – ein Gebiet, das den Namen „Wilde Küste" wahrlich verdient. Dies gilt insbesondere für seinen östlichen Ausläufer, die bizarre Landschaft um die Halbinsel von *Cap de Creus*, die erst kürzlich als Naturpark weiträumig unter besonderen Schutz gestellt wurde und für Wanderer, Mountainbiker und Taucher geradezu ein Dorado darstellt. Die Siedlungen in diesem Bereich, allesamt aus kleinen Fischerdörfern gewachsen, leben heute zwar natürlich auch in erster Linie vom Tourismus, doch sind hässliche Bausünden immer noch selten. So hat sich *Port de la Selva* sein ursprüngliches Ortsbild fast uneingeschränkt bewahrt, das bildhübsche *Cadaqués* darf man sogar getrost zu den reizvollsten Städtchen der gesam-

ten spanischen Mittelmeerküste zählen. Auch an kulturellen Highlights herrscht auf der Halbinsel von Cap de Creus kein Mangel. Das uralte *Monestir de Sant Pere de Rodes* in den Bergen hoch oberhalb von Port de la Selva gehört zu den bedeutendsten Klosteranlagen Kataloniens, und ein Besuch in Salvador Dalís Wohnhaus in *Port Lligat* bei Cadaqués ist nicht nur für eingeschworene Fans des genialen Exzentrikers ein Vergnügen.

Bei *Roses* ändert die Landschaft ihr Gesicht, und nicht nur sie. Die Siedlung ist der erste wirklich große Touristenkomplex der Costa Brava, ein Umstand, der sich auch im Stadtbild manifestiert. Südlich von Roses zeigt sich die Costa Brava dann von der zahmen Seite. In weitem Bogen, begleitet von einem 15 Kilometer langen, nur durch Flussmündungen unterbrochenen Sandstrand, schwingt sich die Bucht des *Golfs von Roses* bis hinunter nach *L'Escala*, einem Fischerstädtchen mit angegliederter Feriensiedlung. Das Gebiet hinter den Stränden, topfebenes Schwemmland der Flüsse Riu Muga und Riu Fluvià, ist landwirtschaftlich geprägt, nur dünn besiedelt und mag auf den ersten Blick fast etwas monoton wirken, birgt aber bei näherer Betrachtung doch einige Überraschungen. Ein Kuriosum für sich bildet *Empúriabrava*, eine in den 60er-Jahren auf dem Reißbrett geplante Feriensiedlung, die von zahlreichen Kanälen durchzogen wird – viele der hiesigen Anwesen sind deshalb auch per Boot zu erreichen. Nur ein kleines Stück

südlich liegt zwischen den Mündungen der beiden Flüsse eines der wichtigsten Feuchtgebiete des spanischen Mittelmeers: Der Naturpark *Aiguamolls de l'Empordà* ist als Heimat und Raststation zahlreicher seltener Vogelarten nicht nur für Hobby-Ornithologen einen Abstecher wert. Camper wiederum finden um *Sant Pere de Pescadors* ihr Refugium. Der kleine, außerhalb der Hochsaison sehr ruhige Ort ist Versorgungsbasis für rund ein halbes Dutzend Plätze, die fast alle direkt an oder nahe bei schönen Strandabschnitten liegen. Kurz vor L'Escala und dem südlichen Ende des Golfs von Roses lockt schließlich noch die griechisch-römische Ruinenstadt *Empúries* zu einem Besuch in der Antike.

Auch das Hinterland der nördlichen Costa Brava ist für mehr als einen Ausflug gut. An erster Stelle unter den hiesigen Zielen steht sicherlich *Figueres* – immerhin hat die Hauptstadt des Alt Empordà mit dem Teatre-Museu Dalí eines der originellsten und meistbe-

Refugium für Störche: Naturpark Aiguamolls de l'Empordà

suchten Museen ganz Spaniens vorzuweisen. Aber auch manch kleineres Städtchen lohnt einen Besuch: *Castelló d'Empúries* glänzt mit seinem mittelalterlich geprägten Ortskern, das Wein- und Sektdorf *Peralada* mit seinem Schloss, das heute eines der schönsten Casinos Spaniens beherbergt. Ein gutes Stück weiter von der Küste entfernt, den Weg aber allemal wert ist *Besalú* in der Nachbar-Comarca Garrotxa westlich von Figueres, ein perfekt erhaltenes Denkmalstädtchen wie aus dem Bilderbuch.

La Jonquera   (3000 Einwohner)

Das grenznahe Städtchen liegt an der wichtigsten Straßenverbindung von Frankreich zur spanischen Mittelmeerküste. Über mangelnde Nachfrage können die zahlreichen Supermärkte und Souvenirläden deshalb nicht klagen.

Genau genommen bildet La Jonquera gar nicht den Grenzort zwischen Spanien und Frankreich – der nämlich ist Le Perthus an der N II, etwa sechs Kilometer nördlich gelegen. La Jonquera jedoch besitzt nicht nur die größere Auswahl an Einkaufsmöglichkeiten, sondern auch einen Autobahnanschluss, weshalb zahlreiche Reisende vor allem französischer Herkunft hier einen letzten Stopp einlegen, um an der Durchgangsstraße N II den Tank mit günstigerem spanischen

Benzin und den Kofferraum mit Spirituosen und Tabakwaren zu füllen. Mittlerweile lohnt sich ein Besuch in La Jonquera jedoch auch aus anderen Gründen: 2008 eröffnete an der verkehrsberuhigten Hauptstraße im südlichen Ortsbereich das „Museum des Exils" *Museu Memorial de l´Exili* (Juni bis September Mo-Sa 10-19, So 10-18 Uhr, sonst Di-Sa 10-18, So 10-14 Uhr; 4 €). Es widmet sich den Flüchtlingen insbesondere des spanischen Bürgerkriegs, für die der Grenzort eine wichtige Durchgangsstation darstellte.

● *Übernachten* Mehrere Quartiere an der N II, überwiegend um Kilometer 781/782.
** **Pensió Marfil**, preiswertes Haus im Ort selbst. Ruhige Lage, mit mehr als 40 Zimmern recht groß; Einrichtung schlicht, aber insgesamt durchaus ordentlich. Ein solides Restaurant mit festem Menü (auch abends) ist angeschlossen. DZ/Bad etwa 40 €, ohne Bad 30 €. Carrer Major 109, ☎ 972/554378, ✆ 972/555605, www.pensionmarfil.com.

Serra de l'Albera

Ein abgeschiedenes und deshalb nur wenig besuchtes Gebiet nahe der französischen Grenze, teilweise als Naturreservat ausgewiesen.

Der Gebirgszug der Serra de l'Albera verläuft östlich von La Jonquera in Richtung Küste, etwa parallel zur Grenze. Zwar steigen ihre höchsten Gipfel immer noch bis über 1000 Meter Meereshöhe an, doch liegen hier auch die niedrigsten Pässe der Pyrenäen, weshalb das Gebiet seit alters her von vielen Völkern durchquert wurde. Die Hauptzufahrt erfolgt über die GI 602/603, die etwa sechs Kilometer südlich von La Jonquera von der Nationalstraße nach links abzweigt und über *Capmany* und *Garriguella* nach *Vilajuïga* und im weiteren Verlauf nach Roses führt. Wer allerdings den westlichen Sektor des Naturparks Paratge Natural Serra de l'Albera (siehe unten) besuchen möchte, muss bereits kurz hinter La Jonquera links nach Cantallops abbiegen.

4500 Jahre altes Steingrab: Dolmen de la Cabana Arqueta

Die nördliche Costa Brava: Alt Empordà   Karte S. 69

Dolmen de la Cabana Arqueta: Der rund 4500 Jahre alte Dolmen de la Cabana Arqueta, eines der größten unter den zahlreichen vorgeschichtlichen Steingräbern der Serra, liegt nur wenige hundert Meter von der GI 602 entfernt. Die Abzweigung in den sehr schmalen und holprigen Feldweg, der zwischen den Dörfern Sant Climent Sescebes und Espolla linker Hand abzweigt, ist beschildert; am besten, man parkt bereits nach etwa hundert Metern bei dem kleinen Wäldchen.

Weinbau an der „Wilden Küste": D.O. Empordà-Costa Brava

Wer in der sanften, von Hügeln und kleinen Dörfern geprägten Landschaft der unteren Serra de l'Albera unterwegs ist, merkt schnell, dass er sich im Weinland befindet. Seit 1975 sind die hiesigen Gewächse sogar, wie in Dutzenden anderen Weinbaugebieten Spaniens, durch eine kontrollierte Herkunftsbezeichnung geschützt. Diese *Denominació d'origen* (kurz D.O.) unterzieht die Winzer strengen Qualitätsanforderungen, die von einem Kontrollgremium, dem sogenannten Consejo Regulador, festgelegt und überprüft werden. Dadurch wird nicht nur die geographische Ausdehnung des Gebiets bestimmt, sondern auch die Rebsorten, die angebaut werden dürfen, die Höchstmengen bei der Ernte und die Art des Anbaus und der Verarbeitung. Die je nach Sorte (Rot- oder Weiß- und Roséwein) und Qualität (Crianza, Reserva und Gran Reserva) unterschiedlichen Reifezeiten sind hingegen landesweit geregelt.

Die *D.O. Empordà-Costa Brava* ist das einzige derart geadelte Qualitätsweinbaugebiet im Gebiet der Costa Brava. Ihre Ausdehnung reicht von der französischen Grenze bis etwa hinunter zur Hauptstraße Roses-Figueres, nach Westen noch ein Stück über die Autobahn hinaus. Die kräftigen Rotweine der Region entstammen den Traubensorten *Carinyena* und vor allem *Garnatxa*, der in ganz Spanien am weitesten verbreiteten Rotweinrebe. Für die frischen, jungen Weißweine der D.O. werden die Rebsorten *Macabeu* und *Xarel.lo* verwendet. Hergestellt werden jedoch auch fruchtige Rosés, schwere Dessertweine und Cava, der nach der Méthode Champenoise in der Flasche gereifte katalanische Qualitätssekt, der einer eigenen, nicht auf ein bestimmtes Gebiet begrenzten D.O. unterliegt.

Bodegas, Weinkellereien, gibt es in fast jedem Dorf der Serra de l'Albera. Und fast an jeder dieser Kellereien weisen Schilder („Degustació i Venda") auf die Möglichkeit hin, den hier produzierten Wein vor Ort zu verkosten und auch gleich im Direktverkauf zu erstehen. Einen besonders guten Ruf genießt die *Bodega Oliveda* (✆ 972 549012) im Dorf Capmany unweit der Nationalstraße N II, die neben renommierten Weinen auch Cava anbietet.

Paratge Natural Serra de l'Albera

Ein Teil der Region L'Albera ist seit 1986 unter besonderen Schutz gestellt. Die Landschaft des Reservats wird geprägt vom allmählichen Übergang der alpinen Pyrenäenregion zur mediterranen Küstenzone. Innerhalb des Parks finden sich deshalb ganz verschiedene Lebensräume. Zur hiesigen Tierwelt zählen Wildschwein, Dachs, Ginsterkatze und kleinere Bestände des Mufflons, in den Lüften kreisen Adler und Uhu. Nördlich etwas außerhalb von Garriguela wurde 1994 ein kleines Zentrum (Centre de Reproducció de Tortugues de l'Albera) eingerichtet, das sich der Zucht und Wiederansiedlung von Schildkröten widmet. Eine örtliche Besonderheit ist das Alberarind, eine wild lebende, kleinwüchsige Rinderrasse, die sich vorwiegend von Bucheckern ernährt.

Sektor Requesens-Baussitges: Der Park schließt zwei besondere Schutzzonen ein, die beide nahe der Grenze liegen. Der an Buchenwäldern reiche Sektor Requesens-Baussitges ist über eine Nebenstraße zu erreichen, die kurz vor La Jonquera von der N II abzweigt und nach Cantallops führt. Von dieser Siedlung aus gelangt man auf einem etwa sechs Kilometer langen Waldweg zum Weiler Requesens, einem guten Ausgangspunkt für Wanderungen und Spaziergänge. Unterwegs passiert der Weg die Abzweigung zur alten Burg von Requesens, die im 19. Jh. in einer Art neoromantischem Stil renoviert wurde. In der Nähe steht eine vielbesuchte, im 18. Jh. errichtete Kapelle.

Sektor Sant Quirze: Dieser Sektor erstreckt sich ein ganzes Stück weiter östlich und ist über die oben erwähnte GI 602/603 zu erreichen. Eher von mediterraner Macchia als von ausgedehnten Wäldern geprägt, liegt er schon recht nah der Küste um Llançà und Roses. Zu erreichen ist das Gebiet auf Nebenstraßen ab Rabos d'Empordá und Garriguela. Das Zentrum dieses Sektors bildet das Tal von Sant Quirze mit dem uralten Kloster *Monestir Sant Quirze de Colera*, einem im 10. Jh. errichteten, in der Architektur lombardisch beeinflussten Bau, der ein schönes Ziel für Wanderungen abgibt. Auch die Anfahrt mit dem Auto ist möglich, die Abzweigung bei Rabós d'Empordà beschildert, das letzte Stück allerdings Piste.

• *Information* **Centre d'Informació del Paratge Natural**, Carrer Mossèn Amadeu Sudrià 3, im Ort Espolla an der GI 602, ab der Durchgangsstraße beschildert; ✆ 972 545079. Öffnungszeiten: Mo–Fr 8–15 Uhr (im Winter Di auch 16-18.30 Uhr), Sa 10–14, 16–18 Uhr, So 10–14 Uhr.

• *Verbindungen* Busverbindungen sind sehr rar. Die meisten der erwähnten Dörfer werden einmal täglich von Bussen ab Figueres angefahren; ratsam, sich rechtzeitig um Möglichkeiten der Rück- oder Weiterreise zu kümmern.

• *Camping* **Vell Empordà**, 2. Kat., recht schattiges Gelände an der Hauptstraße bei Garriguella; mit Pool. Von etwa Weihnachten bis Ende Januar ist geschlossen. Stellplatz inkl. Auto, Zelt 13 €, p.p. 6,50 €. Ctra. Roses-La Jonquera, ✆ 972 530200, 📠 972 55 2343, www.vellemporda.com.

Portbou

(1300 Einwohner)

Die nördlichste Ortschaft der Costa Brava, Einreisestation für Bahnfahrer und für alle Autobesitzer, die Spanien via Landstraße von der französischen Küste aus ansteuern.

Portbou liegt reizvoll an einer tief eingeschnittenen Bucht, die von den weitgehend kahlen, steil ins Meer stürzenden Ausläufern der Pyrenäen gesäumt wird. Den kleinen Grenzort beherrscht das riesige Stellwerk der spanischen Eisenbahn. Die Verbundenheit mit der Schiene hat Tradition in Portbou, seit 1878 die Bahnlinie von Barcelona zur Staatsgrenze eröffnet wurde; die Stahlkonstruktion des Bahnhofs selbst stammt aus dem Jahr 1929.

Im Urlaubsmonat August herrscht dank der Besucher aus den nahegelegenen französischen Urlaubsorten tagsüber gewisser Rummel in Portbou. Außerhalb der Saison geht es hier hingegen sehr ruhig zu. Die kleinen Kieselstrände sind kaum bevölkert und die putzige *Rambla* ist abends fest in der Hand der Einheimischen. Die freilich sind in den letzten Jahren deutlich weniger geworden, viele Bewohner abgewandert.

Die nördliche Costa Brava: Alt Empordà   Karte S. 69

● *Information* **Oficina Municipal de Turis-me**, in einer Art Kiosk an der Uferpromena-de, Passeig Luís Companys s/n, ✆ 972 125161. Zur HS geöffnet Mo-Fr 10-14, 16-18 Uhr, Sa/So 9-14 Uhr, sonst Mo sowie Mi-Sa 10-14 Uhr.

In die Steilküste geschmiegt:
Platja de Claper

● *Verbindungen* **Zug**: Züge Richtung Fi-gueres und Barcelona fahren tagsüber etwa alle ein bis zwei Stunden.

● *Übernachten* *** Hotel Res. La Masia**, in guter, strandnaher Lage unweit der Touris-teninformation. Einziges ganzjährig geöff-netes Quartier im Ort. DZ etwa 70 €, im Juli/August 85 €. Passeig La Sardana 1, ✆ 972 390372.

● *Essen* **Rest. L'Áncora**, dem Hotel Masia angeschlossen, eines von mehreren Terras-senrestaurants an der Uferpromenade. Menü à la carte ab etwa 30-35 €, mit Fisch (frisch!) auch mehr. Es gibt auch feste Me-nüs. Passeig de la Sardana 3.

● *Feste* **Festa Major**, das Hauptfest des Or-tes, an mehreren Tagen um den 25. Juli. **Aplec de la Sardana**, Sardana-Tänze am zweiten Sonntag im August. **Havaneres**, traditionelle, aus der Karibik von Seefahrern importierte Gesänge, am dritten Samstag im August.

● *Markttag* **Freitag**.

● *Baden* Die **Platja Gran**, der Hauptstrand von Portbou, liegt direkt vor der Uferprome-nade und besteht wie alle Strände um den Ort aus grauen Kieseln und Steinen. Du-schen sind vorhanden, im Sommer auch eine Rotkreuzstation.

Les Tres Platgetes: Etwas abgeschiedener als der Hauptstrand liegt diese kleinere und auch als „Cala de les Rates" bekannte Strand-bucht. Zu erreichen ist sie über einen Fuß-pfad, der am Nordende der Platja Gran beginnt. Am Ende der Tres Platgetes führt ein weiterer Fußpfad in die Nachbarbucht **Cala del Pi**: Da von hohen Felsen geschützt, wird hier Nacktbaden, wenn auch offiziell nicht direkt gestattet, so doch toleriert.

Platja de Claper: Tief unterhalb der Straße nach Colera versteckt sich dieser kleine, von einer wilden Steilküste umschlossene Strand. Der Zugang führt über einen Trep-penweg, der direkt bei dem Mirador (Aus-sichtspunkt) wenige Kilometer außerhalb von Portbou beginnt. Da der Ab- und besonders der Wiederaufstieg nicht unbe-schwerlich sind, hält sich der Andrang meist in Grenzen. Lassen Sie oben nichts sichtbar im Auto zurück!

Colera   (600 Einwohner)

Noch kleiner und weit ruhiger als Portbou, zeigt sich das in einen Talein-schnitt gebaute und von einer mächtigen Eisenbahnbrücke überspannte Dörfchen selbst in den Sommermonaten kaum überlaufen.

Ausländische Touristen finden nur selten nach Sant Miquel de Colera, wie der Ort nach einer alten Einsiedelei im Hinterland auch genannt wird. Dabei besitzt die praktisch nur aus zwei Parallelstraßen bestehende Siedlung durchaus ihre hübschen Seiten. Dazu zählt vor allem die landeinwärts liegende, tennisplatz-große Hauptplaça, die von einer einzigen Riesenplatane völlig beschattet wird. Der mächtige Baum, *Plàtan de la Plaça* genannt, steht als Naturmonument sogar

Walter Benjamin: Tod in Portbou

In den unseligen Jahren des NS-Regimes war Spanien für viele Flüchtlinge die Durchgangsstation auf dem Weg nach Lissabon, dem Hafen für die rettende Überfahrt in die Vereinigten Staaten. Doch öffneten sich die spanischen Schlagbäume nur für diejenigen, die im Besitz gültiger Papiere waren. Für viele ein Todesurteil: In den frühen 40er-Jahren, zur Zeit der mit Deutschland kollaborierenden französischen Vichy-Regierung, konnte ein einziger fehlender Stempel die Auslieferung an die Gestapo bedeuten. Zu den tragischen Opfern jener Zeit zählt auch der jüdische Literaturkritiker, Philosoph und Schriftsteller Walter Benjamin, geboren 1892 in Berlin. Am

26. September 1940 hatte der herzkranke Benjamin mit einer Gruppe weiterer Flüchtlinge nach gefahrvoller Überquerung der Pyrenäen Portbou erreicht. Obschon im Besitz eines gültigen Visums für die USA, verwehrten die spanischen Grenzer ihm die Einreise, da sein Pass keinen französischen Ausreisestempel aufwies. Die Flüchtlinge wurden in ein Hotel einquartiert und sollten am folgenden Tag an Frankreich ausgeliefert werden. Noch in der Nacht beging der 48-Jährige Selbstmord. Sein Freitod rettete den anderen Flüchtlingen das Leben: Die spanischen Grenzer waren so erschüttert, dass sie den Rest der Gruppe ziehen ließen.

Ein Grab auf dem Friedhof von Portbou wurde zur letzten Ruhestätte Walter Benjamins. Vergessen hat man den deutschen Philosophen hier jedoch nicht: Seit 1994 erinnert ein Werk des israelischen Künstlers Dani Karavan an Walter Benjamin und all die anderen

Trügerische Freiheit: „Passatges"

Emigranten der NS-Zeit. *Passatges* (Passagen) heißt die Installation, die aus deutschen und katalanischen Mitteln finanziert und unter der Schirmherrschaft von Richard von Weizsäcker erstellt wurde. Der Name nimmt auch Bezug auf eine der wichtigsten Arbeiten Benjamins, das erst 1983 veröffentlichte „Passagenwerk". Das beeindruckende Monument in der Nähe des Friedhofs besteht aus einer von eisernen Wänden flankierten Treppe, die über dem Meer vor einer Glasscheibe endet: Der Blick schweift frei, dennoch bleibt nur die Umkehr.

Friedhof und Monument liegen nur einen kurzen Spaziergang von der Promenade entfernt, zunächst über die Hauptstraße Avda. de Barcelona in Richtung Llança, dann links in den C. Puixada del Mirador. Daneben besitzt Portbou noch ein kleines Dokumentationszentrum (Centro de Documentación), das auf Anfrage bei der Touristeninformation zu besichtigen ist. Über einen Museumsbau (womöglich gar von Starchitekt Norman Foster) wird spekuliert; allein, es fehlt am Geld.

Kunst mit Meerblick: Skulpturenpark über der Platja d'en Goixa bei Colera

unter besonderem Schutz. Mit seiner Bahnstation und einem ganz passablen Kieselstrand bietet sich Colera für einen ersten oder letzten Stopp in Spanien also durchaus an, zumal der Ort auch über einen günstig gelegenen Camping-platz verfügt.

● *Verbindungen* **Zug**: Bahnhof der Linie Portbou-Figueres-Barcelona, aber Achtung, nur Lokalzüge halten!

● *Übernachten* ** **Hotel La Gambina**, direkt am kleinen Hafen. Ein sehr sauberes und gepflegtes Quartier, die an sich komfortab-len Zimmer sind allerdings ausgesprochen hellhörig. DZ nach Saison etwa 85–95 €. Passeig del Mar s/n, ✆ 972 389172.

** **Pensió Mont-Mercè**, direkt gegenüber gelegen, wie auch die Konkurrenz mit eige-nem Restaurant. Geöffnet Mitte/Ende Juni bis Mitte September. DZ/Bad etwa 70 €. Passeig del Mar s/n, ✆ 972 389126.

● *Camping* **Sant Miquel**, 2. Kat., am Orts-rand jenseits des Trockentals, ein paar hun-dert Meter von der Durchgangsstraße. Gro-ßer, gepflegter Platz, recht guter Schatten; Pool, Bar/Restaurant, Supermarkt, Wasch-maschinen. Nur die Bahn stört gelegentlich ein wenig. Geöffnet April bis September. Preise p.P., Zelt, Auto, jeweils etwa 5,50 €. ✆ 972 389018, www.campingsantmiquel.com.

● *Feste* **Festa petita**, das „kleine Fest", am Sonntag, der dem 8. Mai am nächsten liegt. **Festa Major**, das Hauptfest zu Ehren von Sant Miquel, an mehreren Tagen um den 29. 9.

● *Baden* Der Ortsstrand **Platja de les Bar-ques**, nahe dem bescheidenen Sporthafen von Colera, ist klein und wenig attraktiv. **Platja d'en Goixa**: Die hübschere Alterna-tive liegt nur ein kleines Stück weiter und ist über einen schmalen Fußweg zu errei-chen, der an der linken Seite der Hafen-bucht beginnt. Der Strand besteht aus grauen Kieseln und Steinen, das Wasser ist klar und sauber.

Von Colera nach Llancà

Südlich von Colera überquert die N 260 den Hügelzug der Muntanya dels Ca-nons und senkt sich dann wieder hinab zur Bucht der Platja de Garbet.

▸ **Platja de Garbet**: Ein mehrere hundert Meter langer Strand aus grobkörnigem graubraunem Sand und Kieseln, knapp drei Kilometer von Colera entfernt. Er liegt gleich neben der Straße, die Zufahrt zum Parkplatz ist für Wohnmobile allerdings gesperrt.

● *Übernachten/Camping* **** Pensió Garbet**, einfaches Quartier, das dem gleichnamigen Campingplatz angeschlossen ist. Geöffnet April bis Oktober. DZ/Bad etwa 45–50 €. Platja de Garbet s/n, ✆ 972 389001, ✆ 972 128059.

Camping Garbet, 3. Kat., kleiner Platz, zur HS häufig belegt, viel Schatten. Bar/Supermarkt, Restaurants am Strand. Geöffnet von April bis Oktober. Preis p.P., Auto je etwa 6 €, Zelt etwa 5 €. ✆ 972 389001, ✆ 972 128059, www.campinggarbet.com.

▶ **Cap Ras**: Knapp hinter der Platja de Garbet und kurz vor den ersten Ausläufern der Urbanisationen von Llançà. In die Nordseite des felsigen Kaps eingebettet liegen die beiden kleinen Strandbuchten *Cala Azucena* und *Cala Bramant*, die jeweils über schmale Fußwege zu erreichen sind. An der Cala Bramant ist Nacktbaden üblich.

Sommerliches Zentrum: das Hafenviertel Port de Llançà

Die nördliche Costa Brava: Alt Empordà
Karte S. 69

Llançà   (4900 Einwohner)

Schon weit vor Llançà zeigen ausgedehnte Feriensiedlungen an, dass man sich dem ersten echten Urlaubszentrum der Costa Brava nähert. Eine gewisse Attraktivität hat sich das Städtchen dabei jedoch durchaus bewahrt.

Abseits der Durchgangsstraße N 260, die die eigentliche Siedlung nur streift, zeigt Llançà nämlich ein anderes, freundlicheres Gesicht. Architektonische Entgleisungen sind selten, die umgebenden Urbanisationen noch halbwegs geschmackvoll angelegt, auch wenn sie im Süden fast durchgängig bis Port de la Selva reichen. Es gibt eine ganze Reihe kleinerer Strände, die im Hochsommer zwar mehr als nur gut besucht sind, in der Nebensaison jedoch ausreichend Platz bieten.

Der Ort selbst gliedert sich in zwei Teile. *Llançà-Vila* bildet den alten Kern, im Jahr 974 erstmals urkundlich erwähnt und aus Furcht vor der damals stets drohenden Piratengefahr ein gutes Stück landeinwärts der Küste angelegt. Die Sträßchen und engen Gassen von Llançà-Vila besitzen Atmosphäre, ohne groß herausgeputzt zu sein. Am sympathischen Hauptplatz Plaça Major erhebt sich die mächtige, barocke Pfarrkirche Església Sant Miquel, gleich nebenan steht der Turm Torre Romànica, auch Torre de la Plaça genannt. Der Bau des 14. Jh. ist der ehemalige Glockenturm der längst verschwundenen Vorgängerin der heutigen Kirche; sein wehrhaftes Äußeres lässt ahnen, dass er wohl auch zu Verteidigungszwecken errichtet wurde.

Im geräumigen Hafenviertel *Port de Llancà*, vom Altort über einen Kilometer entfernt und mit ihm durch die Avinguda Europa verbunden, spielt sich hingegen der Großteil des Ferienbetriebs ab. Hier liegt einer der größeren Strände des Städtchens, und an Restaurants und Souvenirläden herrscht kein Mangel. Optisch wirkt auch das Hafenviertel recht ansprechend. Die Strandpromenade ist gepflegt, die weiß getünchten Häuser wachsen nicht in den Himmel. Und obwohl der Sporthafen den größten Raum einnimmt, existiert auch immer noch ein separater Fischerhafen. Einen schönen Blick über das Ensemble und die Küste bietet der Hügel *El Castellar* am Ende der Hafenstraße.

Information/Verbindungen

● *Information* **Oficina Municipal de Turisme**, Calle Camprodón 16-18, am Ortsrand von Llançà-Vila neben der Zufahrtsstraße aus Richtung Figueres, ☎ 972 380855, ✆ 972 121931. Öffnungszeiten Mo-Sa 9-15, 16.30-20 Uhr, So 10-14 Uhr, im Juli/August Mo-Sa 9-21 Uhr, So 10-14 Uhr. Zur Saison öffnet auch ein „Punto de Información" am Hafenparkplatz, ☎ 972 120944.
● *Verbindungen* **Zug**: Bahnhof jenseits der Durchgangsstraße, etwa auf Höhe von Llançà-Vila. Züge Richtung Figueres/Barcelona oder Portbou verkehren tagsüber etwa alle ein bis zwei Stunden.
Bus: Haltestellen an der N 260 beim Ortseingang aus Richtung Figueres sowie an der Avinguda Europa zwischen Altort und Hafen. Mit SARFA nach Port de la Selva 2-mal, Figueres 4-mal, Colera/Port Bou 2-mal, Roses 1-mal täglich, Busse nach Cadaqués nur via Figueres. Zur HS teilweise erweitertes Angebot.

Übernachten/Camping

Ganz überwiegend kleinere, familiäre Häuser, keine Bettenburgen.
*** Hotel Grimar (6), schönes und gepflegtes Haus in allerdings etwas ungünstiger Lage knapp jenseits der Durchgangsstraße N 260, zum Hafen und in den Altort jeweils ein ganzes Stück zu laufen. Geöffnet von Ostern bis September. DZ/F etwa 80–120 €. Carretera de Portbou s/n, ☎ 972 380167, ✆ 972 121620, www.hotelgrimar.com.
** Hotel La Goleta (5), im Hafenviertel. Solides Quartier in einer Seitenstraße, vom sommerlichen Rummel also ein paar Schritte entfernt. DZ etwa 65–105 €. Carrer Pintor Terruella 12, ☎ 972 380125, ✆ 972 120686, www.hotellagoleta.com.
** Pensió Florida (10), in ruhiger Lage im Altort; eigener Parkplatz, den man angesichts der engen Gassen auch gut brauchen kann. DZ/Bad nach Saison etwa 55–60 €. Carrer Floridablanca 17, ☎ 972 120161.
* Pensió Habitaciones Can Pau (9), einfache Pension am Rand des Altorts. Immerhin 31 schlichte, aber brauchbare und saubere Zimmer mit Steinböden. Ein Teil verfügt über ein eigenes Bad, die übrigen sollen im Lauf der Zeit folgen. Ganzjährig geöffnet. DZ/Bad etwa 45 €, ohne Bad um die 35 €. Carrer Puig d´Esquer 4, ☎ 972 380270.
● *Camping* **L'Ombra (2)**, 2. Kat., jenseits der Durchgangsstraße unweit des Hotels Grimar, jeweils etwa 15 Fußminuten von Altort und Hafensiedlung entfernt. Einfacher, kleiner und familiärer Platz, mittlerer Schatten, etwas Lärmbelästigung durch die nahe Bahnlinie. Einkauf und Bar nur zur HS in Betrieb, kleiner Pool. Ganzjährig geöffnet. Parzelle zur HS bis zu 16 €, p.P. 5,50 €, zur NS liegen die Preise erheblich günstiger. ☎ 972 380335.

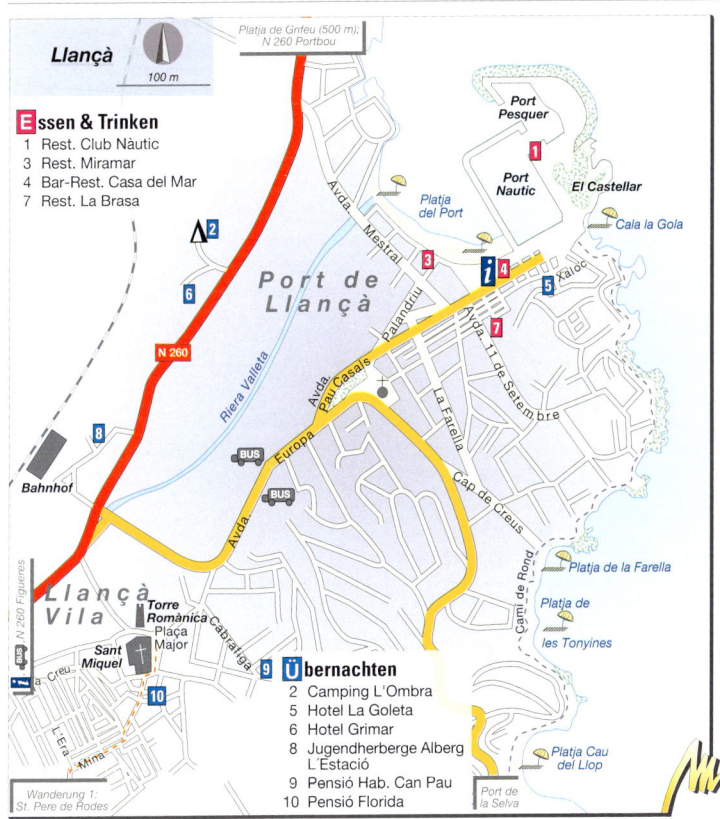

Map labels:
Llançà
100 m

E ssen & Trinken
1 Rest. Club Nàutic
3 Rest. Miramar
4 Bar-Rest. Casa del Mar
7 Rest. La Brasa

Platja de Grifeu (500 m);
N 260 Portbou

Port Pesquer

Port Nautic
El Castellar
Platja del Port
Cala la Gola
Xaloc

Port de Llançà

Avda. Mestral
Palandriu
Avda. Pau Casals
Riera Valleta
La Farella
Avda. 11 de Setembre
N 260
Bahnhof
BUS
Europa
Avda.
BUS
Cap de Creus
Cami de Rond

Platja de la Farella
Platja de les Tonyines

Llançà Vila
Torre Romànica
Cabralga
Plaça Major
Sant Miquel
la Creu
L'Era
Mina

Platja Cau del Llop

Port de la Selva

Wanderung 1:
St. Pere de Rodes

N 260 Figueres

9 **Ü** bernachten
2 Camping L'Ombra
5 Hotel La Goleta
6 Hotel Grimar
8 Jugendherberge Alberg L'Estació
9 Pensió Hab. Can Pau
10 Pensió Florida

Jugendherberge Alberg l´Estació (8), gleich beim Bahnhof, erst 2008 eröffnet. 48 Plätze in Zwei- bis Acht-Bett-Zimmern; ganz-jährig geöffnet. C. Setcases 9, ✆ 972 380384, mobil 629 954611, www.albergestacio.cat.

Essen

Llançàs Restaurants konzentrieren sich im Hafenviertel. Spezialität ist natürlich überall frischer Fisch.

Rest. Miramar (3), an der Uferpromenade, dem gleichnamigen Hotel angeschlossen. Eindeutig die erste Adresse vor Ort, mit einem Michelinstern geschmückt: feine, moderne und kreative Küche mit Schwerpunkt auf Fischgerichten und Mariscos. Gute Wein-auswahl. Das empfehlenswerte Degusta-tionsmenü kommt auf etwa 80 €, à la carte geht es auch etwas günstiger. Paseo Marí-timo 7, ✆ 972 380132; So-Abend, Mo (außer HS) sowie im Januar/Februar geschlossen.

Rest. Club Nàutic (1), im Yachthafen. Reiz-voll ist insbesondere die schöne Aussicht auf denselben; mit Beurteilungen zur Kü-che wollen wir uns angesichts der zuletzt recht häufigen Besitzerwechsel lieber zu-rückhalten, bis eine gewisse Konsolidie-rung eingetreten ist – zu wünschen wäre es dem Lokal. Moll Jordi Canal s/n, ✆ 972 380517.

Rest. La Brasa (7), am Ende eines Seiten-gässchens der Hafenstraße, mit kleiner

Gartenterrasse. Festes Menü etwa 16 €, à la carte ab rund 25-30 €. Der namensgebende Grill (brasa) im Freien ist allerdings meist nur zur Saison in Betrieb. Plaça Catalunya 6, in der NS Mo-Abend und Di geschlossen, von Mitte Dezember bis Februar Betriebsferien. Im Umfeld noch weitere Lokale.

Bar-Rest. Casa del Mar (4), in der „Restaurantzeile" direkt auf der Promenade. Freundlicher Familienbetrieb, der vor allem Fisch und Meeresfrüchte in soliden Portionen serviert. Menü à la carte ab etwa 20 € aufwärts, an Werktagen oft auch ein günstiges Mittagsmenü. Passeig Marítim s/n.

Diverses

- *Sport/Ausflüge* **Tauchen & Schiffsausflüge** im Centre de Immersió Cap de Creus, Carrer Pintor Martínez Lozano 9, im nördlichen Bereich des Hafenviertels; ✆ 972 120000.
- *Markttag* **Mittwoch**.
- *Feste* **Verge del Carme**, am 16. Juli, Fest der Schutzheiligen der Fischer, mit Bootsprozession.
Festa Major de Verano, das Hauptfest im Sommer, um den dritten Sonntag im August.

- *Wandern* Neben dem Aufstieg von Llançà zum Kloster Monestir Sant Pere de Rodes (siehe Wanderung 1) gibt auch der Küstenweg Camí de Ronda zwischen Llançà und Port de la Selva eine schöne Tour ab. Beschrieben ist er als Wanderung 2 unter Port de la Selva (siehe dort), doch kann die Route natürlich auch in der Gegenrichtung begangen werden. In Llançà beginnt der Camí de Ronda als Treppenweg im hinteren Hafenbereich neben einer Restaurantterrasse.

Baden

Platja del Port: Llançàs relativ ausgedehnter Hauptstrand liegt direkt an der Promenade der Hafenbucht und besteht überwiegend aus feinem Kies. Es gibt Duschen und eine Rotkreuz-Station; an nahe gelegenen Bars, Restaurants und Einkaufsmöglichkeiten besteht natürlich auch kein Mangel.

Platja de Grifeu: Nördlich der eigentlichen Siedlung, im Urbanisationsgebiet neben der N 260 Richtung Colera/Portbou. Die Platja de Grifeu ist zwar kleiner als die Platja del Port, wohl wegen ihres feinen Sandes aber der meistbesuchte Strand bei Llançà. Im Sommer wird es hier schon mal arg eng, und auch die Bebauung im Umfeld ist vielleicht nicht jedermanns Sache. Lokale sind vorhanden, ebenso eine Rotkreuz-Station. Noch ein Stück weiter Richtung Norden liegt ein weiterer Strand, die allerdings nicht sehr attraktive *Platja de Canyelles*.

Platja de la Farella: Der erste einer Reihe von kleineren bis mittelgroßen Stränden im Süden von Llançà. Zu erreichen ist er von der Straße Richtung Port de la Selva über den

Carrer Cap de Creus, zu Fuß auch über den Küstenweg Camí de Ronda, der an den Treppen neben einem Restaurant ganz am Ende der Hafenstraße beginnt. Die Platja de la Farella besteht aus grauem Sand und Kies und ist gut vor Winden geschützt, das Wasser sehr sauber.

Platja de les Tonyines: Zwei Strandbuchten, die sich an die Platja de la Farella anschließen und von einem niedrigen Felsvorsprung getrennt werden. Auch diese beiden bestehen aus etwas gröberem grauem Sand und Kies.

Platja del Cau del Llop: Der letzte größere Strand im südlichen Ortsbereich von Llançà, von der Platja de les Tonyines über den Küstenweg Camí de Ronda zu erreichen, es gibt aber auch einen Zugang von der Straße nach Port de la Selva. Mit ihrem überwiegend recht feinen, graubraunen Sand und dem sehr sauberen Wasser ist die Platja del Cau del Llop einer der attraktivsten Strände von Llançà.

▸ **Castell de Quermançó:** Außerhalb von Llançà in Richtung Figueres erhebt sich linker Hand der N 260 diese malerische Ruine einer Burg des 11. Jh., die im 19. Jh. von den Franzosen zerstört worden war. In den Sechzigern hätte Salvador Dalí das Kastell um ein Haar als Geschenk für Gala gekauft, doch waren die Verhandlungen letztlich am Preis gescheitert; Dalí erwarb stattdessen Púbol. Auch die gegenwärtigen Besitzer hegen große Pläne mit Quermançó, sie wollen die Burg restaurieren und – nach einer Idee von Dalí – eine große Windorgel (L'Orgue de la Tramuntana) installieren. Die Lage des Kastells im Naturpark Cap de Creus und sein Status als historisch-künstlerisches Erbe verzögern jedoch die Genehmigung seit Jahren, werden sie vielleicht auch völlig unmöglich machen. Informationen über den aktuellen Stand im Fremdenverkehrsamt von Llancà oder unter www. castelldequermanco.es.

Wanderung 1: Von Llançà zum Monestir Sant Pere de Rodes

Route: Llançà Vila – Coll del Perer – Monestir Sant Pere de Rodes und zurück; **reine Wanderzeit**: etwa 4–4,5 Stunden; **Einkehr** nur in Llançà; Sonnenschutz, Proviant und Trinkwasser (!) nicht vergessen. **Achtung**: An Montagen ist das Kloster geschlossen!

Charakteristik: Die fantastisch in einer wilden Berglandschaft gelegene Klosterruine von Sant Pere de Rodes kann man zwar auch mit dem Fahrzeug erreichen, der Aufstieg zu Fuß ist jedoch weit reizvoller. Die Route, als Teil des

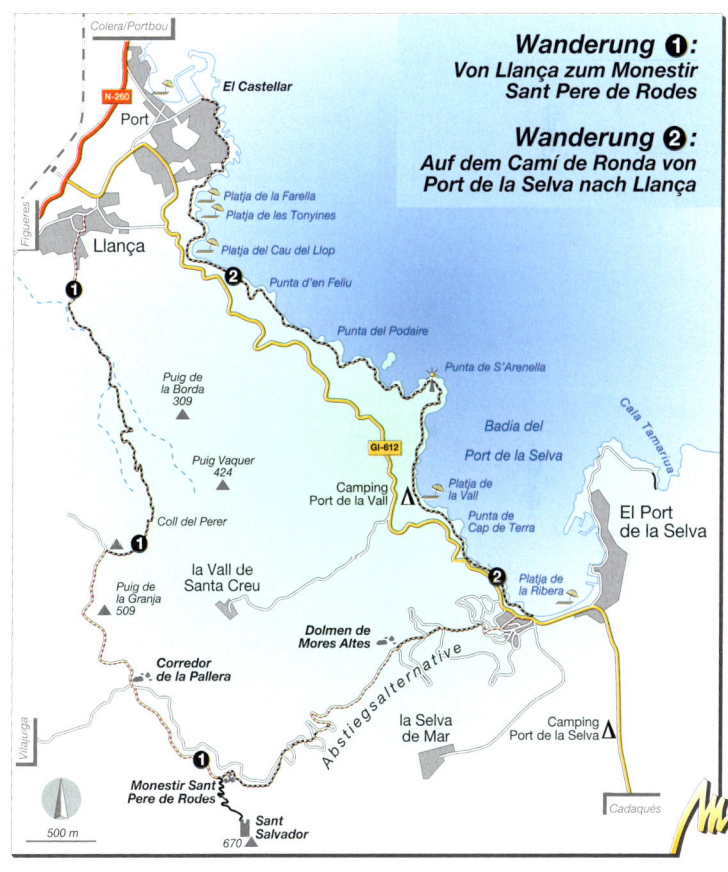

Fernwanderwegs GR 11 mit weiß-roten Balken markiert, führt auf immerhin rund 500 Meter Höhe, weshalb die Wanderung mit einem kräftigen Anstieg verbunden ist. Wer nicht auf demselben Weg zurückkehren möchte, kann vom Kloster aus auch in etwa 1½ Stunden Richtung Port de la Selva absteigen und von dort zu Fuß über den Küstenweg Camí de Ronda (siehe Wanderung 2) nach Llançà zurückkehren. Diese Variante ist mit einer reinen Wanderzeit von insgesamt etwa sechs bis sieben Stunden eine ausgewachsene Tagestour, die sich mit

einer Badepause zwischen Port de la Selva und Llançà versüßen lässt.

Verlauf: Die Wanderung beginnt an der Plaça Major, dem Hauptplatz von Llançà-Vila. Zunächst muss man das Gassengewirr des Altorts durchqueren. Vor der Kirche geht es links in den Carrer Pilota, nach 50 m dann rechts in den C. Major, gleich wieder links in den C. Sant Vincenç und auf diesem über mehrere Abzweigungen hinweg. Am Ende des Carrer Sant Vicenç hält man sich links in den Carrer A Fora und dann rechts hoch in den Carrer Mina. 20 Meter weiter geht es links in den Carrer Sant Pere de Roda. Dieser steigt sehr steil an, führt aus dem Altort heraus, steigt noch einmal etwas an und senkt sich dann in einer Kurve zu einem Kreisverkehr. Direkt hinter diesem beginnt der beschilderte alte Weg nach Sant Pere de Rodes.

Der felsige Weg folgt einem kleinen Bachtal und klettert dann in einer S-Kurve nach rechts daraus empor. Nun läuft man zwischen Privatgrundstücken hindurch, deren Einzäunungen kurioserweise aus alten Bettgestellen bestehen. An einer Gabelung, bei der rechts der Zaun endet, folgt man der Markierung nach links bzw. geradeaus, geht also nicht rechts aufwärts. Der jetzt deutlicher schmalere Pfad steigt steil und felsig an. Am Ende dieser kurzen Passage wird der Verlauf bei einem querenden Weg etwas unklar; hier hält man sich zunächst schräg rechts, nach kaum zehn Metern dann halblinks durch hohes Gebüsch aufwärts. Nach etwa fünf Minuten erreicht der Pfad eine alte Steinmauer, auf der er ein kleines Stück weit verläuft. Nach weiteren zehn Minuten gilt es, etwas aufzupassen, um dem hart nach links abzweigenden Weg zu folgen, sich also nicht auf den überwucherten, geradeaus verlaufenden Pfad zu verirren. Im weiteren Ver-

Es ist nicht mehr weit:
Ausblick beim Abstieg

lauf passiert man in steilem Anstieg mehrere Felsen mit GR-Markierung, geht nochmals ein kurzes Stück auf einer Begrenzungsmauer entlang und erreicht schließlich, etwa 1¼ bis 1½ Stunden hinter Llançà, den knapp 400 Meter hoch gelegenen Sattel *Coll del Perer*, eine Art Pass zwischen zwei Hügelkuppen.

Nun wendet man sich, aus Richtung des Aufstiegs gesehen, nach rechts und steigt weiter aufwärts. Nach wenigen Minuten lässt sich nach rechts ein schneller Abstecher zu einem kleinen „Gipfel" unternehmen, von dem sich nochmals ein weiter Blick auf Llançà und die Küste bietet. Der Pfad selbst steigt weiter steil an und erreicht schließlich eine Hügelkuppe, von der sich erneut ein weites Panorama öffnet, diesmal jedoch in das Binnenland hinein. Hier oben ist der anstrengendste Teil des Aufstiegs geschafft. Der Weg wendet sich abwärts und trifft nach kaum 15 Metern auf eine Piste, an der man sich links hält.

Etwa zwanzig Minuten lang folgt man nun dem deutlich erkennbaren Hauptweg, vorbei an einer Reihe von Abzweigungen. Kurz bevor die Piste an einer Kreuzung auf eine Asphaltstraße trifft, muss man sich in der Nähe einer Hausruine an einer Gabelung links halten. Gleich darauf lohnt sich ein kleiner Umweg zu zwei Dolmen. Der erste, *Corredor de la Pallera* genannt, liegt direkt linker Hand der Route, der andere ein kleines Stück weiter. Wieder zurück auf dem Weg, folgt man ihm zur Kreuzung an der nahen Asphaltstraße: Rechts geht es hinab nach Vilajuïga, links nach Port de la Selva. Wir halten uns jedoch geradeaus und folgen der Straße zum Kloster Monestir Sant Pere de Rodes, das nach einer knappen Viertelstunde erreicht wird, insgesamt etwa 2 bis 2½ Stunden hinter Llançà. Eine Beschrei-

bung der Klosteranlage finden Sie weiter unten im Anschluss an den Text zu El Port de la Selva.

Abstieg Richtung Port de la Selva/Anschluss Wanderung 2: Aus dem Eingang zum Kloster kommend, hält man sich zweimal rechts und steigt an der Talseite der Anlage entlang ab, vorbei an der Infostelle des Naturparks. Der Weg verläuft zunächst oberhalb etwa parallel zur Asphaltstraße und trifft nach wenigen Minuten auf einen Parkplatz, an dem ein Schild einen möglichen Abstieg zum kleinen Dörfchen Selva de Mar signalisiert. Unser Weg überquert jedoch den Parkplatz und trifft auf die Asphaltstraße. Etwa zehn Meter weiter setzt auf der anderen Straßenseite ein Pfad an, der direkt auf Port de la Selva zuführt. Es handelt sich um den mittelalterlichen Fußweg, der viele Jahrhunderte lang die einzige Verbindung zwischen dem Hafenstädtchen und dem Kloster darstellte. Im weiteren Verlauf quert er mehrmals die Straße, setzt sich aber gegenüber oder etwas schräg versetzt wieder fort (beachten Sie die weiß-roten GR-Markierungen) und kürzt so die Serpentinen deutlich ab. Weiter unten lässt sich ein etwas längeres Stück Weg auf dem Asphalt zwar nicht mehr umgehen, die Straße ist jedoch, außer im Hochsommer und an manchen Wochenenden, nur schwach befahren. In einer harten Rechtskurve verlässt man das Asphaltband dann wieder über die Leitplanke hinweg; das Schild, das an dieser Stelle früher den Weg zum *Dolmen de Mores Altes* wies, war zuletzt leider abmontiert, achten Sie deshalb auf die GR-Markierungen. Bald trifft man auf das uralte Steingrab selbst, in dessen Deckstein sich noch Reste von Gravuren erkennen lassen; in der Nähe liegt ein weiterer Dolmen. Die Aussicht von hier auf Port de la Selva ist fantastisch. Der

Die nördliche Costa Brava: Alt Empordà   Karte S. 69

Weg setzt sich steil und geröllig abwärts fort, überquert noch zweimal die Straße und erreicht dann eine Feriensiedlung. Hier hält man sich rechts, im weiteren Verlauf immer abwärts und an der Hauptstraße von Llançà nach Port de la Selva erneut rechts. Geradeaus geht es ins Zentrum von El Port de la Selva; um auf den Küstenweg Camí de Ronda (siehe Wanderung 2) zurück nach Llançà zu gelangen, biegt man gleich wieder links ein.

El Port de la Selva   (950 Einwohner)

Ein kompaktes kleines Fischerstädtchen an einer schönen Bucht, gleichzeitig ein Ferienort der angenehmen Art. Nachtschwärmer sind allerdings fehl am Platze.

Die weißen Häuser von Port de la Selva staffeln sich am Ende der weit geschwungenen Bucht hügelwärts, überragt von der Barockkirche Santa María de les Neus und umgeben von engen Gässchen und gepflasterten Treppenwegen. Architektonische Exzesse musste das Städtchen bislang kaum über sich ergehen lassen, und so erheben sich die meisten Gebäude nicht mehr als zwei bis drei Stockwerke. El Port de la Selva nährt sich auch nicht allein vom Tourismus, denn der Fischfang bildet eine mindestens ebenso wichtige Einkommensquelle. Dank des gut geschützten Hafens ist der Ort auch bei Freizeitkapitänen beliebt. Die Atmosphäre wirkt durchaus nicht hochgestochen: Auch an warmen Sommerabenden, wenn an der Uferpromenade einiges los ist, gibt man sich hier eher familiär.

• *Information* **Oficina Municipal de Turisme,** Carrer del Mar 1, im Rathaus an der Hafenstraße, ℡ 972 387025. Die Öffnungszeiten wechseln praktisch jährlich, zuletzt Mi-Fr 15-19.30 Uhr, Sa 9.30-14, 16-19.30 Uhr, So 10-14 Uhr, zur HS erweitert.

• *Verbindungen* Bushaltestelle an der Hafenstraße. SARFA-Busse 2-mal täglich nach Llançà und Figueres, 1-mal täglich nach Roses. Verbindungen nach Cadaqués nur über Figueres. Zur HS teilweise ausgedehntes Angebot.

• *Übernachten* ***** Hotel Res. Porto Cristo,** in einer der Parallelstraßen zur Hafenfront, untergebracht in einem Bau des 19. Jh. Ein stilvolles und gepflegtes Hotel der alten Schule, das auf seinen vierten Stern wartet. Eine Tauchschule ist angeschlossen. DZ nach Ausstattung und Saison etwa 95–165 €, im August nur mit Halbpension. Carrer Major 48, ℡ 972 387062, ℡ 972 387529, www.hotelportocristo.com.

** Pensió La Tina, ein paar hundert Meter vom Hotel Porto Cristo, in der Nähe der Kirche. Ganzjährig geöffnet, ordentliche Zimmer, hübsches Restaurant. Auch Apartments. DZ ohne Bad etwa 55 €, mit Bad je nach Ausstattung 75–95 €, im Juli und August jeweils nur mit Halbpension. Carrer Major 15, ℡ 972 387149, ℡ 972 126013, www.hostallatina.com.

* Pensió Sol y Sombra, gleich hinter dem Rathaus. Einfache, aber saubere Zimmer; Restaurant angeschlossen. Ganzjährig geöffnet. DZ ohne Bad knapp 60 €, bessere Zimmer mit Bad 65 €, mit Bad und Balkon mit Meerblick 80 €; Frühstück jeweils inklusive. Von Mitte Juni bis Mitte Sept. geht's auch hier nicht ohne Halbpension. Carrer Nou 8–10, ℡ 972 387060, sol.i.sombra@terra.es.

• *Camping* **Playa Port de la Vall,** 2. Kat., am gleichnamigen Kiesstrand, aus Richtung Llançà ca. drei Kilometer vor dem Ort. Hübscher, zum Meer hin abfallender Platz mit wenig Schatten. Supermarkt, Bar-Restaurant etc. vorhanden. Geöffnet von etwa Anfang/Mitte März bis Mitte Oktober. Stellplatz inkl. zwei Personen, Auto und Zelt etwa 28 €. ℡ 972 387186, ℡ 972 126308, www.campingportdelavall.com.

Port de la Selva, 2. Kat., etwa 1,5 Kilometer landeinwärts vom Ort an der Straße nach Cadaqués. Gepflegter Platz mit Swimmingpool, Supermarkt und Bar/Restaurant; auch hier ist Schatten rar. Geöffnet von Juni bis Mitte September. Preise p.P., Auto je etwa 8 €, Zelt 5,50 €. ℡ 972 387287, www.campingselva.com.

Weiße Häuser, schmucke Kirche: El Port de la Selva

• *Essen*   **Rest. Ca l'Herminda**, nicht weit vom Rathaus und der Infostelle. Das gemütlich eingerichtete Lokal gilt als eines der besten vor Ort. Menü à la carte ab etwa 30 € weit aufwärts, Tagesmenü rund 20 €. L'Illa 3, außerhalb der Saison Mo-Abend und Di geschlossen. **Rest. Sol y Sombra**, der gleichnamigen Pension angeschlossen. Ordentliche Hausmannskost zu akzeptablen Preisen, das Tagesmenü kommt hier auf gut 12 €.

• *Feste*   **Festa Major**, mehrere Tage um den 20. Mai, das Hauptfest des Städtchens, dem Stadtpatron San Baudilio gewidmet.

• *Wandern*   Neben der unten beschriebenen Küstentour nach Llançà bietet Port de la Selva noch weitere Möglichkeiten. Im hinteren Hafenbereich setzt der letzte, 18 km lange Abschnitt des Fernwanderwegs GR 11 zum Cap de Creus nördlich von Cadaqués an; einem schon einige Jahre alten Bericht zufolge gab es auf dieser Route allerdings gelegentliche Probleme mit einem Grundbesitzer bzw. dessen Hunden. Der GR 92, der direkt ins 13 km entfernte Cada-

qués führt, beginnt an der Straße GI 613 dorthin. Für beide Wege ist eine gute Karte unverzichtbar.

• *Baden*   **Platja de la Ribera**: Der Ortsstrand besteht aus grobsandigen und kieseligen Abschnitten, ist weit geschwungen, vermag aber optisch nur wenig zu begeistern. Duschen und eine Rotkreuzstation sind vorhanden. Beliebt ist die oft spiegelglatte Bucht von Port de la Selva bei Windsurfern. **Cala Tamariua**: Eine geschützte kleine Bucht nordöstlich des Ortes, zu erreichen über eine Straße ab dem hinteren Hafenbereich; vom Parkplatz an deren Ende dann noch ein kurzer Abstieg zu Fuß. **Platja de la Vall**: Beim gleichnamigen Campingplatz unterhalb der Straße nach Llancà. Der Zugang von dort zu dem teils kieseligen, überwiegend aber steinigen Strand ist nicht ganz leicht zu finden, auf dem Küstenweg Camí de Ronda (siehe Wanderung 2) kommt man jedoch automatisch daran vorbei. Nördlich fast direkt anschließend liegt unterhalb eines Wäldchens eine weitere, attraktivere Bucht.

Selva de Mar

Ein schmuckes Dörfchen etwa zwei Kilometer landeinwärts von Port de la Selva. Bereits im 10. Jh. urkundlich erwähnt, bildete Selva de Mar lange Zeit das Verwaltungszentrum des Gebiets, wurde als solches erst im 18. Jh. von der

Ausblick vom Camí de Ronda: Küste bei der Cala Colomera

aufstrebenden Hafensiedlung abgelöst. Heute zählt das winzige Örtchen kaum mehr als 200 Einwohner. Im Kern erinnert noch eine Reihe mittelalterlicher Bauten an die große Zeit des kleinen Dorfes. Südlich knapp außerhalb stehen Ruinen der alten Wassermühle *Moli del Salt d'Aigua*, und ganz in der Nähe strömt, allerdings nur nach einem feuchten Winter, im Frühjahr der kleine Wasserfall, der der Mühle den Namen gab.

Wanderung 2: Auf dem Camí de Ronda von Port de la Selva nach Llançà

Route: Port de la Selva – Platja de la Vall – Platja del Cau del Llop – Lançà; **reine Wanderzeit**: etwa 2–2,5 Stunden; **Einkehr** in Port de la Selva und Llançà; Sonnenschutz, Proviant und Trinkwasser nicht vergessen! **Wanderkarte**: Siehe Wanderung 1 auf Seite 81.

Charakteristik: An der Küste zwischen Port de la Selva und Llançà verläuft einer jener alten Patrouillenwege, auf denen früher die Posten der Guardia Civil zur Abwehr von Schmugglern unterwegs waren. Wie für einen solchen Camí de Ronda charakteristisch, läuft man auch hier jede einzelne Bucht ab und ist deshalb länger unterwegs als auf der etwa parallel verlaufenden Straße, hat dafür jedoch auch immer wieder Gelegenheit zu einem erfrischenden Sprung ins Wasser: Badesachen dürfen also im Gepäck sein, und auch Schnorchler sollten ergiebige Betätigungsfelder finden. Als Teilstrecke des Fernwanderwegs GR 92 ist die Route weiß-rot markiert, die Orientierung jedoch ohnehin kein Problem. Teilweise fällt die Küste fast direkt neben dem Weg steil ab – möglicherweise unangenehm für jemanden, der nicht schwindelfrei ist, jedoch nicht wirklich gefährlich; künftig könnte sich dies durch die geplante Restaurierung des Camí zudem ändern. Wer ab Llançà per Bus zurückfahren möchte, sollte vorab die Zeiten klären. Diese Route eignet sich jedoch auch, um den Aufstieg von Llançà zum Kloster Sant Pere de Rodes (siehe Wanderung 1) zum Rundwanderweg zu verlängern.

Verlauf: Der Camí de Ronda beginnt an der Küste nahe der Abzweigung der Straße nach Selva de Mar und Sant Pere de Rodes, vom Ortskern in wenigen Minuten über den Strand zu erreichen. Mit schönem Blick auf Port de la Selva geht es vorbei an einer Felsküste, in die sich gelegentlich kleine Buchten mit Stein- und Kieselstränden schmiegen. Im Hinterland stehen, wie leider fast auf der gesamten Strecke, Villen und Apartmenthäuser. Nach etwa 20 Minuten ist der Strand *Platja de la Vall* beim Camping Port de la Vall erreicht. Anschließend steigt der Weg kurz an und durchquert ein Wäldchen, unter dem der nächste, recht hübsche Strand liegt. Knapp zehn Minuten weiter trifft man auf die *Cala Colomera*, eine winzig kleine Bucht, die über Treppen zu erreichen ist. Hier verläuft der wohl reizvollste Abschnitt der Wanderung: Immer wieder bieten sich schöne Ausblicke auf die steile Felsküste, das Hinterland ist nur weiträumig bebaut. Wenig später trifft man auf die kahle Halbinsel von *Punta de S'Arenella*, die man fast komplett umrundet, in gebührendem Abstand um den Leuchtturm Far de S'Arenella (Zutritt verboten) herum. Hinter der Halbinsel geht es vorbei am Cap de Bol, einem kleinen Kap mit vorgelagerter Felsinsel. Es folgt ein rund halbstündiger, streckenweise etwas öder Abschnitt am Rand eines dichter bebauten Gebiets, dann ist die hübsche *Platja del Cau del Llop* erreicht. Vorbei an den anderen Stränden im Süden von Llança läuft man nun noch etwa eine halbe Stunde bis zum Hafen von Llança, an dem der Weg neben der Terrasse des Restaurants „El Racó del Port" endet.

Monestir Sant Pere de Rodes

Das uralte ehemalige Benediktinerkloster gehört zu den bedeutendsten romanischen Bauwerken der Costa Brava. Sant Pere thront auf rund 500 Meter Höhe über Port de la Selva und lohnt den Weg schon allein aufgrund der fantastischen Aussicht.

Seine beherrschende Lage verdankt das Kloster den Piraten, die im Mittelalter die mediterranen Küsten unsicher machten. Ganz sicher fühlte man sich aber selbst hier oben offensichtlich nicht: Sant Pere de Rodes hat durchaus Ähnlichkeit mit einer Festung.

Über das Alter der Anlage gehen die Meinungen auseinander. Es gibt sogar die Theorie, das Kloster sei über einem vorchristlichen Venustempel errichtet worden. Die erste urkundliche Erwähnung datiert von 878. Schon wenige Jahrzehnte später, 944, errang Sant Pere völlige Unabhängigkeit. Sein Abt war einzig dem Papst unterstellt, das Kloster unter den Schutz des Heiligen Stuhls gestellt. Sant Pere nahm einen raschen Aufschwung, erhielt zahlreiche Schenkungen und besaß bald ausgedehnte Ländereien im gesamten nördlichen Katalonien. Bereits 1022 konnte jene großartige Kirche eingeweiht werden, die heute als die Wiege der katalanischen Romanik gilt – kaum vorstellbar, was für ein Aufwand damals nötig war, um das Baumaterial in dieses entlegene Berggebiet zu schleppen. Schnell wurde die Kirche zu einem wichtigen Pilgerziel. Vor Jahren entdeckte man bei Ausgrabungen ein verstecktes Gefäß voll verschiedener Gold- und

Karte S. 69

Die nördliche Costa Brava: Alt Empordà

Silbermünzen, die unter anderem aus Portugal, Ungarn und Rhodos stammten; möglicherweise ein Beleg dafür, aus welch weit entfernten Ländern die Pilger kamen.

Auch in den folgenden Jahrhunderten blühte das Kloster und mit ihm die Dörfer der Umgebung, zu denen rege Handelsbeziehungen bestanden. Dann jedoch folgte ab den Anfängen des 14. Jh. das, was ein Prospekt verschämt eine „Zeit der Dekadenz" nennt: Wie auch in anderen Klöstern jener Tage ließen es sich die Mönche in jeder Hinsicht weit besser gehen, als es Männern der Kirche gestattet ist. Das Ansehen von Sant Pere sank, ein langsamer Niedergang setzte ein. In den Kriegswirren des 17. und 18. Jh. kam es zudem zu einer Serie von Plünderungen. Viele Kostbarkeiten verschwanden und tauchten oft erst viel später in Sammlungen wieder auf. 1720 lebten nur noch acht Mönche im Kloster, das 1798 endgültig verlassen wurde. Danach verfiel Sant Pere allmählich. Erste, in der Folge immer wieder unterbrochene Restaurierungen begannen 1935. Die Arbeiten sind, wie auch die archäologische Erforschung der Anlage, längst nicht abgeschlossen.

Die ineinander verschachtelten Bauten von Sant Pere stammen überwiegend aus drei unterschiedlichen Phasen. Der Kern des Klosters entstand im 10.–11. sowie im 12.–13. Jh. und wurde vom 16. Jh bis ins 18. Jh. teilweise umgebaut; gleichzeitig kamen in jenem Zeitraum neue Versorgungs- und Wohngebäude hinzu. Die *Klosterkirche* ist der mit Abstand bedeutendste Teil der Anlage. Errichtet in Form einer dreischiffigen Basilika mit Querschiff und drei Apsiden, steht sie an der tiefsten Stelle des Geländes. Von ihren beiden Türmen blieb nur mehr der nördliche erhalten. Im Inneren ist die Kirche jeden Schmucks beraubt, überrascht jedoch durch ihre Größe: 37 Meter Länge und über 15 Meter Höhe sind erstaunliche Ausmaße für einen zu Beginn des 11. Jh. fertiggestellten Bau. Die Pfeiler, die die Bögen stützen, sind mit sehr hohen Sockeln sowie zwei Geschossen von Säulen versehen und unterstreichen das Raumgefühl dadurch noch. Ein Teil der Kapitelle ist im korinthischen Stil gehalten und mit Hunds- oder Wolfsköpfen verziert, ein anderer mit Ornamenten. Von der Kirche führt ein enger Abstieg zur Krypta, deren aus dem Fels gehauene Gräber bis ins 9. Jh.

Wie eine Festung in den Bergen: Monestir Sant Pere

zurückreichen. Südlich der Kirche liegt der doppelstöckige *Kreuzgang*. Der untere und ältere wurde erst vor wenigen Jahren entdeckt, stammt aus dem 10./11. Jh. und besitzt noch Wandmalereien aus jener Zeit. Der obere Kreuzgang aus dem 12./13. Jh. ist zum größten Teil restauriert worden. Gerade zwei seiner Säulen sind noch annähernd original erhalten; beide werden von Kapitellen geschmückt, denen man ihr ehrwürdiges Alter ansieht.

Die Kunstschätze, die Sant Pere einst besaß, sind leider auf verschiedene Sammlungen verstreut. Ein Fragment des einst reich skulpturierten Kirchenportals, im 12. Jh. vom sogenannten „Meister von Cabestany" geschaffen, wird in Barcelonas Museum Frederic Marés ausgestellt, und das wohl kostbarste Stück, die mit Miniaturmalereien geschmückte „Bibel von Rodes" aus dem 11. Jh., ist im Besitz der französischen Nationalbibliothek in Paris.

Stark restauriert: der obere Kreuzgang

● *Information* **Oficina del Parc Natural Cap de Creus**, eine Infostelle des Naturparks an der Talseite des Klosters (links am Eingang vorbei bergab); ✆ 972 193191. Neben detaillierten Karten gibt es hier auch Broschüren mit Wandervorschlägen („Itineraris Pedestres") zum Parkgebiet. Geöffnet war zuletzt nur Mi–So 10-14 Uhr.

● *Öffnungszeiten des Klosters* Mai bis September Di–So 10–20 Uhr, im restlichen Jahr Di–So 10–17.30 Uhr; Eintrittsgebühr 4,50 €, Di gratis. Am Eingang ist für wenig Geld eine deutschsprachige Broschüre mit Grundriss der Anlage erhältlich. Hunde dürfen nicht auf das Gelände.

● *Aufstieg/Anfahrt* Aufstieg zu Fuß siehe Wanderung 1. Anfahrt von Llançà kommend: Kurz vor Port de la Selva rechts Richtung Selva de Mar, gleich wieder rechts hoch, nach 150 Metern links, noch etwa sieben Kilometer serpentinenreiche Bergstraße. Eine weitere Anfahrtsmöglichkeit besteht über das Dorf Vilajuïga nahe der Hauptstraße von Llançà nach Figueres. Der letzte Parkplatz vor dem Kloster ist bewacht, aber auch gebührenpflichtig (1,50 €). Von der Sperre sind es noch 300 Meter zu Fuß bis zum Tor.

Gesichter der Vergangenheit

Die nördliche Costa Brava: Alt Empordà
Karte S. 69

● *Übernachten/Essen* Die Einrichtung ei- ner Art Wanderherberge im Kloster war zu- letzt im Gespräch, aber nicht gesichert. **Restaurant del Monestir**, in einem Kloster- anbau des 18. Jh. Eigentlich eher eine Art Cafeteria, jedoch in prima Lage und mit fan- tastischer Aussicht. Gute und täglich wech- selnde Menüs, außerdem Bocadillos etc. Geöffnet wie das Kloster.

Naturpark zu Wasser und zu Land: Parc Natural Cap de Creus

Seit 1998 ist das Cap de Creus, der östliche Ausläufer der Pyrenäen, als Naturpark ausgewiesen. Das Gebiet des Parks umfasst auf einer Fläche von 13.886 Hektar nahezu die gesamte Halbinsel von Cap de Creus samt vorgelagerter Meeresbereiche; ausgenommen sind einzig Siedlungen und ihre nähere Umgebung. Innerhalb des Parks erstrecken sich meh- rere besonders geschützte Zonen, angefangen bei der sogenannten Paratge Natural über die Reserva Natural bis hin zur höchsten Schutz- stufe, der Reserva Natural Integral. Letztere liegen um das Kap Cap de Creus selbst und die Insel S'Encalladora im Nordosten sowie um das Cap Norfeu im Süden.

Wie schon den Ortsnamen Port de la Selva und Selva de Mar (Selva = Wald, Urwald) zu entnehmen, war das Gebiet des Cap de Creus bis ins Mittelalter noch mit dichten Wäldern bestanden, wurde dann jedoch für den Schiffsbau und zur Gewinnung von Weideland fast völlig ab- geholzt. Umso tragischer war der Verlust der wenigen verbliebenen Waldgebiete, die im August 2000 einem Großbrand zum Opfer fielen, bei dem fast 7000 Hektar Wald- und Buschland in Flammen aufgingen und sogar die Ortschaften Llançà, Cadaqués und Roses sowie das Klos- ter Sant Pere akut bedroht waren. Ein Jahr später brannte es erneut, diesmal um das Cap de Norfeu. Die Ursache beider Feuer blieb unklar, wahrscheinlich war es Brandstiftung.

Kennzeichnend für den Park sind die ausgedehnten Flächen von Macchia, „Matorral" genannt. Andernorts, wie um das eigentliche Cap de Creus im Nordosten der Region, ist die Landschaft sogar fast bar jeder Vegetation, wirkt rau und, wegen der vorherrschenden Gesteine Granit und Schiefer, bisweilen sogar düster. Dennoch bewahrt der Park eine vielfältige Flora und Fauna. Auffällig ist die hohe Zahl an Greif- und Wasservögeln, es gibt eine Reihe von Reptilienarten und viele Kaninchen. Der wahre Reich- tum des Naturparks liegt jedoch unter der Wasseroberfläche seiner stark gegliederten Küsten. Große Bestände an Neptungras überziehen die Bö- den, Korallenriffe dokumentieren die außergewöhnliche Sauberkeit des Wassers. Über 3000 Hektar Meeresfläche wurden unter Schutz gestellt, praktisch der gesamte Küstenbereich von der Cala Tamariua bei Port de la Selva bis zur Punta Falconera östlich von Roses; einzige Ausnahme ist die Bucht von Cadaqués. Taucher finden natürlich beste Bedingungen vor, weshalb sich auch in jedem Küstenort der Halbinsel mindestens eine, oft sogar mehrere Tauchschulen etabliert haben.

● *Information* Eine Infostelle der Park- verwaltung wurde im Kloster Sant Pere de Rodes eingerichtet. Neben allgemei- nen Broschüren und Informationen zum Naturpark ist hier gegen Gebühr auch die gute Wanderkarte „Mapa topogràfic 19/Parc Natural del Cap de Creus" im Maßstab 1:25.000 erhältlich.

▶ **Castell de Sant Salvador de Verdera**: Am Berg oberhalb des Klosters liegen auf knapp 670 Meter Höhe die Ruinen einer Kirche des 11. Jh. sowie die Reste der im 13. Jh. als Beobachtungsposten errichteten Zitadelle Sant Salvador. Der steile, etwa halbstündige Aufstieg auf einem Pfad, der in der Nähe des Klostereingangs beginnt, wird belohnt: Der weite Rundblick, der sich von hier oben über den Naturpark, den Golf von Roses und bis weit ins Land bietet, ist wahrhaft grandios.

Stimmungsvoll: Cadaqués am Abend

Cadaqués

(2800 Einwohner)

Blitzweiße Häuser in enger, tiefer Bucht, überragt von einem schnuckeligen Kirchlein, romantische Pflastergassen im Blumenschmuck und malerische kleine Plätze ... Ein Costa-Brava-Wunder?

Cadaqués liegt einige Kilometer südlich des Kaps Cap de Creus, vom Rest der Welt durch hohe, kahle Kustenberge getrennt. Zu erreichen ist das bildhübsche Städtchen nur über eine einzige, schmale und kurvige Pass-Straße. Abgeschiedene Lage in einer wildschönen, kargen Umgebung, intaktes Ortsbild samt Fischerbooten, weder Großhotels noch Hamburgerfilialen: Auf den ersten Blick möchte man wirklich glauben, eine vergessene Idylle entdeckt zu haben. Erst der zweite Blick erfasst den Großparkplatz am Ortseingang.

An Besuchern herrscht besonders im Sommer wirklich kein Mangel. Doch obschon längst kein Geheimtipp mehr, besitzt der Ort mitreißenden Charme. Dass Cadaqués „anders" ist, zählt zum Programm. Einen guten Teil des Reizes macht dabei das Publikum selbst aus. Illustre Gäste wie Pablo Picasso, René Magritte, Federico García Lorca, Man Ray oder Luis Buñuel, ganz besonders aber der einst im nahen Port Lligat lebende Salvador Dalí verschafften Cadaqués das

Die nördliche Costa Brava: Alt Empordà   Karte S. 69

einträgliche Image des Künstlertreffs der Costa Brava. Und eben dieses Image zieht, neben tagesausflügelnden Normaltouristen, reichlich buntes Volk ins hübsch herausgeputzte Städtchen – eine sich selbst erfüllende Prophezeiung gewissermaßen. Das romantische Ambiente der Altstadt stimmt ohnehin, für

das restliche Umfeld wird auch gesorgt. Eine geschickte Stadtverwaltung, um den besonderen Ruf wohl wissend, kümmert sich darum, dass Hotels nicht in den Himmel wachsen, dass sich Kunstgalerien statt Spielsalons angesiedelt haben, dass an sommerlichen Kulturveranstaltungen kein Mangel herrscht. Restaurants und Kneipen haben sich ebenfalls auf die besonderen Bedürfnisse der zumindest z. T. recht zahlungskräftigen Besucher eingestellt und offerieren lieber katalanische und französische Spezialitäten als internationale Einheitskost, lieber Jazz und Klassik als die neuesten Charts. So feiert Cadaqués, nicht ohne gewissen Stil und mit viel Spaß an der Show, allsommerlich seine ganz ureigene Art von Freilufttheater. Wer so etwas mag, der wird sich hier trotz des Mangels an Sandstränden, trotz hoher Preise und trotz des Andrangs (vielleicht sogar gerade deswegen?) sicher wohlfühlen.

Durchblick: Cadaqués kann sich sehen lassen

Zurechtfinden lässt es sich in dem kleinen Städtchen leicht. Die Zufahrtsstraße endet auf der stets verkehrsgeplagten *Plaça Frederic Rahola* an der Hafenbucht. Links liegt die schlicht *Passeig* genannte Promenade, rechts geht es über die Brücke zur Altstadt. Die Straße zum Ortsteil *Port Lligat*, in dem Dalís ehemaliges Wohnhaus und Atelier zahlreiche Besucher anzieht, biegt schon beim Ortsanfang in der Nähe des Großparkplatzes ab. Für Fußgänger sind der alte Weg Camí antic de Port Lligat oder auch der Carrer Miquel Rosset, der kurz vor der Plaça Frederic Rahola links abzweigt, jedoch deutlich kürzer.

Information/Verbindungen

● *Information* **Oficina d'Información Turística**, Carrer des Cotxe 2; ✆ 972 258315, ✉ 972 159442. Um die Ecke von der Plaça Frederic Rahola, Öffnungszeiten: Juli/August Mo–Sa 9–21 Uhr, So 10–13 Uhr; Rest des Jahres Mo–Sa 9–13, 15–18 Uhr (Fr/Sa bis 19 Uhr); zwischen Oktober und Ostern ist Mi geschlossen. www.cadaques.cat.

● *Verbindungen* **Bus**: Bushaltestelle Nähe Ortsanfang, an der Abzweigung zum Großparkplatz, manche Busse halten auch direkt am Parkplatz. Ein Busbahnhof ist geplant.

Mit SARFA via Roses nach Figueres 3-mal, nach Barcelona 2-mal, Girona 1-mal täglich. Zur HS erweitertes Angebot.
Auto: Möglichst den Großparkplatz am Ortsanfang nutzen. Im Zentrum drohen chronisches Parkchaos und eifrig Strafzettel schreibende Polizisten; auch der Abschleppdienst wird schnell aktiv.

● *Internet-Zugang* **Rent@bit**, in der Hauptstraße Avinguda Caritat Seriñana 9, ✆ 972 251023, und im „Casino", siehe Kneipen/Nachtleben.

Ⓤbernachten

1 Camping Cadaqués
2 Hotel Port Lligat
3 Pensió Calina
4 Pensió La Fonda
5 Pensió L'Hostalet de Cadaqués
6 Hotel Nou Estrelles
10 Hotel Octavia
14 Hotel La Residència
15 Hotel Ubaldo
16 Pensió Cristina
19 Pensió Vehí
21 Hotel Residència Playa Sol Platja
22 Hotel Blaumar
24 Hotel Rocamar

Ⓔssen & Trinken

7 Rest. Bahía
8 Pizzeria El Boliche
9 Rest. Casa Anita
11 Rest. El Balconet
12 Rest. Al Gianni
13 Rest. Can Rafa
17 Snack-Bar S'Entina
18 Rest. Can Tito
20 Rest. Es Baluard
23 Bar Spaghetteria
   Celeste

Cadaqués

100 m

*Ü*bernachten

Hohes Preisniveau auch bei einfachen Quartieren. Im Juli und vor allem im August ist Cadaqués dennoch praktisch ausgebucht. Als meist einzige Chance bleibt dann, in den Läden und Bars der Altstadt nach Privatzimmern herumzufragen.

*** Hotel Residència Playa Sol Platja (21), zentrumsnah im nördlichen Bereich der Hafenbucht gelegen. Schön der Ausblick von den Zimmern Richtung Meer, ausgezeichnet die Ausstattung mit eigener Garage, schönem Garten, Swimmingpool und Tennisplatz, freundlicher Service. Gehoben sind aber auch die Preise. DZ je nach Lage und Saison etwa 75–190 €. Platja Piane 3, ✆ 972 258100, ✆ 972 258054, www.playasol.com.

*** Hotel Rocamar (24), im südwestlichen Bereich der Bucht, kaum zehn Fußminuten vom Zentrum. Großes Anwesen in schöner

Lage über der Küste, traumhaft besonders der Pool hoch über dem Meer. Hallenbad, Sauna, diverse Sportmöglichkeiten, Gratis-Parkplätze. Dem Interieur allerdings mangelt es ein wenig an Flair. Die Zimmer fallen unterschiedlich aus; diejenigen zur Meerseite sind vorzuziehen, freilich auch teurer. DZ inkl. F nach Lage und Saison etwa 75–190 €, es gibt auch Superior-Zimmer und Suiten. Carrer Verge del Carme s/n, ✆ 972 258150, 📠 972 258154, www.rocamar.com.

*** Hotel Octavia (10), 2002 eröffnetes Hotel in sehr zentraler Lage, freilich auch ohne die schönen Außenanlagen der Konkurrenz. Solide Ausstattung, es gibt auch behindertengerechte Zimmer. DZ inkl. F nach Ausstattung und Saison etwa 85–150 €. La Riera s/n, ✆ 972 159225, 📠 972 255153, www.hoteloctavia.net.

** Hotel Blaumar (22), Mittelklassehotel im nordöstlichen Abschnitt der Hafenbucht, jedoch nicht direkt an der Küste. Durchaus komfortabel, von Lesern wegen des ordentlichen Preis-Leistungs-Verhältnisses gelobt. Von etwa Mitte November bis Mitte/Ende März Betriebsferien. DZ nach Ausstattung und Saison etwa 65–110 €. Carrer Massa d'Or 21, ✆ 972 159020, 📠 972 159336, www.hotelblaumar.com.

** Hotel Port Lligat (2), im gleichnamigen, vom Zentrum weit entfernten Ortsteil. Strandnah gelegen, freundliche Zimmer mit teilweise schönem Blick; Pool und Parkplatz. Ganzjährig geöffnet. DZ, je nach Lage und Saison, etwa 60–130 €. Port Lligat s/n, ✆ 972 258162, www.port-lligat.net/hotel.

In der Nähe liegt das hübsche Zweisternhotel **Calina (3)**, das ein etwas höheres Preisniveau aufweist und auch Apartments anbietet (✆ 972 258851), www.hotelcalina.com

** Hotel La Residència (14), absolut zentral, also nicht immer ganz ruhig an der Plaça beziehungsweise deren Zufahrt gelegen. 1904 gegründet, hübsch möbliert und mit mehr als nur einem Hauch Dalí dekoriert. Zimmerpreise je nach Lage und Ausstattung etwa 70–105 €. Avda. Caritat Serinyana 1, ✆ 972 258312, 📠 972 258013, www.laresidencia.net.

** Hotel Nou Estrelles (6), in der Nähe vom Großparkplatz, dank guter Lärmschutzfenster innen ruhig. Ein Lesertipp von Dr. Reinhard Müller-Matthesius: „Liegt ideal zur Stadt, lässt sich unkompliziert erreichen und man kann kostenlos direkt davor parken". DZ etwa 50–85 €. C. Sant Vicenç s/n (offiziellerweise, eigentlich Carrer Tarongeta), ✆ 972 259100, www.hotelnouestrelles.com.

* Hotel Ubaldo (15), kleineres Hotel in ansprechender Lage im alten Ortskern, nahe Museu Municipal und Großparkplatz. Gut ausgestattete Zimmer mit Telefon, TV und Heizung. Ganzjährig geöffnet. Ordentliches Preis-Leistungs-Verhältnis: DZ etwa 55–85 €. Carrer Unió 13, ✆ 972 258125, www.hotelubaldo.com.

** Pensió Hostal Cristina (16), fast direkt an der Hauptplaça und mithin nicht immer unbedingt leise. Einfache, ältere sowie einige renovierte Zimmer, die neueren ebenfalls schlicht, aber ganz hübsch. DZ/Bad etwa 50–60 €, der Preis für ältere und renovierte Zimmer ist gleich. Riera Sant Vicenç 1, ✆ 972 258138.

** Pensió Hostal Vehí (19), oben in der Altstadt bei der Kirche. Freundliche, familiäre Pension, 2006 komplett renoviert. Geöffnet März–November. DZ/Bad etwa 45–65 €, auch 3er-Zimmer. Carrer de l'Esglesia 6, ✆ 972 258470, www.hostalvehi.com.

* Pensió La Fonda (4), in einem Wohngebiet zwischen Zentrum und Campingplatz gelegen, nur wenige Minuten vom Ortskern entfernt. Zehn freundlich und hübsch eingerichtete Zimmer; familiäre Atmosphäre. Gutes Preis-Leistungs-Verhältnis: DZ/Bad nach Saison etwa 55–60 €. Carrer Sa Tórtora 64, ✆ 972 258019, 📠 972 258350, guillermocadaques@hotmail.com.

* Pensió L´Hostalet de Cadaqués (5), Neueröffnung in der Miquel Rosset, durch die Lage nicht immer ganz ruhig. Moderne, wenn auch nicht übermäßig große Zimmer und Bäder; Klimaanlage, die auch heizt. DZ/Bad etwa 50–60 €. Carrer Miquel Rosset 13, ✆ 972 258206, www.hostaletcadaques.com.

Apartments: Reichlich vertreten, zur Hochsaison ziemlich teuer und meist ausgebucht, in der Nebensaison dagegen oft relativ günstig. Einige Anbieter: Agència Pianc, ✆ 972 258006; Agència A.I.C., ✆ 972 258266; Agència Serintec, ✆ 972 258592. Von Leserin Stefanie Seybold empfohlen: www.corcoll-mora.com.

• *Camping* **Cadaqués (1)**, 2. Kat., auf einem Hügel oberhalb von Cadaqués in Richtung Port Lligat. Zu Fuß eine knappe Viertelstunde vom Zentrum entfernt, Autofahrer müssen schon am Ortsrand von Cadaqués links abbiegen. Harter Boden, Olivenbäume, die etwas Schatten bieten. Während der Saison gestopft voll. Erfreulich hingegen das internationale und kommunikative Publikum, die Bar mit traumhafter Terrasse und der schöne Swimmingpool, der unverständlicherweise nur im

Hochsommer in Betrieb ist. Supermarkt; ausreichende, wenn auch nicht überwältigende Sanitäranlagen. Betriebszeit April bis September. Praktisch alljährlich gibt es Gerüchte, der Platz gehe in seine letzte Saison (und werde mit Apartments überbaut), bisher trafen sie freilich nie zu. Preise p.P., Auto etwa 7,50 €, Zelt 9,50 €. Av. Salvador Dalí 23, ✆ 972 258126, 🖷 972 159383.

*Essen (siehe **K**arte **S**. 93)*

Auch die Restaurants von Cadaqués verlangen oft saftige Preise, die nicht immer im rechten Verhältnis zur gebotenen Qualität stehen. Es gibt aber Ausnahmen.

Rest. Es Baluard (20), langjährig eingeführtes Lokal im südwestlichen Bereich der Uferstraße, kleine Terrasse mit Blick. Fischgerichte und Meeresfrüchte sind die Favoriten hier, prima z.B. die frischen Sardellen und der Suquet. Gehobenes Preisniveau, Menü ab etwa 30 € weit aufwärts. Riba Nemesio Llorens 2, von etwa Mitte November bis Mitte Februar geschlossen. ✆ 972 258183.

Restaurante Can Tito (18) , unweit der Touristeninformation. Auch hier geht man in erster Linie der guten Fischgerichte wegen her. Das Menü kommt auf etwa 30 € aufwärts, mit Fleisch liegen die Preise etwas niedriger. Carrer Vigilant 8.

Restaurante Can Rafa (13), direkt am Passeig und seit vielen Jahren der Klassiker unter den recht unterschiedlichen Lokalen hier. Fisch und Reisgerichte sind die Spezialitäten des Hauses, das Preisniveau liegt etwa wie oben. Passeig 7.

Casa Anita (9), in dem mit Restaurants gut bestückten Carrer Miquel Rosset, der kurz vor der Plaça Frederic Rahola linker Hand von der Hauptstraße abzweigt. Ein echter Klassiker, zweistöckig, eng und gemütlich, die Karte hängt an der Wand. Wegen der originellen Atmosphäre oft sehr gut besucht; besser, etwas vor den üblichen Essenszeiten zu kommen. Menü à la carte ab etwa 25-30 €. In der selben Gasse auf Nr. 7, freundlich, familiär und relativ günstig: **Restaurante Bahía (7)**.

Restaurante El Balconet (11), etwas abseits gelegen, spezialisiert auf mediterrane Küche (insbes. Reis- und Fischgerichte) und von mehreren Lesern empfohlen. „Ein von jungen Leuten geführtes Restaurant mit hervorragender Küche und ebensolchem Preis-Leistungs-Verhältnis" (Renate Oesinghaus). Carrer Sant Antoni 2.

Rest. Al Gianni (12), italienisches Restaurant in einem hübschen kleinen Gärtchen unweit des Hotels Octavia. Nudelgerichte, teilweise mit hausgemachter Pasta, in großzügigen Portionen ab ca. 8 €; es gibt aber auch Antipasti, Reisgerichte, Fleisch und Fisch. Freundlicher Service. Sa Riera s/n.

Bar Spaghetteria Celeste (23), ebenfalls ein Spezialist für Nudelgerichte, Fisch gibt es aber auch. Nettes Ambiente, recht günstige Preise (Portion Pasta um die 7 €), Fisch geht nach Gewicht. Etwas versteckt am Anfang des Carrer Nou gelegen.

Pizzeria El Boliche (8), in der Restaurantgasse Carrer Miquel Rosset auf Nummer 5. Kleines, hübsch gemachtes Lokal, kleine Karte – neben Pizzas mit dickem Teig (auch portionsweise erhältlich) gibt es nur noch ein paar Nudelgerichte und Salate.

Snack-Bar S'Entina (17), an der Uferstraße beim Casino. Ausgesprochen gefragte Tapa-Bar, die schattige Terrasse ist oft voll besetzt. Prima Tapas zu regulären Preisen. Plaça Dr. Tremols s/n.

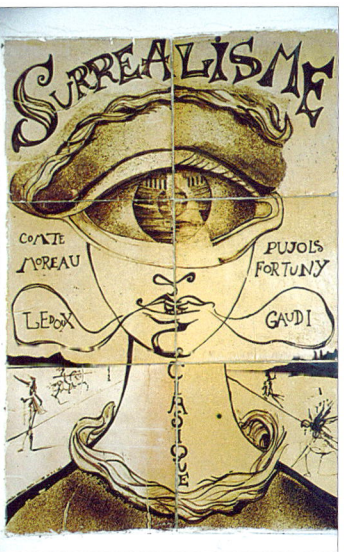

Vom Meister persönlich gemalt: Kachelbild von Salvador Dalí am Eingang zum „L'Hostal"

Die nördliche Costa Brava: Alt Empordà Karte S. 69

Nachtleben/Feste und Veranstaltungen/Sport und Ausflüge

• *Kneipen/Nachtleben* **Casino**, unter den Cafés und Bars die erste Adresse vor Ort. Ein beliebter Treffpunkt auch der Einheimischen, herrlich altmodische Caféhausatmosphäre. Im ersten Stock eine Kunstgalerie und ein allerdings nur selten geöffnetes Geologisches Museum. Nähe Plaça Frederic Rahola, jenseits der Brücke.

L'Hostal, an der Promenade Passeig. Der „Jazz Rock Club" ist seit Urzeiten „die" Kneipe in Cadaqués. Seinen Ruf verdankt er dem Maestro Dalí, der hier Stammgast war und auch das Kachelbild am Eingang schuf. Wechselndes Programm, mal Live-Musik, mal Disco mit passablem Sound; Betrieb erst spät abends, dann aber bis in den Morgen. Keine Eintrittsgebühr, dafür hohe Getränkepreise.

Shadows, ein Lokal, das auch das jüngere Publikum des Ortes selbst anzieht, gelegentlich Live-Musik. Rund ums Jahr geöffnet, im Winter nur am Wochenende. In der „Fress- und Nightlifegasse" Carrer Miquel Rosset.

Café de la Habana, im südlichen Bereich der Hafenbucht, knapp außerhalb des Zentrums, über die Uferstraße zu erreichen. Gute karibische Cocktails, ab 23 Uhr oft Live-Musik. Carrer Dr. Bartomeus s/n.

• *Feste und Veranstaltungen* Im Sommer ist fast an jedem Wochenende etwas los. So bieten dann an Freitag- oder Samstagabenden am Hauptplatz Sardana-Tänze zum Zuschauen und Mitmachen statt.

Markttag: Montag, am Großparkplatz.

Antiquitätenmarkt, am letzten Sonntag jeden Monats auf der Promenade.

Setmana Cultural, die „Kulturelle Woche" um den 23. April, den Tag des hl. Jordi, gleichzeitig Tag des Buches. Ausstellungen, Volkskunst etc.

Fira dels Indians, zur Erinnerung an die durch Emigration und Rückkehr bedingten Verbindungen nach Übersee, mit kubanischen Musikgruppen, Cocktails, Kunst-markt etc. An einem Wochenende Ende Mai, Anfang Juni.

Mercats d'Artesanía, Kunstgewerbemärkte an manchen Samstagen und/oder Sonntagen im Sommer, auf dem Passeig.

Verge del Carme, 16. Juli, Fest der Schutzheiligen der Fischer, mit Meeresprozession und Sardanes.

Festival Internacional de Cadaqués, eine Reihe vorwiegend klassischer Konzerte in der Kirche Santa Maria, die etwa von Mitte Juli bis Ende August stattfinden.

Festa Major d'Estiu, Hauptfest des Sommers, an dem langen Wochenende, das dem 8. September am nächsten liegt. Breites Programm, Havaneres-Gesänge, Regatta „Trobada de Barques de Vela Latina", Sardanes etc.

• *Sport, Ausflüge* **Bikes & Boats Cadaqués** vermietet Fahrräder, Motorroller, Kajaks und Motorboote. Plaça Dr. Trèmols 8, nicht weit von der Touristinfo; ✆ 972 258027, www.bikesboatscadaques.com. Rent@bit (siehe „Internetzugang") vermietet ebenfalls Räder und Roller.

Tauchschulen: Diving Center Cadaqués, eine von mehreren Tauchbasen im Ort. Carrer de la Miranda s/n, ✆ 652 1317797, www.divingcadaques.com.

Schiffsausflüge: Glasbodenboote starten zur Saison mehrmals täglich nahe Hauptplatz. Ziel ist das Kap Cap de Creus, Fahrtdauer etwa 1,5 Stunden, Preis p.P. 12,50 €.

Wandern: Neben der unten beschriebenen Wanderung 3 nach Roses bietet Cadaqués noch weitere gute Möglichkeiten. So beginnt an der Ausfallstraße nahe der Kreuzung nach Port Lligat der Fernwanderweg GR 92 nach El Port de la Selva (Wanderkarte nötig, am besten die 1:25.000 des Naturparks Cap de Creus). Auch ein alter Fußweg zum Cap de Creus ist restauriert worden, Infos hierzu und zu anderen Routen im Fremdenverkehrsamt.

Baden

Sandstrände oder auch attraktive Kieselstrände wird man um Cadaqués vergeblich suchen – sicher auch mit ein Grund für die Zurückhaltung der Touristikkonzerne.

Platja Es Portal (Platja Gran): Der Stadtstrand, dem Passeig direkt vorgelagert, präsentiert sich grobkieselig, ist aber als größter Strand weit und breit oft überfüllt. An der nördlichen und südlichen Seite der Bucht schließen sich weitere kleine und kleinste Strand-buchten an, die aber häufig fast völlig von Booten in Beschlag genommen werden.

Platja de Llané Gran/Platja de Sa Conca: Neben dem Hauptstrand bieten diese beiden Stein- und Kieselstrände an der Südseite der Bucht noch am meisten Platz. Ers-

Thront über dem Ortskern: Santa María

terer liegt relativ ortsnah, die Platja de Sa Conca ein Stück weiter hinter dem Komplex des Hotels Rocamar.

Cala de S'Alqueria Petit/Cala de S'Alqueria Gran: Zwei kleinere Buchten mit steini-gem Untergrund nördlich von Port Lligat. An beiden wurde bislang Nacktbaden ge-duldet; abzuwarten bleibt, ob sich dies nicht mit der Errichtung einer neuen Urbani-sation in der Nähe ändern wird.

Sehenswertes

Die wichtigste Sehenswürdigkeit von Cadaqués liegt außerhalb: Seit 1997 ist Da-lís Wohnhaus, die *Casa-Museu Dalí*, für Besucher geöffnet; Details finden Sie unten im Text zu Port Lligat. Aber natürlich ist auch das Ensemble der Altstadt einen Bummel wert, die mit Blumen geschmückten kleinen Plätze, die pittoresken Torbögen, gepflasterten Gassen und zahlreichen Kunstgalerien.

Església Santa María: Die kleine Barockkirche im Zentrum der Altstadt stammt aus dem 17./18. Jh.; ihre Vorgängerin fiel im 16. Jh. dem türkisch-algerischen Piraten Cheireddin Barbarossa zum Opfer. Im Inneren der Kirche steht ein schöner Barockaltar, der im 18. Jh. von Schnitzkünstler Pau Costa geschaffen wurde.

Museu d'Art Municipal (Museu Cadaqués): Das städtische Kunstmuseum von Cadaqués, vor einigen Jahren aufpoliert, liegt in der Altstadtgasse Carrer Narcís Monturiol, nahe dem Großparkplatz. Neben wechselnden Exponaten präsentiert es vorwiegend Werke des 20. Jh., darunter auch Arbeiten von Salvador Dalí und Pablo Picasso.

Öffnungszeiten Nur zur Saison geöffnet, dann täglich 10.30–13.30, 16–19 Uhr, im Hoch-sommer länger. Die Eintrittsgebühr ändert sich je nach Ausstellung, Richtwert 3-5 €.

Port Lligat und die Casa-Museu Dalí

Eine ehemalige Fischersiedlung an der fast fjordähnlichen Bucht gleichen Na-mens, heute praktisch ein Vorort von Cadaqués. Bislang besteht die kleine Sied-lung nur aus einigen wenigen Häusern, knapp nördlich wächst allerdings eine neue Urbanisation. Besuchenswert ist Port Lligat jedoch allemal, steht hier doch das Wohnhaus von Salvador Dalí.

▶ **Casa-Museu Dalí:** Dalís Vater stammte aus Cadaqués. Schon in seiner Kindheit hatte Dalí deshalb mit seiner Familie immer wieder Ferien in Cadaqués verbracht, einer Umgebung, die ihn zu vielen seiner Arbeiten inspiriert haben mag – auf nicht wenigen Gemälden des Maestro glaubt man, die zerrissene, von dunklem Fels geprägte Mondlandschaft und das eigenartige Licht von Cap de Creus zu erkennen. 1929 lernte der „Göttliche" hier auch seine spätere Frau Gala kennen, die mit ihrem Mann Paul Éluard angereist war. Ein Jahr darauf kaufte Dalí eine erste Fischerhütte in Port Lligat, im Lauf der Zeit noch sechs weitere, die er zu einem labyrinthischen Ganzen verwob. Nach dem Tod seiner Frau 1982 schwer erschüttert, verschloss Dalí die Tür für immer – er kehrte nie mehr zurück. Das weitläufige Anwesen, kenntlich durch einige riesige weiße Beton-Eier, war lange nicht zugänglich und verfiel langsam. Seit 1997 endlich steht das Haus, in dem Dalí (mit Ausnahme einiger Auslandsaufenthalte) ein halbes Jahrhundert lang lebte, zur Besichtigung offen.

● *Öffnungszeiten* Publikumsbetrieb ist vom 15. März bis 6. Januar. Öffnungszeiten dann vom 15. Juni bis 15. September täglich 9.30–20.10 Uhr, in der übrigen Zeit Di-So 10.30–17.10 Uhr (Mo geschlossen); Eintritt 10 €, Studenten und Rentner 8 €. Voranmeldung unter ✆ 972 251015 oder per Mail unter pllgrups@dali-estate.org ist praktisch obligatorisch; man spricht Englisch. Die Tickets müssen eine halbe Stunde vor dem Besichtigungstermin abgeholt werden, andernfalls verfallen sie. Ohne Reservierung muss man sich, besonders zur Saison, auf stundenlange Wartezeiten einstellen, da die Führungen nur in kleinen Gruppen stattfinden. Die tägliche Besucherzahl ist auf 480 Personen begrenzt. Internet-Infos unter www.salvador-dali.org. Wer Lust hat, kann vor oder nach der Besichtigung im Original-Dalí-Boot „Gala" eine knapp einstündige Ausflugsfahrt entlang der Küste unternehmen, gegen zusätzliches Entgelt, versteht sich. Es startet stündlich vor dem Haus, Infos unter Telefon (Handy) 617 465757.

Der Ablauf der Besichtigung mag zunächst erstaunen, wird man doch durch mehrere mit Funkgeräten ausgerüstete Führer geleitet, die für jeweils einen Komplex zuständig sind und ihre Gruppe dann an den nächsten Guide weiterreichen. Gewöhnungsbedürftig ist auch die ausgefeilte Sicherheitstechnik, die Alarm gibt, sobald sich auch nur eine Hand über ein Absperrseil bewegt. Anscheinend versucht jedoch tatsächlich immer wieder einmal jemand, sich sein persönliches Dalí-Souvenir zu sichern. Im Sommer 1999 verschwand vom Pool trotz Videoüberwachung ein 13 Meter (!) langes grünes Kissen in Form einer Schlange, das die Schwester von Brigitte Bardot einst Dalí geschenkt hatte. Was der Dieb wohl nicht wusste: Es handelte sich um eine Reproduktion, da das Originalkissen gerade restauriert wurde.

Abgesehen von einem ausgestopften Bären, der eine Lampe in der Tatze hält, wirkt der Eingangsbereich des Hauses gar nicht einmal so exzentrisch, wie es mancher vielleicht erwartet hätte. Das angrenzende Esszimmer diente Dalí in den Anfangszeiten als Atelier. Ebenfalls im Erdgeschoss liegt die Bibliothek mit vier skurrilen Schwänen, die tatsächlich einmal vor dem Haus im Meer schwammen. Ein Stockwerk höher trifft man auf Dalís eigentliches, später eingerichtetes Atelier mit einer Konstruktion, mit der sich auch riesige Leinwände bewegen ließen – es wirkt, als habe der Meister es erst gestern verlassen und blieb auch wirklich nach seinem Auszug völlig unverändert. Der nächste Raum diente Dalís Modellen zum Umziehen und Ausruhen. Das Schlafzimmer ist eines der Highlights des Hauses: In den extra angefertigten, winzig kleinen Käfigen an der Wand hielt Dalí Grillen, deren Zirpen er liebte; es gibt eine Sammlung dalínischer Spazierstöcke und ein Fenster, das den Sonnenaufgang einfing, den Dalí dann vom Bett aus in einem Spiegel an der Wand betrachten konnte. Ein weiterer Raum in diesem Bereich des Hauses ist über und über mit Erinnerungsfotos tapeziert, darunter eine Aufnahme, die Dalí in Gesellschaft von „Generalísimo" Franco zeigt – auch dies eine Facette seines Lebens. Nebenan liegt Galas „geheimes" Zimmer Sala Oval, in das sie vor Dalís Gästeschar flüchten konnte; laute Geräusche werfen die runden Wände als Echo zurück. Auch die Außenanlagen tragen unverkennbar die Handschrift Dalís. Trotz seiner ungewöhnlich dekorierten Umgebung erinnert der langgestreckte Pool ein wenig an maurische Vorbilder, und tatsächlich soll Dalí zu seiner Form auch von den Wasserspielen im Schlösschen Generalife bei Granadas Alhambra inspiriert worden sein.

Cap de Creus

Das Kap, dem die Halbinsel ihren Namen verdankt, liegt etwa acht Kilometer nördlich von Cadaqués, zu erreichen auf einer schmalen, holprigen Asphaltstraße, die an Port Lligat vorbeiführt.

Die felsige Küste zwischen Cadaqués und dem Kap wird geprägt von zahlreichen kleinen Buchten, oft mit vorgelagerten Inselchen; Schnorchler finden ein reiches Betätigungsfeld. Das Kap selbst, letzter Ausläufer der Pyrenäen, bildet den östlichsten Punkt Kataloniens und damit des gesamten spanischen Festlands. Die staubtrockene, fast vegetationslose Landschaft hier ist von bizarrer Schönheit, ein Chaos aus aufeinander getürmtem, erosionszerfressenem Fels und Stein – man versteht, was Dalí meinte, als er von einem „grandiosen geologischen Delirium" sprach. In der Nähe des Leuchtturms wartet, neben der Tapa-Bar „Sa Freu", auch das Bar-Restaurant „Cap de

Harscher Fels: Cap de Creus

Creus" (☎ 972 199005) auf Besucher, die eine schöne Aussicht zu schätzen wissen. Der britische Wirt hält auch Malt-Whisky bereit, angesichts der Umgebung, die bei schlechtem Wetter schon mal an Schottland erinnert, gar nicht so unpassend.

Wanderung 3: Von Cadaqués nach Roses

Route: Cadaqués – Cala Jòncols – Cala Montjoi – Punta Falconera – Roses; **reine Wanderzeit**: etwa 7–8 Stunden; **Einkehr** in Cadaqués und Roses, zur Saison auch in der Cala Jòncols, der Cala Montjoi und an anderen Stränden; Sonnenschutz, Proviant und Trinkwasser (!) trotzdem nicht vergessen.

Charakteristik: Eine landschaftlich sehr reizvolle, ausgedehnte Tagestour durch den südlichen Bereich des Naturparks Cap de Creus, auf der gute Kondition gefragt ist – immerhin legt man in häufigem Auf und Ab fast 25 Kilometer zurück. Natürlich kann man jedoch auch nur Teilstrecken gehen, z. B. in etwa 4 Stunden zur Cala Jòncols und zurück. Schatten ist auf weiten Teilen rar, Sonnenschutz also sehr wichtig. Als Abschnitt des Fern-

Die nördliche Costa Brava: Alt Empordà

Karte S. 69

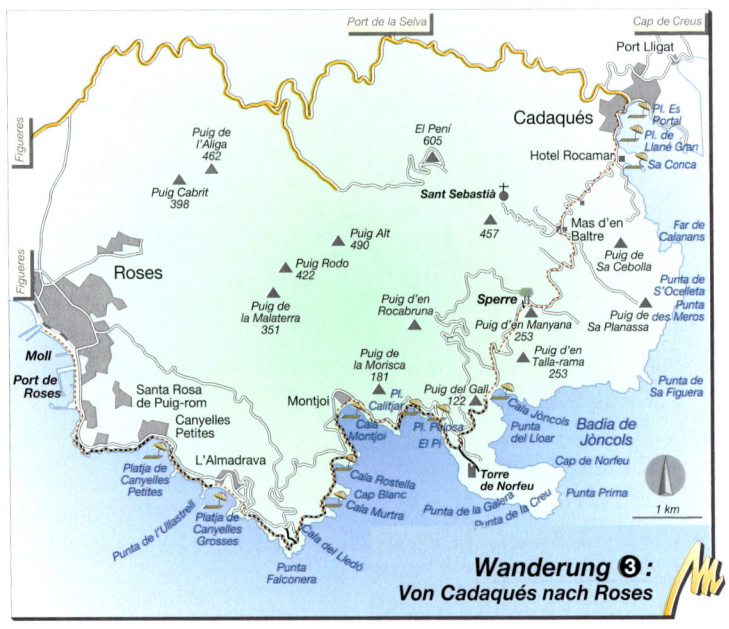

Wanderung ❸:
Von Cadaqués nach Roses

wanderwegs GR 92 ist die Route durchgehend weiß-rot markiert. Entlang der Strecke liegen zahlreiche schöne Buchten und Strände; es lohnt sich also, Badesachen mitzunehmen und wirklich früh am Morgen zu starten, um unterwegs überhaupt Zeit für einen Strandaufenthalt zu haben – eine nähere Beschreibung der wichtigsten Buchten finden Sie im Text zu Roses. Zurück geht es per Bus. Erkundigen Sie sich vorab in der Touristeninformation oder der SARFA-Station in Cadaqués nach der letzten Abfahrt ab Roses, aber Achtung: Der Bus kommt aus Figueres, und die Busfahrer tendieren manchmal dazu, etwas früher abzufahren, als der Fahrplan verspricht. Ein Taxi zurück wird teuer.

Verlauf: Die Wanderung beginnt am Hauptplatz von Cadaqués. Von hier folgt man der Uferstraße etwa zehn Minuten nach Süden, vorbei am Strand Platja de Llané Gran und dem

Hotel Llané Petit. Auf Höhe des *Hotels Rocamar* geht es schräg rechts aufwärts in einen Fahrweg, beschildert u.a. „Cala Jòncols". Bereits nach etwa 100 Metern verlässt man die Piste nach links wieder, um sie ein Stück weiter zu überqueren. Der Weg setzt sich auf der anderen Seite fort und trifft dann wieder auf den Fahrweg; hier geht es rechts und nach etwa 150 Metern links auf eine weitere Abkürzung, die später wieder die Piste erreicht. Im Umfeld liegen Trockenmauern und verfallene Häuser; ein Zeichen dafür, dass die macchiabewachsene Landschaft in vortouristischer Zeit mühevoll landwirtschaftlich genutzt wurde. Am Berg oberhalb sieht man die Radaranlagen des Militärstützpunkts auf dem über 600 Meter hohen El Pení, im Rückblick eröffnet sich eine schöne Aussicht auf Cadaqués und seine Bucht. Weiter oben hält man sich in einer Rechtskurve

Schöner Badestopp gut zwei Wegstunden hinter Cadaqués: Cala Jòncols

Die nördliche Costa Brava: Alt Empordà

Karte S. 69

(kurz davor ein Tor zu einem Grundstück) geradeaus auf einen felsigen Pfad, der später den Fahrweg noch einmal überquert und ein Stück weiter dann an ihm endet. Bald erreicht man den Gutshof *Mas d'en Baltre*, an dem man weiter dem Hauptweg folgt, kurz darauf eine Brücke überquert und an der nächsten Gabelung rechts aufwärts geht. Rund 20 Minuten lang läuft man nun auf der gut erkennbaren, jetzt fast eben auf etwa 200 Meter Meereshöhe verlaufenden Piste entlang, vorbei an mehreren Abzweigungen und bis zu einer Gabelung bei einer markanten Baumgruppe.

Hier hält man sich ganz links, vorbei am Pflock mit der weiß-roten GR-Markierung und links oberhalb der gesperrten Privatpiste. Anfangs fast schon überdeutlich markiert, führt der Pfad entlang von Trockenmauern abwärts, überquert nach einer knappen Viertelstunde den Fahrweg und setzt sich auf der anderen Seite fort. Sobald der Pfad im Umfeld einiger Häuser ein zweites Mal die Piste erreicht, hält man sich auf dieser rechts abwärts (in der Gegenrichtung gilt es hier etwas

aufzupassen und auf die GR-Markierung an der Trockenmauer oberhalb zu achten). Unten im Tal erreicht der Fahrweg eine größere Piste, der man nach links zur Bucht folgt. In der Gegenrichtung findet man die Abzweigung bei einem Haus mit schöner Palme und einem Hinweisschild zur Cala Jòncols und nach Roses; hier rechts und dem Betonweg durch das weiße Gittertor folgen. Ohne Pausen dauert der Weg von Cadaqués bis zur Bucht etwa 2 Stunden. Die Strandbar des hiesigen Hotels Cala Jòncols (siehe Roses/Übernachten), vielleicht auch der Kies-Stein-Strand sind jetzt willkommen.

Richtung Roses geht es weiter auf dem Küstenweg Camí de Ronda. Man steigt am hinteren Ende der Bucht die Treppen hoch und hält sich dann links auf einen steil aufwärts führenden Pfad. Oben angekommen, folgt man dem Weg im Bogen nach rechts. In diesem Gebiet zweigen mehrfach kleinere Pfade ab; achten Sie auf die weiß-roten Markierungen und wählen Sie im Zweifel den größten der Wege. Bald durchquert man das Tal eines kleinen Bachlaufs und erreicht wenig

Klares Wasser, grüne Pinien: hinter der Cala Montjoi

später, insgesamt etwa eine Viertelstunde hinter der Bucht, kurz vor einer Gabelung die Piste, die von Roses zur Cala Jòncols führt (wer in der Gegenrichtung wandert, muss hier aufpassen: nicht nach rechts in die nahe Bucht absteigen, sondern zunächst etwa 10 Meter auf der Piste Richtung Cala Jòncols, dann erst rechts ab).

An der Gabelung führt links ein Fahrweg auf die Halbinsel des Cap de Norfeu, rechts geht es nach Roses – wer es eilig hat, kommt hier deutlich rascher voran, der Küstenweg ist mit seinen fantastischen Panoramen bis hin zu den Medes-Inseln jedoch weit reizvoller. Wir halten uns deshalb geradeaus, zwischen einem Tor und einer Hinweistafel hindurch auf einen schmalen Pfad. Er führt zunächst in Richtung der Halbinsel auf einen markanten Felsen zu, schlägt dann jedoch an einer Gabelung einen Bogen nach rechts abwärts Richtung Meer. Später gabelt sich der Weg erneut; hier wiederum rechts. Zunächst geht es nun steil abwärts, dann in leichtem Auf und Ab parallel zur Küste. Knapp eine Viertelstunde hinter der Gabelung erreicht man, fast direkt unterhalb von ihr, die

kleine Bucht *El Pi*. Wie ein Hinweisschild erklärt, wurden früher von hier die Trauben der oberhalb gelegenen Weinberge nach Roses verschifft. 1878 vernichtete die Reblaus die Weingärten, die steilen, in den Fels gehauenen Treppen hinab zur Anlegestelle sind jedoch noch heute zu erkennen. Ein kurzes Stück weiter liegt, wieder unweit der Piste, der kleine, graubraune Sandstrand *Platja de la Pelosa* mit einem Strandkiosk, der aber nur im Sommer in Betrieb ist. Der Weg setzt sich am Ende des Strandes fort, überquert wenig später den Kieselstrand der *Platja del Calitjar* und umrundet dann das Kap *Punta de la Ferrera*. Knapp zehn Minuten hinter der Platja del Calitjar biegt unser Weg an einer Gabelung rechts ab, führt steil auf einen pyramidenförmigen Berggipfel zu und trifft auf die Piste, der man nach links folgt. Wenige Minuten später erreicht man die ersten Häuser einer kleinen Siedlung. Dann geht es links, entweder auf einer sehr steilen Treppe oder wenig später auf einem Weg, zum Strand der *Cala Montjoi*, der etwa 1½ Stunden hinter der Cala Jòncols erreicht wird. Im Hinterland des relativ großen Sand-Kies-Strandes liegt eine Feriensiedlung, es gibt mehrere Strandbars (nur zur Saison geöffnet) und, am südwestlichen Ende der Bucht, das mit drei Michelinsternen prämierte Restaurant „El Bulli" (siehe Roses/Essen), eines der besten Restaurants ganz Spaniens. Mit Roses ist die Cala Montjoi über ein schmales, durchs Inland führendes Asphaltsträßchen verbunden.

Vorbei am „El Bulli" führt auch der weitere, hinter einer kleinen Nachbarbucht recht steil durch den Wald ansteigende Weg. Er umrundet zunächst das Kap Punta del Berganti etwas landeinwärts und senkt sich dann wieder hinab zur bildhübschen Strandbucht *Cala Rostella*, die ein gutes Stück abseits des Sträßchens liegt und deshalb weniger stark besucht ist als die Cala Montjoi. Jenseits der Bucht steigt der Weg wieder an, schneidet die Landzunge des Cap Blanc ab und erreicht dann, etwa 30 Minuten hinter der Cala Montjoi, die *Cala Murtra*, einen abgelegenen Sand-Kies-Strand, an dem Nacktbaden gestattet ist. Aus den Marmorsteinbrüchen, die im Mittelalter in der Nähe betrieben wurden, stammt auch ein Teil des Baumaterials des Klosters Sant Pere de Rodes. Der steile, geröllige Aufstieg aus der Bucht beginnt westlich des Trockentals, das in die Cala Murtra mündet. Im weiteren Verlauf umgeht der Weg das Kap Cap Trencat landeinwärts – achten Sie in diesem etwas unübersichtlichen Abschnitt besonders auf die weiß-roten Markierungen. Rund 20 Minuten hinter der Cala Murtra trifft man bei einer Bauruine und einer Piste auf das Gebiet des weit ins Meer vorgeschobenen Kaps *Punta Falconera*. Eine Reihe von Bunkern, heute teilweise bepflanzt, belegen die einstige militärische Bedeutung; irgendwann wird hier vielleicht eine Art kulturelles Zentrum eingerichtet werden.

Die Halbinsel ist von einer verwirrenden Fülle von Pfaden durchzogen, doch wird der Wegverlauf an ihrer Westseite wieder klar. Am besten geht man am ehemaligen Beobachtungsturm vorbei und hält sich dann wieder rechts.

Bis ins Zentrum von Roses dauert der Weg jetzt noch etwa 2¼ Stunden. Allmählich nähert man sich den ersten Ausläufern der Urbanisationen von Roses, die nach einer knappen Viertelstunde erreicht sind. Hier trifft man auch erstmals wieder auf Asphalt. Man geht geradeaus, dann links abwärts, unten rechts und biegt dann wieder links ab, hinunter zur *Platja de Canyelles Grosses*. Auch *Platja de l'Almadrava* genannt, erweist sich der weit geschwungene Strand mit seinem feinen, gelben Sand trotz der nahen Bebauung als durchaus reizvoll. An Bars und anderen Versorgungsmöglichkeiten herrscht kein Mangel, und wer sich den letzten Wegabschnitt sparen möchte, müsste zumindest zur Sommersaison hier auch ein Taxi oder einen der allerdings relativ seltenen Stadtbusse (Sonntagnachmittag kein Verkehr!) ins Zentrum von Roses finden können; die Bushaltestelle der Gesellschaft Viñolas liegt beim Parkplatz an der Hauptstraße etwa auf Höhe der Strandmitte. Jenseits des Strandes setzt sich der Camí de Ronda entlang der Felsküste fort und trifft nach etwa 20 Minuten auf den nächsten, in der Charakteristik ähnlichen Strand, die *Platja de Canyelles Petites*. An deren hinterem Ende geht es wieder auf den Camí, der ab hier restauriert bzw. zur Promenade betoniert ist. Auf Höhe des Leuchtturms trifft er auf die Straße und verläuft ab dort neben ihr, vorbei am wenig ansehnlichen Strand Platja dels Palangrers. Nun geht es weiter parallel zur Hauptstraße am Hafengebiet entlang und schließlich über die Strandpromenade ins Ortszentrum.

Die nördliche Costa Brava: Alt Empordà — Karte S. 69

Abgeschiedene Bucht östlich von Roses: Cala Rostella

Roses   (20.000 Einwohner)

Zwar auch ein bedeutender Fischereihafen, vor allem aber ein ausgedehnter Urlaubsort. Roses ist der größte Ferienkomplex der nördlichen Costa Brava und nach der Inlandsstadt Figueres auch das wichtigste Wirtschaftszentrum der Region.

Die Stadt liegt am Nordrand des gleichnamigen Golfs, umgeben von Einkaufszentren, Aqua-Parks, Rollschuh- und Go-Kart-Bahnen und anderen, zum Urlaubsvergnügen scheinbar unabdinglichen Unterhaltungsmöglichkeiten. Den schier endlosen Strand flankiert eine Skyline von Hochhäusern, die Hügel im Norden und Osten sind, wie auch Teile des Hinterlands, mit Feriensiedlungen verbaut. Von der langen Geschichte der Stadt – als *Rhode* von Griechen gegründet und von den Römern neu errichtet – ist mit Ausnahme der Festungsruine *Ciutadella* und Resten eines Kastells kaum noch etwas zu sehen. Stattdessen überwiegt deutlich das, was ein Touristikprospekt phantasievoll „gewagteste Moderne" nennt. Dennoch besteht Roses nicht nur aus Neubauten und Hochhäusern: Die engen Gassen des Zentrums lassen erkennen, dass hier schon vor Beginn des Fremdenverkehrs eine Siedlung bestand. Mit seinem großen Fischerhafen und immerhin etwa 20.000 Einwohnern besitzt Roses zudem durchaus ein Eigenleben abseits des Tourismus. Und wer etwas Mühe auf sich nimmt, Pistenfahrten und Fußwege nicht scheut, findet östlich außerhalb der Stadt noch eine Reihe weitgehend oder völlig unverbauter Buchten.

Orientierung: Aus allen Richtungen kommend, erreicht man Roses auf der Haupteinfallstraße *Avinguda de Rhode*, die am Strand entlang auch den Innenstadtbereich durchquert. Das engere Zentrum beginnt jenseits der Festungsanlage *Ciutadella*, deren mächtige Mauern sich unübersehbar linker Hand der Zufahrtsstraße erstrecken. Wenig später folgt die *Plaça Catalunya*, die praktisch den Hauptplatz der Stadt darstellt. Einen weiteren Fixpunkt im Zentrum bildet die *Riera Ginjolers*, ein ehemaliges Flussbett, das jedoch abgedeckt und so zu einer Art etwas nüchterner Rambla wurde. Südlich des Zentrums liegt der Fischerhafen von Roses, einer der bedeutendsten der Costa Brava; ein neuer Sporthafen ist fertig und soll zukünftig vielleicht auch Kreuzfahrtschiffe anziehen. Im Südosten wie im Westen ist die Stadt von ausgedehnten Urbanisationen umgeben. Die Villen- und Apartmentsiedlungen im Südosten wirken, da sie sich über die dortigen Berghänge verteilen, im Vergleich etwas aufgelockerter und weniger künstlich. Westlich des Zentrums liegen die Urbanisationen *Salatar* und *Santa Margarida,* in denen sich viele Hotels und die Mehrzahl der Campingplätze finden; beide Siedlungen sind vom Ortskern aus auch über die Strandpromenade zu erreichen, die mit einer Länge von mehr als drei Kilometern die ausgedehnteste Promenade der gesamten Costa Brava darstellt.

Information/Verbindungen

• *Information* **Oficina Municipal de Turisme**, Avinguda de Rhode 77–79, strandnah an der Zufahrtsstraße von Figueres und unweit der Zitadelle gelegen. Das hilfsbereite Personal spricht teilweise Deutsch. Öffnungszeiten: 15. Juni bis 15. September täglich 9–21 Uhr, sonst Mo–Fr 9–18 Uhr (im Mai bis 19 Uhr), Sa 10–14, 15–18 Uhr, So 10–13 Uhr. ☏ 972 257331, ☏ 972 151150, www.roses.cat.
• *Verbindungen* **Bus**: Busbahnhof im oberen Bereich der Riera Ginjolers, jenseits der Gran Vía de Pau Casals. SARFA-Busse nach Cadaqués 3-mal, Girona 1-mal, Barcelona 2-mal täglich; nach Figueres (Bahnstation) tagsüber etwa stündlich. Zur HS teilweise häufigere Abfahrten. **Stadtbusse** der Gesellschaft VIÑOLAS verbinden das Zentrum mit den umliegenden Urbanisationen, fahren im Südosten bis zur Platja Canyelles Grosses (Platja Almadrava).
• *Internet-Zugang* **Cybercenter**, Carrer Trinitat 99, in zentraler Lage nahe der Bodega Gallega, ☏ 972 150946.

Übernachten/Camping (siehe Karte S. 107)

Vor allem in den Hotels höherer Kategorien extreme saisonale Preisschwankungen, im August oft doppelt so hohe Preise wie zur Nebensaison! Die günstigsten Häuser finden sich im Zentrum.

***** **Romàntic Villa-Hotel Vistabella (13)**, beim Strand Canyelles Petites, einige Kilometer außerhalb des Zentrums. Superbe Lage hoch über der Küste, die dem Namen Ehro macht; eigener Anlegesteg für Schiffe, Schwimmbad, Whirlpool, Sauna, Garage, feine Restaurants etc. Geöffnet Ostern bis Ende Oktober. DZ/F nach Saison und Lage etwa 130–310 €. Es gibt auch Suiten sowie die dem Surrealismus im Dalí-Stil gewidmete „Suite Royal", Preis zur HS rund 1000 € pro Nacht. Cala Canyelles Petites, ☏ 972 256008, ☏ 972 253213, www.vistabella hotel.com.

**** **Almadraba Park Hotel (14)**, noch ein Stück weiter südöstlich beim Strand Canyelles Grosses, der auch Almadrava genannt wird. Auch dieses Hotel glänzt mit vielen Annehmlichkeiten wie Pool, Sauna etc. Sehr gutes Restaurant. Geöffnet von Ostern bis Mitte Oktober, von Mitte Juni bis Mitte September ist allerdings Halbpension quasi Pflicht. DZ nach Ausstattung etwa 140–180 €. Platja Almadrava s/n, ☏ 972 2565 50, ☏ 972 256570, almadrabapark@almadraba park.com, www.almadrabapark.com.

*** **Hotel Ramblamar (6)**, ordentlicher Mittelklassestandard in zentraler Lage an der Uferstraße. Die Zimmer sind allerdings etwas hellhörig. Ganzjährig geöffnet, eine Seltenheit in Roses. DZ nach Saison 65–110 €. Avinguda de Rhode 153, ☏ 972 256354, ☏ 972 256811, www.hotelsrisech.com.

** **Hotel Cala Jòncols (11)**, in der gleichnamigen Bucht (siehe auch Wanderung 3), rund 14 Kilometer östlich von Roses, z. T. Piste – etwas Sinn für „splendid isolation" braucht man also schon. Direkt im Naturpark Cap de Creus gelegen, beliebt vor allem bei Tauchern und oft belegt. Deutschsprachige Tauchbasis angeschlossen, preiswerte Pauschalen mit Tauchgängen werden angeboten. Pool. Geöffnet ab etwa Ostern bis Ende Oktober, Anfang November. Tauchbasen-Info unter www.euro-divers.com. Unterkunft nur mit mindestens Halbpension, pro Person nach Saison etwa 55–85 €. Ctra. Vella de Roses a Cadaqués, ✆ 972 253970 (man spricht Deutsch), 📠 972 199226, www.calajoncols.com.

** **Pensió Hostal Novel Risech (7)**, eine komfortable Pension mit hotelähnlichem Charakter, derselben kleinen Hotelgruppe zugehörig wie das „Ramblamar". Mit Ausnahme der winterlichen Betriebsferien ganzjährig geöffnet. DZ/Bad nach Saison etwa 65–90 €. Avinguda de Rhode 183–185, ✆ 972 256284, 📠 972 256811, www.hotelsrisech.com.

** **Pensió Rom (2)**, nur ein kleines Stück hinter der Touristeninformation. Zimmer recht eng, aber sauber und gepflegt. Freundliche, deutschsprachige Besitzer, die das Haus kontinuierlich ausbauen und verbessern. Waschküche für Gäste, eigenes Restaurant, kostenloser Parking. Geöffnet vom Samstag vor Ostern bis etwa Mitte Oktober. In der Nachbarschaft entstand zuletzt ein Ableger, das Hotel/Hostal „Carmen", Eröffnung evtl. noch 2009. DZ/Bad 50–60 €, in den beiden ersten Augustwochen 70 €, Frühstück jeweils inklusive. Carrer Trinidad 35, ✆ 972 256181, 📠 972 257349, www.hostalrom.es.

• *Camping* Insgesamt vier Plätze um Roses, die Mehrzahl von der Hauptzufahrtsstraße aus zu erreichen.

Joncar Mar (1), 2. Kat, zweigeteiltes Gelände, der zentrumsnächste Platz, Lärmbelästigung durch die nahe Straße möglich. Nicht direkt am Meer, Strand aber ganz in der Nähe. Guter Schatten, ordentliche Sanitärs. Geöffnet Ostern bis Oktober, die längsten Öffnungszeiten um Roses. Pro Person, Auto je 6,50 €, Zelt 7,50 €. Am Rand der Urbanisation Salatar, unweit der Zufahrt aus Richtung Figueres, ✆/📠 972 256702, www.campingjoncarmar.com.

Salatà, 2. Kat, von Hotel- und Apartmentanlagen umgeben. Das Umfeld ist Geschmackssache, der Platz selbst jedoch gut ausgestattet. Der Strand liegt noch relativ nah, ins Zentrum hat man es dagegen schon etwas weiter. Pro Person 6,50 €, Stellplatz inkl. Zelt und Autor 27 €. Mitten in der Urbanisation Salatar, ✆ 972 256086, www.campingsalata.com.

Rodas, 2. Kat, ebenfalls mit guten Einrichtungen, jedoch vom Strand und vom Ort noch weiter entfernt. Geöffnet von Juni bis September. Pro Person 6 €, Parzelle inkl. Auto und Zelt 19 €. Punta Falconera 62. ✆ 972 257617, 📠 972 152466, www.camping rodas.com.

Ampurdanés, 3. Kat, kleinerer, recht einfach ausgestatteter Platz südöstlich von Roses, nahe der Platja Canyelles Grosses (Platja Almadrava). Schwankende Öffnungszeiten. Pro Person und Auto je 8 €, Zelt 9 €. ✆/📠 972 257042, http://camping ampurdanes.com.

Essen

Rest. El Bulli (12), in der Bucht Cala Montjoi, etwa acht Kilometer östlich des Zentrums, über ein schmales Asphaltsträßchen zu erreichen. Eines der besten Restaurants des ganzen Landes, mit drei Michelinsternen geschmückt. Chef Ferrán Adrià ist ein experimentierfreudiger Meister am Herd, der mit äußerst ungewöhnlichen, aber köstlichen Kreationen aufwartet. Das Degustationsmenü (bis zu 24 Gänge!) kostet rund 200 €, ist jedoch jeden Cent wert. Geöffnet April bis Oktober, Mo/Di Ruhetage. Für Normalsterbliche ist es freilich schon praktisch unmöglich geworden, einen Platz zu ergattern. Cala Montjoi, ✆ 972 150457, www.elbulli.com.

Rest. Flor de Lis (5), exquisite Adresse in der Altstadt von Roses. Deutsch-schweizerische Besitzer, was man der Dekoration auch anmerkt, die Küche französisch geprägt. Zwei Probiermenüs à etwa 55 und 60 €. Carrer Cosconillas 47, ✆ 972 254316. Nur abends, geöffnet etwa von Ostern bis Mitte Oktober sowie über Weihnachten, Di (außer Juli/August) geschlossen.

Rest. Die Insel (10), deutsch geführtes Lokal, dessen Küchenschwerpunkt auf exquisiten Fischspezialitäten liegt. Degustationsmenü etwa 65 €, à la carte ab etwa 40 €, auch einige etwas günstigere Festpreismenüs. Carrer Pescadors 17, ✆ 972 257123; Di sowie etwa vom 10. Januar bis 10. März geschlossen.

La Taberna y la Bodega Gallega (4), in der Fußgängerzone. Zwei benachbarte und zusammengehörige galicische Lokale, wegen ihrer feinen Meeresküche ausgesprochen beliebt – an Wochenenden stehen vor allem vor der Taberna oft lange Schlangen.

Übernachten

1 Camping Joncar Mar
2 Pensió Rom
6 Hotel Ramblamar
7 Pensió Hs. Novel Risech
11 Hotel Cala Jòncols
13 Hotel Vistabella
14 Almadraba Park Hotel

Essen & Trinken

3 Rest. Las III Caravelas
4 La Taberna y la Bodega
　Gallega
5 Rest. Flor de Lis
8 Rest. del Pescador
9 Bar Cafeteria La Sirena
10 Rest. Die Insel
12 Rest. El Bulli

Roses

100 m

Die Bodega bildet das eigentliche, nicht ganz billige Restaurant (festes Menü 35 €), in der Taberna geht es etwas bodenständiger zu, die Auswahl an Tapas und Racines ist beim Kellner zu erfragen. Carrer Trinitat 101 bzw. 105, ✆ 972 151766.

Rest. del Pescador (8), von Leser Alfredo Mastrocola wegen der guten Fischgerichte empfohlen. Fisch wird nach Gewicht berechnet, es gibt auch relativ günstige feste Menüs. Carrer Frances Macià 25, der gleichnamigen Pension angeschlossen.

Ausflüge & Unterhaltung/Wandern

● *Ausflüge & Unterhaltung* **Ausflugsschiffe** starten ab dem Zentrum (Kioske an der Promenade nahe Riera Ginjolers) und ab dem kleinen Hafen der Urbanisation Santa

Rest. Las III Caravelas (3), unweit der Taberna-Bodega Gallega. Kleines, charmantes Lokal mit ideenreicher, französisch inspirierter Küche. Sorgfältige Zubereitung, bei Andrang muss man deshalb oft etwas warten. Auch Cocktails. Nicht teuer. Carrer Trinitat 75, nur zur Saison geöffnet.

Bar Cafeteria La Sirena (9), eher unscheinbares, von Einheimischen gerne besuchtes Lokal. Wechselnde Tagesgerichte, Bistro-Küche nach Marktlage, auch Tapas etc. Normale Preise. Plaça Sant Pere 7.

Margarida; Ziele sind unter anderem die Küste Richtung Cadaqués (Preisbeispiel: 11 €) und L'Estartit mit den Medes-Inseln (14 €).

In Restaurierung: La Ciutadella

Parc Acuàtic Aquabrava, etwas außerhalb, nahe der Kreuzung der Straßen Richtung Palau-Saverdera und Cadaqués, kostenlose Busverbindung. Ein großer Wasserpark mit Schwimmbecken, Rutschen, mehreren Bars etc. Geöffnet Anfang Juni bis Mitte September, Eintritt p.P. 21 €, Kinder bis 1,20 Meter 12 €, ab dem Nachmittag 17 bzw. 9 €. www.aquabrava.com.

Nachtleben/Feste

• *Nachtleben* In und um Roses besteht an Discos und Music-Bars selbstredend kein Mangel. Die Mehrzahl ist jedoch nur im Juli und August geöffnet, sonst höchstens am Fr/Sa und eher konventionellen Charakters. Hier deshalb ein ungewöhnlicherer Tipp:
Rachdingue, einige Kilometer nordwestlich, zwischen Pau und Vilajuïga. Eine „Discothèque surrealiste", deren Styling auf Dalí-Schüler zurückgeht, Pool, am Wochenende viele Franzosen auf Kurzbesuch. www.rachdingue.com.

• *Feste und Veranstaltungen* In der Saison viele Aktivitäten, ausführliches Programm im Touristenbüro.
Markttag ist am Sonntag.
Sardana-Tänze von Juni bis September jeden Samstag auf der Plaça Catalunya.

• *Wandern* Die oben beschriebene Wanderung 3 von Cadaqués nach Roses lässt sich natürlich auch in der Gegenrichtung begehen. Allerdings liegt die letzte Busabfahrt von Cadaqués nach Roses in der Regel deutlich früher als umgekehrt. Erkundigen Sie sich deshalb besser genau nach den Zeiten, starten Sie besonders früh am Morgen und am besten erst ab der Platja Canyelles Grosses (Taxi).

Havaneres-Gesänge von Juli bis September jeden zweiten Freitag am Strand Platja de la Perola.
Corpus Cristi, Fronleichnam (wechselnde Termine), mit Blumenteppichen auf den wichtigsten Straßen der Stadt.
Verbena de Sant Juan, am Abend des 23. Juni, Feuerwerk und Tanz auf der Plaça Catalunya.
Sant Pere, 29. Juni, Fest des Schutzheiligen der Fischer, mit großem Essen des Fischeintopfs „Suquet de Peix". Zwar wirklich für die Fischerfamilien gedacht, aber natürlich auch von Touristen besucht.
Festa Major de la Santa María, mehrere Tage um den 15. August: Das Hauptfest, zahlreiche Konzerte und andere Kulturveranstaltungen, Feuerwerk etc.

*B*aden

Die ausgedehnten, gepflegten Strände sind das große Plus von Roses.

Platja Gran: Der „Große Strand" von Roses erstreckt sich über mehrere Kilometer von der Mündung des Riu Grau am Rand der Urbanisation Santa Margarida bis zur Mündung der Riera Ginjolers. Offiziell gliedert er sich in die Strände *Platja de Santa Margarida*, *Platja de Salatar* und, nahe dem Zentrum, *Platja del Rastell*; besondere Unterschiede sind jedoch nicht auszumachen. Der feine, helle Sand wird regelmäßig gereinigt, das Wasser ist sauber und wird nur langsam tiefer. Die nötige Infrastruktur inklusive einer Rotkreuz-Station an der Platja del Rastell ist auch vorhanden. Nicht jedermanns Sache ist freilich die Bebauung im Hinterland.

Platja Nova/Platja de la Perola: So heißen die beiden ineinander übergehenden Strände östlich der Riera, beide vielleicht nicht ganz so attraktiv wie die weiter westlich gelegenen Strände, wegen der Stadtnähe aber auch gut besucht. Direkt südlich des großen Hafens liegt ein weiterer, kleiner und nicht allzu reizvoller Strand, die Platja dels Palangrers.

Platja Canyelles Petites/Platja Canyelles Grosses (Platja Almadrava): Zwei gepflegte Strände in den südöstlichen Außenbezirken von Roses, vom Zentrum schon eine ganze Ecke entfernt, aber mit Stadtbussen zu erreichen. Sie sind zwar kleiner als die Strände der Bucht von Roses, jedoch auch jeweils noch mehrere hundert Meter lang. Die Bebauung im Hinterland ist, besonders an der Platja Canyelles Grosses (Platja Almadrava), deutlich aufgelockerter, das Wasser sehr sauber. An Bars und Restaurants besteht kein Mangel, an der Platja Canyelles Petites gibt es eine Rotkreuz-Station.

• *Buchten östlich von Roses* In die Felsküste östlich der Platja Canyelles Grosses schmiegt sich eine Reihe von Buchten, die nur über ein schmales, landeinwärts verlaufendes Asphaltsträßchen (ab der Cala Montjoi Piste) oder zu Fuß entlang der Küste zu erreichen sind. Eine entsprechende Karte finden Sie oben unter Wanderung 3.

Cala Murtra/Cala Rostella, zwei Buchten mit Stränden aus Sand und Kies, die von der Straße nur über einen steilen Abstieg zu erreichen und deshalb selten überlaufen sind. Keinerlei Einrichtungen. An der Cala Murtra ist Nacktbaden offiziell gestattet, die Cala Rostella glänzt mit wunderschöner, waldreicher Umgebung.

Cala Montjoi, rund acht Kilometer von Roses-Zentrum entfernt. Eine große Bucht mit ausgedehntem Strand und einer Feriensiedlung im Hinterland, mit dem Auto direkt anzufahren und deshalb zur Saison relativ gut besucht. Strandbars vorhanden, außerdem das berühmte Restaurant „El Bulli", siehe oben unter „Essen".

Platja del Calitjar/Platja de la Pelosa: Zwei kleinere Strände aus Kieseln bzw. Sand, nicht weit von der Piste entfernt. An der Platja de la Pelosa gibt es einen Parkplatz und eine Strandbar.

Cala Jòncols: Die letzte in der Kette von Strandbuchten, rund 14 Kilometer von Roses entfernt. Strand aus Stein und Kies, schöne, weitgehend unverbaute Umgebung. Hotel und Tauchschule (siehe „Übernachten") vorhanden, ebenso eine Strandbar. Zur Saison finden gelegentlich Schiffsausflüge hierher statt.

Sehenswertes

La Ciutadella: Besondere Monumente sind Mangelware in Roses, die Zitadelle am Rand des Zentrums bildet noch die wichtigste Sehenswürdigkeit. Innerhalb der wuchtigen Mauern liegen die Ursprünge von Roses. Hier gab es bereits eine griechische Siedlung des 5. Jh. v. Chr., ab dem 3. Jh. n. Chr. dann eine Römerstadt, die sich der Fischverarbeitung widmete. Das Gebiet bildete auch den Kern der Wiederbesiedelung im Mittelalter, die im 11. Jh. von einem Kloster ausging. Reste der teilweise rekonstruierten romanischen Klosterkirche *Santa María*, des Kreuzgangs und einiger Mauern sind im Norden des Areals noch zu erkennen. Die Festung selbst wurde ab 1543 unter König Carlos I. errichtet, jenem spanischen Herrscher, in dessen Weltreich „die Sonne nie unterging". Der von italienischer Militärarchitektur inspirierte und von einem Wehrgraben umgebene Bau besitzt

Die nördliche Costa Brava: Alt Empordà
Karte S. 69

einen pentagonalen, sternförmigen Grundriss mit fünf vorstehenden Bollwerken, von denen jedoch nur noch drei erhalten sind. Das Innere, das einst Kasernen, Stallungen, Magazine etc. beherbergte, steht heute weitgehend leer. Im Mai 2004 wurde in der Zitadelle ein gut konzipiertes *Museum* eingerichtet, das sich neben wechselnden Ausstellungen vor allem der Geschichte der Stadt Roses widmet.
Öffnungszeiten Di-So ab 10 Uhr, im Sommer bis 20 Uhr (Juli/August 21 Uhr), sonst bis 18 Uhr; Eintrittsgebühr 3 €.

Castillo de la Trinitat: Eine Burg südlich des Hafens, die ab 1544, also etwa zeitgleich mit der Zitadelle errichtet wurde. Aufgrund der günstigen Lage nahe der ins Meer vorgeschobenen Punta de la Poncella konnten ihre Kanonen gleichzeitig die Bucht, die Siedlung und die Zitadelle schützen. Die Restaurierung des Kastells (für die reichlich Beton verwendet wurde) ist mittlerweile beendet, zur Besichtigung freigegeben war es bei der letzten Recherche aber noch nicht.

Faro: Auch für den 1864 errichteten Leuchtturm unterhalb der Zitadelle gibt es Pläne – hier soll eines Tages ein Meeresmuseum eingerichtet werden. Bis dahin dürfte es aber noch eine Weile dauern.

Empuriabrava

Eine Feriensiedlung der besonderen Art: Viele der Villen und Apartments von Empuriabrava sind mit dem Boot zu erreichen.

Empuriabrava ist ein reines Kunstprodukt, in den 60er-Jahren auf dem Reißbrett geplant. Ein insgesamt rund 30 Kilometer langes Netz von zwei großen und mehr als zwanzig kleineren Kanälen durchzieht die in Sektoren aufgeteilte Feriensiedlung. Viele der Häuser besitzen eigene Anlegestellen, insgesamt sind es 5000 – laut einem Prospekt die „größte Marinaansiedlung der Welt". Ein Ha-

Mit dem Boot vors Ferienhaus: Empuriabrava

fen samt Aussichtsturm ist natürlich auch vorhanden. Teilweise sind die Gebäude durchaus geschmackvoll angelegt; in Strandnähe, wo sich auch das touristische Angebot ballt, regiert jedoch der Beton. Sportler kommen in Empuriabrava nicht zu kurz: Die Auswahl an Wassersportmöglichkeiten ist ausgezeichnet, und es gibt sogar einen Sportflughafen mit einem Zentrum für Fallschirmspringer. Begrenzt wird Empuriabrava im Norden vom Bachlauf *Els Salins*, im Süden vom *Riu Muga*, auf dessen anderer Seite das Naturschutzgebiet Aiguamolls de L'Empordà beginnt. Als „Hauptstraße" der Siedlung könnte man mit etwas gutem Willen die *Avinguda Carles Fages de Climent* bezeichnen, eine Querstraße zur Zufahrtsallee hinter der letzten Kanalbrücke, in der sich die Mehrzahl der (oft deutsch geprägten) Geschäfte, Restaurants und Kneipen befindet.

• *Information* **Oficina Municipal de Turisme**, Carrer Pompeu Fabra s/n, zwischen der Av. Fages de Climent und der Strandpromenade unweit des Riu Muga. Öffnungszeiten: Juli/August täglich 9–21 Uhr, sonst Mo–Sa 9–14, 16–18 Uhr, So 10–13 Uhr. ✆ 972 450802, www.empuriabrava.com.

• *Verbindungen* **Bus**: SARFA-Busse der etwa stündlich bedienten Linie Figueres-Roses stoppen an der Hauptstraße bei der Kreuzung. Weitere Verbindungen bestehen mit einem „Bus local", der 10-mal täglich (So kein Betrieb) zwischen Empuriabrava und Castelló d'Empúries pendelt.

• *Internet-Zugang* **Café Internet**, neben der Infostelle. Gran Reserva s/n, ✆ 972 45 6668, www.cafeXXXinternet.com.

• *Übernachten* Die weit überwiegende Mehrzahl der Besucher wohnt in Ferienapartments und Villen. Eine Liste von Vermittlungsagenturen ist bei den Fremdenverkehrsämtern erhältlich, die zahlreichen Büros sind jedoch ohnehin kaum zu übersehen.

**** Hotel Port Salins, direkt am Sporthafen gelegenes Quartier, natürlich mit eigenem Steg und schön gelegenem, ans Wasser gebauten Pool; Dachterrasse. Attraktiv gestaltete Zimmer, viel Service. Ganzjährig geöffnet. DZ nach Saison etwa 90–195 €, zur Straße etwas günstiger. Avonida Fages de Climent 10–15, ✆ 972 454700, ✆ 972 456047, www.hotelportsalins.com.

*** Hotel Castell Blanc, in der Nähe des Sportflughafens, vom Strand deshalb ein Stück entfernt. Gut ausgestattet, u. a. mit Pool, ganzjährig geöffnet. DZ nach Saison etwa 75–145 €. Aeroclub 56, ✆ 972 456145, ✆ 972 456146, www.hotelcastellblanc.com.

• *Camping* **Internacional Amberes**, 2.Kat, nordöstlich von Empuriabrava in strand- und gleichzeitig ortsnaher Lage, einer von vier Plätzen um die Siedlung. Ausgedehntes Gelände, gute Ausstattung, großer Pool. Anfahrt

beschildert. Geöffnet April bis Mitte Oktober. P.P. etwa 4 €, Stellplatz inkl. Auto und Zelt je nach Größe ab 26 €, außerhalb der HS deutlich preisgünstiger. ✆ 972 450507, ✆ 972 451772, www.campingamberes.com.

Castell-Mar, (2.Kat), im selben Gebiet, jedoch etwas weiter vom Ort entfernt. Kleiner als die Konkurrenz, sehr gute Sanitärs, Pool. Deutsche Leitung. Geöffnet ab etwa Mitte Mai bis Mitte, Ende September. P.P. etwa 4 €, Stellplatz inkl. Auto und Zelt je nach Größe ab 36 €. Ctra. Roses-Figueres-Platja de la Rubina, ✆ 972 450822, ✆ 972 452330, www.campingparks.com.

• *Essen* **Rest. La Llar**, außerhalb in Richtung Roses. Ein Klassiker der Zone: Bereits seit 1977 darf sich Chefkoch Joan Viñas seines Michelinsterns rühmen. Degustationsmenü etwa 65 €, à la carte ähnliches Preisniveau. Mi-Abend/Do (außer zur HS) sowie in der ersten Februar- und der zweiten Novemberhälfte geschlossen. Carretera de Roses, km 4; ✆ 972 255368.

Rest. El Capitán, im Zentrum, an der Kreuzung der Zufahrt mit der Av. Carles Fages de Climent. Internationale Küche, gutes Preis-Leistungsverhältnis, Menü à la carte ab 20–25 € aufwärts. Port Salins 16/17.

Rest. El Churrasco, schräg gegenüber, offeriert Grillspezialitäten in ordentlichen Portionen, Hauptgerichte kosten überwiegend etwa 10–15 €, teilweise auch deutlich mehr.

• *Nachtleben* **Pacha**, nahe der Hauptstraße, eine Filiale der bekannten Gruppe. Früher hieß der Riesenclub mit satten 3500 Quadratmetern Fläche „Bananas". Ctra. de Olot a Roses, km 38,5.

• *Markttag* **Samstag**.

• *Sport, Ausflüge* **Fahrradvermieter** an der Zufahrtsstraße, nahe der zentralen Brücke, z.B. „Ampuria-Car". Ein Faltblatt mit Routenvorschlägen ist bei den Infostellen erhältlich.

Schiffsausflüge: „Ecoboats" bzw. „Sam Boats", bei der zentralen Kanalbrücke, ver-

Die nördliche Costa Brava: Alt Empordà Karte S. 69

mietet führerscheinfreie Elektroboote für Selbstfahrer, Stunde für zwei Personen 30 €.

● *Baden* Der Hauptstrand **Platja de Empuriabrava** liegt dem Ort direkt vorgelagert und wird im Norden vom Hafen, im Süden vom Riu Muga begrenzt. Er ist sehr breit, gut gepflegt und mit allen nötigen Einrichtungen versehen. Von der Mündung des Riu Muga sollte man allerdings Abstand halten, da das Wasser trotz einer Kläranlage als nicht unbedingt sauber gilt. Jenseits des Riu Muga beginnt die kilometerlange *Platja Can Comes*, die zum Naturpark Aiguamolls gehört und während der Vogelbrutzeit vom 1. April bis zum 15. Juni gesperrt wird.

Platja de la Rubina: Ein schmalerer, aber schöner Strand nördlich des Ortes, zu erreichen über die Piste an den Campings. Das Hinterland zählt zum Naturpark Aiguamolls und ist deshalb fast unbebaut. Außer zwei Strandkneipen bestehen keinerlei Einrichtungen.

▶ **Weiterreise:** Im Folgenden ein Inlandsabstecher Richtung Castelló und Figueres. Weiter am Golf von Roses geht es mit der Beschreibung des Naturparks Aiguamolls d'Empordà auf Seite 123.

Castelló d'Empúries   (3600 Einwohner)

Das reizvolle Städtchen, im Mittelalter Hauptstadt der Grafschaft Empúries, steht in starkem Kontrast zu den Siedlungen der Küste.

Die Blütezeit der Siedlung begann im 11. Jh., als die Grafen von Empúries Castelló zu ihrer Residenz machten. Sieben Klöster gehörten seinerzeit zum Ort. Die mittelalterlichen Wurzeln sind den engen Straßen und kleinen Plätzen der „gräflichen Stadt" Ciutat Comtal noch heute deutlich anzusehen. Zwar erfasst der Ausflugsbetrieb von der Küste natürlich auch Castelló, doch abends, wenn die Reisebusse erst einmal weg sind, wird es ruhig und angenehm im Ort. Als Standquartier für Touren und Badeabstecher in die Umgebung ist Castelló deshalb eine Überlegung wert.

Mittelalterlich: die Stadtmauer

● *Information* **Oficina de Turisme**, Plaça Rei Jaume I. 16, im Herzen der Altstadt, untergebracht in einem ehemaligen Gefängnis aus dem 14. Jh. Das engagierte Büro organisiert auch Stadtführungen, zur NS nur für Gruppen, im Sommer auch für Individualreisende. Öffnungszeiten: 24. Juni bis zum Fest Terra de Trobadors täglich 9–21 Uhr, sonst Mo–Sa 9–14, 15–18 Uhr, So 10–13 Uhr. ✆ 972 156233, www.castellodempuries.net.

● *Verbindungen* **Busse** der SARFA fahren tagsüber etwa stündlich von/nach Figueres (Bahnhof) und Roses, von/nach Cadaqués 3-mal täglich.

● *Übernachten* ****** Hotel de la Moneda**, relativ junges Quartier im historischen Zentrum, untergebracht in einem schön renovierten Stadthaus des 17. Jh. Komfortable Zimmer, Garage, Pool. DZ/F etwa 110–120 €, auch Suiten. Plaça de la Moneda 8–10, ✆ 972 158602, ✆ 972 158124, www.hoteldelamoneda.com.

** Hotel Canet, eine weitere Empfehlung direkt im Ortskern, von derselben Familie geführt; Parkplatz vorhanden. Traditionsrei-

Fast eine Kathedrale: Pfarrkirche Santa Maria von Castelló

Die nördliche Costa Brava: Alt Empordà
Karte S. 69

ches, bereits 1924 gegründetes Haus, gute Zimmer, respektable katalanische Küche, Pool im Schatten der alten Mauern eines ehemaligen Klosters. DZ etwa 70–75 €. Plaça Joc de la Pilota 2, ☎ 972 250340, ✆ 972 250607, www.hotelcanet.com.

* **Casa Clara**, südlich unweit der Pfarrkirche, ein Lesertipp von Diana Kröber: „Neu renoviertes Haus in der Altstadt unter deutscher Leitung. Die Zimmer sind ebenfalls neu und schön eingerichtet. Wir haben uns dort sehr wohlgefühlt." DZ etwa 70–90 €. Carrer Fruita 27, ☎ 972 250215, www.casaclara.es.

Pensió L'Anton, einfacheres, aber solides Quartier an der Hauptstraße unweit der Bushaltestelle, ebenfalls mit Restaurant. DZ/Bad nach Saison etwa 40–60 €. Carrer Santa Clara 23, ☎ 972 250509, hcalanton@terra.es.

* **Pensió Serratosa**, direkt daneben. Ordentliche Zimmer und Bäder, gutes und preisgünstiges Restaurant angeschlossen. Preisniveau ähnlich wie in der Pension L´Anton. Av. Generalitat s/n, ☎ 972 250508.

● *Essen* Guten Ruf genießen auch die Restaurants des Hotels Canet und der Pension Serratosa.

Rest. El Tupí, im Gebiet südlich der Pfarrkirche. Moderne Küche mit gutem Preis-Leistungs-Verhältnis, im Angebot zwei Menüs (auch mit vegetarischen Optionen) à etwa 16 und 20 €. Carrer Ramon Bordas 5, östlich des Hotels de la Moneda.

Bar El Portal de la Gallarda, nur ein kleines Stück nördlich der Kirche. Ein romantisches Lokal auf den Resten der alten Stadtmauer, Terrasse mit schönem Blick, besonders reizvoll am Abend. Angeboten werden hauptsächlich „Torrades" (geröstetes Weißbrot mit Beilagen), außerdem Grillgerichte, Salate und Desserts. Nicht teuer, für etwa 18 € sollte man leicht satt werden. Di geschlossen. Pere Stany 14, links an der Kirche vorbei, dann beschildert.

● *Feste* **Sant Llorenç**, das Patronatsfest des Ortes, am 10. August.

Terra de Trobadors, in der Regel in der zweiten Septemberwoche, meist um den 11. September oder das nächstliegende Wochenende. Großes mittelalterliches Fest mit Umzügen, Theateraufführungen, Gauklern, Ritterspielen, Vorführungen alter Handwerkskunst, einem mittelalterlich inspirierten Markt und eben minnesingenden Troubadoren, die ihre Weisen in provençalischer und katalanischer Sprache erklingen lassen. Wer Souvenirs einkaufen oder an den mittelalterlichen Gelagen teilnehmen will, muss vorher sein Geld in die dann gültige Taler-Währung tauschen, die Münzen aus der Zeit des 11. und 12. Jh. nachempfunden ist.

L'Aplec de la Sardana, Sardana-Tänze am zweiten Sonntag im September.

▶ **Sehenswertes**: Neben dem Ensemble der Gassen und Plätze im alten Ortskern bildet die gotische Pfarrkirche *Santa Maria* aus dem 14./15. Jh. die wichtigste Sehenswürdigkeit von Castelló. Ihre Ausmaße erinnern eher an die einer Kathedrale – die sie auch einmal hätte werden sollen, wäre es nach den hiesigen Grafen gegangen. Das Hauptportal mit den zwölf Aposteln ist zwar auffällig restauriert, aber dennoch eindrucksvoll; der Hochaltar von 1485 mit einer Marienstatue in der Mitte lohnt den Gang ins Innere. Angeschlossen ist ein kleines „Museu Parroquial", geöffnet Mo-Sa 10-13, 16-19 Uhr, So 10.30-11, 11.15-14, 16-19 Uhr; 2 €. Daneben besitzt Castelló noch zwei weitere Museen. Eines besteht aus dem ehemaligen Gefängnis, das auch die Infostelle beherbergt, und kann zu deren Zeiten besucht werden (Eintritt 1 €). Das andere, genannt „Ecomuseu Farinera de Castelló d´Empúries" (15. Juni bis 15. Sept. Di-So 10-14, 17-20 Uhr, sonst Di-Fr 10-13 Uhr, Sa 10-13, 16-19 Uhr, So 10.30-13.30 Uhr; ca. 3 €), liegt am Carrer Sant Francesc in der Nähe des Mühlbachs und präsentiert die älteste Getreidemühle der Provinz Girona.

Peralada　(1700 Einwohner)

Ein weiteres mittelalterliches Städtchen im Hinterland der Küste. Peralada ist zwar klein, aber berühmt für sein elegantes Spielcasino, das in einem Schloss untergebracht ist, ebenso für seinen guten Wein und feinen Cava.

Peralada ist alt, wurde bereits im 9. Jh. urkundlich erwähnt. Im Stadtkern, der auf einem kurzen Spaziergang schnell erkundet ist, lohnt sich ein Blick in den romanischen Kreuzgang *Claustre de Sant Domènec* aus dem 12. Jh. (Eintrittsgebühr 3 €, Kombi-Ticket mit Schlossmuseum 7 €), ein Überbleibsel des gleichnamigen Klosters; zusammen mit dem Stadtmuseum *Museu de la Vila* ist er über die Infostelle zu deren Öffnungszeiten zugänglich.

Das wirkliche Wahrzeichen des Ortes bildet jedoch die Schlossburg *Castell de Peralada*, ein herrschaftliches Anwesen mit zwei markanten Türmen, das von einem ausgedehnten Park voll uralter Bäume umgeben ist. Die einstige Residenz der Grafen von Peralada wurde im 14. Jh. errichtet, im 16./17. Jh. in großem Stil umgebaut und im 19. Jh. renoviert. Sie beherbergt ein ausgesprochen stilvolles Spielcasino, das zu den schönsten des ganzen Landes zählt. Nur ein paar Schritte weiter liegt der Eingang zum *Museu del Castell de Peralada* (stündliche Führungen jeweils Di–Sa 10–12, 16.30–18.30 Uhr, So 10–12 Uhr, zur HS erweitert; Eintrittsgebühr 5 € bzw. Kombiticket mit Sant Domènec 7 €). Eigentlich handelt es sich ja sogar um mehrere Sammlungen: Das „Museu del Vidrio" widmet sich alten Glaswaren, im „Museu del Vi" dreht sich alles um Wein und Cava (der hier sogar produziert und verkauft wird), und die mehr als 20.000 Bände umfassende Bibliothek zeigt u.a. zahlreiche Ausgaben von Cervantes´ Don Quijote, darunter sogar eine japanische.

● *Information* **Centre de Turisme Cultural Sant Domènec**, Plaça Peixateria 6, mitten in der Altstadt; ✆ 972 538840. Geöffnet im Juli/August tägl. 10-20 Uhr, sonst Di-Sa 10-18 Uhr, So 10-13 Uhr. www.peralada.org.

● *Essen und Trinken* **Restaurant Castell de Peralada**, dem Casino angeschlossen. Nur abends geöffnet, noble Atmosphäre, gehobene Preise. Im Sommer finden an Wochenenden gelegentlich Spezialveranstaltungen statt, Reservierungen im Casino. **Bar Pro Obra Social**, bodenständige Bar neben dem Casino, ein guter und preiswerter Platz für ein, zwei Gläschen Cava.

● *Casino Castell de Peralada* Geöffnet Mo-Mi 20-4 Uhr, Do 19-5 Uhr, Fr/Sa 20-5 Uhr, So 19-4 Uhr. Mindestalter 18 Jahre, Ausweis oder Führerschein ist Pflicht, ebenso korrekte Kleidung (lange Hose, Hemd – keine T-Shirts etc.); Krawattenzwang besteht jedoch nicht. Eintrittsgebühr, die weit weniger stilvolle Spielautomatenhalle nebenan ist gratis und öffnet schon früher. ✆ 972 538125, www.casino-peralada.com.

• *Veranstaltungen* **Festival Internacional de Música de Peralada**, im Juli und August. Renommiertes Musikfestival im Schlosspark, Infos und Tickets unter ✆ 972 538292 oder unter www.festivalperalada.com.

Ei, Ei: Dalís Museum hält viele Überraschungen bereit

Figueres   (41.000 Einwohner)

Dank ihres Dalí-Museums verzeichnet die Hauptstadt des Alt Empordà vor allem zur Sommersaison einen regen Ausflüglerstrom. Immerhin zählt das von Dalí selbst konzipierte „Teatre-Museu" zu den meistbesuchten Ausstellungen ganz Spaniens.

Die lebhafte Industrie- und Handelsstadt ist im Sommer Ziel zahlreicher Kurzbesucher, von denen viele aus Frankreich stammen. Zwar kommen die meisten wirklich des Dalí-Museums wegen, doch gibt es auch noch andere Anreize, wie man anhand der zahlreichen Spirituosengeschäfte vermuten darf. Die Mehrzahl der Ausflügler fährt jedoch noch am gleichen Tag wieder ab und überlässt Figueres seinen Einwohnern. Wer hier hängenbleibt, freut sich über den hübschen Hauptplatz *Rambla*, auf dem am Abend eine ganze Menge Betrieb herrscht, über die sauberen Gassen der Fußgängerzone und über die eine oder andere, vom Besucherstrom übersehene, aber gleichwohl reizvolle Sehenswürdigkeit.

Die Orientierung fällt leicht in Figueres. Die Nationalstraße N II von La Jonquera nach Girona verläuft in weitem Bogen östlich der Stadt. Das geschäftige Zentrum konzentriert sich um die platanenbestandene Rambla. An ihrer Nordostecke zweigt die Fußgängerzone *Carrer Girona* ab, im weiteren Verlauf

Carrer de la Jonquera genannt. Von der Südwestecke der Rambla gelangt man über den *Carrer Lausaca* zur *Plaça del Sol* an der Durchgangsstraße Richtung Grenze beziehungsweise Girona.

Information/Verbindungen

• *Information* **Oficina Municipal de Turisme**, ein kioskartiger Bau an der Plaça del Sol s/n, nahe der Durchgangsstraße. Öffnungszeiten im Juli/August Mo-Fr 8-20 Uhr, Sa 10-14 Uhr; in der restlichen Zeit je nach Jahresbudget leicht bis deutlich eingeschränkt und evtl. auch unter der Woche nachmittags geschlossen. Im Sommer öffnen Infokioske am Busbahnhof und am Dalí-Museum. ℡ 972 503155, www.figueres ciutat.com.

• *Verbindungen* Bahnhof und Busbahnhof liegen unweit voneinander im Gebiet südöstlich des Zentrums.
Zug: Bahnhof an der Plaça Estació. Züge Richtung Girona und Barcelona etwa stündlich, zum Grenzort Portbou alle ein bis zwei Stunden.
Bus: Figueres ist Drehkreuz für die nördliche Costa Brava, entsprechend gut sind die Verbindungen. SARFA-Busse fahren nach Roses tagsüber etwa stündlich, weiter nach Cadaqués 3-mal täglich; nach L'Escala und Torroella 4-mal, weiter nach Palafrugell 3-mal und via Palamós bis Sant Feliu 1x täglich.
Auto: Viele ausgeschilderte Parkplätze bzw. Parkhäuser, die man auch nutzen sollte; eines der Parkhäuser liegt ganz in der Nähe des Dalí-Museums.

Übernachten

*** Hotel Durán (9), stilvolles und gut geführtes, vor wenigen Jahren renoviertes Haus mit einem Touch von Dalí. In zentraler Lage, zudem nachts ruhiger als die Hotels an der Durchgangsstraße. Gutes Restaurant angeschlossen, eigene Garage. DZ etwa 90–120 €. Carrer Lausaca 5, Nähe Rambla, ℡ 972 501250, 🖷 972 502609, www.hotelduran.com.

*** Hotel Plaza Inn Empordà (5), ebenfalls nur einen Katzensprung von der Rambla. 2004 eröffnetes, komfortables und modern gestaltetes Hotel; die 30 Zimmer fallen alle etwas unterschiedlich aus. Dachterrasse mit Blick auf die Kuppel des Dalí-Museums. DZ etwa 75–85 €, F inklusive. Carrer Pujada del Castell 14, ℡ 972 514540, 🖷 972 501340, www.plazainn.es.

** Hotel Rambla (7), gleichfalls noch recht junges, 2003 eröffnetes Quartier direkt an der Rambla. Gut ausgestattete Zimmer, eigene Parkmöglichkeit (wie üblich gegen Gebühr), freundlicher Service, Internet-Zugang. DZ/F etwa 75–95 €, es gibt auch Superiorzimmer. Rambla 33, ℡ 972 676020, 🖷 972 676019, www.hotelrambla.net.

** Hotel Europa (2), etwas außerhalb des Zentrums gelegen, günstig für Autofahrer. Ein Lesertip von Christian Ebner: „Direkt an der Hauptverbindungsstraße, die durch Figueres führt. Saubere Zimmer mit TV und Klima, freundliche Gastgeber, eigene Garage." Das Hotelrestaurant genießt guten Ruf. DZ etwa 70–80 €, F inklusive. Av. Salvador Dalí 101, ℡ 972 500744, 🖷 972 671117, www.hoteleuropa-figueres.com.

** Pensió Hostal La Barretina (10), zentral in der Nähe des Hotels Durán, einem (ebenfalls recht ordentlichen) Bar-Restaurant angeschlossen. Eher schlicht möblierte, aber mit Klimaanlage/Heizung ausgestattete und sehr saubere Zimmer, für den Preis absolut eine Empfehlung. DZ/Bad etwa 45 €. Im November geschlossen. Carrer Lausaca 13, ℡ 972 673425, www.hostallabarretina.com.

* Pensió Bartis (8), in relativ lauter Lage unweit des Bahnhofs und Busbahnhofs. Die Zimmer sind dafür durchaus ordentlich und gut in Schuss gehalten. DZ/Bad etwa 50 €. Carrer Méndez Nuñéz 2, ℡ 972 501473.

• *Camping* **Pous (1)**, (3. Kat), Busverbindung ab Busbahnhof mit den Bussen nach La Jonquera; dem Fahrer rechtzeitig Bescheid geben, Richtung Stadt durch Winken stoppen. Schattig. Offiziell ganzjährig geöffnet. Zwei Personen mit Zelt und Auto zahlen etwa 28 €; zur NS günstiger. Hinter dem Hostal-Restaurant „Androl" an der Durchgangsstraße zur N II Richtung La Jonquera, etwa 2,5 Kilometer nördlich vom Ort, ℡ 972 675496, 🖷 972 675057, www.androl. internet-park.net.

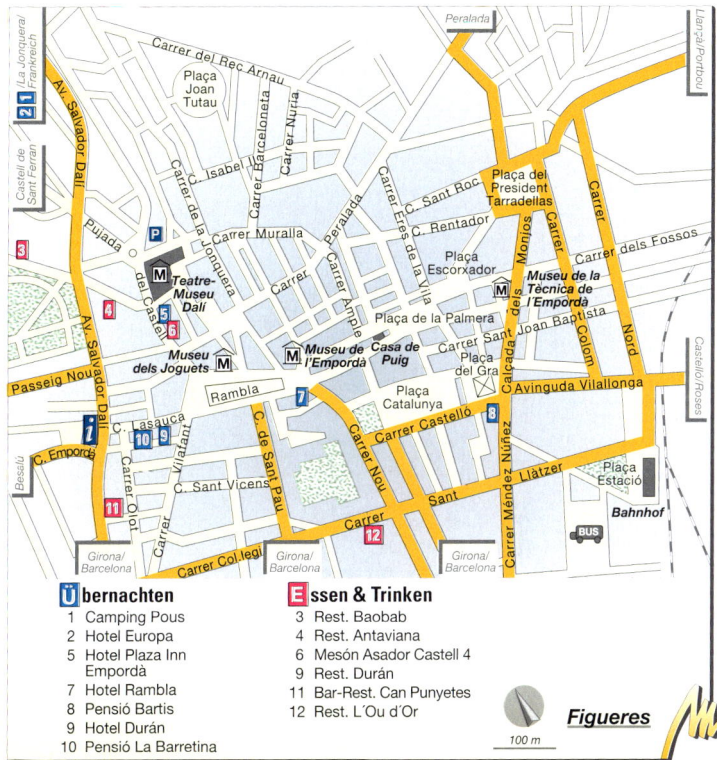

Ü **bernachten**
1 Camping Pous
2 Hotel Europa
5 Hotel Plaza Inn
   Empordà
7 Hotel Rambla
8 Pensió Bartis
9 Hotel Durán
10 Pensió La Barretina

E **ssen & Trinken**
3 Rest. Baobab
4 Rest. Antaviana
6 Mesón Asador Castell 4
9 Rest. Durán
11 Bar-Rest. Can Punyetes
12 Rest. L´Ou d´Or

Figueres

100 m

*E*ssen

Restaurant Durán (9), im gleichnamigen Hotel. Gediegene Atmosphäre unter Kronleuchtern, umsorgt von beflissenen Obern. Sehr gute, traditionell katalanische Küche. Menü à la carte ab etwa 35 € aufwärts, relativ günstiges Tagesmenü für rund 17 €.

Restaurant Antaviana (4), eine Alternative. Kleines Lokal mit gerade mal dreißig Plätzen und gehobener, marktabhängiger Küche, das Niveau wie im Restaurant Durán. Carrer Llers 5, ✆ 972 510377. Di-Abend und Mi geschlossen.

Mesón Asador Castell 4 (6), unweit der Rambla. Gehobenes Lokal mit Schwerpunkt auf kastilischen Fleischgerichten und galicischen Meeresfrüchten. Die Preise liegen eher noch höher als oben. Pujada del Castell 4, So geschlossen.

Rest. L´Ou d´Or (12), südöstlich der Rambla. Das „Goldene Ei" serviert mediterrane Küche mit gutem Preis-Leistungs-Verhältnis, darunter wechselnde Mittagsmenüs für etwa 10-13 €. So Ruhetag. Carrer Sant Llàtzer 16.

Rest. Baobab (3), etwas abseits beim Stadtpark gelegen. Im Angebot ein freies Büffet für etwa 10-15 € (je nach Wochentag und Menge), darunter auch vegetarische Optionen. Noch recht neu; bleibt abzuwarten, ob sich´s hält. Carrer Rector Aroles 4, So geschlossen.

Bar-Rest. Can Punyetes (11), an der Hauptstraße unweit der Infostelle. Teil einer kleinen Kette von Lokalen mit katalanischer Küche, spezialisiert auf Torrades, Schinken- und Wurstteller, Tapas und Fleisch vom Grill. Avinguda Salvador Dalí 92.

Einkaufen/Feste

Beim Museum und in der nahen Fußgängerzone offerieren zahlreiche Geschäfte Dalí-Souvenirs. Auch das Museum selbst besitzt natürlich einen Shop.

● *Einkaufen* **Markttag**: Donnerstag, beim städtischen Park Bosc Municipal.
Buchhandlung: Llibreria Masdevall, an der Rambla, Ecke Carrer Vilafant. Hier auch Landkarten der Region.

● *Feste* **Ferias de Santa Cruz**, das Hauptfest der Stadt, mehrere Tage um den 3. Mai.
Festa del Joguet, „Fest des Spielzeugs", an einem Sonntag der zweiten Maihälfte, auf der Rambla vor dem Spielzeugmuseum.
San Pedro, 29. Juni, Fest des Stadtpatrons.

Monumental: Deckengemälde „Palast der Winde"

Sehenswertes

▶ **Teatre-Museu Dalí**: Zwischen 1961 und 1974 wandelte Dalí das Stadttheater von Figueres, das 1939 durch einen Brand zerstört worden war, in sein „Theater-Museum" um. Mit diesem Museum, das im Ganzen als großes surrealistisches Kunstwerk zu betrachten ist, schuf Dalí sich selbst ein Denkmal und seiner Heimatstadt eine Besucherattraktion ersten Ranges. Schließlich handelt es sich um eine der beliebtesten Kunstausstellungen Kataloniens und auch eine der meistbesuchten ganz Spaniens. Mehr als eine Million Eintrittskarten werden pro Jahr verkauft; kein Wunder, dass sich regelmäßig lange Schlangen vor dem Eingang bilden. Figueres ist jedoch nicht das einzige Pilgerziel aller Fans des „Göttlichen". Das „Dalí-Dreieck" der Costa Brava umfasst auch sein Wohnhaus in *Port Lligat* bei Cadaqués sowie das Schloss in *Púbol*, das er seiner Frau Gala schenkte.

Ganz im Stil des Künstlers zeigt sich schon das Äußere des Museums mit seinen blutroten Wänden, den steinernen Broten an der Fassade und den typischen weißen Beton-Eiern auf dem Dach. Im Inneren erwartet den erstaunten Besucher

Ein katalanisches Genie des 20. Jahrhunderts: Salvador Dalí

Salvador Dalí wurde am 11. 5. 1904 in Figueres geboren. Schon als Vierzehnjähriger stellte er seine ersten Gemälde aus. 1921 begann Dalí sein Studium an der Kunstakademie Madrid, bei dem er auch Federico García Lorca und Luís Buñuel kennenlernte. Schon damals neigte er zur Exzentrik, trug ein weites Cape, Wickelgamaschen und eine Baskenmütze. Während politischer Unruhen wurde er als vermeintlicher Rädelsführer von der Akademie ausgeschlossen, dann jedoch wieder aufgenommen. Den endgültigen Rausschmiss leitete Dalí selbst ein, als er sich der Prüfungskommission verweigerte: „Da keiner der Professoren der Akademie San Fernando kompetent ist, mich zu prüfen, gehe ich wieder."

1929 traf Dalí in Cadaqués die gebürtige Russin Elena Diakanoff, genannt Gala – und war sofort unsterblich verliebt. Die exzentrische, fast ein Jahrzehnt ältere Diva wurde nicht nur zur Geliebten und zum meistgemalten Modell Dalís, sondern auch zum stabilisierenden Element im Leben des weltfernen, in Alltagsdingen völlig unpraktischen Künstlers. Es war alles andere als eine bürgerliche Liebe, doch sie hielt – über zahlreiche Dreiecksbeziehungen und Affären Galas hinweg – ein halbes Jahrhundert lang, bis zu Galas Tod. Die Liaison mit der Russin führte zu einem Bruch Dalís mit seiner Familie. So zogen die beiden zunächst nach Paris, wo Dalí sich den Surrealisten anschloss und Max Ernst, Man Ray und viele andere kennen lernte, kehrten dann jedoch nach Katalonien zurück. Sein Haus in Port Lligat wurde zu einem Treffpunkt der Avantgarde, die hier wilde Parties feierte. Dalís Werke jener frühen Jahre, (Alp)traumbilder zerfließender Formen, ungewöhnlicher Konstellationen und falscher Perspektiven, gelten als von der Psychoanalyse Sigmund Freuds beeinflusst. Er selbst sprach von „Kritischer Methode der Paranoia". Aus den Dreißigern stammen auch die wohl bekanntesten Bilder, zum Beispiel das berühmte Motiv der „weichen Uhren". Doch Dalí malte nicht nur, er schuf eine Fülle an plastischer Kunst und surrealistisch geprägter Gebrauchsgegenstände, arbeitete außerdem an mehreren Filmen mit, darunter „Un chien andalou" und „L'âge d'or". Regie führte jeweils sein Freund Luís Buñuel.

1940 zogen Dalí und Gala in die Vereinigten Staaten, in denen Dalí schon früher Erfolge gefeiert hatte; Auslöser der Emigration war der Einmarsch Hitlers in Frankreich. Dalí wurde zu einem der bestbezahlten Künstler der USA – nicht umsonst prägte André Breton aus seinem Namen das Anagramm „Avida Dollars" (etwa: giert nach Dollars"). 1948 kehrte ein vom Surrealismus ab- und der katholischen Kirche zugewandter Dalí aus den Staaten zurück nach Port Lligat, gefeiert vom Regime Francos, dem er öffentlich Sympathie bekundet hatte. Seine Werke zeigten sich nun einerseits von der Religion, andererseits von der neuen Atomwissenschaft inspiriert – die Kunstkritik, anders als das Publikum, wandte sich großteils mit Grausen ab. Dalí focht das nicht weiter an, zumal er, auch dank seiner geradezu hingebungsvoll inszenierten Publicity-Aktionen, blendend verdiente.

In den Achtzigern wurde es still um ihn. Am 10. Juni 1982 starb Gala. Dalí zog sich völlig deprimiert von Port Lligat nach Schloss Púbol zurück. Wenig später ernannte König Juan Carlos ihn zum Marqués. 1984 wurde Dalí bei einem Brand auf Púbol schwer verletzt. Einsam, verbittert und krank verbrachte Dalí die letzten Jahre im Turm seines Museums, der Torre Galatea. Am 23. Januar 1989 starb Dalí im Krankenhaus von Figueres. Seine letzte Ruhestätte fand er, anders als vorgesehen, nicht in Schloss Púbol neben Gala, sondern in einer Gruft im Untergeschoss des Museums. Sie ist mit einer schlichten Tafel geschmückt.

Unter der Glaskuppel: ein Dalí im Großformat

Bereits zu Dalís Lebzeiten hatte ein heftiger Streit um die Rechte an seinem Werk eingesetzt. Zwar hatte Dalí nach Galas Tod sein Testament geändert und seine Hinterlassenschaft dem spanischen Staat vermacht, doch hielt die Kontroverse nach seinem Ableben weiter an. Über lange Jahre hinweg blieb Dalís Wohnhaus in Port Lligat verschlossen und begann zu verfallen, ebenso Schloss Púbol. Heute sind beide Anwesen endlich der Öffentlichkeit zugänglich und werden, ebenso wie das Museum in Figueres, von der Stiftung Fundació Gala-Salvador Dalí verwaltet. Nicht gelöst ist freilich das Problem der „falschen" Dalís – nicht umsonst gilt Dalí als einer der meistgefälschten Künstler aller Zeiten, eine Tatsache, auf die er durchaus stolz war: „Niemand würde mich fälschen, wenn ich ein mittelmäßiger Maler wäre." Jeder Versuch, des Meisters überbordendes Schaffen in einem Werkverzeichnis zu katalogisieren, ist bislang gescheitert. Und da Dalí selbst, um Verlegern die geforderten Sicherheiten für Vorschüsse zu bieten, manchmal stapelweise Papier mit seiner Blankounterschrift versah, haben Fälscher leichtes Spiel. 1999 erwischte die spanische Polizei sogar Dalís ehemaligen Vertrauten und Manager John Peter Moore mit gefälschten Grafiken. Als er im folgenden Jahr erneut ertappt wurde, bewahrten nur sein hohes Alter und sein angegriffener Gesundheitszustand den Gründer des (heute geschlossenen) „Centre d´Art Perrot-Moore" in Cadaqués vor einem Aufenthalt hinter Gittern.

Dalí in Reinkultur – wer nur eine Gemäldegalerie erwartet, unterschätzt den Einfallsreichtum des Meisters. Zuviel sei hier nicht verraten, nur dies: Absolut erlebenswert ist das Potpourri verschiedenster Wahnwitzigkeiten allemal, ob es sich nun um das „Regentaxi" am Eingang oder den „Mae-West-Saal" handelt … Einen bestimmten, vorgegebenen Rundgang gibt es ohnehin nicht: Der Besucher muss sich, wie noch von Dalí persönlich angeordnet, schon selbst seinen Weg durch diesen surrealistischen Traum suchen. Übrigens sind im Museum nicht nur Werke Dalís, sondern auch anderer Künstler zu sehen, darunter sogar Arbeiten eines wahren Großmeisters: „Caprichos" in der typischen Handschrift von Goya, die von Dalí partiell verändert wurden. Daneben beherbergt das Gebäude die so genannte „Col.lecció Dalí-Joies", eine Sammlung von Dalís Goldschmiedearbeiten, die mit derselben Eintrittskarte wie das Museum zu besuchen, jedoch über einen separaten Eingang an der Pujada del Castell zu erreichen ist.

● *Lage und Öffnungszeiten* An der Plaça Gala i Dalí, zu erreichen auch über Treppen von der Fußgängerzone, gut beschildert. Besonders zur Saison am besten schon vor Öffnung oder während der Essenszeit kommen, vor dem Eingang sonst oft schier endlose Warteschlangen. Zugang von Juli bis September 9–19.15 Uhr, im Oktober 9.30–17.15 Uhr, November bis Februar 10.30–17.15 Uhr, März bis Juni 9.30–17.15 Uhr, Achtung, von Oktober bis Juni ist Montag geschlossen! Eintritt inkl. der „Col.lecció Dalí-Joies" 11 €; für Studenten und Rentner gelten jeweils ermäßigte Preise. Im August ist das Dalí-Museum zu etwas erhöhter Eintrittsgebühr (12 €) auch nachts von 22 bis 1 Uhr zugänglich – ein Erlebnis für sich! Reservierung für diese nächtlichen Besuche („Dalí de Nit") ist ab etwa Anfang Juli möglich und ratsam: www.salvador-dali.org.

Museu de l'Empordà: An der Nordostecke der Rambla. Das älteste Museum der Stadt, nach einem Besuch im Dalí-Museum für manchen wohl dennoch von eher gemäßigtem Interesse… Ausgestellt sind Gemälde katalanischer Meister verschiedener Perioden sowie archäologische Funde aus griechischer und römischer Zeit.
Öffnungszeiten Di–Sa 11–19 Uhr, So 11–14 Uhr; Eintritt 2 €, mit der Eintrittskarte des Dalí-Museums gratis.

Museu dels Joguets: Im renovierten Spielzeugmuseum, ebenfalls an der Rambla, ist Herziges für große und kleine Kinder zu bewundern. Die insgesamt rund 3000 Puppen, Marionettenbühnen, Auto- und Schiffsmodelle etc. stammen aus allen Gebieten Kataloniens und der Nachbarregion Valencia, der Großteil davon aus Fabriken, die Ende des 19. Jh. entstanden; zu sehen sind aber auch Tischspiele, die bis ins 12. Jh. zurückreichen.
Öffnungszeiten Juni bis September Mo–Sa 10–19 Uhr, So 10–8 Uhr, im restlichen Jahr Di–Sa 10–18, So 11–14 Uhr. Eintrittsgebühr 5 €.

Casa de Puig: Unweit der Rambla steht am Carrer Monturiol 6 das Geburtshaus Dalís, 1898 im Modernisme-Stil errichtet. Im Erdgeschoss lag einst das Notariat von Dalís Vater. Eines Tages soll das Innere des Gebäudes der Öffentlichkeit zugänglich gemacht werden.

Museu de la Tècnica de L´Empordà: Dieses Museum am Carrer dels Fossos 12 verdankt seine Existenz der Sammelleidenschaft von Pere Padrosa, der über drei Jahrzehnte hinweg alte Schreibmaschinen, Grammophone, Uhren, Registrierkassen, Nähmaschinen etc. zusammentrug und sie nun hier ausstellt.
Öffnungszeiten Di–Fr 10–19 Uhr, Sa 10–13, 16–19 Uhr, So 11–14 Uhr, Eintritt 3 €.

Die nördliche Costa Brava: Alt Empordà

Karte S. 69

Castell de Sant Ferran: Im Nordwesten der Stadt, etwa einen Kilometer vom Museu Dalí zwischen der Autobahn und der Durchgangsstraße nach La Jonquera gelegen. Die 1753 errichtete Anlage gilt als größte Festung Europas und besitzt einen Mauerumfang von etwa fünf Kilometern. Sie wurde fünf Mal von den Franzosen angegriffen und trotz ihrer gewaltigen Ausmaße jedes Mal von ihnen eingenommen, was ihr den Spottnamen „die schöne Unnütze" eintrug. Bis weit ins 20. Jh. hinein blieb das Kastell in Betrieb. Noch 1927 hat hier Salvador Dalí – seltsame Vorstellung – seinen Wehrdienst abgeleistet, im Bürgerkrieg war die Festung heftig umkämpft. Erst vor einigen Jahren wurde das riesige Kastell mit seinen Wehrmauern, Türmen, den sechs Kilometern überdachter Gänge, einem weitläufigen unterirdischen Wassernetz, ausgedehnten Stallungen für 500 Pferde und dem 12.000 Quadratmeter großen Waffenhof restauriert und ist nun interessierten Besuchern zugänglich. Für die Zukunft hegt man große Pläne mit dem Areal, doch ob in die Anlage vielleicht ein Luxushotel gesetzt oder das Gelände gar teilweise mit Villen und Sportanlagen bebaut werden wird, ist noch völlig offen.

● *Öffnungszeiten* Juli bis Mitte September täglich 10.30–20 Uhr, Nov.-Feb. 10.30-14 Uhr, restliche Monate 10.30–14, 16–18 Uhr; Eintrittsgebühr 3 €. Besichtigung entweder auf Führungen oder mit Walkman und Kopfhörer. Der „Abenteuerbesuch" Visita Aventura erschließt u.a. mit Schlauchbooten das unterirdische Kanalnetz, im Sommer täglich, sonst Sa/So, p.P. 15 €, Anmeldung unter Tel. 972 506094 obligatorisch. Gratisparkplatz vorhanden.

Umgebung von Figueres

▶ **Besalú**: Eine Kleinstadt knapp 30 Kilometer südwestlich von Figueres, also schon ein gutes Stück von der Küste entfernt. Der Abstecher lohnt sich jedoch: Besalú zählt zu den reizvollsten mittelalterlichen Städtchen Kataloniens, wurde nicht

Das Wahrzeichen von Besalú: die Brücke Pont Fortificat

umsonst komplett unter Denkmalschutz gestellt. Das viel fotografierte Wahrzeichen von Besalú ist die im 12. Jh. errichtete, im Winkel über den Riu Fluvià gebaute Brücke *Pont Fortificat*, die ihren Namen („Befestigte Brücke") den beiden soliden Türmen in der Mitte und auf der Stadtseite verdankt; wer sie im Mittelalter überqueren wollte, musste Wegegeld zahlen. Weitere bedeutende Sehenswürdigkeiten sind das jüdische Badehaus *Miqvé* (Führungen ab der Infostelle, Mo-Sa 5x, So 2x tägl., 1,50 €), die Kirche *Sant Pere* aus dem 12. Jh. mit ihrer von Löwen bewachten Westfassade sowie das Herz des Städtchens, die gemütliche *Plaça Llibertat*, deren Steinplatten, Arkadengänge und historische Gebäude pures Mittelalter repräsentieren. Tagsüber ist Besalú ein beliebtes Ziel von Reisebussen, die beste Zeit für einen Bummel deshalb der Abend.

● *Information*   **Oficina Municipal de Turisme**, Pl. Llibertat 1, ✆ 972 591240. Geöffnet täglich 10–14, 16–19 Uhr. www.besalu.cat.

● *Übernachten/Essen* *** **Hotel Els Jardins de Martana**, an der alten Brücke gegenüber dem Ortskern, gebührenpflichtiger Parkplatz in der Nähe. Reizvolles, 1910 errichtetes Gebäude, komfortable Zimmer. DZ etwa 95–110 €. Carrer Pont 2, ✆ 972 590009, ✆ 972 591763, www.lamartana.com.

* **Pensió Habitacions María**, freundliches kleines Quartier im Ortskern, mit geräumigen, soliden Zimmern. Das angeschlossene Restaurant „Cúria Reial" bietet einen schönen Blick auf die Brücke. DZ/Bad ca. 55 €. Plaça Llibertat 4, ✆ 972 590106.

Rest. Can Quei, etwas nördlich der Plaça Llibertat. Rustikales, für örtliche Verhältnisse preiswertes Lokal; Spezialitäten sind Ragouts (Guisats) und Fleisch vom Grill. Tagesmenü etwa 15 €, Spezialmenü knapp 20 €. Plaça Sant Vicenç, bei der gleichnamigen Kirche.

● *Feste* **Besalú medieval**, am ersten Wochenende im September. Eines der beliebten Mittelalter-Feste, mit Kostümen, mittelalterlicher Musik, Markt etc.

Sant Prim, am letzten Wochenende im September, das Hauptfest von Besalú.

Fira de la Ratafia, am ersten Sonntag im Dezember, dem hausgemachten Kräuterlikör Ratafia gewidmet.

Parc Natural dels Aiguamolls de L'Empordà

Gleich nach dem Ebre-Delta ganz im Süden der Region sind die „Seichten Wasser" das bedeutendste Feuchtgebiet Kataloniens, Refugium zahlreicher seltener Tier- und Pflanzenarten.

Der Park umfasst die Überreste eines einst sehr ausgedehnten Sumpfgebietes, das durch Landwirtschaft und Tourismus in seiner Existenz bedroht wurde. Seit 1983 Naturpark, gehört Aiguamolls (katalanisch: „seichte Wasser") zu den letzten Arealen dieser Art an der spanischen Mittelmeerküste. In den Brackwassersümpfen, den Seen, Kanälen, Reisfeldern und auf den baumumstandenen, im Winterhalbjahr oft überschwemmten Weideflächen, den sogenannten „Closes", leben Wasserschildkröten, Iltisse und Molche. Berühmt ist der Park jedoch für seine Vielzahl an Vögeln. Über 80 Spezies, darunter Rohrdommeln, Kraniche und Reiher brüten regelmäßig hier, zu den Hauptwanderzeiten von März bis Mai und August bis Oktober legen sogar an die 300 Arten auf ihren Zügen eine Rast ein. Besondere Mühe gibt man sich im Park mit der Wiedereinbürgerung des Weißstorchs, ein Programm, das in Zusammenarbeit mit dem Zoo von Barcelona erfolgt. Mittlerweile leben an die 50 Pärchen hier; wer Jungtiere in ihren Nestern sehen möchte, sollte etwa zwischen Anfang April und Anfang Juli kommen.

Das Parkgebiet umfasst zwei „Polígons" genannte Zonen und drei besonders geschützte Bereiche („Reserva Integral"). Polígon 2 liegt im Norden von Empuriabrava, Polígon 1 im Süden der Siedlung. Ebenfalls geschützt ist die kleine Insel Illa de Caramany im Riu Fluvià unterhalb des Ortes Sant Pere Pescador. Für

Die nördliche Costa Brava: Alt Empordà

Karte S. 69

Häufig zu sehen: Stelzenläufer im Naturpark

Wanderungen und Beobachtungen besonders gut geeignet ist Polígon 2, das Herz des Parks, auf das sich auch die folgende Beschreibung bezieht. Hier gibt es eine Infostelle der Parkverwaltung sowie eine ganze Reihe von Beobachtungshütten („Aguaits"). Erschlossen wird das Gebiet durch mehrere Wege, die sich zu einem Rundwanderweg (siehe Wanderung 4) kombinieren lassen, der auch am Strand entlangführt.

Wer nicht so viel Zeit aufbringen mag oder von April bis Mitte Juni kommt, wenn der Strand gesperrt ist, nimmt am besten den zwei Kilometer langen Weg *Itinerari de la Massona* zum Observatori Senillosa im Süden des Gebiets, einem über 20 Meter hohen Aussichtsturm, und eventuell weiter bis zum Strand, bei dem ein weiterer Beobachtungsturm steht. Unterwegs passiert man mehrere Beobachtungshütten, im Frühjahr und Frühsommer auch die Nester der Jungstörche. Gute Zeiten zur Beobachtung von Vögeln sind der Morgen und der frühe Abend, Ferngläser natürlich eine wertvolle Hilfe. Zwischen Frühjahr und Herbst sollte man sich auf jeden Fall mit einem Schutzmittel gegen Mücken wappnen, auch wenn die umliegenden Gemeinden seit einigen Jahren mittels naturschonender Methoden dieser Plage Herr zu werden versuchen.

● *Information* **Centre d'Informació El Cortalet**, Besucherzentrum nahe der Straße von Castelló d'Empúries nach Sant Pere Pescador, Zufahrt knapp 3 km hinter der Kreuzung mit der C 260; ✆ 972 454222. Kleines Museum, Infos und Karten zum Park, Beginn des Rundwanderwegs; Fernglasverleih. Geöffnet April-September täglich 9.30–14, 16.30–19 Uhr, sonst 9.30–14, 15.30–18 Uhr.

Parkplatz beim Zentrum, zur HS und am Wochenende bewacht und gebührenpflichtig; bei Ausfahrt öffnet sich die Schranke automatisch. Ein weiterer Parkplatz liegt beim Observatori Senillosa, Zufahrt über die Straße zum Camping Nautic Almata.

● *Schutzvorschriften*   Verboten sind das Verlassen der Wege (die Schilder „Prohibit el pas", also „Durchgang verboten", sollte man ernst nehmen), das Sammeln von Tieren und Pflanzen, Hinterlassen von Abfall, Camping, Feuer etc. Hunde müssen an der Leine geführt werden.

● *Camping*   Beides riesige, ausgesprochene Urlaubsplätze mit allen Vor- bzw. Nachteilen. Reiche Sportmöglichkeiten wie Tennis, Reiten etc., direkt am breiten, relativ leeren Sandstrand, gleichzeitig von beiden Plätzen Zugang zu Kanälen und Lagunen. Ein Nachteil kann die Nachbarschaft zu den Mündungen der nicht immer sauberen Flüsse Riu Muga und Riu Fluvià sein.

La Laguna, 1. Kat., am nördlichen Rand von Polígon 2, an der Mündung des Riu Muga, von Empuriabrava durch den Fluss getrennt. Gute Ausstattung, großer Pool, außerhalb Disco etc. Geöffnet Ostern bis etwa Anfang/Mitte Oktober. Minimalpreis zur HS pro Parzelle 38 € (entspricht zwei Pers., Auto, Zelt plus Strom). Anfahrt: von der Straße Roses-Figueres Richtung Sant Pere Pescador, gleich wieder links, noch vier Kilometer; beschildert, ✆ 972 450553, ✎ 972 450799, www.campinglaguna.com.

Naùtic Almatà, 1. Kat., am südlichen Rand von Polígon 2, an einem Seitenarm des Fluvià. Sehr ausgedehnter, komfortabler Platz, beliebt bei Windsurfern. Segel- und Windsurfschule, Fahrradverleih (feine Sache in dem flachen Gebiet), Disco, Schwimmbad. Geöffnet Mitte Mai bis Mitte September. Preise p.P. etwa 4,50 €, Stellplatz an die 44 €; zur Vor- und Nachsaison allerdings deutlich ermäßigt. Zufahrt von der Straße Castelló d'Empúries nach Sant Pere Pescador, ✆ 972 454477, ✎ 972 454686, www.almata.com.

Wanderung 4: Rundweg durch den Naturpark Aiguamolls

Route: Besucherzentrum El Cortalet – Strand Platja Can Comes – Observatori Senillosa – El Cortalet. **Achtung**: Zur Brutzeit vom 1.4. bis 15.6. ist der Strand gesperrt, die Wanderung dann nicht möglich! **Reine Wanderzeit**: etwa 2,5–3 Stunden; **Einkehr**: keine Versorgungsmöglichkeiten, außer evtl. der Bar des Campings Nautic Almata; Sonnenschutz, Trinkwasser und Mückenmittel, im Sommer auch Badesachen nicht vergessen. Nach Regenfällen können die Wege überschwemmt sein; wasserdichtes Schuhwerk ist dann nützlich.

Charakteristik: Diese weitgehend schattenlose Wanderung beginnt man am besten am Morgen oder am frühen Abend. Sie umrundet den zentralen Teil des Naturparks und führt anfangs durch ein versalzenes, steppenartiges Areal, in dem außer Tamarisken kaum etwas wächst. Entschädigung für diesen im Sommer etwas monotonen Abschnitt bietet der ausgedehnte, relativ wenig besuchte Natur- und Dünenstrand Can Comes, der zu einer Badepause einlädt, sowie der abwechslungsreiche Rückweg entlang von Koppeln und Lagunen ("Llaunes").

Verlauf: Vom Besucherzentrum *El Cortalet* folgt man der Ausschilderung *Itinerari de Can Comas*, vorbei an einer ersten Beobachtungshütte auf den See Estany del Cortalet und durch ein Tor, wenige Minuten später erneut durch ein Tor, bei dem es rechts zu einer weiteren Aussichtshütte geht. Der Weg führt nun auf Empuriabrava zu.

Wanderung ❹:
Rundweg durch den
Naturpark Aiguamolls

Karte S. 69

Die nördliche Costa Brava: Alt Empordà

Das Gelände hier ist so flach, dass die Segel eines Schiffs über den gesamten Park hinweg zu erkennen sind. Gut zehn Minuten hinter der zweiten Hütte zweigt der mit „Can Comas" beschilderte Weg nach links ab (er führt zum Estany Europa bei Empuriabrava, einem künstlichen, als Kläranlage dienenden See, in dem im Winter – mit viel Glück auch im Sommer – Flamingos zu sehen sind; der Abstecher dorthin und zurück nimmt zusätzlich rund eine Stunde in Anspruch). Der Hauptweg verläuft hier jedoch geradeaus und biegt nach wenigen Minuten an einer Kreuzung hart rechts ab (geradeaus ginge es zur Beobachtungshütte Aguait d'en Turies), beschildert *Itinerari de les Llaunes*. Etwa eine Viertelstunde später ist der Strand erreicht.

Dort hält man sich rechts und folgt der Küste rund eine halbe Stunde lang nach Süden, bis zum Camping Nautic Almata; hier durch den Zaun, dann sofort wieder rechts und am Rand des Campinggeländes entlang. Der Weg entspricht nun dem *Itinerari de la Massona*, gleichzeitig einer Teilstrecke des Fernwanderwegs GR 92. Etwa 150 Meter hinter einer Kanalbrücke biegt man rechts ab und durchquert ein Tor zur Reserva Natural Integral; ein kurzes Stück weiter steht rechts eine Beobachtungshütte, die sich zu einer Lagune öffnet. Auf einem guten Kiesweg und über einen schwankenden Holzsteg hinweg geht es vorbei an Pferdekoppeln, die sich nach Regenfällen in Sümpfe verwandeln; unterwegs liegt eine weitere Aussichtshütte.

Rund eine Viertelstunde hinter dem Tor zur Reserva Natural erreicht man eine Weggabelung. Links steht 200 Meter entfernt das *Observatori Senillosa* (in der Nähe ein WC), ein 22 m hoher Turm, der eine weite Aussicht über den Park bietet; er gehört zu einer Reihe von ähnlichen Türmen, die 1959 als Silos zur Lagerung von Reis errichtet wurden. Rechts geht es dagegen zurück zum Besucherzentrum *El Cortalet*, das noch etwa eine halbe Wegstunde entfernt ist. Entlang der Strecke liegen noch weitere Beobachtungshütten, ein Wassergraben, in dem man mit etwas Glück und Geduld Wasserschildkröten beobachten kann, sowie eine Reihe von Storchennestern.

Sant Pere Pescador   (1900 Einwohner)

Ein ruhiger Ort am Riu Fluvià, kurz vor dessen Mündung ins Meer. Der nahe, kilometerlange Sandstrand bietet beste Möglichkeiten für Wassersportler und Camper.

Im Mittelalter war Sant Pere Pescador Eigentum des Klosters Sant Pere de Rodes, den Namenszusatz „Pescador" (Fischer) verdankt es der hier traditionell ausgeübten Fischerei. Das kleine Städtchen liegt etwa zwei Kilometer landeinwärts der Küste, umgeben vom Marschland des Naturparks Aiguamolls, aber auch von fruchtbaren Obstplantagen und Getreidefeldern – rund zwei Drittel der Bevölkerung sind bis heute in der Landwirtschaft tätig. Gleichzeitig bildet Sant Pere die Versorgungsbasis für zahlreiche, meist strandnah gelegene Campingplätze. Auch für Wassersportler ist bestens gesorgt: Mehreren Campingplätzen sind Windsurf- und Kiteschulen angeschlossen. Sant Pere selbst präsentiert sich, vom sommerlichen Durchgangsverkehr zu den Campings und zum Strand einmal abgesehen, als sehr beschaulicher, abends manchmal regelrecht verschlafener, aber dabei nicht unattraktiver Ort.

• *Information* **Oficina Municipal de Turisme**, beim Kreisverkehr auf der dem Zentrum gegenüberliegenden Flussseite, ☎ 972 520535. Geöffnet Ostern bis September, dann Di 17-20 Uhr, Mi-Fr 10-13, 17-20 Uhr, Sa/So 10-14, 17-20 Uhr. www.santpere.cat.

• *Verbindungen* **Bus:** SARFA-Busse nach Figueres 7-mal, nach L'Escala 5-mal, Girona und Roses je 1-mal täglich. Zur HS teilweise erweitertes Angebot.

• *Übernachten* Nur wenige Hotels, die meisten Besucher verteilen sich auf die Campingplätze.

*** Hotel Can Ceret, im Ortskern. Stilvolles kleines Hotel mit nur zehn Zimmern, untergebracht in einem restaurierten Bau des 18. Jh. Im November Betriebsferien. DZ etwa 100–115 €. Carrer Mar 1, ☎/☏ 972 550433, www.canceret.com.

Hotel El Molí, ortsnah auf der anderen Seite des Riu Fluvià. Modernes Quartier mit Pool, geöffnet April–September. DZ rund 75–95 €. Carretera de la Playa 36, ☎/☏ 972 520069, www.hotelelmoli.com.

• *Camping* Insgesamt sieben Plätze liegen im Einzugsbereich von Sant Pere. Die Anfahrt erfolgt jeweils über die Flussbrücke, dann sind die Plätze beschildert.

La Ballena Alegre, 1. Kat, etwa fünf Kilometer von Sant Pere und damit der vom Ort am weitesten entfernte Platz, Riesengelände mit einer Kapazität von mehr als 4600 Personen (!); zahlreiche Sportmöglichkeiten wie Tennis, Kiting, Windsurf, Schwimmbad etc. Geöffnet Anfang/Mitte Mai bis Ende September. Preise: p.P. 4,50 €, Stellplatz zur HS ab rund 44 €. Zu erreichen über die Straße Richtung Sant Martí d'Empúries, ☎ 902 510520, ☏ 902 510521, www.ballena-alegre.com.

Las Dunas, 1. Kat., direkt nebenan, ein etwas kleinerer Platz mit einer Kapazität von jedoch immer noch knapp 1000 Personen, in Ausstattung, Preisen und Öffnungszeiten ähnlich wie oben. P.P. 5 €, Stellplatz zur HS ab 42 €. ☎ 972 520400, ☏ 972 550046, www.campinglasdunas.com.

Aquarius, 2. Kat., mittelgroßer, gut ausgestatteter, umweltbewusst geführter und bei Windsurfern sehr beliebter Platz am Strand. Deutsche Leitung. Geöffnet etwa Mitte März bis Anfang/Mitte Januar. Preise p.P. 4 €, Parzellen je nach Größe zur HS ab 26 €, zur NS ermäßigt. Etwa drei Kilometer von Sant Pere, Anfahrt ebenfalls über die Straße nach Sant Martí, ☎ 972 520003, ☏ 972 550216, www.aquarius.es.

L'Àmfora, 1. Kat., in der Nähe, etwas ortsnäher als Aquarius und ebenso gut ausgestattet. Ein Teil der ausgesprochen geräumigen Stellplätze verfügt über eigene Sanitärkabinen. Kinderfreundlich: In der NS ist der Aufenthalt für Kinder unter 10 Jahren gratis. Geöffnet etwa Ostern bis Ende September. P.P. 5 €, Stellplatz ab etwa 40 €, zur NS günstiger. ☎ 972 520540, ☏ 972 520539, www.campingamfora.com.

La Gaviota II, 2. Kat., kleiner, übersichtlicher und familiärer Platz; eine gute Wahl für diejenigen, die die großen Anlagen lieber meiden. Sanitäres in Ordnung. Geöffnet Mitte März bis Oktober. P.P. 3,50 €, Stellplatz zur HS 36 €. Am Strand direkt östlich von Sant Pere, etwa zwei Kilometer vom Ort, ☎ 972 520569, ☏ 972 550348, www.lagaviota.com.

Las Palmeras, 1. Kat., ein paar hundert Meter landeinwärts und im Charakter ganz ähnlich wie La Gaviota; kleiner Pool und Tennisplatz. Geöffnet etwa April bis September. P.P. 4 €, Stellplatz 35 €, zur NS ermäßigt. ☎ 972 520506, ☏ 972 550285, www.campinglaspalmeras.com.

El Río, 2. Kat, ortsnächster Platz, in lockerer Fußentfernung von Sant Pere, zum Strand etwa 1,5 km. Sehr schattig, Sanitäranlagen gut. Geöffnet etwa Ostern bis Mitte September. P.P. 4,50 €, Stellplatz zur HS nach Größe ab 16,50 €. ☎ 972 520216, ☏ 972 550469, www.campingelrio.com.

• *Essen* **Rest. Can Trona**, ein Beispiel für die Handvoll Restaurants am kleinen Hauptplatz von Sant Pere Pescador. Freundlicher Familienbetrieb, relativ preiswert. Plaça Major 9.

• *Feste* **Sant Pere**, 29. Juni, das Hauptfest, gewidmet dem Patron des Städtchens.

• *Markttag* **Mittwoch**.

• *Sport* **Windsurf- und Kitestationen** an bzw. bei den Campingplätzen Aquarius, L'Àmfora, Las Dunas und Ballena Alegre 2. Sant Pere ist das letzte Refugium für Kiter (Gebühr und Versicherung sind aber obligatorisch) in Katalonien – das diesen Sport sonst generell verboten hat –, doch ist ihre Zukunft auch hier bedroht.

Fahrradverleih im „Camping Shop" in der Urbanisation Bon-Relax jenseits des Riu Fluvià, Av. Empordà/Sant Sebastià 12, ☎ 972 520736, www.campingshop-online.eu.

• *Baden* Die **Platja de Sant Pere Pescador** bietet Strand satt – von der Mündung des Fluvià bis hinunter nach Sant Martí erstreckt sich ein einziger, rund sechs Kilometer langer, ausgesprochen breiter

Die nördliche Costa Brava: Alt Empordà

Karte S. 69

Reizvoll: Ensemble in Sant Martí

und im Wasser flach abfallender Sandstrand. Das landwirtschaftlich geprägte Hinterland zählt teilweise noch zum Naturpark Aiguamolls und ist kaum bebaut. Parkplätze, z. T. auch bewacht, finden sich am Ende der zahlreichen Zufahrten, die direkt hinter der Brücke von Sant Pere und von der Verbindungsstraße nach Sant Martí abzweigen. Sehr beliebt ist der Strand von Sant Pere auch bei Windsurfern: An Spitzentagen tummeln sich, nicht immer zur Freude der Badegäste, bis zu 3000 „Surfistas" in der Bucht.

Sant Martí d'Empúries

Ein winziges Dorf, von Sant Pere zu erreichen über eine schmale Nebenstraße, die etwa parallel zur Küste nach Süden führt und auf vielen Karten nur als Piste oder überhaupt nicht eingezeichnet ist; jenseits der Flussbrücke folgt man zunächst dem Schild „Platja" (Strand), am folgenden, zweiten Kreisverkehr ist Sant Martí dann ausgeschildert. Das mittelalterlich geprägte Örtchen liegt nur ein kleines Stück nördlich der griechisch-römischen Ausgrabungsstätte Ruïnes d'Empúries und damit nicht mehr weit von L'Escala, mit dem Sant Martí durch eine knapp zwei Kilometer lange Strandpromenade verbunden ist. Zur Zeit der Griechenansiedlung war der Platz noch eine Felsinsel und bewachte den antiken Hafen. Wie schon an den zahlreichen Parkplätzen ersichtlich, herrscht im Sommer vor allem an Wochenenden reichlich Trubel in Sant Martí. Das liegt zum einen an dem intakten Ortsbild der kleinen Siedlung, zum anderen jedoch auch an den schönen Dünenstränden, die sich unterhalb des Dorfes nach Norden und Süden erstrecken; ein Mirador (Aussichtspunkt) nahe der gotischen Kirche bietet einen schönen Blick auf beide. Am angenehmsten ist die Atmosphäre innerhalb der alten Mauern von Sant Martí am Abend, wenn die Badegäste abgereist und die Restaurants am kleinen Hauptplatz nicht mehr gar so überlaufen sind.

Ruïnes d'Empúries

Eine der bedeutendsten griechischen Kolonialstädte in Spanien, später von den Römern übernommen. In der Nähe locken reizvolle Strände zu einer Badepause.

Die Ruinen der antiken Siedlung liegen direkt oberhalb der Küste, etwa zwei Kilometer nördlich von L'Escala. Schon zu Beginn des 6. Jh. v. Chr. gründeten Phokäer hier eine der ersten griechischen Handelskolonien auf spanischem Boden, von den Archäologen „Palaiapolis" (Altstadt) genannt. Von dieser frühen Siedlung ist nichts mehr zu sehen; auf ihren Überresten steht der kleine Ort Sant Martí d'Empúries. Im 5. Jh. v. Chr. verlegten die Griechen die Ansiedlung aufs Festland und errichteten oberhalb eines heute versandeten Naturhafens die Neustadt Neapolis. Der Name, den sie der jungen Niederlassung gaben, war Programm: *Emporion*, „Marktplatz". Die Siedlung fungierte als Umschlagstelle für den Handel mit den Balearen und den südlicheren Regionen Spaniens, aber auch mit der einheimischen Bevölkerung der Umgebung, wie den Iberern im nahen Ullastret. Den Griechen folgten die Römer, als Feldherr Scipio im Zweiten Punischen Krieg 218 v. Chr. die strategische Position im Kampf gegen Karthago erkannte und Emporion dem römischen Besitz einverleibte – der Beginn der Romanisierung der Iberischen Halbinsel. Fortan in den Händen Roms, erfuhr *Emporiae* ab 49 v. Chr. unter Julius Cäsar eine Vergrößerung: Oberhalb der griechischen entstand eine neue Siedlung, zehnmal größer als die alte und Wohnort verdienter Ex-Soldaten. Im 3. Jh. n. Chr. wurde Emporiae verlassen. Wie Reste einer frühchristlichen Basilika bezeugen, diente das Gelände ab dem 4. Jh. als Friedhof.

Gott der Heilkunst: Asklepios

Obwohl die Arbeiten bereits 1908 begannen, wurde das Ruinengebiet bislang nur zu einem Viertel ausgegraben. Von den meisten Bauten sind nur mehr die Grundmauern zu erkennen, man muss also schon etwas seine Phantasie spielen lassen. Hinter dem Eingang trifft man zuerst auf die *griechische Neapolis*, deren Gebäude überwiegend aus dem 2. Jh. v. Chr. stammen. Linker Hand und etwas erhöht liegt der Heilige Bezirk der Stadt. Ins Auge fällt hier besonders die 2,15

Meter hohe Statue des für Heilungen zuständigen Gottes Asklepios (Äskulap), die die Ruine seines Tempels markiert; natürlich handelt es sich um eine Kopie. Weiter nördlich erkennt man mehrere Zisternen und noch ein Stück weiter, nahe dem Meer, die Reste des Marktplatzes Agora. Landeinwärts der Agora sind im kleinen, recht modern konzipierten *Museum* Funde oder Kopien der hiesigen Ausgrabungen zu bewundern. Zu den Prunkstücken zählen die kleine Statue einer Venus sowie das Original der oben erwähnten, 1909 entdeckten Äskulap-statue; dieser „Esculapi d'Empúries" war fast ein Jahrhundert lang im Besitz des Archäologischen Museums von Barcelona und kehrte erst 2008, nunmehr genauestens restauriert, an seine Fundstelle Empúries zurück.

Die *römische Stadt* westlich des Museums ist recht ausgedehnt, aber nur teil-weise ausgegraben. Freigelegt wurden unter anderem der Hauptplatz Forum samt einer Reihe öffentlicher Gebäude, die Grundrisse mehrerer Villen mit teils recht schönen Mosaikfußböden sowie das Amphitheater im Süden außerhalb der Mauern. Am Tor zur Römerstadt gut zu erkennen sind die in den Stein ge-drückten Spuren von Karrenrädern sowie rechts des Eingangs ein Phallus-symbol, das Macht und Reichtum versinnbildlichen sollte.

• *Öffnungszeiten* Von Juni bis September täglich 10–20 Uhr, sonst 10–18 Uhr; Eintritts-gebühr 3 €, deutschsprachige Broschüre in-klusive. Ein großer, gebührenfreier Park-platz liegt innerhalb des Komplexes, hinter der Kasse. Im Sommer ist teilweise auch ein direkter Zugang von und zur Strand-promenade geöffnet.

Baden: Unterhalb von Empúries erstrecken sich mehrere schön geschwungene Sandbuchten, die bis nach Sant Martí reichen, im Hinterland von Pinien einge-rahmt und durch die von L'Escala kommende Strandpromenade miteinander verbunden. An der *Platja del Moll Grec* (Strand der griechischen Mole) genießt man sogar das besondere Gefühl, neben den Resten der griechischen Hafenan-lage zu schwimmen. Zur Saison sind die Strände allerdings allesamt gut besucht. Parkplätze sind vorhanden, Zufahrt wie zur Ruinenstätte, dann meerwärts beschildert; man kann natürlich auch ab L'Escala laufen.

L'Escala (9300 Einwohner)

Eine sehr ausgedehnte Siedlung, die aus mehreren Ortsteilen besteht. L'Escala lebt in erster Linie vom Tourismus, aber auch von der Fischerei: Die hier verarbeiteten Sardellen sind berühmt.

Das bebaute Gebiet erstreckt sich über mehrere Kilometer, reicht vom alten Ortskern über den großen Hafen bis zur Badebucht Cala Montgó im Osten. Die Keimzelle von L'Escala ist die Altstadt *Nucli Antic* im Norden des Siedlungsge-biets. In den älteren Straßenzügen um den Kirchplatz Plaça Esglesia und um die einstige Hafenbucht La Platja erinnert der Ort noch an das kleine Fischerstädt-chen, das L'Escala einst war. Keine Schönheit ist hingegen die *Strandsiedlung*, deren Villen und Apartmentblocks sich weiter südöstlich im Hinterland des Hauptstrands Platja de Riells erstrecken und eine weit größere Fläche bedecken als der alte Ortskern. Am östlichen Rand der Platja de Riells liegt der bedeu-tende Fischerhafen *Port Pescadors*, der seinen guten Teil zum Wohlstand von L'Escala beiträgt – die hier angelandeten Sardellen (Anxoas) werden in mehre-ren Fabriken im Ort eingelegt und können dort auch im Direktverkauf erstanden werden, benötigen als „Halbkonserven" aber Kühlung. Noch ein ganzes Stück weiter östlich schließlich schmiegt sich die hübsche Badebucht *Cala Montgó*

zwischen die umliegenden, felsigen Hügel. Der attraktive Strand hier, vom Ortskern schon rund vier Kilometer entfernt, kann zumindest zur Nebensaison
durchaus einen Grund für einen Besuch in L'Escala darstellen. Das gilt erst recht
für die griechisch-römische Ruinenstadt *Empúries* (siehe oben), die mit ihren
nahen, ebenfalls reizvollen Stränden nur einen kurzen Fußmarsch auf der
Strandpromenade entfernt liegt. Und selbst wer wirkliche Einsamkeit sucht,
kann im Umland von L'Escala fündig werden: Die Hochebene oberhalb der Steilküste zwischen der Cala Montgó und L'Estartit ist auch zur Sommersaison fast
menschenleer – ein schönes Gebiet für Wanderungen (siehe Wanderung 5) hinüber nach L'Estartit. Auch eine Autotour oder ein Radausflug sind hier möglich:
Die nur anfangs asphaltierte Piste ins Nachbarstädtchen zweigt von der Zufahrt
zur Cala Montgó ab und führt am Camping „Neus" vorbei.

*I*nformation/*V*erbindungen

• *Information* **Oficina de Turisme**, Plaça de les
Escoles 1; ✆ 972 770603, an der Grenze zwi-
schen Altstadt und den neueren Ortsteilen.
Jährlich mehrfach wechselnde Öffnungs-
zeiten, im Winter Mo–Fr 10–13, 16–19 Uhr,
Sa 10–13 Uhr; zur HS von Mitte Juni bis Mit-
te September täglich 9–20.30 Uhr. Hier auch
Internetzugang. Im Sommer öffnen Zweig-
stellen am Strand Platja de Riells und an der
Straße nach Figueres. www.lescala.org.
• *Verbindungen* **Bus:** SARFA-Haltestelle in

der Avinguda Girona, nahe der Touristeninformation. Busse nach Figueres 5-mal, Girona 2-mal, Torroella de Montgrí 7-mal, Palafrugell 5-mal, Barcelona 2-mal täglich, zur
HS teilweise häufiger.
„**Carrilet**": Eine Art Trambahn auf Gummirä-
dern, die über Ostern, an manchen Wochenenden sowie etwa von Mitte Juni bis
Mitte September zwischen Sant Martí, der
Touristeninformation (Haltestelle „Correos")
und der Cala Montgó pendelt.

*Ü*bernachten/*C*amping (siehe *K*arte *S*. 132/133)

*** **Hotel Nieves Mar (9)**, knapp außerhalb
der Altstadt, direkt an der Uferstraße. Zimmer mit Balkon und teilweise sehr schönem Blick auf die Bucht von Roses; Tennisplatz, Meerwasser-Pool, Restaurant mit bekannt guter Fischküche. Geöffnet Mitte
März bis Oktober. DZ nach Lage und Saison rund 100–130 €, Frühstück inklusive.
Passeig Marítim 8, ✆ 972 770300, ✉ 972
773605, www.nievesmar.com.
* **Hotel Bonaire (3)**, kleines, 2003 eröffnetes
Hotel mit schlicht möblierten, aber ordentlich ausgestatteten Zimmern, alle mit Balkon, TV und Klimaanlage; Cafeteria angeschlossen. Im Januar Betriebsferien. DZ
etwa 55–65 €. Carrer Bonaire 14, ✆/✉ 972
775009, hotelbonaire@hotmail.com.
** **Pensió Hostal El Roser (6)**, angenehmes,
gut ausgestattetes Haus im Zentrum nahe
der Kirche, Parkplatz ganz in der Nähe.
Rund 40 Jahre Tradition, ein gutes Restaurant geöffnet. Im November geschlossen. DZ/Bad etwa 50–60 €. L'Església 7,
✆ 972 770219, ✉ 972 773498.
* **Pensió Torrent (8)**, ebenfalls in der Altstadt. Freundliche Atmosphäre, 15 recht

einfache Zimmer, geöffnet Juni bis
September. DZ/Bad etwa 35–45 €. Carrer
Riera 28, ✆ 972 770278.
* **Pensió Mediterrá (7)**, fast direkt daneben.
Einfache, geräumige Zimmer mit und ohne
Bad. Preisniveau etwas höher als oben
(DZ/Bad etwa 45–55 €), zur HS nur mit Halb-
pension. Carrer Riera 24, ✆ 972 770028.
• *Jugendherberge* **Alberg de Joventut
Empúries (4)**, (IYHF), außerhalb des Ortes
in Richtung der Ruinen von Empúries, zum
Zentrum und zum Strand nur ein kurzer
Fußweg. Öfters mit Gruppen belegt, recht-
zeitige Reservierung ratsam. Geöffnet Mit-
te Januar bis Ende November. Les Coves
41, ✆ 972 771200 .
• *Camping* Insgesamt sechs Plätze in und
um den Ort.
Cala Montgó, 1. Kat., wenige hundert Meter
von der gleichnamigen Bucht. Ein ausgedehnter, sehr schattiger Platz im Pinienwald
beiderseits der Straße. Kapazität fast 2000
Personen, gute Ausstattung, großer Pool.
Ganzjährig geöffnet. P.P. etwa 5 €, Stellplatz
rund 25 €, zur NS jeweils günstiger. ✆ 972
770866, ✉ 972 774340, www.betsa.es.

Die nördliche Costa Brava: Alt Empordà

Karte S. 69

Paradis, 1. Kat., noch etwas näher an der Bucht, ebenfalls nicht gerade klein und auch gut ausgestattet; schön gelegener Pool. Geöffnet etwa Mitte März bis Mitte Oktober. P.P. 6 €, Stellplatz rund 30 €, zur NS günstiger. Avda. de Montgó 260, ☎ 972 770200, ✉ 972 772031, www.campingparadis.com.

L'Escala (11), 1. Kat., zentrumsnächster Platz, in bequemer Fußentfernung zur Altstadt. Gut schattig, Sanitäres in Ordnung, Geöffnet etwa Mitte April bis Ende September. P.P. 3 €, Stellplatz etwa 23 €, zur NS günstiger. Camí Ample, 21, ☎ 972 770084, ✉ 972 550046, www.campinglescala.com.

Essen

L'Escala ist bekannt für seine vielen guten Fischrestaurants. Die frische Ware hat allerdings ihren Preis.

Rest. El Roser 2 (2), in der Altstadt. Schöne Lage beim Kap Punta de l'Olla, weiter Blick auf den Golf, exquisite Meeresküche, guter Service und entsprechende Preise: Degustationsmenü ohne Getränke etwa 45 €, à la carte je nach Wahl auch etwas darunter. Passeig Lluís Albert 1, ☎ 972 771102. Mittwoch Ruhetag, im Februar geschlossen. Preislich etwas günstiger, aber ebenfalls gut ist das Schwesterrestaurant **El Roser (6)** in der gleichnamigen Pension.

Rest. El Molí (10), westlich außerhalb das Zentrums. Sehr schönes Ambiente in einer alten Mühle; moderne, marktabhängige Küche etwa auf dem Preisniveau von El Roser 2. So-Abend und Mo geschlossen. Camí de les Corts s/n, ☎ 972 774727.

Rest. El Pescador (1), in der Nähe von El Roser 2 und ebenfalls auf Fisch und Meeresgetier spezialisiert. Nicht ganz so nobel und nicht ganz so schön gelegen wie die Konkurrenz, was sich auch in den Preisen ausdrückt: Menüs um die 18 €, à la carte ab etwa 30 €. Port d'en Perris 5, ☎ 972 70728. Außerhalb der HS ist So-Abend und Do geschlossen.

Bar Els Pescadors (12), mit dem Restaurant nicht zu verwechseln. Diese recht urige Bar

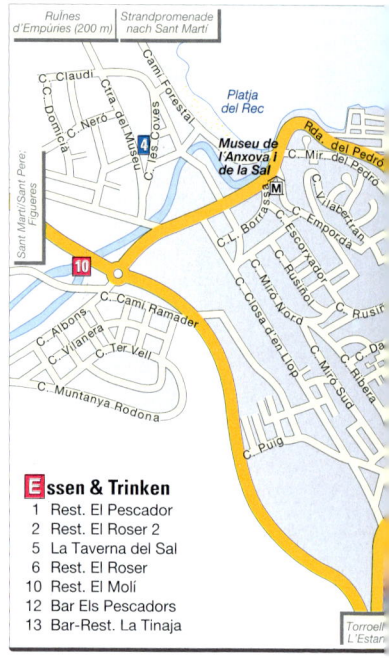

Essen & Trinken
1 Rest. El Pescador
2 Rest. El Roser 2
5 La Taverna del Sal
6 Rest. El Roser
10 Rest. El Molí
12 Bar Els Pescadors
13 Bar-Rest. La Tinaja

liegt direkt im Fischerhafen und ist ebenfalls eine gute und preislich etwas günstigere Adresse für Fisch und Meeresfrüchte.

La Taverna del Sal (5), wieder in der Altstadt. Hübsche Dekoration mit Ziegeldecke und Naturstein, im Angebot einfache Speisen wie Torrades (gegrilltes Weißbrot mit Beilage) und Grillgerichte. Mittagsmenü 11 €, auch sonst nicht teuer.

Bar-Rest. La Tinaja (13), in der Strandsiedlung. Rustikaler Familienbetrieb, der ordentliche Hausmannskost offeriert. Günstige und leckere Menüs, abends jedoch nur bis 21 Uhr im Angebot. Carrer Camp Rabassa 17, nahe der Hauptstraße Avinguda Montgó.

Ausflüge & Sport/Feste und Veranstaltungen

• *Ausflüge & Sport* **Schiffsausflüge** der Gesellschaft „Creuers Mare Nostrum" starten ab dem Hafen; Ziele des Glasbodenschiffs sind u. a. die Medes-Inseln bei L'Estartit und Cadaqués, daneben werden auch Angeltouren angeboten. www.creuersmarenostrum.com, ☎ 972 773797.

Tauchen: Gute Tauchgründe an der Steilküste und deshalb knapp ein halbes Dutzend Stationen, „Diving Center L'Escala", Closa d´en Llop 6, ☎ 972 773313.

Fahrradverleih bei „Empordà Bikes", Nähe Infostelle, Av. Ave Maria 9, ☎ 972 774042.

L'Escala
250 m

Übernachten

3 Hotel Bonaire
4 Jugendherberge
6 Pensió Hostal El Roser
7 Pensió Mediterrá
8 Pensió Torrent
9 Hotel Nieves Mar
11 Camping L'Escala

Port Pescadors

Platja de Riells

● *Feste und Veranstaltungen* **Verge del Carme,** am 16. Juli, das Fest der Schutzheiligen der Fischer, mit Bootsprozession vom Hafen zum Strand.

Festa de Santa Màxima, das Hauptfest der Stadt, vom 2.–5. September.
Markttag: Sonntag.

Baden

Platja de Riells: Der gepflegte Hauptstrand von L'Escala erstreckt sich vor dem modernen Siedlungsbereich. Lang, breit und feinsandig reicht er bis zum Hafen. Alle nötige Infrastruktur ist vorhanden, das Umfeld allerdings wüst bebaut.

Cala Montgó: Einer der attraktivsten Strände von L'Escala, obwohl er streng genommen schon zum Gemeindegebiet von Torroella zählt; am Ende einer tief eingeschnittenen, nach Osten geöffneten Bucht gelegen und von markanten Hügeln überragt. Das nördliche Gebiet mit dem restaurierten Wachtturm Torre Montgó (16. Jh.) wird von einer Urbanisation besetzt, der Süden ist dagegen unbesiedelt. Der Strand präsentiert sich feinsandig und gepflegt, Bars, Restaurants etc. sind vorhanden. Im Sommer wird es, auch angesichts der nahen, sehr großen Campingplätze, jedoch eng.

La Platja: Der kleine Sandstrand der Altstadt bildete früher den Hafen von L'Escala; da er sich nach Norden öffnet, war das Ein- und Auslaufen bei schlechtem Wetter allerdings alles andere als ungefährlich – eine Tafel erinnert noch an die schwere Arbeit der Seenotrettung. Für ein schnelles Bad zwischendurch eignet sich die Platja durchaus, ein ganzer Badetag lässt sich anderswo angenehmer gestalten.

Platja del Rec: Gleich nördlich des Ortes gelegen. Früher herrschte hier wegen starker Abwasserbelastung Badeverbot, das jedoch wieder aufgehoben wurde. Für eine „Blaue Flagge" reichte es jedoch noch nicht.

Platja del Portitxol: Von der Platja del Rec durch ein kleines Felskap getrennt – noch etwas mehr Abstand kann wohl nicht schaden. Die Platja del Portitxol markiert den ersten einer Reihe von Sandstränden, die sich unterhalb der Ruinen von Empúries bis nach Sant Martí erstrecken und durch eine Promenade verbunden sind. Duschen, eine Rotkreuz-Station sowie Strandbars sind vorhanden.

Museu de l´Anxova i de la Sal: Dieses Museum, untergebracht in einem ehemaligen Schlachthof im nördlichen Ortsbereich, erinnert an die Tradition des Einsalzens von Sardellen, die in L´Escala bis ins 16. Jh. zurückgeht. Zwar sind die Erklärungen der (relativ kleinen) Ausstellung nur auf Katalanisch gehalten, an der Kasse ist jedoch ein deutschsprachiges Begleitheft erhältlich, und auch die Filmvorführung („Audiovisual") wird auf Deutsch angeboten.

Öffnungszeiten Mitte Juni bis Ende September Di-Fr 10-13, 17-20 Uhr, Sa 11-13, 18-20 Uhr, So 10-13 Uhr; im restlichen Jahr Di-Fr 10-13.30, 15-18 Uhr, Sa 12-14, 17-19 Uhr, So 12-14 Uhr; Eintrittsgebühr 2 €. www.anxova-sal.cat.

Wanderung 5: Von L'Escala nach L'Estartit

Route: Cala Montgó – Punta del Milà – Punta Ventosa – Pla del Milà – L'Estartit; **reine Wanderzeit**: ab der Cala Montgó etwa 3–3½ Stunden; **Einkehr**: unterwegs keine Versorgungsmöglichkeiten; Sonnenschutz und Trinkwasser nicht vergessen.

Mit Stock und Hut:
Schäfer auf der Hochebene

Charakteristik: Eine reizvolle Wanderung auf einem Teilstück des Fernwanderwegs GR 92, die anfangs entlang der Steilküste und dann über die Hochebene zwischen L'Escala und L'Estartit führt. Im ersten Abschnitt könnte es für Leute, die nicht schwindelfrei sind, stellenweise eventuell etwas unangenehm werden; wirklich gefährlich ist der Weg jedoch nie. Obwohl so nahe an den Brennpunkten des Fremdenverkehrs, erweist sich das Gebiet doch als verblüffend einsam – mit etwas Glück trifft man hier noch einen Schäfer mit seiner Schafherde. Zurück geht es wahlweise auf demselben Weg, etwas schneller auf der ungefähr parallel verlaufenden Piste oder aber von L'Estartit per Bus (umsteigen in Torroella de Montgrí, vorher Abfahrtszeiten klären). Statt nach L'Estartit hinunter zu steigen, könnte man die Route aber auch mit einem Teil der Wanderung 6 koppeln, von der Hochebene weiter zur Bergfestung Castell de Montgrí laufen und dann zur Bushaltestelle in Torroella de Montgrí absteigen. Für diese sehr interessante, aber etwas anstrengende Kombination sollte man mit einer reinen Wanderzeit von etwa 5½-6 Stunden rechnen.

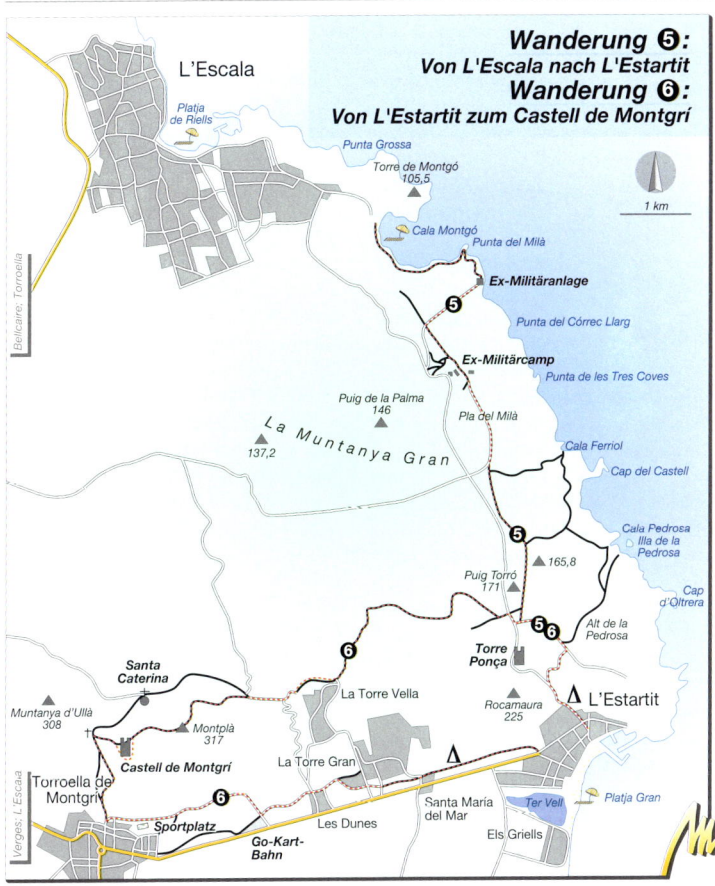

Verlauf: Die Route beginnt an der Cala Montgó, von L'Escalas Ortszentrum also ein ganzes Stück entfernt. Wer sich die gute Dreiviertelstunde Fußmarsch durch das reizlose Siedlungsgebiet sparen will, kann von etwa Mitte Juni bis Mitte September auf den „Straßenzug" Carrilet ausweichen, der vom Ortszentrum direkt zur Montgó-Bucht fährt. Am südlichen Ende des Strandes folgt man bei der Beschilderung zur Punta Ventosa und nach Torroella dem Weg aufwärts, sieht auch schon bald die erste weiß-rote

Markierung des Fernwanderwegs. Wenig später verwandelt sich der Weg in einen schmaleren Fußpfad, der zunächst hoch über der Küste durch ein Waldgebiet führt, sich im weiteren Verlauf jedoch zu zwei Felsbuchten hinabwindet und auf der anderen Seite jeweils wieder ansteigt. Nach dem Anstieg hinter der zweiten Bucht, rund eine halbe Stunde nach Beginn der Wanderung, hält man sich 20 Meter vor einem bunkerartigen Gebäude schräg rechts aufwärts und schneidet so die Halbinsel der *Punta del Milà* etwas landeinwärts ab. Es folgt ein weiterer steiler Anstieg, an dessen Ende sich ein Blick aufs Meer öffnet; kurz vorher hält man sich hart rechts und weiter aufwärts, umgeht so besagte Engstelle, an der die Felsküste fast 80 Meter tief abstürzt. Kurz darauf erreicht der Weg bei der *Punta Ventosa* eine Hochfläche mit den Resten einer ehemaligen Militäranlage – ein schöner Platz für eine Rast, bei der man, durch einen Zaun geschützt, auch den weiten Ausblick auf die tief unten liegende See genießen kann.

Nun wendet man sich, aus Richtung des Aufstiegs gesehen, nach rechts, durchquert die Militäranlage und stößt bald auf einen geraden Fahrweg, dem man zunächst landeinwärts folgt. Etwa zehn Minuten später, kurz bevor die Piste eine Linkskurve beschreibt, geht es an einer (mehr schlecht als recht) GR-markierten Wegkreuzung links ab. Nach weiteren knapp zehn Minuten erreicht man eine Gabelung mehrerer Wege; hier hält man sich links, durch ein verfallenes Betontor und zwei Metallpfosten hindurch, auf eine weithin sichtbare Gebäudegruppe zu, die sich im Näherkommen als die Reste eines früheren, ausgedehnten Militärcamps entpuppt. Der Weg führt zwischen den einzelnen Hausruinen hindurch, in etwa hundert Me-

tern Abstand rechts an einer Art Turm vorbei und verlässt dann die Anlage wieder in den Wald hinein. An der Gabelung hier hält man sich links und folgt dem zunächst fast schnurgeraden Fahrweg bis zu einer weiteren Gabelung auf der Hochfläche *Pla del Milà*, an der ein Wegweiser steht. Hier geht es geradeaus, dem Schild und der GR-Markierung folgend. Ein Stück weiter streift der Weg fast die Piste von L'Escala nach L'Estartit und erreicht kurz darauf erneut eine beschilderte Gabelung, an der man sich wiederum geradeaus hält, Richtung Torroella. Etwa zehn Minuten später, kurz nachdem sich der Weg etwas gesenkt hat, trifft man auf eine eher unauffällige Kreuzung mit einem weiteren Wegweiser. Wer die Wanderung zum *Castell de Montgrí* und hinab nach *Torroella de Montgrí* (siehe Wanderung 6) fortsetzen möchte, muss hier rechts ab und die Piste überqueren. Richtung *L'Estartit* hält man sich dagegen geradeaus und trifft bald auf eine Asphaltstraße. Hier geht es links und an der nächsten Kreuzung, knapp zehn Minuten weiter, rechts abwärts, vorbei am Camping L'Estartit ins Ortszentrum von L'Estartit (siehe die nächsten Seiten), das noch etwa zehn Minuten entfernt liegt.

Was haben Sie entdeckt?

Haben Sie ein charmantes Hotel gefunden, eine prima Bar, einen schönen Wanderweg? Und welcher Tipp war nicht mehr so toll? Wenn Sie Tipps, Verbesserungsvorschläge oder Ergänzungen zum Costa-Brava-Buch haben, lassen Sie es mich bitte wissen. Ich freue mich über jede Zuschrift! Bitte schreiben Sie an:

Thomas Schröder
Stichwort „Costa Brava"
c/o Michael Müller Verlag
Gerberei 19
91054 Erlangen
thomas.schroeder@michael-mueller-verlag.de

Strand satt, im Hintergrund die Medes-Inseln: Platja de Pals

Die mittlere Costa Brava: Baix Empordà

Fischerdörfer in engen Buchten, alte Denkmalstädtchen, lange Sandstrände und Touristenzentren mit Trubel rund um die Uhr – die mittlere Costa Brava zeigt alle paar Kilometer ein anderes Gesicht.

Mit einer Fläche von 700 Quadratkilometern ist die Comarca Baix Empordà deutlich kleiner als der wesentlich weiter ins Inland reichende Nachbarbezirk Alt Empordà. Die Bevölkerungszahl liegt mit gut 126.000 Einwohnern aber fast gleichauf, das Gebiet ist also erheblich dichter besiedelt. Die Landschaft des Baix Empordà wird zu einem großen Teil von sanften Hügeln geprägt, auf denen Kornfelder und Obstplantagen wachsen; an der Küste überwiegt schroffer Fels, in den sich kleine und kleinste Buchten schmiegen. Beiderseits der Mündung des Riu Ter erstreckt sich jedoch eine weite Ebene, begleitet von einem kilometerlangen Sandstrand. Längere sandige Abschnitte finden sich auch im Süden zwischen Palamós und Sant Feliu. Im Hinterland der beiden Städte erhebt sich die fast unbesiedelte, mit dichten Korkeichenwäldern bewachsene Serra de les Gavarres bis auf über 500 Meter Höhe.

Der erste größere Küstenort im Norden ist *L'Estartit*, gleichzeitig eines der bedeutenden Zentren des Fremdenverkehrs: Sein Sandstrand reicht bis zur Mündung des Riu Ter, die vorgelagerten Medes-Inseln sind ein Paradies für Taucher. Südlich des Ter setzt sich der Strand fort und endet erst bei der im Winter praktisch unbewohnten Feriensiedlung *Platja de Pals*. Nun wird die Küste felsiger, das Hinterland hügeliger – einer der landschaftlich reizvollsten Abschnitte der

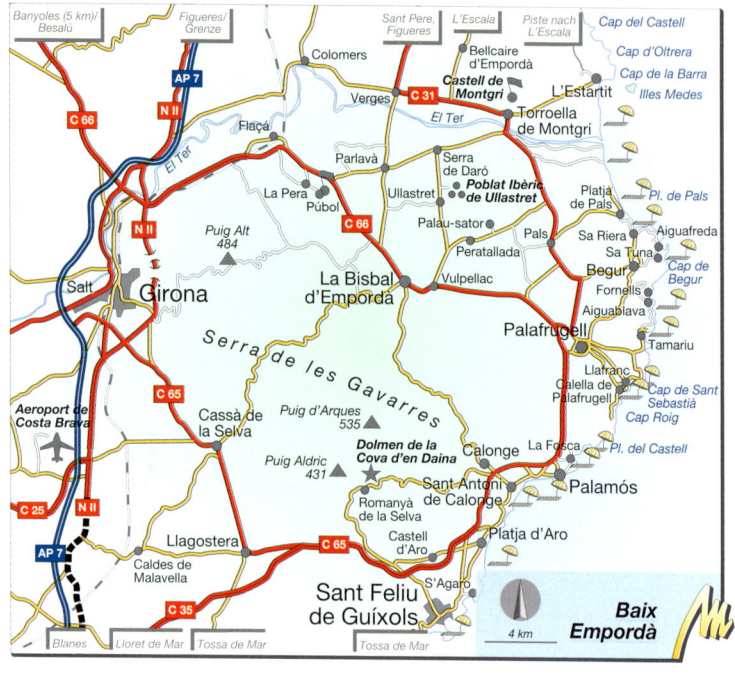

Costa Brava beginnt. Hoch über dem Meer und einer ganzen Reihe kleiner Buchten thront hier das hübsche Städtchen *Begur*. Stark gegliedert präsentiert sich auch die Küste weiter südlich nahe der Inlandsstadt *Palafrugell*, deren Strandsiedlungen Tamariú, Llafranc und Calella de Palafrugell sich zu hübschen Urlaubsorten der moderaten Art entwickelt haben. Bei *Palamós* werden die Strände wieder länger, und, als Folge offenbar unvermeidlich, die Hotels und Apartmentblocks wieder höher. Einen langen Strand und die entsprechende Bebauung besitzt auch *Platja d'Aro*, das größte Ferienzentrum der zentralen Costa Brava und ihr Mittelpunkt des Nachtlebens. Ganz anders im Charakter zeigt sich wiederum *Sant Feliú de Guixols* an der südlichen Grenze der Comarca, ein sympathisches und ursprüngliches altes Küstenstädtchen, in dem der Tourismus nur eine Nebenrolle spielt.

Das Hinterland des Baix Empordà glänzt mit zahlreichen interessanten Ausflugszielen. Bei einem Blick auf die Karte fällt schnell auf, dass viele Siedlungen etwas landeinwärts der Küste errichtet wurden – Grund war die im ausgehenden Mittelalter stets präsente Gefahr durch Piraten. Selbst manch winziger Weiler, oft auf einer kleinen Kuppe erbaut, ähnelt deshalb fast einer Festung, und auch in den Dörfern und Städtchen erinnern noch viele Mauern, Türme und wehrhaft wirkende Kirchen an die einstige Bedrohung. Gut studieren lässt sich diese mittelalterliche Architektur in restaurierten Denkmalstädtchen wie *Pals* oder *Peratallada*. Der Frühgeschichte auf der Spur ist man hingegen in der *Ciutat Iberica d'Ullastret*, einer vor rund 2500 Jahren gegründeten, befestigten Siedlung, die einst inmitten eines heute ausgetrockneten Sees lag. Aber auch die modernen Zeiten locken mit einem sehenswerten Ziel: Kein Fan des Surrealisten Dalí wird einen Abstecher ins *Castell de Púbol* missen wollen – von Dalí für Gattin Gala gekauft und dekoriert, trägt das Schloss deutlich die Handschrift des Malerfürsten, der nach Galas Tod hier selbst eine Zeit lang lebte. Und dann ist da noch *Girona*, Hauptstadt einer eigenen, *Gironès* genannten Comarca, aber auch der gesamten Costa Brava. Bei der Durchfahrt mag die große Stadt eher abschreckend wirken, der mittelalterliche Ortskern jedoch zählt zu den schönsten Spaniens.

L'Estartit   (2900 Einwohner)

Vom Fischernest zum Touristenzentrum – L'Estartit hat einen rasanten Aufstieg hinter sich. Klar, dass der Boom auch seine Spuren hinterließ.

Einst war L'Estartit nur der kleine Hafen des alten Inlandsstädtchens Torroella de Montgrí, gerade mal von ein paar Fischern und Bauern bewohnt. Heute übertreffen die neueren Siedlungsteile, in Strandnähe mit vielstöckigen Hotelklötzen und im Hinterland mit Villen bestanden, den Ortskern an Fläche bei weitem. Im Zentrum präsentiert sich L'Estartit denn auch noch von seiner reizvolleren Seite – vor allem rund um die *Plaça Església*, einem recht hübschen Platz mit Straßencafés, der durch die Hauptflanierstraße *Carrer de Santa Ana* mit dem ausgedehnten Hafen verbunden ist. Von der Bauwut in den neueren Zonen ausgenommen blieb einzig das Naturreservat *El Ter Vell*, bis zu dessen Umleitung im 19. Jh. die Mündung des Riu Ter und heute eine Lagune, an der sich von mehreren Beobachtungspunkten aus mit etwas Glück seltene Vogelarten erspähen lassen.

Bunt: L'Estartits Hafen

Der touristische Aufschwung kam nicht von ungefähr, denn L'Estartit hat gleich mehrere beachtliche Trümpfe vorzuweisen. Einer davon ist der kilometerlange, bis zu hundert Meter breite Sandstrand, der bis hinab zur Mündung des Riu Ter reicht. Dann sind da die *Illes Medes*, eine markante, unter Naturschutz gestellte Inselgruppe, die von vielen Punkten der Küste aus sichtbar ist. Das Gebiet um die Inseln zählt zu den interessantesten Tauchrevieren Spaniens; Sporttaucher können deshalb unter einem guten halben Dutzend Stationen wählen. Wer lieber vom Trockenen aus die Fische bewundern möchte, kann sich an Bord eines der Glasbodenboote begeben, die zur Saison um die Inseln kreuzen. Aber auch Wanderer kommen in L'Estartit nicht zu kurz: In den Hügeln des Massís de Montgrí im Westen und auf der einsamen Hochebene oberhalb der wilden Steilküste im Norden ist eine ganze Reihe von Wegen ausgeschildert. Bleibt zu erwähnen, dass der Fremdenverkehr für L'Estartit offensichtlich auch ein stark gestiegenes Selbstbewusstsein mit sich brachte – die Siedlung, die bis heute zur Gemeinde des Mutterstädtchens Torroella de Montgrí zählt, möchte gern eigenständig werden und fordert deshalb ein „Unabhängiges L'Estartit": *L'Estartit independent.*

Information/Verbindungen

• *Information* **Oficina Municipal de Turisme,** Passeig Maritim s/n, an der Uferstraße beim Hafen; gute Wandertipps. ℡ 972 751910. Öffnungszeiten Mo–Sa 9–13, 15-18 Uhr, So 9–14 Uhr, zur HS erst ab 9.30 bzw. 16 Uhr, dann jedoch länger geöffnet. www.visitestartit.com.

• *Verbindungen* **Bus:** AMPSA-Busse halten in Küstennähe unweit der Plaça Dr. Fleming sowie an der Avinguda de Grècia. Verbindungen nach Torroella de Montgrí 12-mal, L'Escala 2-mal, via Begur nach Palafrugell und Palamós 2-mal, Girona 6-mal täglich; mit Umsteigen am Kreisverkehr in Torroella z.T. häufigere Anschlüsse.

Übernachten/Camping

Große Auswahl, die meisten Häuser sind aber nur in der Saison geöffnet.

** **Hotel Coral (4)**, im Zentrum des abendlichen Geschehens, nämlich direkt am Kirchplatz. Kleiner Pool. Nur zur Saison geöffnet, offiziell von April bis September, tatsächlich aber oft noch kürzer. DZ etwa 55 €. Plaça Església 8, ℡ 972 751200, ✆ 972 750027, www.hcoral.com.

* **Hotel Les Illes (9)**, wegen der angeschlossenen Basis besonders bei Tauchern beliebt. Ganzjährig geöffnet. DZ etwa 60–90 €, Frühstück inklusive. Carrer Illes 55, eine Parallelstraße zur Uferpromenade im hinteren Hafenbereich, ℡ 972 751239, ✆ 972 750086, www.hotellesilles.com.

* **Hotel Medes II (3)**, langjährig eingeführter Familienbetrieb in recht zentraler Lage, ganzjährig geöffnet. Pension ist möglich, aber nicht Pflicht. Parkmöglichkeit, kleiner Pool. DZ/F je nach Saison und Ausstattung etwa 60–90 €. Carrer Guillem de Montgrí 38, ℡ 972 750880, ✆ 972 751149, www.hotelmedes.com.

** **Pensió Santa Clara (11)**, solide und familiäre Pension am Hafen, ein Teil der insgesamt 25 Zimmer deshalb mit schöner Aussicht aufs Meer. Halbpensionspreise zwischen 65 und 75 € pro DZ/Bad, Ü/F kommt nur unwesentlich günstiger. Passeig Marítim 18, ℡ 972 751767, ✆ 972 750641, www.hostalsantaclara.com.

• *Camping* In der Umgebung insgesamt acht Plätze, davon allein vier beiderseits der Straße von Torroella. Bei der Infostelle ist ein Lageplan mit Preisangaben erhältlich.

Castell Montgrí, 1. Kat., ein riesiger Urlaubsplatz mit hervorragenden Einrichtungen, unter anderem einem Riesenschwimmbad der Maße 70x40 m – das ergibt Sinn, schließlich liegt das Meer deutlich über einen Kilometer entfernt (Busdienst). Teilweise schattiges, auf mehrere Ebenen und Hänge verteiltes Gelände, reichlich Sportmöglichkeiten und Abendunterhaltung. Geöffnet ca. Anfang/Mitte Mai bis September. Preise zur HS pro Person etwa 4 €, Stellplatz 38 €. Zufahrt von der Straße von Torroella, ℡ 972 751630, ✆ 972 750906, www.campingparks.com.

La Sirena, 2. Kat., mit Tauchschule und Flaschenbefüllung auch für Unterwasserfans interessant. Flaches Gelände mit wenig Schatten; Pool, Disco, Bar-Rest., Supermarkt etc. Strandnahe Lage, deutschsprachiges Management. Geöffnet Ostern bis Mitte Oktober. Preise: p.P., Auto jeweils 5,50 €, kleines Zelt 4,50 €. Zufahrt von der Straße von Torroella, ℡ 972 751542, ✆ 972 750944, www.camping-lasirena.com.

El Molino, 2. Kat., liegt noch ein Stück weiter südlich und ebenfalls strandnah. Geöffnet April bis September. Preise p.P., Auto, Zelt je etwa 4,50 €. Ctra. Torroella de Montgrí, ℡/✆ 972 750629.

Estartit (1), 2. Kat., sehr nah beim Ortskern gelegen, zum Strand etwa 400 Meter; günstig für Nachtschwärmer und Rucksackreisende. Überwiegend schattiges Terrassengelände, hübscher kleiner Swimmingpool, Bar, ausreichende Sanitärs. Deutschsprachige Leitung. Geöffnet April bis Mitte/

Ü bernachten
1 Camping Estartit
3 Hotel Medes II
4 Hotel Coral
9 Hotel Les Illes
11 Pensió Santa Clara

E ssen & Trinken
2 Cafetería-Rest. Alba
5 Rest. Els Valencians
6 Rest. Santa Ana
7 Bar-Rest. Can Cervera
8 Rest. La Gaviota
10 Bar-Rest. Tucan

L'Estartit
150 m

Ende September. Preise p.P., Auto jeweils etwa 6 €, kl. Zelt 5,50 €, außerhalb der HS deutlicher Rabatt. ☎ 972 751909, ✎ 972 750991, www.campingestartit.com.

E ssen

Viele Restaurants von L'Estartit sind im Winter komplett geschlossen oder haben dann nur am Wochenende geöffnet.

Restaurant La Gaviota (8), in einem wenig attraktiven Apartmentblock an der Strandpromenade. Die Küche hier, spezialisiert auf Fisch und Meeresfrüchte, gilt allerdings als eine der besten des Ortes. Menü à la carte ab etwa 35 €, mit Fleisch günstiger. Passeig Marítim 92, ☎ 972 752019.

Restaurant Els Valencians (5), spezialisiert auf (sehr gute) Paella. Mit der Zubereitung sollte es keine Probleme geben: Die Inhaber stammen, wie ja schon der Name nahelegt, tatsächlich aus Valencia, der Heimat der Paella. Mittlere Preisklasse. Carrer de Montgó 29.

Restaurant Santa Ana (6), in der Fußgängerzone. Mehrere Menüs, interessant besonders für Vegetarier, die hier ein spezielles Menü für 12 € finden. Carrer Santa Ana 55.

Bar-Rest. Can Cervera (7), ebenfalls in der Fußgängerzone, bekannt für die große Auswahl an Tapas. Carrer Santa Ana 55.

Cafetería-Rest. Alba (2), in prominenter Lage am Kirchplatz. Solide Bistroküche mit katalanischen Akzenten – sofern man sich an die Hauskarte hält und auf die industriell vorgefertigten Pizzas und Paellas etc. verzichtet. Nicht teuer. Plaça Església.

Bar-Rest. Tucan (10), am Rand der Strandsiedlung. Optisch eher Richtung Schnellimbiss, die Küche jedoch ganz passabel und das Menü mit knapp 10 € ausgesprochen günstig. Carrer de les Salines.

Ausflüge/Sport/Wandern

● *Schiffsausflüge*   Vom Hafen verkehren mehrere überwiegend mit Glasböden ausgerüstete Schiffe zu Rundfahrten um die Medes-Inseln und entlang der wilden, von Meeresgrotten durchzogenen Steilküste im Norden. Abfahrten zur Saison etwa stündlich, sonst nur am Wochenende bzw. bei ausreichender Zahl an Passagieren. Tickets an den Kiosken, Fahrtdauer etwa 1,5 Stunden, Richtpreis p.P. um die 14-16 €.

● *Sport*   **Tauchstationen** gibt es in breiter Auswahl, vollständige Liste in der Touristeninformation. Die Tauchbasen kümmern sich in der Regel auch um die Erlaubnis, die für das Tauchen in der engeren Schutzzone

der Medes-Inseln erforderlich ist.

Fahrradverleih: „Medaqua" beim Hafen, einer von mehreren Anbietern vor Ort, vermietet neben Fahrrädern (Tag 18 €) auch Kajaks, veranstaltet Schnorcheltouren etc. Passeig Marítim 13, ✆ 972 752043.

● *Wandern*   Die weiter vorne beschriebene Wanderung 5 von L'Escala nach L'Estartit lässt sich natürlich auch in der Gegenrichtung begehen, der erste Abschnitt ist dann identisch mit dem Beginn von Wanderung 6 (siehe unten). Zusätzlich hat die Gemeinde eine ganze Reihe weiterer Wanderwege ausgeschildert, Näheres bei der Infostelle.

Nachtleben/Veranstaltungen

● *Nachtleben*   Wenig Nachfrage, L´Estartit ist ein eher ruhiges Pflaster. **Musicpubs**, nur im Sommer geöffnet, finden sich gehäuft im Häuserblock östlich des Carrer del Coral, zwischen Carrer Eivissa und Carrer Roma. Betrieb herrscht ab etwa zehn Uhr abends.

Maxim's, Disco-Dauerbrenner am Carrer Primavera, nicht weit vom Ortskern Richtung Camping Estartit und auch von der Jugend der Umgebung gern besucht.

Mariscal, eine Rockdisco am Carrer Barcelona 51, oberhalb der Plaça Esglesia, veranstaltet an Wochenenden Live-Konzerte, musikalisch ebenfalls mit Schwerpunkt auf Rock.

● *Feste und Veranstaltungen*   **Markttag** ist Donnerstag, an der Av. Roma.

Festa de Santa Ana, das Hauptfest zu Ehren der Schutzpatronin von L'Estartit, am 26. Juli.

Baden

Die **Platja Gran**, der „Große Strand" von L'Estartit, ist bis zu hundert Meter breit und reicht über mehrere Kilometer vom Hafen bis zur Mündung des Riu Ter. Im Ortsbereich ist alle nötige Infrastruktur inklusive diverser Wassersportangebote und einer Rotkreuzstation vorhanden. Nach Süden zu wird es einsamer, und im letzten Abschnitt vor dem Fluss erheben sich Dünen; hier ist

auch Nacktbaden üblich. Schade, dass das flache Hinterland des Strandes zunehmend mit Urbanisationen verbaut wird. Von der Mündung selbst sollte man etwas Abstand halten, der Riu Ter gilt nicht gerade als sauber. Das strandnahe Gebiet direkt vor der Mündung steht als „Reserva Natural de la Gola" unter Naturschutz.

Illes Medes

Nicht einmal einen Kilometer ist der kleine Archipel von der Küste entfernt, zum Hafen von L'Estartit sind es etwa 1,5 Kilometer. Eine Distanz also, die sich theoretisch auch schwimmend überbrücken ließe – verzichten Sie besser darauf, es kommt immer wieder zu Unfällen mit Schiffen! Neben der Hauptinsel *Meda Gran* und ihrer kleineren Schwester *Meda Petita* zählen noch fünf weitere winzige Eilande zu der Inselgruppe. Alle ragen sie schroff aus dem Meer empor und lassen ihre geologische Zugehörigkeit zum Kalkmassiv von Montgrí schon optisch deutlich werden. Im Mittelalter ein bevorzugter Schlupfwinkel von Piraten, später Militärstützpunkt, sind die Medes-Inseln heute unbewohnt.

Bewachsen sind alle Inseln nur spärlich, auch die Tierwelt ist über Wasser wenig vertreten. Eine Ausnahme bilden flugfähige Insekten und Vögel, die in großer Vielfalt vorkommen. Hauptanziehungspunkt der Illes Medes ist jedoch die Unterwasserwelt. Begünstigt durch unterschiedliche Wassertiefen und nährstoffreiche Strömungen findet sich in den Brandungszonen, den vielen Höhlen und den großen Beständen an Neptungras eine Fülle an Pflanzen und Tierarten von der Gorgonie bis zum Zackenbarsch. Das Gebiet ist nicht nur für Taucher interessant, auch Schnorchler können schon eine ganze Menge entdecken.

• *Schutzbestimmungen* Um die Inselgruppe besteht eine 75 m breite Schutzzone. Der Besuch ist nur tagsüber gestattet. Strikt verboten: Wasserski, Angeln und sonstige Entnahme von Tieren und Pflanzen, Feuer machen, Übernachten, Ankern und Anlanden mit Ausnahme der Landestelle L'Embarcador auf Meda Gran. Dass man keinerlei Abfall hinterlässt, ist wohl selbstverständlich. Betreten werden darf nur Meda Gran; zur Vogelbrutzeit von März bis Juni sollte man auch darauf verzichten, will man nicht blutige Bekanntschaft mit den durchaus scharfen Schnäbeln besorgter Möwenmütter machen.

Imposant: Steilküste nördlich von L'Estartit

Wanderung 6: Zum Castell de Montgrí und zurück   (siehe Karte S. 135)

Route: L'Estartit – Montplà – Castell de Montgrí – Torroella de Montgrí – L'Estartit; **reine Wanderzeit**: etwa 5–5½ Stunden; **Einkehr**: in Torroella, jedoch nur mit einem Umweg ins Ortszentrum; Sonnenschutz, Proviant und Trinkwasser nicht vergessen. **Wanderkarte**: siehe Wanderung 5, Seite 135.

Charakteristik: Ein schöner, aber streckenweise etwas anstrengender Rundwanderweg, der zunächst auf einem Teilstück des Fernwanderwegs GR 92 durch die Hochebene über L'Estartit und die Hügellandschaft des Montgrí hinauf zur Burg von Montgrí führt. Oben entschädigt die fantastische Aussicht für den mühsamen Aufstieg, bei dem man an einigen Stellen auch schon mal die Hände zu Hilfe nehmen muss. Der Rückweg von Torroella nach L'Estartit erfolgt durch Bauernland etwa parallel zur Verbindungsstraße.

Verlauf: Vom Kirchplatz in L'Estartit geht man zunächst den Carrer Santa Ana landeinwärts, an dessen Ende rechts, am Carrer de Barcelona wieder links und 100 Meter weiter an der Einmündung des Carrer Primavera rechts vorbei an der Disco Maxim's, am Eingang zum Camping Estartit und später auch an einem geradeaus führenden Kiesweg; hier der

Beschilderung „L´Escala" folgen. In weiten Kurven klettert das Asphaltband hügelan und erreicht oben auf der Hochfläche eine Gabelung, an der man sich links hält. Knapp zehn Minuten später, direkt hinter dem Scheitel einer scharfen Linkskurve der Straße, folgt man der beschilderten Abzweigung Richtung L'Escala nach rechts auf die Piste. 200 Meter weiter steht ein Wegweiser: Rechts geht es auf den Wanderpfad Richtung Cala Montgó und L'Escala (Wanderung 5 in Gegenrichtung), links zweigt rechtwinklig unser Weg ab, u.a. beschildert „GR 92/ Castell de Montgrí". Bald sind auch wirklich die ersten weiß-roten Markierungen des Fernwanderwegs zu erkennen. Knapp 400 Meter hinter der Piste muss man bei einer Baumgruppe den bisherigen Weg schon wieder nach schräg rechts verlassen, zwischen den Bäumen hindurch. Der Pfad wird nun schmaler und führt auf einen eingezäunten Wald zu, den man im Bogen nach rechts umgeht (am Waldende links halten), immer dem Zaun nach. Auf der anderen Seite des Waldstücks angelangt, hält man sich rechts und folgt dem nun wieder breiter werdenden Weg westwärts. In leichtem Auf und Ab geht es jetzt eine ganze Weile lang über die mit Macchia und Bäumen bestandene Hochfläche; trotz einzelner abzweigender Pfade bleibt der Hauptweg gut erkennbar. Etwa eine Dreiviertelstunde nach Verlassen der Piste Richtung L'Escala tauchen die ersten Häuser der Urbanisation *La Torre Vella auf.*

Am Rand der Siedlung folgt man dem parallel zur Fahrstraße verlaufenden Pfad, biegt aber nach wenigen Minuten, kurz hinter einer Wohnanlage, die Namen spanischer Maler wie Goya und Picasso trägt, links ab und hält sich nach 50 Metern wieder rechts in einen Fahrweg. Vorbei an einem auffälligen, rechts etwas erhöht gelegenen Wasserspeicher verlässt man die Siedlung in einen Wald hinein. Dieser Forst wurde, ein Schild verrät es, Ende des 19. Jh. angelegt, um die Wanderung einer kontinentalen Düne zu stoppen. An der nächsten Kreuzung der nun asphaltierten Straße geht es geradeaus. Bald senkt sich die Straße wieder und ein einzelnes Haus kommt in Sicht. Im Hintergrund erhebt sich unser nächstes Etappenziel, der 317 Meter hohe *Montplà*. Etwa 50 Meter vor dem Haus folgt man dem rechts abzweigenden Fahrweg, biegt aber nach wenigen Metern wieder links in den beschilderten Pfad ein. Der folgende Aufstieg über einen Geröllpfad ist mühsam und schweißtreibend, belohnt jedoch durch weite Ausblicke auf den Golf von Roses im Norden und die Mündungsebene des Ter im Süden. Eine Felsbarriere wird nach rechts umgangen und in einem Linksbogen die Hochfläche des Montplà erreicht. In einigem Abstand läuft man rechts an einem Brandwächter-Häuschen vorbei, dann auf dem Pfad schräg über den Hügelrücken in etwa westlicher Richtung auf den Berg des *Castell de Montgrí* zu; rechts unten im Tal ist die Kapelle Santa Caterina zu erkennen. Je näher das Kastell rückt, desto deutlicher wird, dass die eben mühsam erklommenen Höhenmeter nicht die Letzten waren – vor dem Burgberg geht es erst noch einmal bergab, und der folgende steile Hang sieht aus der Ferne nicht gerade Vertrauen erweckend aus. Tatsächlich steigt man drüben fast in der Direttissima durch stachliges Gebüsch bergan – achten Sie beim Aufstieg besonders auf die weiß-roten Markierungen und ebenso darauf, nicht zu weit nach links zu gelangen, da die Burg aus der Torroella abgewandten Richtung erreicht wird. Nach einer knappen Vier-

Abstieg vom Kastell: Blick auf Torroella

telstunde ist man oben am Eingang. Näheres zum Kastell finden Sie unten im Text zu Torroella de Montgrí.

Hinab nach Torroella nimmt man den etwas unterhalb des Kastells in einem Bogen nach rechts verlaufenden Weg, vorbei an der nur noch schwach mit „Cau del Duc" markierten steilen Abzweigung, die zu einer in vorgeschichtlicher Zeit bewohnten Höhle führt. Der Pfad wird nun steinig, führt in Schleifen bergab und erreicht ein Gedenkkreuz, an dem man sich links hält. Während des folgenden Abstiegs zweigen mehrfach Seitenwege von der Hauptroute ab. Orientierungshilfe bieten hier die weiß-roten GR-Markierungen und die Kirche von Torroella; achten Sie auch darauf, nicht zu weit nach rechts zu gehen. Etwa eine Dreiviertelstunde nach Verlassen des Kastells ist man am Camí de les Dunes in Torroella angelangt, an dem sich auch ein kleiner Parkplatz mit einem Hinweisschild für den Aufstieg zum Kastell findet. Wer Wanderung 5 und 6

kombiniert hat und mit dem Bus zurück nach L'Escala fahren möchte, gelangt über den Carrer de Fatima direkt zur SARFA-Haltestelle am großen Kreisverkehr.

Um zurück nach L'Estartit zu wandern (noch knapp 1½ Stunden), wendet man sich hingegen am Parkplatz hart nach links und steigt wieder aufwärts, vorbei an einem Sackgassenschild; beim nächsten Sackgassenschild rechts ab in die Ronda de Pau Casals, ein Stück geradeaus und dann links am Fußballplatz vorbei. Die Piste führt nun durch Olivenhaine, vorbei an kleineren Seitenwegen und immer etwa parallel zu der in einiger Entfernung verlaufenden Straße Torroella-L'Estartit. Etwa 20 Minuten hinter dem Fußballplatz geht es an einer Gabelung (200 Meter weiter ein Haus) rechts leicht abwärts in Richtung Straße. Bald erreicht man den Rand einer Go-Kart-Bahn; hier wieder links. Nach wenigen Minuten zweigt der Hauptweg links ab, wir halten uns jedoch geradeaus und erreichen, vorbei an einem Gehöft, die Urbanisation *Les Dunes*. Am oberen Rand der Siedlung entlang geht es auf dem Camí Vell zur nächsten Urbanisation, *La Torre Gran*, vor der man dem rechts abbiegenden Weg in Richtung Verbindungsstraße folgt. Parallel zu dieser gelangt man, über zwei Querstraßen hinweg und ein kleines Stück auf Asphalt gehend, ins Dorf *Santa María del Mar* und bald auch zum unteren Rand des Campings Castell Montgrí. An diesem entlang und immer geradeaus wird in wenigen Minuten der Kreisverkehr in L'Estartit erreicht – geradeaus geht es Richtung Zentrum, rechts zur Strandsiedlung.

Torroella de Montgrí (8000 Einwohner)

Nur sechs Kilometer landeinwärts von L'Estartit gelegen, zeigt sich Torroella weit bodenständiger als die Feriensiedlung am Meer.

Im Sommer deutlich ruhiger als der Küstenort, spielt sich in Torroella auch außerhalb der Saison Alltagsleben ab – L'Estartits Straßen liegen dann fast verwaist.

Im Sommer ein Konzertsaal: Kirche Sant Genís

Der historische Kern des bereits im Mittelalter gegründeten Städtchens ist mit seinen langen, geraden Straßen, den Natursteinhäusern, alten Türmen wie dem „Hexenturm" *Torre de les Bruixes*, der gotischen Kirche *Sant Genís* und dem gemütlichen Hauptplatz *Plaça de la Vila* noch gut erhalten. Wenn auch die ganz großen Sehenswürdigkeiten fehlen, so bietet ein Bummel durch die engen Gassen doch immerhin eine angenehme Abwechslung zu der stark vom Tourismus geprägten Atmosphäre von L'Estartit.

● *Verbindungen* **Zug**: Nächster Bahnhof in Flaçà, Busverbindung.

Bus: Haltestelle an der Plaça del Lledoner, dem großen Kreisverkehr an der Durchgangsstraße Richtung L'Estartit. SARFA-Busse nach Palamós via Begur und Palafrugell 3-mal, L'Escala 6-mal, Figueres 4-mal, Barcelona 3-mal täglich. Busse der AMPSA nach L'Estartit 12-mal, nach Girona 6-mal täglich. Anschlüsse auch zum Bahnhof Flaçà. Zur HS teilweise erweitertes Angebot.

● *Übernachten* ***** **Hotel Palau Lo Mirador**, Luxusquartier am Rand der Altstadt, untergebracht in einem uralten Grafenpalast, in dem seinerzeit auch schon gekrönte Häupter genächtigt haben sollen. Stilvolle Zimmer, Garten mit Pool. Das Restaurant veranstaltet in mehreren Sälen auch Bankette, Privatfeiern etc. DZ etwa 140–230 €, auch Suiten. Passeig de la Església 1, nahe der Kirche, ✆ 972 758063, ✉ 972 758246, www.palaulomirador.com.

* **Pensió Mitjà**, familiäres Quartier oberhalb des Hauptplatzes und unweit des Palau Solterra; empfehlenswertes Restaurant angeschlossen. DZ/Bad etwa 65–70 €, Frühstück inbegriffen. Carrer Església 14, in der Verlängerung des Carrer Major, ✆ 972 758003, www.fondamitja.com.

● *Camping* **El Delfín Verde**, 1. Kat., ausgedehnter Platz mit exzellenten Einrichtungen. Direkt am Meer, Schatten nur auf einem Teil des Geländes. Reichlich Sport- und Unterhaltungsmöglichkeiten, Animation etc; der Clou ist das riesige Schwimmbecken in Form eines Delphins, das größte Süßwasserbecken der Costa Brava. Geöff-net etwa Ostern bis Mitte Oktober, zur HS ist Reservierung Pflicht. Preise p.P. etwa 5 €, Stellplatz rund 44 €, zur NS günstiger. Zufahrt von der Straße nach Pals, ✆ 972 75 8450, ✆ 972 760070, www.eldelfinverde.com.

● *Feste und Veranstaltungen* **Markttag** ist Montag, um die Plaça Qintana i Combis am westlichen Altstadtrand.

Festival Internacional de Música Clásica, bedeutendes Musikfestival im Juli und August. Die Konzerte finden überwiegend in der Kirche Sant Genís statt.

Sant Genís, Fest des Schutzheiligen am 25. August.

Sehenswertes

Museu de la Pintura Palau Solterra: Eines der Museen der Fundación Privada Vila Casas, die vom gleichnamigen Pharmazeutik-Unternehmer gestiftet wurde; ein weiteres liegt in Palafrugell (Fotografie). Hier in Torroella werden in einem Altstadtpalast am Carrer de l´Església 10 auf mehreren Stockwerken – neben wechselnden Ausstellungen – vor allem Arbeiten zeitgenössischer katalanischer Maler aus der Privatsammlung von Casas gezeigt, darunter Werke von José Guerrero, Antoni Tàpies und Frederic Amat.

Öffnungszeiten Mitte Juni bis Mitte September 11–14 Uhr, Di geschlossen; im restlichen Jahr nur Sa 11–14, 16.30–20.30 Uhr, So 11–14 Uhr; Änderungen möglich. Eintrittsgebühr 2 €. Internet-Infos unter www.fundacionvilacasas.org.

Museu Can Quintana: Das noch recht junge „Museu de la Mediterrània" ist in dem historischen Gebäude *Can Quintana* im Carrer d´Ullà 31 untergebracht, unweit westlich des Hauptplatzes. Mit vielen interaktiven Exponaten widmet es sich der Zivilisation (Geschichte, Musik etc.) des Mittelmeerraums; daneben gibt es Wechselausstellungen, eine Filmvorführung und weitere Aktivitäten.

Öffnungszeiten Mo-Sa 10–14 Uhr und 17–20 Uhr bzw. Juni bis September 18-21 Uhr; So 10-14 Uhr, Di (außer zur HS) geschlossen. Eintritt frei.

Castell de Montgrí: Die Burg hoch oberhalb der Stadt ist schon bei der Anfahrt von weitem sichtbar. Errichtet wurde sie im späten 13. Jh. für König Jaume II., der mit dem Kastell aufmüpfigen Grafen seine Macht demonstrieren wollte. Der quadratische, zinnenbewehrte Bau mit den vier Rundtürmen und einer Seitenlänge von mehr als 30 Metern erinnert an Festungen aus dem Nahen Osten, deren Bauweise nach den Kreuzzügen sozusagen in Mode kam. Er wurde nie vollendet. Dennoch lohnt sich der etwa einstündige Aufstieg über fast 300 Höhenmeter: Im völlig leeren Inneren der Burg kann man auf die mächtigen Mauern emporsteigen und einen wahrhaft phänomenalen Rundblick genießen. Im Süden reicht die Aussicht über Torroella und die Ebene des Ter bis zu den angrenzenden Hügeln, im Norden über den gesamten Golf von Roses. Bei sehr gutem Wetter sieht man sogar die Pyrenäen.

● *Aufstieg* Vom Kreisverkehr an der Plaça del Lledoner über den Carrer Fatima (beschildert), am Ende rechts; hier auch einige Parkplätze und ein Schild, das den Beginn des Pfads signalisiert. Die Burg ist auch von L'Estartit auf einem schönen Wanderweg zu erreichen, siehe Wanderung 6. Eine Anfahrt mit dem Auto ist nicht möglich.

Die mittlere Costa Brava: Baix Empordà Karte S. 138

Poblat Ibèric de Ullastret

Ein Ausflug in eine weit zurückliegende Vergangenheit: Vor 2500 Jahren war Ullastret eine der größten Siedlungen Kataloniens.

Die Ruinen von Ullastret liegen nordöstlich des gleichnamigen Dorfes, unweit der Straße von Torroella nach La Bisbal. Sie erstrecken sich auf dem Hügel *Puig de Sant Andreu*, auf dem bereits im Paläolithikum Menschen gelebt haben. Am Übergang der Bronze- zur Eisenzeit entstand Ende des 7. Jh. v. Chr. eine erste feste Siedlung, von der freilich keine sichtbaren Spuren blieben. Ein guter Grund für die frühe Ansiedlung gerade hier war sicher die bevorzugte Lage: Der Hügel erhob sich inmitten eines großen Sees, der erst im späten 19. Jh. trocken gelegt wurde (aber noch heute nach sehr starken Regenfällen seine frühere Form wieder einnimmt) und konnte deshalb leicht verteidigt werden.

Ab dem 6. Jh. v. Chr. wurde eine neue Siedlung errichtet, die bis ins 2. Jh. v. Chr. Bestand hatte. Ihre Bewohner waren ein Stamm der *Iberer*, der ältesten geschichtlich bezeugten Volksgruppe Spaniens. Handelskontakte mit den kultivierten Griechen, die sich im nahen Empúries und in Roses niedergelassen hatten, führten zu einem Zivilisationssprung und einer schnellen Entwicklung der jungen Siedlung. Die Häuser waren, anders als die des Vorgängerdorfes, nun aus Ziegeln und auf festem Fundament erbaut, ihr Grundriss rechteckig statt rund. Ab dem Ende des 6. Jh. war das Dorf durch eine starke Mauer geschützt und so zum „Oppidum", zur befestigten Siedlung geworden. Bald kannten die Bewohner, antiken Autoren zufolge von den Griechen „Indiketas" genannt, die Töpferscheibe und wussten um die Verarbeitung von Eisen. Reste einzelner größerer Wohnhäuser belegen die Existenz einer Führungsschicht, gesellschaftliche Organisation und Arbeitsteilung ermöglichten die Errichtung öffentlicher Bauten. Die Toten wurden verbrannt und in Urnen auf Friedhöfen bestattet. Über die Gottheiten der Iberer weiß man dagegen nur wenig, obwohl im höher gelegenen Bereich der Ortschaft mehrere Tempel freigelegt wurden. Zwar wurden im Dorf Büsten der griechischen Fruchtbarkeitsgöttin Demeter und kleine Statuen des fülligen ägyptischen Fruchtbarkeitsgottes Bes gefunden (ein weiterer Beleg für die starken kulturellen Einflüsse von außen), ob sie jedoch einen Bezug zu den Tempeln haben, blieb bislang unbekannt. Die Iberer besaßen aber auch einen eigenen, recht bizarren Schädelkult; so entdeckte man Totenschädel mit angeschliffenen Zähnen und solche, in die Nägel eingeschlagen waren.

Ab etwa 450 v. Chr. begann für Ullastret eine Zeit großen Wohlstands. Die Siedlung lebte gut von Ackerbau, Viehzucht und Handwerk, und die Handelsbeziehungen mit den Griechen und anderen Mittelmeervölkern intensivierten sich. Ihre Bewohner tauschten Getreide, Keramik und Rohstoffe (Metall, Tierhäute, Salz, Honig) gegen Olivenöl, Wein und auch gegen Luxusartikel wie Schmuck, edles Geschirr und feine Kleidung. Die Verteidigungsmauern wurden erweitert. Gegen Ende des 5. Jh. v. Chr. erschien, aus dem Südosten der Halbinsel kommend, die iberische Schrift in Ullastret. Sie besteht aus 28 Zeichen und kann zwar transkribiert und gelesen, mangels Kenntnis der Sprache aber bis heute nicht übersetzt werden. Wenig später tauchten auch die ersten Münzen auf, vor allem griechische Drachmen aus Empúries und Roses. Ab dem Ende des 4. Jh. v. Chr. verstärkte sich der römische Einfluss auf Ullastret. Zunächst äußerte sich dies nur durch das häufigere Auftreten römischer Handelsware, spä-

Mächtige Mauern, viele Jahrhunderte alt: Poblat Ibèric de Ullastret

ter jedoch geriet die Siedlung in die Wirren der Punischen Kriege. 218 v. Chr., mit der Landung der Römer in Empúries, begann das Ende der Blütezeit von Ullastret. Nur wenige Jahrzehnte später, im ersten Viertel des 2. Jh. v. Chr., wurde die Siedlung verlassen. Zerstörungen oder andere Spuren eines Kampfes ließen sich nicht entdecken; man nimmt deshalb an, dass wirtschaftliche Gründe für die Aufgabe des Dorfes verantwortlich waren.

Besucher nähern sich dem iberischen Dorf von Westen und treffen auch gleich auf die imposanteste Konstruktion der Siedlung: Hier verläuft, von zwei Toren unterbrochen und durch mehrere Türme geschützt, die wichtigste Verteidigungsmauer von Ullastret, ein hoher Wall, der vom 6.–3. Jh. v. Chr. aus mächtigen Steinquadern errichtet und mehrfach verstärkt wurde. Die Bauten im Inneren, überwiegend aus dem 3. Jh. v. Chr. stammend, sind weniger spektakulär. Erkennbar sind jedoch immerhin die Reste eines vermutlich öffentlichen Gebäudes und zweier Tempel, außerdem gepflasterte Straßen, Zisternen zur Wasserversorgung und kreisrunde Silos zur Lagerung von Getreide. Einen Besuch unbedingt wert ist das kleine, aber feine *Museum*, das mit zahlreichen Fundstücken die Geschichte der Siedlung dokumentiert; hier ist auch eine Broschüre mit Lageplan der Ausgrabungsstätte erhältlich.

Öffnungszeiten Von Juni bis September Di–So 10–20 Uhr; übrige Monate Di–So 10–18 Uhr (Museum dann 14–15 Uhr geschlossen). Eintrittsgebühr 2,30 €; im Winter ist die Ausgrabungsstätte (nicht das Museum) gratis zugänglich.

Ullastret: Die heutige Siedlung, nicht weit von der Ausgrabungsstätte gelegen, ist ein sehr ruhiger kleiner Weiler von nicht einmal 300 Einwohnern, dessen Ortsbild samt gut erhaltener Stadtmauer noch klar mittelalterlich geprägt ist.

● *Übernachten/Essen* **Hotel El Fort**, quasi direkt auf der Stadtmauer mitten im Ortskern gelegen, mit einer hübschen Terrasse neben dem ehemaligen „Carcer" (Gefängnis). Vier Suiten bzw. Apartments, davon drei mit eigener Küche. Das zugehörige Restaurant genießt guten Ruf, ein Menü kommt auf etwa 35–40 €. Apartment für zwei Personen etwa 100–150 €. C. Presó 2, ☎ 972 757 773, www.hotelelfort.com.

Púbol

Der südliche Abschluss des „Dalí-Dreiecks" – auf Schloss Púbol lebte in den 70er-Jahren Gala und nach ihrem Tod der Meister selbst.

Das winzige Dörfchen Púbol liegt in der weiten, landwirtschaftlich strukturierten Ebene des Riu Ter, unweit der kaum größeren Siedlung La Pera, nahe der C 66 von La Bisbal nach Girona. Beide Dörfer sind mit ihren Natursteinhäusern und erstaunlich großen Kirchen durchaus typisch für die Region. Beide würden allerdings wohl auch kaum besucht, wäre nicht Schloss Púbol für Besucher geöffnet.

Casa-Museu Castell Gala Dalí: Schloss Púbol, eigentlich eher eine Burg, entstand im 14./15. Jh. und trägt deshalb Stilelemente der Gotik und Renaissance. 1970 kaufte Salvador Dalí das Anwesen und schenkte es seiner Frau Gala. Er löste damit ein altes Versprechen ein, das Gala allerdings nur unter einer skurrilen, für die Beziehung der beiden aber nicht untypischen Bedingung annahm: Dalí durfte sie hier nur mit schriftlicher Einladung besuchen – tatsächlich soll Gala, mittlerweile deutlich über Siebzig, hier mehr als nur einen jungen Geliebten empfangen haben. Dennoch zeigt Schloss Púbol sehr eindringlich, mit welcher Intensität und Kreativität sich Dalí seiner Muse und Ikone widmete. Er ließ den Palast restaurieren und mit antiken Möbeln ausstaffieren, bemalte die Decke im Wappensaal und installierte dort einen goldenen Thron für Gala. Den Garten dekorierte

*Von Dalí dekoriert:
der Wappensaal in Schloss Púbol*

er mit spinnenbeinigen Elefanten und einem Brunnen, an dem bunte Wagner-Köpfe prangen. „Ganz einfach" hatte sich Gala ihr Domizil vorgestellt, ein Wunsch, mit dem Dalí wohl seine Mühen hatte. Am deutlichsten wird Galas persönlicher Geschmack noch in ihrem Schlafzimmer im Obergeschoss, ebenso in der Mansarde, in der – hinter Glas und perfekt ausgeleuchtet – „Les Gales de Gala" aufgereiht sind, die Roben der Diva. 1982 starb Gala in Port Lligat. Dalí ließ die Tote in seinem Cadillac (er steht noch in der Garage) nach Púbol bringen und zog selbst hierher. 1984 nach einem nächtlichen Brand lebensgefährlich verletzt, siedelte er jedoch nach Figueres um, wo er in seinem Museum auch begraben liegt. Gerade weil Dalí hier nicht beerdigt wurde, stimmt ein Besuch in der dezent surrealistischen Krypta des Schlosses ein wenig traurig. Im rechten, mit einem Kreuz verzierten Grabmal fand Gala ihre letzte Ruhe, das linke Grab war eigentlich für Dalí bestimmt. Wie es heißt, habe Dalí noch

Skurril: bunte Wagnerköpfe im Schlossgarten von Púbol

Die mittlere Costa Brava: Baix Empordà
Karte S. 138

auf dem Sterbebett seine Meinung geändert und darum gebeten, in seinem Museum in Figueres beerdigt zu werden. Schade, dass der einzige, der diesen letzten Wunsch vernommen haben soll, ausgerechnet der Bürgermeister von Figueres war... Angesichts der leidenschaftlichen Liebe Dalís zu der Frau, der er über ein halbes Jahrhundert lang verbunden war, und auch angesichts der Krypta selbst, fällt es schwer, an diesen Sinneswandel zu glauben.

● *Öffnungszeiten* Nur von Mitte März bis einschließlich Dezember geöffnet, Zugang von Mitte Juni bis Mitte September täglich 10-19.15 Uhr, im November/Dezember 10-16.15 Uhr, in der restlichen Zeit 10-17.15 Uhr.

Eintrittsgebühr 7 €. Ein Souvenirgeschäft ist angeschlossen, ein Restaurant liegt direkt neben dem Schloss. Mit öffentlichen Verkehrsmitteln ist Púbol leider nicht erreichbar. Internet-Infos: www.salvador-dali.org.

La Bisbal d'Empordà   (9600 Einwohner)

Die betriebsame Hauptstadt des Baix Empordà ist seit dem 17. Jh. ein bedeutendes Zentrum der Keramik-Manufaktur, aber auch durch ihre Konditoreien berühmt.

Die Stadt am Riu Daró, bereits 1019 erstmals urkundlich erwähnt, verdankt ihren Namen den Bischöfen von Girona, die über viele Jahrhunderte hinweg die Herren des Ortes waren. Einige Spuren der langen Geschichte finden sich im urigen Altstadtviertel um den Hauptplatz Plaça Major. Hier verläuft der zickzackförmige *Carrer del Call*, die Straße des spätmittelalterlichen Judenviertels, und hier steht an der Plaça del Castell auch das *Castell de la Bisbal* (Mo geschlossen), ein für die Bischöfe errichteter Burgpalast, der bereits im 11. Jh. begonnen wurde und eines der raren Beispiele romanischer Profanarchitektur in Katalonien darstellt. Sonst sind Sehenswürdigkeiten im klassischen Sinn eher selten, abgesehen vielleicht noch von der im 17. Jh. erbauten Flussbrücke *Pont Vell* und dem (zuletzt wegen Renovierung geschlossenen) Keramikmuseum *Terracotta Museu* in einer alten Fabrikanlage am Carrer Sis d'Octubre 99.

• *Übernachten* ****** Hotel Castell d´Empordà**, in einer renovierten gotischen Burg des 14. Jh. etwa zwei Kilometer nördlich des Ortes. Sehr reizvolles Quartier, 2001 von der Zeitschrift „Gran Hotel" zum „Besten Landhotel Spaniens" gewählt. Schön gelegenes Restaurant, Garten, Pool. Zufahrt vom Zentrum bei der Ostseite der Flussbrücke, vor dem Sportgelände dann rechts ab. Unterschiedliche DZ je nach Saison, Lage und Ausstattung zwischen 150 und 260 €; zu bestimmten Terminen ist mehrtägiger Aufenthalt obligatorisch. Es gibt auch Suiten. Castell d´Empordà s/n, ℘ 902 536002, ℘ 972 645550, www.castelldemporda.com.

**** Hotel Arcs de Monells, noch etwas weiter außerhalb im mittelalterlichen Dorf Monells. Ebenfalls in historischem Rahmen untergebracht, nämlich im ehemaligen, bereits im 14. Jh. gegründeten Hospital. Angenehmes Ambiente, Garten, Pool, gutes Restaurant. Anfahrt über die C 66 Richtung Girona, nach etwa vier Kilometern dann links ab. DZ nach Saison etwa 100–200 €, auch Suiten. Carrer Vilanova 1, ℘ 972 630304, ℘ 972 630365, www.hotelarcsmonells.com.

• *Feste* **L´Aplec de la Sardana**, Sardana-Tänze am zweiten Sonntag im Juni. **Santa María de la Asunción**, das Hauptfest der Stadt, vom 15.–17. August.

Peratallada

Pures Mittelalter: Das denkmalgeschützte Örtchen bewahrt ein eindrucksvolles architektonisches Ensemble.

Peratallada liegt an einer Nebenstraße im Gebiet zwischen La Bisbal und Pals und bildet zusammen mit zwei Nachbardörfern die Gemeinde Forallac. Im Norden und Westen umgibt die Siedlung eine Stadtmauer samt Festungsgraben, der aus dem blanken Fels gehauen wurde – vielleicht die Erklärung für den Ortsnamen, der sich aus „Pedra Tallada" (gemeißelter Stein) ableitet. Innerhalb der alten Mauern scheint sich seit Jahrhunderten kaum etwas verändert zu haben. Steinerne Bögen überspannen die engen, gewundenen Gassen; manches Pflaster zeigt noch die tiefen Rillen, die die Räder schwerer Karren im Laufe vieler Jahre eingekerbt haben. Das Herz des Örtchens bildet die Plaça Major, nach der hier im 11.–14. Jh. errichteten Schlossburg auch *Plaça del Castell* genannt; etwas außerhalb steht die romanische Kirche Sant Esteve (13. Jh.). Da etwas weiter von der Küste entfernt als das ähnlich reizvolle Pals, ist Peratallada auch nicht ganz so überlaufen. Am schönsten zeigt sich die Atmosphäre hier gegen Abend, wenn sich allmählich die Dämmerung über den kleinen Ort senkt.

• *Übernachten/Essen* ***** El Cau del Papibou**, im Ortskern. Romantisches, sehr freundlich und vielsprachig geführtes Quartier in einem alten Steinhaus; hübsche, gut ausgestattete Zimmer mit rustikalem Flair. Von etwa Mitte Dezember bis Mitte Januar geschlossen. DZ nach Saison und Ausstattung etwa 110–135 €, F inklusive. Carrer Mayor 10, ℘ 972 634018, ℘ 972 634716, www.hotelelcau.net.

** Hotel El Pati, im westlichen Dorfbereich, unweit des Parkplatzes. Kleines, charmantes Hotel mit nur fünf Zimmern, untergebracht in einem restaurierten Haus des 18. Jh. Ganzjährig geöffnet. DZ/F etwa 150 €. Carrer Hospital 13, ℘ 972 634069, www.hotelelpati.net.

** Pensió Hostal La Riera, im Dorfkern, in einem ausgebauten Gutshof des 15. Jh. Acht hübsche, rustikal eingerichtete Zimmer. Das Restaurant in einem alten Gewölbe offeriert gute lokale Küche, darunter auch ein „Tapas-Menü" für etwa 25 €. Zur NS nur Do-So geöffnet, im Januar/Februar geschlossen. DZ/Bad nach Saison etwa 65–70 €. Plaça Les Voltes 3, ℘ 972 634142, ℘ 972 635040.

Residència Rural Cal´Aliu, nahe der westlichen Stadtmauer und unweit des dortigen Parkplatzes. Ebenfalls ein schönes Quartier, untergebracht in einem Dorfhaus des 18. Jh. Nur fünf Zimmer, reizvoll im ländlichen Stil gestaltet, Terrasse. DZ/Bad nach Saison und Ausstattung etwa 60–90 €, Frühstück inklusive. Carrer de la Roca 6, ℘ 972 634061, www.calaliu.com.

Can Solés, nicht weit entfernt, ein Lesertipp von Martin und Steffi Först: „Von außen fast nicht zu erkennen, nur durch das kleine Schild „Bed & Breakfast". Äußerst

Mittelalterliche Mauern: Peratallada

Die mittlere Costa Brava: Baix Empordà
Karte S. 138

freundliche Gastgeberin; nette, rustikal eingerichtete und sehr saubere Zimmer, hervorragendes Frühstück". DZ/Bad etwa 60–65 €, Frühstück inklusive. Carrer de la Torre 1, ☎ 972 634163, www.cansoles.com.

Rest. Can Bonay, in der Nähe des Hostals La Riera. „Cuina casolana" kommt hier auf den Tisch, Hausmannskost nach traditionellen örtlichen Rezepten, Spezialität sind „Guisats" (Ragouts). Menü à la carte ab etwa 30 €. Montags geschlossen, im Winter (außer Fr/Sa) nur mittags geöffnet. Plaça Les Voltes 13, ☎ 972 634034.

● *Markt/Feste* **Mercat Artesà d'Estiu**, jeden Samstag von Ende Juni bis Ende September, jeweils ab 17 Uhr. Im Angebot ländliche Delikatessen wie Honig, Wein, Würste und Käse, im September auch Kunsthandwerk.

Festa Medieval, Mittelalterfest am ersten Wochenende im Oktober.

▶ **Palau-sator**: Etwas küstenwärts von Peratallada und knapp abseits der Hauptstraße liegt dieses Dörfchen, eine Art Peratallada im Kleinformat, komplett mit Kastell, Turm und Steinbögen.

● *Essen* **Rest. Mas Pou**, in einem alten Gutshof am westlichen Rand des Ortskerns, eines von mehreren Restaurants im Örtchen. Gute Regionalküche mit solidem Preis-Leistungs-Verhältnis, Menü à la carte ab etwa 20 €. Angeschlossen im Nachbarhaus, aber meist nur am Wochenende geöffnet, ist ein „ländliches" Museu rural, das altes Arbeitsgerät etc. zeigt. Plaça de la Mota 4, ☎ 972 634125, Mo geschlossen, im Winter auch So-Abend. www.maspou.com.

Pals

(2500 Einwohner)

Ein viel besuchter Ort mit bestens restauriertem mittelalterlichem Kern. Bereits von weitem erkennt man die markante Silhouette aus Stadtmauer, wehrhafter Kirche und stämmigem Turm.

Pals wurde schon im 9. Jh. erstmals urkundlich erwähnt, doch wahrscheinlich ist die Siedlung noch viel älter. Ihr Name leitet sich vom lateinischen „Palus" (Sumpf) ab, und wirklich war die auf einem Hügel gelegene Ortschaft früher von

Uralte Bausubstanz, perfekt restauriert: Pals

ausgedehnten Feuchtgebieten umgeben, die mittlerweile zwar trocken gelegt wurden, teilweise jedoch immer noch dem Reisanbau dienen.

Das mittelalterliche Viertel *Barri Vell* wirkt fast schon allzu perfekt. Rund drei Jahrzehnte dauerte die 1948 begonnene Restaurierung, die mit zahlreichen Auszeichnungen belohnt wurde. Praktisch alle Gebäude sind aus demselben weichen, golden leuchtenden Sandstein errichtet, der in der Gegend als „Pedró" bekannt ist; auch das Viertel selbst heißt bei den Einheimischen deshalb schlicht *Pedró*. Klar, dass ein solches Ensemble, so nahe den Stränden der Küste gelegen, reichlich Besucher anzieht. An Busparkplätzen und Keramikshops herrscht deshalb kein Mangel. Trotzdem macht es durchaus Spaß, durch die Gässchen zu schlendern, den reichlich angebrachten Blumenschmuck zu bewundern und die Fernsicht zu genießen.

Die bedeutendsten Gebäude finden sich im Norden des Viertels, jenseits der Plaça Major. Auf der Kuppe des Hügels erhebt sich die Kirche *Sant Pere*. Sie wurde ursprünglich bereits 994 errichtet, im Laufe der Zeit jedoch immer wieder umgebaut und erweitert und weist deshalb romanische, gotische und barocke Stilelemente auf. In der Nähe steht der rund 15 Meter hohe Turm *Torre de les Hores* aus dem 11./12. Jh., letzter verbliebener Rest einer noch weit früher errichteten Burg; sein Name „Stundenturm" rührt daher, dass er im 15. Jh. als Glockenturm diente. Am nördlichen und westlichen Altstadtrand erstreckt sich die Stadtmauer aus dem 12.–14. Jh. Eine besonders schöne Aussicht genießt man vom *Mirador Josep Pla* im äußersten Nordwesten, ein Lieblingsfleck des katalanischen Schriftstellers, nach dem er benannt wurde.

● *Information* **Oficina Municipal de Turisme**, Plaça Major 7, beim Rathaus im Ort, ✆ 972 637380. Öffnungszeiten von Oktober bis März täglich 10-17 Uhr, sonst 10-14, 16-19 Uhr (April/Mai) bzw. 10-14, 17-20 Uhr (Juni-September). **Zweigstelle** beim Kreisverkehr am Ortsanfang aus Richtung Torroella, nur Juni–September geöffnet, dann wie oben. Aniceta Figueres 6, ℡ 972 667857.

• *Verbindungen* **Bus**: SARFA-Haltestelle am Carrer S´Abeurador, bei der Hauptzufahrt zum Ortskern. Verbindungen u. a. nach Torroella 5-mal, L'Escala 4-mal, Figueres 3-mal, Begur und Palafrugell ebenfalls 3-mal täglich; zur HS teilweise häufigere Frequenzen.

• *Übernachten* ***** **Hotel Mas de Torrent**, etwa vier Kilometer südwestlich beim Dörfchen Torrent. Ein Gutshof des 18. Jh., umgebaut zu einem Hotel der Luxusklasse mit hervorragendem Restaurant, Pool, diversen Sportmöglichkeiten etc. Suiten je nach Saison und Ausstattung etwa 300 bis 670 € – in der höchsten Preisklasse ist dann sogar ein eigener Pool dabei. Torrent s/n, ℡ 972 303292, ✆ 972 303293, www.mastorrent.com.

** **Pensió Barris**, für seine Klasse recht ordentliches Quartier an der Durchgangsstraße im neueren Ortsteil von Pals. Ganz-

jährig geöffnet. DZ/Bad etwa 50 €. Carrer Enginyer Algarra 51, ℡ 972 636702.

* **Pensió Can Bassalis**, ein Lesertipp von Christian Ebner: „Auf dem Weg zwischen Pals und Platja de Pals, linker Hand; saubere und preisgünstige Zimmer in abgeschiedener und familiärer Umgebung. Eigenes Bar-Restaurant". DZ etwa 50 €. Barri Vinyers 7, ℡ 972 636035, ✆ 972 636835, www.paisos-catalans.com.

• *Essen* **Rest.-Bar El Pedró**, in einem hübschen alten Haus unweit vom Kirchplatz. Ganzjährig geöffnet (zur NS an Werktagen nur mittags), in einem Ort wie Pals ein gutes Zeichen. Auch von Lesern gelobt. Mo-Fr gibt es ein Mittagsmenü für 12 €, à la carte legt man ab etwa 20 € an. So-Abend und, außer im Juli/August, auch Do geschlossen. Placeta d´en Bou 29, ℡ 972 636983, www.elpedropals.com.

• *Feste* **Sant Domenec**, in der ersten Augustwoche, das Fest des örtlichen Schutzpatrons.

Platja de Pals

Gut fünf Kilometer östlich von Pals erstreckt sich die zugehörige Strandsiedlung, die vornehmlich aus Campingplätzen, Villen und Apartmenthäusern besteht. Im hügeligen, von Pinien begrünten Hinterland ist die Bebauung aufgelockerter, in Strandnähe dichter. Ein Ortszentrum wird man vergebens suchen. Der Sandstrand hier ist allerdings erste Sahne, rund 3,5 Kilometer lang, sehr breit und feinsandig und besitzt einen hübschen Blick auf die Illes Medes.

Hier darf man die Hüllen fallen lassen: Platja de la Illa Roja

Die mittlere Costa Brava: Baix Empordà Karte S. 138

Mittlerweile abmontiert sind die Sendemasten der ehemaligen amerikanischen Radiostation „Radió Liberty", die bis vor wenigen Jahren direkt hinter dem Strand aufragten.

● *Übernachten/Essen* Mit preiswerten kleinen Pensionen oder auch Mittelklassehotels kann Platja de Pals leider nicht dienen, die meisten Campingplätze vermieten jedoch kleine Bungalows.

**** Hotel La Costa Golf & Beach Resort, strandnah beim Golfplatz nördlich der Siedlung selbst. Ausgedehntes Hotel mit 120 Zimmern, Pool, Tennis etc. Geöffnet etwa März bis Oktober. DZ/F nach Saison rund 160–320 €, auch Superior-Zimmer und Junior-Suiten. Urbanización Arenals de Mar, ✆ 972 66 7740, ☏ 972 667736, www.resortlacosta.com.

**** Hotel Sa Punta, in einer ruhigen Urbanisation an der Nebenstraße Richtung Sa Riera, etwa einen Kilometer vom Strand. Sehr komfortables Quartier mit Solarium, großem Meerwasserpool etc. Das zugehörige Restaurant ist bekannt für feine Lokalküche und üppige Portionen, das Probiermenü kommt auf rund 50 €. Ganzjährig geöffnet. DZ nach Saison etwa 120–175 €. Urbanización Sa Punta s/n (Gemeindebereich Begur), ✆ 972 667376, ☏ 972 667315, www.hotelsapunta.com.

Rest. Fina, im Ortsteil Masos de Pals, an der Straße von Pals zum Strand. Solide Küche mit Schwerpunkt auf katalanischen Gerichten und Reisspezialitäten, Menü ab etwa 20–25 €.Carretera Platja de Pals s/n.

Rest. Sol i Mar, im südlichen Strandbereich. Schöne Terrasse zum Meer, recht moderate Preise, freundlicher Service. Platja del Racó s/n.

● *Camping* Insgesamt liegen vier Plätze in und um Platja de Pals.

Cypsela, Luxus-Kat., einer der wenigen Plätze in Spanien, die offiziell in die Kategorie „Luxus" eingeordnet werden; entsprechende Ausstattung. Sport, Animation, Schwimmbad etc, zum Großteil gut schattig. Allerdings: zum Meer zwei Kilometer (Busdienst) und, wie bei Plätzen solcher Größe (Kapazität fast 3000 Personen!) üblich,

eine etwas unpersönliche Atmosphäre. Geöffnet Mitte Mai bis Mitte/Ende September. Preise (HS): P.P. 6 €, Stellplatz je nach Größe und Komfort ab etwa 40 €. Zufahrt von der Straße Pals-Platja de Pals, ✆ 972 667696, ☏ 972 667300, www.cypsela.com.

Inter-Pals, 1. Kat., siedlungsnah und nur wenige hundert Meter vom Strand gelegen. Angenehmer Platz auf einem hübschen, völlig schattigen Hang; gute Sanitärs, Sportgelände, Kinderanimation; Pool. Geöffnet Ostern bis September. P.P. etwa 6,50 €, Stellplatz (HS) inkl. Auto, Zelt ab 21,50 €. Avda. Mediterrània, s/n, ✆ 972 636179, ☏ 972 667476, www.interpals.com.

Playa Brava, 1.Kat., etwa drei Kilometer nördlich der Siedlung, nicht weit vom Golfplatz und der Mündung des Riu Darßfast direkt am Strand. Ebenso gut ausgestattet wie die Konkurrenz, geöffnet etwa Mitte Mai bis Mitte September. Preise (HS) p.P. etwa 3,50 €, Stellplatz zur HS ab rund 37 €. ✆ 972 636894, ☏ 972 636952, www.playabrava.com.

● *Baden* Die **Platja de Pals**, in ihrem südlichsten, bereits zur Gemeinde Begur zählenden Abschnitt Platja del Racó genannt, ist völlig schattenlos. Sie verfügt im Siedlungsbereich über Parkplätze, mehrere Restaurants und Strandbars, Wassersportangebote sowie eine Rotkreuzstation. Wer es etwas ruhiger liebt, findet nach Norden zu leerere Stellen.

Platja de la Illa Roja: Über einen felsigen Pfad, der am Südende des Strandes ansetzt und parallel zur Küste führt, gelangt man bald zu einer traumhaft schönen Badebucht, die ihren Namen der vorgelagerten Felshalbinsel verdankt. Nacktbaden ist hier nicht nur üblich, sondern Pflicht. Folgt man besagtem Pfad weiter nach Süden, ist in wenigen Minuten der Strand der **Cala Sa Riera** bei Begur (siehe dort) erreicht.

Begur

Ein sehr hübsches Hügelstädtchen, das sich etwas landeinwärts des Meeres erstreckt. An der zerklüfteten Küste tief unterhalb von Begur verstecken sich reizende Buchten.

Begur liegt in etwa 200 Meter Höhe auf einem Massiv, das zum Landesinneren hin sanft, zur Küste aber fast dramatisch steil abfällt, und bildet so einen natür-

Kastell, Kirche, „Casas Indianos": Begur

Die mittlere Costa Brava: Baix Empordà
Karte S. 138

lichen Aussichtspunkt. Trotz ihrer privilegierten Position und des Schutzes, den das Kastell auf dem Burgberg gewährte, wurde die Siedlung im ausgehenden Mittelalter immer wieder von Piraten überfallen. Seinerzeit lebten die Bewohner von Landwirtschaft und Fischfang, aber auch von einer besonderen Spezialität des Ortes, der Korallenfischerei. Heute hingegen bringt der Tourismus die meisten Einnahmen, wenn auch von Massenabfertigung absolut keine Rede sein kann: Der Fremdenverkehr in und um Begur besitzt eher einen exklusiven Anstrich. Der Großteil der Besucher, darunter viele Katalanen, die hier ein Ferienhaus besitzen, wohnt in einer der Urbanisationen außerhalb des Ortes selbst. Insgesamt über 50 dieser Feriensiedlungen verteilen sich auf den Gemeindebereich – zur Ehrenrettung Begurs muss allerdings gesagt werden, dass sie sich recht gut in die Landschaft einfügen.

Wie Pals besitzt auch Begur sein historisches Zentrum, das sich rund um den Hauptplatz *Plaça de la Vila* erstreckt, zwar weniger einheitlich ausfällt als das des Nachbarorts, dafür aber von Alltagsleben erfüllt ist und nicht nur musealen Charakters. Ins Auge fällt hier eine Reihe hübscher, als „Casas Indianos" bezeichneter Häuser, die in einer Art karibischem Kolonialstil errichtet wurden; ihre Bauherren, die sogenannten „Indianos" oder „Americanos", waren im 19. Jh. nach Kuba ausgewandert und später als reiche Männer in ihre Heimat zurückgekehrt. Noch heute besitzt der Ort eine besondere Beziehung zu Kuba.

In den engen Gassen und auf den kleinen Plätzen des zur Fußgängerzone erklärten Ortskerns ist im Sommer und an Wochenenden einiges los. Und auch nachts herrscht oft reger Betrieb: Begur ist „in Mode"; vor allem an Freitagen und Samstagen kommen viele junge Leute aus Palafrugell und anderen Orten zum Ausgehen hierher. Das größte Plus von Begur ist und bleibt jedoch die nahe, wildschöne Küste mit ihren Pinienwäldern, den schroffen, nadelspitz aufragenden Felsen und den eingelagerten kleinen Strandbuchten.

Information/Verbindungen

• *Information* **Oficina Municipal de Turisme**, Avinguda Onze de Setembre 5, in einem kleinen Marktgebäude. Öffnungszeiten: Juli/August täglich 9–14, 16.30–21.30 Uhr; Juni und September täglich 10–14, 16–20 Uhr; im restlichen Jahr Mo–Fr 9–14.30 Uhr, Sa 10–13 Uhr. ✆ 972 624520, www.begur.org/turisme.

• *Verbindungen* **Busse** der SARFA halten an der Plaça Forgas. Verbindungen nach Palafrugell 3-mal, Sant Feliu 1-mal, Barcelona 3-mal, Girona via Pals 1-mal täglich; zu anderen Zielen in Palafrugell umsteigen. **Stadtbusse** zu den Buchten Sa Riera, Fornells und Aiguablava nur von Ende Juni bis Anfang September, dann etwa stündlich; Abfahrt ebenfalls an der Plaça Forgas.

Übernachten/Camping

Beschränkte Bettenkapazität, zur Saison sind die Hotels oft auf Monate hinaus ausgebucht. Das gilt erst recht für die Quartiere an den Stränden, die jeweils unter der entsprechenden Bucht (siehe unten) beschrieben werden.

• *Hotels und Pensionen* ***** Hotel Bliss (5)**, kleines, erst vor wenigen Jahren in einem alten Stadthaus eröffnetes Dreisternhotel mit modernem Design und gerade mal zehn Zimmern. Ein italienisches Restaurant in den Kellergewölben ist angeschlossen. DZ nach Standard und Saison 95–145 €, Frühstück inklusive. Carrer Sant Josep 3, ✆ 972 624540, www.blissbegurhotel.com.

** Hotel Rosa (4), nicht weit vom Hauptplatz. Hübsches und komfortables Hotel, seit drei Generationen in Familienbesitz. Freundlicher Service, Sonnenterrasse, Fahrradgarage und Leihfahrräder. Parkplatz etwas abseits. Kleines Extra: Wer am TV die Radioprogramme einschaltet, sieht eine Live-Kameraansicht des Kastells von Begur. Geöffnet März–November. DZ mit gutem Frühstück nach Saison 65–95 €; Zimmer mit „Salón" gegen Aufpreis. Über dem angeschlossenen Restaurant Fonda Caner gibt es auch noch fünf ältere, schlichte Zimmer ohne Bad, DZ/F hier knapp 45–50 €. Carrer Forgas y Puig 6, ✆ 972 623015, ✉ 972 62 43 20, www.hotel-rosa.com.

* Hotel Aiguaclara (3), untergebracht in einem prächtigen „Indiano"-Palast von 1866. Stilvolle und komfortable Einrichtung, ein ebenfalls edles Restaurant ist angeschlossen. Nur acht Zimmer. DZ/F nach Ausstattung und Saison etwa 95–150 €, Frühstück inklusive. Carrer Sant Miquel 2, ✆ 972 622905, ✉ 972 623286, www.aiguaclara.com.

** Pensió Hostal Hanoï (1), ein originelles Quartier im Ortskern. In der Einstufung glattes Understatement, eher schon ein Fall für Wohnzeitschriften. Das Stadthaus des späten 19. Jh, wurde liebevoll renoviert, die Zimmer – keines wie das andere – mit vielen kleinen Details ausgeschmückt. Patio fürs Frühstück, zwei Terrassen. Der Besitzer stammt übrigens wirklich aus Vietnam. DZ/F kosten je nach Saison und Lage etwa 85–100 €, gegen Aufpreis gibt es auch "Spezial"-Zimmer. Carrer Santa Reparada 26, ✆ 972 623300, www.girsoft.com/hanoi.

** Pensió Hostal Sa Barraca (12), gut zwei Kilometer außerhalb des Ortes selbst, an der Straße nach Fornells und Aiguablava. Feine Lage hoch über der Küste, schöne Aussicht, beliebt und oft belegt. DZ/Bad nach Saison etwa 65–80 €, Frühstück inklusive. Carretera de Fornells s/n, ✆ 972 623360.

• *Camping* Der wesentlich strandnäher gelegene Platz „El Maset" ist im Text zur Bucht Sa Riera näher beschrieben.

Begur, 2. Kat, an der Straße nach Palafrugell, etwa zwei Kilometer südlich des Ortes; zur Saison Stadtbusverbindung. Ziemlich groß und recht schattig; mit Pool und Tennisplätzen. Geöffnet etwa Ostern bis Mitte Oktober. P.P. etwa 6 €, Stellplatz zur HS ab 18 €. ✆ 972 623201, ✉ 972 624566, www.campingbegur.com.

Essen/Nachtleben/Veranstaltungen

Viele Restaurants öffnen nur zur Saison. Begur ist bekannt für die Spezialität „Peix de Roca": verschiedene Fischarten wie Rotbarbe, Dorade oder Zahnbrasse, die nur an der Felsküste leben.

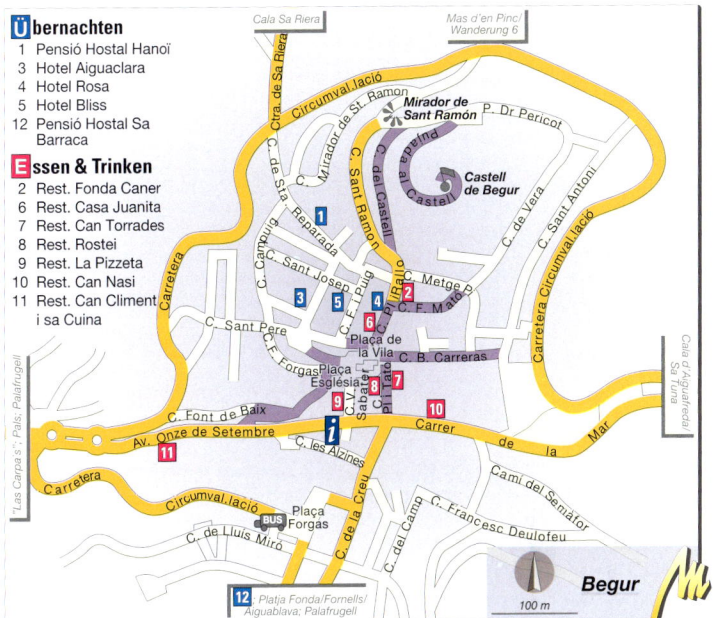

Ü bernachten
1 Pensió Hostal Hanoï
3 Hotel Aiguaclara
4 Hotel Rosa
5 Hotel Bliss
12 Pensió Hostal Sa Barraca

E ssen & Trinken
2 Rest. Fonda Caner
6 Rest. Casa Juanita
7 Rest. Can Torrades
8 Rest. Rostei
9 Rest. La Pizzeta
10 Rest. Can Nasi
11 Rest. Can Climent i sa Cuina

• *Essen* **Rest. Can Climent i sa Cuina (11)**, an der Hauptzufahrt. „Moderne ländliche Küche" verspricht Chef Segri Climent, lässt sich aber auch von den kulinarischen Raffinessen des Orients oder Nordafrikas inspirieren. Mittagsmenü 16 €, à la carte legt man ab etwa 30-35 € an. Av. Onze dc Setembre 27, ☎ 972 341269.

Rest. Can Nasi (10), etwas abseits des Trubels. Hübsches Gärtchen, kreative Küche. Menü à la carte ab etwa 30 €. Ganzjährig geöffnet, Mi Ruhetag. Carrer de la Mar 5, um die Ecke vom Carrer Concepció Pi i Tató.

Rest. Rostei (8), direkt in dieser Fress- und Shoppinggasse. Reizvolles Interieur mit Gewölbe und Garten, Spezialität Fisch. Gutes Preis-Leistungs-Verhältnis, Menü ab etwa 25 €. Carrer Concepció Pi i Tató 6, im Winter nur am Wochenende geöffnet; Mo Ruhetag.

Rest. Fonda Caner (2), im Besitz der Eigentümer des Hotels Rosa. Gute, regionaltypische Küche zu bezahlbaren Preisen. Diverse Festmenü ab etwa 22 €, à la carte um die 30 €. In der „Fressgasse" Carrer Pi i Ralló 14, hundert Meter nördlich der Kirche. Geöffnet März bis November, Mi Ruhetag.

Rest. Casa Juanita (6), in der Nähe. Offiziell heißt das gemütliche kleine Restaurant

„El Bodegón", wird aber schon seit mehr als zwei Jahrzehnten nach seiner Besitzerin genannt. Spezialität ist frischer Fisch aus dem Ofen, Berechnung nach Gewicht. Carrer Pi i Ralló 7, geöffnet März bis Dezember, Mo Ruhetag.

Rest. Can Torrades (7), hübsch mit Antiquitäten eingerichtetes Gewölbelokal, im Sommer auch mit Innenterrasse. Zu den Spezialitäten zählen Torrades sowie Grillgerichte (auch Gemüse). Ein komplettes Mahl kommt auf etwa 15-18 €. In der Kneipengasse Carrer Concepció Pi i Tató 5, geöffnet Mai–September, sonst nur an Wochenenden, Mo Ruhetag.

Rest. La Pizzeta (9), sehr beliebtes Lokal nahe Kirchplatz. Prima Preis-Leistungsverhältnis, reizvoll auch der schöne, große Garten. Im Angebot fantasievolle Nudelgerichte, Salate und Fleischspeisen sowie die namensgebenden kleinen Pizzas. Recht preiswert. Carrer Ventura Sabater 2, geöffnet Mitte März bis Mitte Dezember, Di Ruhetag.

• *Nachtleben* **Music-Pubs** finden sich vor allem in den Straßen Concepció Pi i Tató und Pi i Ralló. Manche sind in alten „Casas Indianos" untergebracht und besitzen nach hinten gelegene Terrassen und Gärten. Ei-

nen Besuch wert sind insbesondere „Havanna" (Concepció Pi i Tató 3), „La Lluna" (Concepció Pi i Tató 7) und das schöne „La Sal" am Ende des Carrer Bonaventura Carreras, der am Hauptplatz Plaça de la Vila beginnt.
Las Carpa's (kein Schreibfehler), Nightlife-Zone etwa einen Kilometer außerhalb an der Straße Richtung Pals. Mehrere Zelte mit Clubs und Discos, an manchen Sommerabenden drängen sich hier bis zu 8000 Leute. Geöffnet etwa Juli bis Mitte September, an manchen Wochenenden auch im Winter. Echter Betrieb herrscht erst ab zwei Uhr morgens.

• *Veranstaltungen* **Markttag** ist Mittwoch. **Sardana-Tänze** auf dem Hauptplatz, jeden Samstag von etwa Mitte Juni bis Mitte September. Musik und Tanz im Sommer auch jeden Mittwoch auf dem Hauptplatz, jeden Freitag auf der Plaça Forgas.
Festa Major de Sant Pere, Patronatsfest um den 29. Juni.
Fira d'Indians, am ersten Wochenende im September; ein „indianischer Markt", mit dem Begur seine Verbindung nach Kuba zelebriert.
Festa Major de Santa Reparada, mehrere Tage um den dritten Sonntag im September, das Hauptfest zu Ehren der wichtigsten Ortsheiligen.

Sehenswertes

El Castell: Oberhalb der Stadt liegen die Reste einer einst mächtigen Festung, die Begur nicht nur mit ihren Kanonen schützte – der Burgberg selbst verhindert, dass die Siedlung vom Meer aus zu erkennen ist. 1019 ließ Arnusto de Begur auf den Grundmauern eines noch älteren Kastells hier eine neue Festung errichten und machte sich so zum Namenspatron von Begur. In späteren Jahrhunderten wurde die Anlage jedoch mehrfach zerstört und nur notdürftig wieder hergestellt. 1810 schließlich sprengten spanische Truppen im Kampf gegen die französischen Besatzer das Kastell. Immer noch reizvoll ist jedoch der weite Ausblick, der sich von hier oben bietet.

Torres de la Defensa: Im 16. und 17. Jh. wurde zum Schutz vor afrikanischen Piraten eine Reihe von runden Wehr- und Fluchttürmen errichtet, jeweils etwa zwölf Meter hoch und mit bis zu eineinhalb Meter dicken Mauern. Im Inneren gelangte man auf einer Leiter von einem Stockwerk ins andere – wurde die Leiter hochgezogen, war den Verfolgern der Weg abgeschnitten. Fünf dieser einst elf Türme stehen immer noch in und um den Ort, einige davon, wie der Turm am Carrer Sant Ramón, sind bemerkenswert gut erhalten.

Mas D'en Pinc: Ein Gutshof nördlich etwas außerhalb des Ortes; auf dem Weg dorthin lohnt sich ein Stopp beim Mirador de Sant Ramón, von dem sich eine schöne Aussicht nach Norden bietet. Mas D'en Pinc wurde in den gefährlichen Zeiten des 16./17. Jh. errichtet und verfügt deshalb auch über einen Fluchtturm. Heute beherbergt das Anwesen die Vereinigung „Nereo" (www.nereo.org), die sich den Schutz der Meeresküste zum Ziel gesetzt hat und mit der Ausstellung „Exponatur" in mehreren Aquarien die Unterwasserwelt dokumentiert. Ein eigener Raum ist der Flamencotänzerin Carmen Amaya gewidmet, die hier ihre letzten Lebensjahre verbrachte.
Öffnungszeiten Nur Juli bis September, dann Mo-Fr 16-19 Uhr, sonst nur für Gruppen; Eintrittsgebühr 3 €.

Wanderung 7: Von Begur zur Cala Sa Riera (und zurück)

Route: Begur – Mas D'en Pinc – Puig Rodó – Carrer S'Antiga – Camí de Ronda – Cala Sa Riera (- Cala d'Aiguafreda – Mas D'en Pinc – Begur); **reine Wanderzeit**: ca. 2 Stunden (mit Rückweg via Aiguafreda etwa 4½ Stunden); **Einkehr**: in Sa Riera (Ostern bis Oktober) sowie evtl. in Aiguafreda (siehe dort); Sonnenschutz, Trinkwasser und Badesachen nicht vergessen.

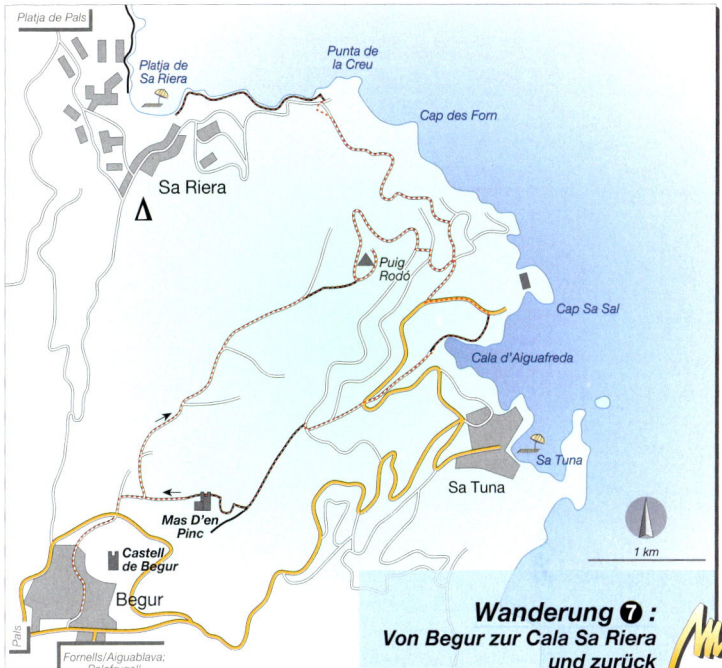

Charakteristik: Eine Wanderung hinab zur größten Badebucht um Begur, streckenweise vom Fremdenverkehrsamt in der Art von GR-Wanderwegen grün-weiß markiert. Mit weiten Ausblicken führt sie durch duftende Pinienwälder und an der wilden Felsküste entlang, dazwischen auf einem etwas öden Abschnitt leider auch auf Asphalt durch eine Urbanisation; der Verkehr hält sich jedoch in Grenzen. Etwa von Ende Juni bis Anfang September kann der Rückweg von der Cala Sa Riera per Stadtbus erfolgen. Eine Alternative bietet der Aufstieg ab der Cala d'Aiguafreda, für den man allerdings die Urbanisation nochmals durchqueren muss.

Verlauf: Von Begurs Hauptplatz geht es entlang des Carrer Pi i Ralló und seiner Verlängerung Sant Ramón, am Aussichtspunkt Mirador Sant Ramón abwärts und über die Ortsumgehung hinweg. Auf der anderen Seite steigt man aufwärts und folgt nach 100 Metern der Rechtskurve in den Passeig Carmen Amaya. Vor dem Tor zum Anwesen *Mas D'en Pinc* bleibt man auf der nach links abknickenden Straße. Knapp fünf Minuten später und kurz hinter der rechter Hand liegenden Zufahrt zum Wertstoffhof „Deixalleria Municipal" verwandelt sich der Asphalt in eine Sandpiste, von der sich bald eine schöne Aussicht über die Platja de Pals zu den Medes-Inseln bietet. Dann geht es vorbei an einer steil aufwärts führenden, ebenfalls asphaltierten Abzweigung und durch mediterranen Wald abwärts. Knapp zehn Minuten nach Beginn der Sandpiste gabelt sie sich; hier links (der

Schöne Aussichten: auf dem Camí de Ronda

rechte Abzweig ist ohnehin gesperrt). Nach 100 Metern folgt eine weitere Gabelung, an der man der bisherigen Piste nach rechts folgt. Fünf Minuten später gilt es in abschüssigem Gelände etwas aufzupassen: Kurz vor einer Linkskurve der Piste muss man diese nach rechts auf einen wesentlich schmaleren, leicht aufwärts führenden Pfad verlassen. Nach etwa drei Minuten wird ein kleiner Steilhang erreicht; hier hält man sich links und 20 Meter weiter an einer durch ein Seil gesicherten Stelle rechts steil aufwärts. Oben, etwa eine gute Viertelstunde nach Verlassen der Piste, wird eine Asphaltstraße erreicht. Links führt unsere Wanderung abwärts. Vorher ließe sich jedoch ein schneller Abstecher nach rechts einlegen, dem Schild „Mirador de la Creu" folgend bis zum nahen Ende der Straße: Hier führt ein kurzer, steil ansteigender und überwucherter Pfad hinauf zu der markanten Felsformation des *Puig Rodó*, die einen fantastischen Ausblick bietet.

Nun folgt man der Straße nach unten, hält sich an der ersten Gabelung zwischen den Häusern links abwärts, an der nächsten Gabelung erneut links abwärts in den Carrer Puig d´Aiguafreda und erreicht schließlich eine große Kreuzung aus insgesamt fünf Straßen. Nach rechts ist „Cap sa Sal" beschildert, wir müssen jedoch hart links, immer den *Carrer S'Antiga* entlang. Nach rund 15 etwas eintönigen Minuten geht es bei zwei Häusern, die mit „Mistral" und „Xaloc" nach Winden benannt sind, hart rechts abwärts (Schild: „Reserva Marina de ses Negres") und dann über eine Treppe hinab zum Küstenpfad *Camí de Ronda*. In häufigem Auf und Ab, auch mal über ein paar Felsen hinweg, sind es nun noch etwa 25 reizvolle Wegminuten bis zum Strand und den Restaurants der *Cala Sa Riera*.

Wer auch wieder nach Begur hinaufwandern und dazu nicht die direkte Straße nehmen möchte, muss zunächst auf dem bisherigen Weg und über den Carrer S'Antiga zurück bis zur großen Kreuzung. Hier geht es nun geradeaus und nach einigen hundert Metern hart links Richtung Cap sa Sal. Wenige Minuten später, etwa 200 Meter vor dem Tor zur Apartmentanlage am Ende der Straße, biegt man rechts auf einen Stufenweg, der hinab in Richtung Küste und im weiteren Verlauf zur Felsbucht *Cala d'Aiguafreda* führt. Am Kopfende der Bucht folgt man dem landeinwärts führenden Sträßchen, vorbei am Parkplatz. Man überquert die Kreuzung geradeaus und nimmt die steil ansteigende, Richtung Begur beschilderte Straße. Geradeaus an einer Abzweigung vorbei, erreicht man oben eine Gabelung der Straße: Links geht es nach Begur, wir halten uns jedoch rechts und biegen kurz darauf nach links in einen Fußweg ein. Der steile, „Camí d' es Quinze" genannte Pfad, in frühereren Zeiten von den Einwohner Begurs genutzt, wenn sie zum Baden nach Aiguafreda wollten, führt in einiger Entfernung parallel zu einem Bachlauf durch ein allmählich immer dichter werdendes Gehölz. Nach etwa einer guten Viertelstunde (auf die Markierungen achten) muss man hart rechts abzweigen, in ein Seitental hinein, dessen Vegetation an einen Märchenwald erinnert. Kurz darauf wird das Gebiet von Es Quinze erreicht, das schon zum Gelände des *Mas D'en Pinc* gehört und zum Naturlehrpfad ausgebaut wurde. Hier geht es über Stufen hinauf in einen verwilderten Olivenhain und entlang des Naturlehrpfads in Schleifen aufwärts, dann vorbei am auffälligen Turm zu der vom Hinweg schon bekannten Sperre an der Zufahrt des Anwesens – falls das Tor geschlossen ist, muss man das Gelände allerdings bereits vom hinteren Parkplatz aus über eine Wiese rechts umgehen. Bis zum Zentrum von Begur ist es jetzt noch eine knappe Viertelstunde Weg.

Buchten bei Begur

Die Küstenlandschaft um die Kaps *Cap sa Sal* und *Cap de Begur* gehört zu den reizvollsten der Costa Brava: von Felsen umgebene kleine Buchten mit glasklarem Wasser, dazwischen herbe Steilküste, im Hinterland dichte Pinienbestände. Parkraum allerdings ist an praktisch allen Buchten knapp, die Parkplätze sind deshalb oft gebührenpflichtig.

▶ **Sa Riera**: Die größte Sandbucht um Begur, mehrere hundert Meter lang. Auf den Hängen im steil ansteigenden Hinterland verteilen sich Feriensiedlungen, unten am Meer liegen gerade mal zwei, drei Straßenzüge. Das hübsche Ambiente der Cala Sa Riera ist bei Deutschen besonders beliebt, viele Stammgäste kommen Jahr um Jahr wieder – in Begur nennt man die Bucht deshalb schon „Cala de los Alemanes", die Bucht der Deutschen. Über den Küstenweg im Nordwesten der Bucht gelangt man in wenigen Minuten zum schönen Nacktbadestrand *Platja de la Illa Roja* und weiter zur kilometerlangen *Platja de Pals* (siehe dort).

● *Übernachten* ***** Hotel Típic el Convent**, reizvolles Haus in ruhiger, abgeschiedener Lage zwischen Begur und Sa Riera, also nicht direkt unten in der Strandsiedlung. Das Hotel ist in einem ehemaligen Kloster untergebracht; die Zimmer sind deshalb nicht die größten, aber mit dem üblichen Standard der Dreisterneklasse ausgestattet. Hübsche Poolanlage. Standard-DZ etwa 140–210 €, es gibt auch Superior-Zimmer und Suiten. Carrer del Racó 2, ✆ 972 623091, ✉ 972 623104, www.conventbegur.com.

** Hotel Sa Riera, gepflegtes Quartier in guter Lage knapp oberhalb der Bucht, teilweise schöne Aussicht, Pool und Parkplatz vorhanden. Geöffnet etwa Mitte/Ende März bis Mitte Oktober. DZ inkl. Frühstück nach Saison und Ausstattung 85–120 €. Platja de Sa Riera, ✆ 972 623000, ✉ 972 623460, www.sariera.com.

Karte S. 138

** Pensió Hostal San Es Bas, das ehemalige Hostal San Cristóbal, ein vergleichsweise einfaches Quartier in strandnaher Lage, die mitbezahlt werden muss. Geöffnet April bis September. Anfragen im Restaurant Miramar. DZ/Bad rund 75–90 €, für die Klasse etwas reichlich. Camí del Mar s/n, ☎ 972 622228, www.esbas.cat.

● *Camping* **El Maset**, 1. Kat., kleiner Platz wenige hundert Meter oberhalb der Bucht.

Terrassiertes, teilweise schattiges Hanggelände. Die Stellplätze sind eng, die steile Anfahrt für große Caravans ohnehin ungeeignet. Hübsches Bar-Restaurant, Pool vorhanden, Sanitäranlagen brauchbar, wenn auch etwas knapp bemessen. Geöffnet etwa von Ostern bis zum letzten Septemberwochenende. Preise: P.P. 7,50 €, Auto 6,50 €, Zelt 9 €. Platja de Sa Riera, ☎ 972 623023, ✆ 972 623901, www.campingelmaset.com.

▶ **Aiguafreda:** Eine tief ins Land reichende Fels- und Steinbucht mit kleinem Hafen, zum Baden nur bedingt geeignet; entlang der felsigen Küste im Süden führt jedoch ein Fußweg hinüber zum Kiesstrand der Nachbarbucht Sa Tuna. Im Sommer öffnet ein kleiner Kiosk.

● *Übernachten/Essen* **** Pensió Hostal Sa Rascassa**, hübsches Steinhaus mit nur fünf Zimmern, jeweils unterschiedlich dekoriert. Das zugehörige Restaurant ist bekannt für feine Fischküche; Menü à la carte ab etwa 30-35 €. Außerhalb der Hochsaison

Di Ruhetag. DZ/Bad/F etwa 70–100 €. Cala d'Aiguafreda 3, ☎ 972 622845, www.hostal sarascassa.com.

● *Tauchen/Kajakverleih* **Sa Rascassa Diving Center**, beim Hostal; ☎ 972 624247. www.sarascassa.com.

▶ **Sa Tuna:** Über dieselbe Zufahrt zu erreichen wie Aiguafreda. Eine vorgelagerte Felshalbinsel schützt diese hübsche, enge Bucht, in der sich eine kleine Siedlung etabliert hat, leider fragwürdig erweitert durch eine große Apartmentanlage nebst Tiefgarage an der Zufahrt. Die Bucht selbst freilich ist weiterhin schön – auf den steilen, mit Pinien bewachsenen Hängen kleben noch ein paar einzelne Häuser, das ist alles. Der ganz ansehnliche Strand besteht überwiegend aus Kies.

● *Übernachten/Essen* **** Pensió Sa Tuna**, in der ersten Reihe am Meer. Nur fünf Zimmer, davon vier mit Terrasse zum Meer. Das angeschlossene Restaurant hat eine recht

fantasievolle Speisekarte, Menü à la carte ab etwa 30 €. Geöffnet Ostern bis Mitte Oktober. DZ/Bad inkl. Frühstück rund 90–140 €. ☎/✆ 972 622198, www.hostalsatuna.com.

Eine der kleinen Buchten bei Begur: Sa Tuna

▶ **Platja Fonda**: Dieser für hiesige Verhältnisse relativ lange und breite Kiesstrand erstreckt sich unterhalb eines steilen Abhangs und ist über eine Abzweigung der Straße nach Fornells zu erreichen. Das Wasser wird schnell tief und ist sehr sauber; beim Baden sollte man auf einige tückische Felsen unterhalb der Wasseroberfläche achten. Ein Parkplatz etwas oberhalb ist vorhanden, sonst bestehen keine Einrichtungen.

▶ **Fornells**: Eine aufgelockerte, noble Villensiedlung in bildschöner Lage oberhalb der hier felsigen und tief eingeschnittenen Küste, in die sich ein kleiner Sporthafen schmiegt. Ins Wasser gelangt man nur an wenigen Stellen, zum Strand von Aiguablava ist es allerdings nicht mehr weit. Zwischen Fornells und Aiguablava zweigt ein kleines Sträßchen ab, das hinüber zum hübschen Fischerdorf Tamariú bei Palafrugell führt.

● *Übernachten* ****** Hotel Aigua Blava**, stilvolles Quartier in traumhafter Lage über der Küste. Hübsche Zimmer mit viel Komfort, sehr gutes Restaurant, Pool, Tennis, ausgedehnte Gartenanlagen und wunderschöne Ausblicke, allerdings auch ellenlange Reservierungslisten! Geöffnet Ende Februar bis Anfang/Mitte November. DZ/F nach Saison, Lage und Ausstattung etwa 150–250 €, auch Suiten und Apartments. Platja de Fornells, ☎ 972 622058, ✆ 972 622112, www.aiguablava.com.

** Pensio Hostal Ondina, ordentliches Quartier, die gerade mal vier Zimmer sind aber oft belegt. Tauchbasis angeschlossen. Geöffnet Ostern-Oktober. DZ/Bad etwa 70–90 €, Frühstück inklusive. Oberhalb der Zufahrtsstraße, ein gutes Stück landeinwärts Richtung Begur, Carretera Aiguablava s/n, ☎ 972 622052, www.hostalondina.com.

Noch Platz im Kofferraum?
La Bisbal (siehe S. 151) ist die
Keramik-Hauptstadt der Costa Brava

▶ **Aiguablava**: Die südlichste der Buchten von Begur liegt Fornells direkt gegenüber. Der schöne, etwa hundert Meter lange Sandstrand erfreut mit feinem Blick auf die Felsküste, ist jedoch zur Saison gut besucht. Mehrere Restaurants, teils in hübscher Lage.

● *Übernachten* ****** Parador de Aiguablava**, Mitglied der bekannten staatlichen Hotelkette. In diesem Fall leider kein ehrwürdiger alter Bau, sondern ein moderner Klotz mit immerhin sehr gutem Komfort, Pool und Sauna. Die Aussicht ist sogar vom Feinsten. Ganzjährig geöffnet. Standard-DZ nach Saison etwa 150–165 €. Platja d'Aiguablava, ☎ 972 622162, ✆ 972 622166, www.parador.es.

*** Hotel Bonaigua, hundert Meter landeinwärts. Familiär geführtes, durchaus komfortables, gut ausgestattetes Hotel, aber eben nicht in der Spitzenlage der nahen Konkurrenz. Geöffnet Ostern bis September. DZ inkl. Frühstück etwa 90–110 €; es gibt auch Familienzimmer. Platja de Fornells, ☎ 972 622050, ✆ 972 622054, www.hotelbonaigua.com

Palafrugell

(21.000 Einwohner)

Die geschäftige, recht ausgedehnte Inlandsstadt ist der Gemeindesitz und das Versorgungszentrum von drei attraktiven Strandorten.

Palafrugell liegt etwa vier Kilometer landeinwärts der Küste. In erster Linie ein Wirtschaftszentrum, verdankt die Stadt ihren frühen ökonomischen Aufschwung vor allem der industriellen Korkverarbeitung, heute dokumentiert in einem interessanten Korkmuseum. Da es sonst, abgesehen noch von einem Museum der Fotografie, nicht viel zu sehen gibt, finden sich im alten Ortskern rund um die hübsche *Plaça Nova* und die Pfarrkirche *Sant Martí* Urlauber höchstens mal als Tagesbesucher von der Küste ein, am liebsten zum lebendigen Sonntagsmarkt. Dass sie vom Tourismus verdorben sei, kann man der Geburtsstadt des großen katalanischen Dichters Josep Pla jedenfalls nicht vorwerfen.

Interessant ist Palafrugell als Ausgangspunkt zu drei sympathischen Strandsiedlungen. *Tamariu*, *Llafranc* und *Calella* sind zwar unterschiedlichen Charakters, können sich jedoch allesamt einer zwar nicht unbebauten, aber dennoch reizvollen Küstenlandschaft mit zahlreichen kleinen Buchten rühmen. Der Tourismus hat hier ähnlich wie um Begur einen etwas exklusiveren Anstrich: Bettenburgen gibt es nicht, die Hotels sind überwiegend klein und familiär, die Kapazitäten gering, die Preise hoch und die Reservierungslisten lang. Im Sommer sorgen besonders am Wochenende Tagesausflügler aus dem Hinterland für reichlich Betrieb. Achtung jedoch, montags (außer im August) schließen die meisten Geschäfte von Palafrugell.

Information/Verbindungen

● *Information* **Oficina de Turisme**, Carrilet 2, ein Häuschen an der Ringstraße am westlichen Ortsrand; ✆ 972 300228. Öffnungszeiten: Mai/Juni und September Mo–Sa 10–13, 17–20 Uhr, So 10–13 Uhr, Juli/August Mo-Sa 9-21 Uhr, So 10-13 Uhr, von Oktober bis April Mo-Sa 10-13, 16-19 Uhr, So 10-13 Uhr. www.palafrugell.net
Oficina de Turisme, in zentraler Lage im Teatro Municipal; Carrer Santa Margarida 1, praktisch direkt an der Plaça Nova. Geöffnet Ostern bis Mitte September, dann Mo–Sa 10–13, 17–20 Uhr, So 10–13 Uhr. ✆ 972 611820.

● *Verbindungen* **Bus**: SARFA-Station am Kreisverkehr unweit der erstgenannten Infostelle; Busse nach Barcelona, Girona und Palamós/Sant Feliu alle 1–2 Stunden; nach Begur 4-mal täglich, zur HS teilweise häufiger. Nach Tamariu nur von etwa Mitte/Ende Juni bis Mitte September, dann 4-mal täglich, nach Llafranc und Calella ganzjährig, im Sommer halbstündlich bis stündlich, im Winter mindestens 4-mal täglich.
Auto: Parkplätze im Zentrum sind äußerst rar, parken Sie besser schon in den Außenbezirken.

Übernachten/Essen

● *Übernachten* Am nördlichen Ende der Altstadtstraße Carrer Cavallets war zuletzt ein Hotel in Bau.
** Pensió Hostal Playa, bislang der „Spitzenreiter" in der hiesigen Hotellerie, ein angenehmes, gut in Schuss gehaltenes Quartier mit Garage. Ganzjährig geöffnet. DZ/Bad etwa 65 €. Carrer Sant Sebastià 34, eine östliche Seitenstraße der Plaça Nova, ✆/✉ 972 300526, www.hostalplaja.com.

● *Essen* **Rest. La Xicra**, am nordwestlichen Rand der Altstadt und mit sehr gutem Ruf. Ambitionierte Küche und gutes Weinangebot, Menü à la carte ab etwa 35 €. So-Abend sowie Di-Abend geschlossen. Die offizielle Adresse ist Carrer Sant Antoni 17, doch nennt jeder im Ort das enge Gässchen nach einer Namensschöpfung von Josep Pla nur „Carrer Estret"; ✆ 972 305630.
Rest. Pa i Raïm („Brot und Trauben"), fast um die Ecke, untergebracht im Wohnhaus

von Josep Pla. Nettes Ambiente, marktabhängige katalanische Küche; Preisniveau etwa wie oben. Carrer de Torres i Jonama 56, So-Abend, Mo und Di geschlossen. ✆ 972 304572.

Bar-Rest. Frankfurter Gretl, in der Fußgängerzone. Den kuriosen Namen hat die Großmutter der jetzigen Besitzer von ihrem Deutschlandaufenthalt mitgebracht, heute handelt es sich um ein rein spanisches Lokal. Eigentlich eine Snack-Bar, im Speisesaal im ersten Stock wird jedoch ein durch-

aus ordentliches und mit 10 € (Wochenende: 16 €) auch recht günstiges Mittagsmenü serviert. Carrer Cavallers 48, nahe der zentralen Infostelle.

Bar Centro Fraternal, an der Plaça Nova. Das Hauptgebäude der 1887 gegründeten Gesellschaft ist der Treff der älteren Herren von Palafrugell, das Publikum auf den Tischen am Platz dagegen bunt gemischt. Bekannt und berühmt für seine ausgezeichneten Tapas. Plaça Nova s/n.

Einkaufen/Feste & Veranstaltungen/Nachtleben

● *Einkaufen* **Markttag** ist Sonntag, dann treffen sich hier auch die Bewohner des Umlands und am Vormittag sind alle Läden offen. An Montagen (außer im August) haben dafür fast alle Geschäfte im Ort geschlossen.

● *Feste & Veranstaltungen* **Fiestas de Primavera**, einwöchiges Frühlingsfest um Pfingsten, 1962 eingeführt, um das unter Franco damals bestehende Verbot der Faschingsfeiern zu umgehen. Höhepunkt sind deshalb ausgedehnte Umzüge mit Kapellen und fantasievoll gestalteten Karossen am Pfingstsonntag, „Karneval der Karnevale" genannt.

Festa de la Pela del Suro, am Sa vor dem 24. Juni, im Ortsteil Llofriu. Ein Fest rund um den Kork, bei dem man auch dessen Verarbeitung kennenlernen kann.

Sardanas im Juli/August jeden Freitagabend um 22.30 Uhr auf der Plaça Nova.

Festa Major de Santa Margarida, mehrere Tage um den 20. Juli. Das Hauptfest von Palafrugell; Mittelpunkt der Aktivitäten ist die Plaça Nova.

● *Nachtleben* **Las Carpas**, Disco-Zelte etwas außerhalb der Stadt nahe der vierspurigen Straße nach Llafranc und Calella. Nur im Sommer und dann die beliebteste Nachtzone auch für die Strandorte.

Sehenswertes

Museu del Suro de Palafrugell: Das Korkmuseum, einziges seiner Art in Spanien, war bislang im Carrer Tarongeta untergebracht, einer Parallelstraße zum Carrer Sant Sebastià unweit der Plaça Nova, soll aber künftig in den beeindruckenden Bau der ehemaligen, zuletzt noch in Restaurierung befindlichen Korkfabrik Fàbrica Armstrong am Carrer Pi i Maragall nördlich der Plaça umziehen. Obwohl seit alters her verarbeitet, erhielt Kork seine wirtschaftliche Bedeutung als Verschluss von Flaschen erst im 18. Jh. Bis zum Anfang des 20. Jh. war die Korkindustrie entlang der Costa Brava und ihrem mit ausgedehnten Korkeichenwäldern bewachsenen Hinterland der wichtigste Arbeitgeber. Palafrugell war eines der Hauptzentren der Verarbeitung und ist es in kleinerem Maßstab auch heute noch, schließlich wollen die katalanischen Cava-Flaschen verkorkt sein. Im Museum dreht sich denn auch alles um die Geschichte des uralten Rohstoffs, seine Herstellung und die biologischen und ökologischen Aspekte der „Kork-Kultur". Zu sehen sind jedoch auch zwei alte Filme über die Korkproduktion sowie eine amüsante Sammlung aus Kork hergestellter Skulpturen und Reliefs. Eine kleine Verkaufsstelle für Korkwaren ist angeschlossen.

Öffnungszeiten 15. Juni bis 15. September täglich 10–14, 16–21 Uhr, übrige Zeit Di–Sa 17–20 Uhr, So 10.30–13.30 Uhr; Eintrittsgebühr 3 €. www.museudelsuro.cat.

Centre d´Art Contemporani Can Mario: Dieses Museum der Stiftung Fundación Privada Vila Casas (ein weiteres liegt in Torroella, siehe dort) ist in einer früheren Korkfabrik unweit der Fàbrica Armstrong untergebracht. Es widmet sich

Die mittlere Costa Brava: Baix Empordà
Karte S. 138

zeitgenössischer katalanischer Kunst (Gemälde und Skulpturen) sowie internationaler Fotografie; daneben finden auch wechselnde Ausstellungen statt.
Öffnungszeiten 15. Juni bis 15. September Mi-Mo 17-21.30 Uhr, Karwoche 11-14, 16.30-20.30 Uhr, übrige Zeit nur Sa 11-14, 16.30-20.30 Uhr, So 11-14 Uhr. Di geschlossen. Eintrittsgebühr 2 €. www.fundacionvilacasas.org.

Fundació Josep Pla: Dem großem Sohn der Stadt widmet sich diese Stiftung, die knapp westlich des Ortskerns in seinem Geburtshaus am Carrer Nou 49 untergebracht ist. Neben einer permanenten Sammlung gibt es hier auch wechselnde Ausstellungen zu Leben und Werk des Dichters zu sehen: Die Stiftung unterhält auch eine Bibliothek und veranstaltet Führungen für Gruppen.
Öffnungszeiten 15. Juni bis 15. September Di–Sa 10–13, 17–20.30 Uhr, So 10–13 Uhr, übrige Zeit Di–Sa 9–13, 17–20 Uhr, So 10.30–13 Uhr; Eintrittsgebühr 2,50 €. www.fundaciojoseppla.net.

Tamariu   (260 Einwohner)

Der kleinste der drei Küstenorte um Palafrugell scheint auf den ersten Blick geradezu der Traum vom vergessenen Fischerdörfchen zu sein.

Felsen umrahmen eine schmale Sandbucht voll bunter Boote, dahinter eine Gruppe weißer Häuser, in der Umgebung dichte Pinienwälder… Zwar ist auch Tamariu längst „entdeckt", wird an Sommerwochenenden hart um Parkplätze gekämpft, verbergen Pinien gnädig neue Feriensiedlungen. Dennoch – Charme hat das Dörfchen reichlich. Wegen der komplizierteren Zufahrt ist der Andrang weniger stark als in den Schwesterorten weiter südlich, die Hotels sind noch kleiner und die Atmosphäre ist familiärer. Von seiner schönsten Seite zeigt sich Tamariu in der Nebensaison, wenn die Einwohner den Urlaubern gegenüber wieder in der Überzahl sind.

*I*nformation/*V*erbindungen

• *Information* **Oficina de Turisme**, Carrer Riera s/n, am Hauptplatz. Geöffnet ist nur von Juni bis September, dann Mo–Sa 10–13, 17–20 Uhr, So 10–13 Uhr. ☎ 972 620193, www.palafrugell.net.

• *Verbindungen* **Busse** von/nach Palafrugell nur von Mitte/Ende Juni bis Mitte September, dann 4-mal täglich.

*Ü*bernachten/*E*ssen

• *Übernachten* Im Juli und erst recht im August ist Tamariu oft voll belegt.
*** Hotel Hostalillo, in prima Lage etwas oberhalb des Strandes; Bar, Restaurant, Terrassen und viele der Zimmer mit schöner Aussicht. Geöffnet Ostern bis Mitte Oktober. DZ nach Saison 105–180 €. Carrer Bellavista (!) s/n, ☎ 972 620228, ☏ 972 620184, www.hotelhostalillo.com.
** Hotel Tamariu, gepflegtes Haus an der Strandpromenade, gutes Restaurant angeschlossen. Geöffnet März bis Anfang Dezember. DZ/F nach Lage und Saison 100–140 €, im Penthouse bis 180 €. Passeig del Mar 2, ☎ 972 620031, ☏ 972 620500, www.tamariu.com.
** Hotel Es Furió, in einer Seitengasse, also nicht in der ersten Reihe am Meer. Nur

acht Zimmer, hübsch gestaltet. Geöffnet März bis Anfang November. DZ/F 80–140 €. Carrer Foraió 5-7, ☎ 972 620036, ☏ 972 306667, www.esfurio.com.
• *Camping* **Tamariu**, 2. Kat., ein angenehmer Platz am westlichen Ortsrand, etwa einen Kilometer vom Meer, beschildert. Weitläufiges Hügelgelände mit viel Schatten und modernen Sanitäranlagen; Swimmingpool, Bar/Cafeteria, Einkaufsmöglichkeit. Geöffnet Mai–September. P.P. 6,50 €, Auto 5 €, Zelt etwa 5,50 €. ☎ 972 620422, ☏ 972 620592, www.campingtamariu.com.
• *Essen* **Restaurant Tamariu**, in schöner Lage an der Promenade, dem gleichnamigen Hotel angeschlossen. Erste Adresse vor Ort, spezialisiert auf maritime Gerichte, Menü mit Fisch à la carte ab etwa 35 € aufwärts.

Dörfchen am Sandstrand: Tamariu

Bar Mossec, an der Hauptstraße landeinwärts, etwas versteckter als die zahlreichen Restaurants der Promenade. Bei den Ortsansässigen beliebt aufgrund der variantenreichen Küche, die wegen der Besitzer einen gewissen britischen Einschlag zeigt. Wechselnde, sparsame Auswahl, neben dem Tagesgericht (meist Fleisch) auch diverse Häppchen. Carrer dels Pescadors 8, im Winter nur Sa/So geöffnet.

Bar Can Patxei, zwischen Hauptplatz und Strand. Urige Kneipe, Treff der örtlichen Fischer. Im Angebot einfache Gerichte wie Torrades (geröstetes Weißbrot) mit Beilagen. Carrer de la Riera 11.

Diverses

• *Feste* **Festa Major**, das Hauptfest des Örtchens, am 15. August.
Cantada d'Havaneres de Tamariu, Havaneres-Gesänge am Strand, am ersten Samstag im September.
• *Sport* **Tauchcenter** Centro de Buceo Tamariu, am Passeig del Mar 26, ☎ 972 620245.
• *Wandern* Die Wanderung 8 von Calella via Llafranc nach Tamariu ist natürlich auch in der Gegenrichtung begehbar, Details siehe unter Calella.

• *Baden* Die **Platja de Tamariu**, etwa zweihundert Meter lang, erfreut mit feinem Sand und glasklarem Wasser, ist aber teilweise von Booten belegt.
Cala Aigua Dolça: Am Nordostende des Strands von Tamariu führt ein Küstenweg in wenigen Minuten zu dieser kleinen Kieselbucht, die ihren Namen einer Süßwasserquelle verdankt. Ein ganzes Stück weiter auf dem selben Weg liegt die **Cala Aigua Xelida**, eine hübsche Badebucht, die wegen der nahen, großflächigen Urbanisation jedoch oft überfüllt ist.

Llafranc   (320 Einwohner)

Von der offiziellen Einwohnerzahl her nur wenig größer als Tamariu, beansprucht Llafranc weitaus mehr Raum und wirkt auch lebendiger.

Gemeinsam mit dem nahen, mit Llafranc fast zusammengewachsenen Calella ist der Ort über eine autobahnähnliche Schnellstraße mit Palafrugell verbunden.

Die mittlere Costa Brava: Baix Empordà
Karte S. 138

An Sommerwochenenden herrscht denn auch reichlich Betrieb. Im Hinterland liegen recht ausgedehnte Villensiedlungen, die sich jedoch zum Großteil unter Bäumen verstecken und deshalb wenig störend wirken. Der Ortskern selbst erfreut mit schmucken Häusern, einem lebendigen Sporthafen, schattiger Promenade und breitem Sandstrand. Als Abwechslung zum Strandleben empfiehlt sich ein Ausflug zum Leuchtturm und der Ermita am *Cap de Sant Sebastià* nördlich hoch oberhalb der Siedlung, vielleicht noch verlängert um eine Wanderung nach Tamariu, siehe unter Calella de Palafrugell.

Information/Verbindungen

• *Information* **Oficina de Turisme**, Passeig de Cípsela, ein Kiosk auf der Strandpromenade. Geöffnet etwa Juni bis September, Mo–Sa 10–13, 17–20 Uhr, So 10–13 Uhr, im Juli/August täglich 10–20 Uhr. ✆ 972 305008, www.palafrugell.net.

• *Verbindungen* **Bus**: Haltestelle an der Plaça Dr. Trueta, Verbindungen von/nach Palafrugell im Sommer halbstündlich bis stündlich, im Winter 4-mal täglich.

Übernachten/Essen

• *Übernachten* ****** Hotel El Far (3)**, Luxushotel in Traumlage beim Leuchtturm hoch über dem Ort. Untergebracht in dem ehemaligen, schon im 18. Jh. errichteten Gästehaus der Einsiedelei Sant Sebastià, das bereits 1930 als Hotel genutzt wurde – Vollpension kostete damals 15 Pesetas, nach dem letzten Umrechnungskurs also keine 10 Cent. Fahrzeug empfehlenswert, da das

Haus etwas abgeschieden liegt. Heute werden für ein DZ je nach Saison und Ausstattung etwa 170–320 € verlangt, für die Suiten natürlich noch mehr. ✆ 972 301639, 📠 972 304328, www.elfar.net.

*** Hotel Llevant (7), erste Adresse im Ort selbst, 1935 gegründet. Ein familiäres, kleines und komfortables Hotel mit gutem Restaurant an der Strandpromenade. Ganzjäh-

In Reih und Glied: Fischerboote am Strand von Llafranc

Übernachten

1 Kim's Camping
2 Pensió Hostal Celimar
3 Hotel El Far
5 Hotel Llafranch
7 Hotel Llevant
10 Hotel Casamar

Essen & Trinken

4 Pizzeria La Pasta
5 Rest. Llafranch
6 Rest.-Bar La Sirena
7 Rest. Llevant
8 Rest. León
9 Rest. Chez Tomàs

Llafranc

100 m

---

rig geöffnet. DZ nach Lage und Ausstattung etwa 75–180 €, es gibt auch teurere Spezial- und Superior-Zimmer. Carrer Francesc de Blanes 5, ✆ 972 300366, ✉ 972 300345, www.hotel-llevant.com.

*** Hotel Llafranch (5), ebenfalls eine empfehlenswerte und traditionsreiche Adresse, alljährlich renoviert. Einziger Nachteil: Sa-Nacht kann es in der zugehörigen Bar schon mal etwas lauter zugehen. Gutes Restaurant angeschlossen. Erfreulich: Keine Pensionsverpflichtung. DZ nach Saison und Lage 80–160 €. Passeig Cypsela 16, ✆ 972 300208, ✉ 972 305259, www.hllafranch.com.

** Hotel Casamar (10), stilvolles kleines Hotel in schöner und noch recht zentraler Lage. Angenehme Zimmer, Terrasse mit reizvollem Blick auf die unterhalb liegende Bucht, bestens zu genießen von einem der Zimmer mit Balkon dorthin. Geöffnet von Mitte März bis Dezember. DZ nach Saison und Lage etwa 75–110 €. Carrer Nero 3–11, ✆ 972 300104, ✉ 972 610651, www.hotelcasamar.net.

** Pensió Hostal Celimar (2), zwei Blocks hinter der Strandpromenade. Die komfortabelste der wenigen kleinen Pensionen von Llafranc, im Winter nur an Wochenenden geöffnet. DZ/Bad etwa 55–65 €, bei Aufenthalt vonnur einer Nacht bis 75 €. Carrer de Carudo 12–14, ✆/✉ 972 301374, www.hostalcelimar.com.

● *Camping* **Kim's Camping (1)**, 1. Kat., in hübscher, schattiger Lage. Großteils terrassiertes Gelände, gute Sanitärausstattung; Swimmingpool, Bar/Restaurant, Supermarkt; zum Meer etwa 500 Meter. Geöffnet April–September. P.P. 6,50 €, Stellplatz 28 €, zur NS ermäßigt. Beschilderte Zufahrt von der Straße von Palafrugell, ✆ 972 301156, 🖥 972 610894, www.campingkims.com.

• *Essen* **Rest. Llevant (7)**, dem gleichnamigen Hotel angeschlossen. Guter Service, feine lokale Küche mit Schwerpunkt auf Reisspezialitäten und frischem Fisch vom Markt in Palamós. Menü à la carte mit Fisch ab etwa 35 €.

Rest. Llafranch (5), das Restaurant des Hotels Llafranch. Lange Tradition, Dalí soll hier Stammgast gewesen sein. Neben Reisgerichten (berühmt der schwarze Reis „Arròs negre") stehen auch hier Fischgerichte im Fokus, Preisniveau etwa wie oben.

Rest. Chez Tomàs (9), etwas abseits gelegen. Feine Vorspeisen und Desserts, aber auch die Fleisch- und Fischgerichte sind in Ordnung. Gutes Preis-Leistungs-Verhältnis, Menü ab etwa 20-25 €. Carrer de Lluís Mar-

qués Carbó 2, im Winter nur am Wochenende geöffnet.

Rest.-Bar La Sirena (6), im östlichen Bereich der Uferpromenade. Bekannt für gute Tapas – die Besitzer sind aus Südspanien. Nicht ganz billig. Passeig de Cípsela 31, geöffnet Ostern bis September.

Rest. León (8), Familienbetrieb etwas abseits der Strandpromenade, Nähe „Chez Tomàs". Ordentliche Küche mit lokalem Charakter, recht preiswert: diverse Menüs ab etwa 12 €, auch à la carte relativ günstig. Carrer de Pere Pascuet 30, im Winter nur am Wochenende geöffnet.

Pizzeria La Pasta (4), großes Lokal an der Uferpromenade nahe der Infostelle. Ordentlicher Service, gute Pizza um die 9 €. Passeig de Cípsela 1, im Winter nur Fr-So geöffnet.

Diverses/Baden

• *Feste* **Cantada d'Havaneres de Llafranc**, Habaneres-Gesänge am Strand, am ersten Samstag im August.

Festa Major de Llafranc, mehrere Tage Ende August.

„Verrückter Markt", am ersten Samstag im September. Kunstgewerbe, Antiquitäten, Spielzeug etc.

• *Ausflüge/Sport* **Bootsausflüge** über „Serveis Nàutics de Llafanc", etwa zweistündige Exkursionen entlang der nördlichen und südlichen Küste, p.P. ca. 16 €. Auch Motorbootverleih. Büro an der Promenade beim Sporthafen, ✆ 972 611548.

Tauchcenter: Triton Diving, Plaça dels Pins s/n, ✆ 972 302426.

Beliebt auch in der Nebensaison: Calella lockt mit hübschen Buchten

Tourist Service, neben der Infostelle, vermietet Fahrräder, Kajaks und Boote. Passeig de Cípsela 1, ☎ 972 301748.

● *Wandern* Der Einstieg in die Wanderung 8 von Calella nach Tamariu ist auch ab Llafranc möglich. Der Weg beginnt an den Treppen beim Sporthafen, Näheres unter Calella.

● *Baden* Der Ortsstrand **Platja de Llafranc** besitzt rund 300 Meter feinen bis gröberen Sand und ist damit der größte Strand um Palafrugell. Es gibt Duschen und eine Erste-Hilfe-Station.

Calella de Palafrugell   (750 Einwohner)

Das größte der drei Küstendörfer bei Palafrugell glänzt mit seinem hübschen Ortszentrum und der sehr attraktiven Küstenlinie.

Wie um Llafranc erstrecken sich zwar auch im Hinterland von Calella recht ausgedehnte Villensiedlungen. Der Ortskern selbst zeigt sich mit seinen arkadengeschmückten, z. T. fast direkt an der Wasserlinie klebenden Häusern dagegen architektonisch sehr angenehm. Besonders schön ist die stark gegliederte Küste aus einer Reihe kurzer, geschwungener Sandbuchten, die zu kleinen Felskaps auslaufen. Zwischen Calella und Llafranc erhebt sich ein größeres, ebenfalls felsiges Kap. An ihm entlang verläuft ein Fußweg, der in kaum einer Viertelstunde hinüber in das Nachbardorf führt, ein besonders am Abend sehr reizvoller Spaziergang. Wegen der doch eher geringen Ausmaße der Strände von Calella geht es hier vor allem an Sommerwochenenden recht eng zu. Aber auch außerhalb der Haupturlaubszeit herrscht noch Leben in dem sympathischen Dorf – wer es in der Nebensaison nicht allzu beschaulich haben will, ist also gut aufgehoben.

Havaneres und Cremat: Karibische Anklänge in Calella

Havaneres (span.: Habaneras) sind melancholische Gesänge, die im 19. Jh. von Seefahrern und zurückgekehrten Auswanderern, den „Indianos" oder „Americanos", aus der Karibik nach Katalonien gebracht wurden. Entstanden waren die Lieder, eine Mischung aus kreolischen Melodien und trauriger Volksmusik, in der letzten großen spanischen Kolonie Amerikas, auf Kuba. Fischer und Seeleute entlang der katalanischen Küste übernahmen die von Gitarre oder Akkordeon begleiteten Gesänge und überlieferten sie Generation um Generation. Im Zuge der Pflege katalanischer Traditionen organisierte der Verband „Freunde von Calella" 1967 das erste Festival der Havaneres und machte Calella so zur inoffiziellen Hauptstadt des Havanera-Gesangs, der *Cantada d'Havaneres*. Heute werden Havaneres auf vielen Festen der Küstenorte Kataloniens gesungen.

Cremat, ein flambierter Cocktail, gilt als das klassische Getränk beim Hören von Havaneres und ist in den Bars und Cafés der Region um Calella sehr beliebt. Die Mischung aus Rum und Zucker wird mit Zitronenschale und Zimt gewürzt, in einem Keramikgefäß serviert und am Tisch entzündet. Erst wenn nach etwa zehn Minuten die Flamme schwächer wird, darf mit Kaffee abgelöscht und der Cocktail getrunken werden. Ganz billig ist das Vergnügen übrigens nicht – in manchen Bars bezahlt man für zwei Personen rund 16 €.

Die mittlere Costa Brava: Baix Empordà
Karte S. 138

Information/Verbindungen

- *Information* **Oficina de Turisme**, Carrer de les Voltes 6, küstennah im Ortskern, untergebracht in dem Gebäude „Sa Perola", das im 19. Jh. zum Imprägnieren von Fischernetzen errichtet wurde. Geöffnet etwa Juni bis September, Mo–Sa 10–13, 17–20 Uhr, So 10–13 Uhr, im Juli/August täglich 10–20 Uhr. ℡ 972 614475, www.palafrugell.net.
- *Verbindungen* **Bus**: Mehrere Haltestellen, z. B. an der Avinguda de la Costa. Busse von/nach Palafrugell im Sommer halbstündlich bis stündlich, im Winter 4-mal täglich.

Übernachten/Camping/Essen

- *Übernachten* Hohes Preisniveau, einfache und billige Quartiere gibt es nicht. Zur Saison ist Calella häufig ausgebucht, Pensionsverpflichtung dann fast die Regel.

*** Hotel Sant Roc (10), stilvolles Hotel in schöner Lage über der Küste. Sehr reizvoller Blick, dabei nicht weit vom Strand. Geöffnet Ostern bis Ende Oktober. DZ 110–130 €, Meerblickzimmer und zur HS im August sogar alle Zimmer nur mit Halbpension, für zwei Personen 220–275 €, Superiorzimmer bis 300 €. Plaça de l'Atlàntic 2, ℡ 972 614250, ℗ 972 614068, www.santroc.com.

*** Hotel Alga (2), ein paar hundert Meter landeinwärts der Küste, mit Pool und Tennisplatz. Mit etwa 50 Zimmern das größte Hotel vor Ort, insgesamt aber vielleicht nicht ganz so gut in Schuss wie die Konkurrenz. Geöffnet Ostern bis Oktober. DZ nach Saison, Lage und Ausstattung 75–190 €. Avenida de la Costa Blanca 55, ℡ 972 617080, ℗ 972 615102, www.novarahotels.com.

* Hotel La Torre (8), freundliches, familiär geführtes Haus in schöner Lage am Küstenweg. Zimmer z. T. mit reizvoller Aussicht, einige auch im Garten. Nur von Mai bis September geöffnet. Erfreulich: Keine Pensionsverpflichtung, für Gäste gibt es jedoch ein besonders günstiges Menü. DZ/F nach Saison 95–140 €. Passeig de la Torre 26–28, ℡ 972 614603, ℗ 972 615171, www.latorre.cat.

- *Camping* **La Siesta (1)**, (1. Kat.), knapp einen Kilometer landeinwärts der Küste, unweit der Straße nach Palafrugell. Großer, überwiegend schattiger und gut ausgestatteter Platz, der auch Bungalows und Caravans vermietet. Mehrere Pools, Animation, Disco. Geöffnet etwa Ostern bis Oktober, sonst auch an manchen Wochenenden. Preise p.P. rund 8,50 €, Stellplatz 30 €, zur NS ermäßigt. ℡ 972 615116, ℗ 972 614416, www.campinglasiesta.com.

Moby Dick (3), (2. Kat.), kleinerer, sympathisch geführter Platz, strandnah im Ortsbereich gelegen und kurioserweise durch eine Straße zweigeteilt – die beiden Bereiche sind durch eine Unterführung verbunden. Mittlerer bis guter Schatten, Sanitäres relativ schlicht, aber in Ordnung. Geöffnet etwa April bis September. Preise p.P., Auto jeweils etwa 6 €, Zelt 6,50 €, zur NS ermäßigt. ℡ 972 614307, ℗ 972 614940, www.campingmobydick.com.

- *Essen* An der Strandzeile Les Voltes liegen zahlreiche, einander recht ähnliche Lokale.

Rest. El Didal (7), direkt am kleinen Hafenplatz gelegen und spezialisiert auf Meeresküche. Fisch wird nach Gewicht berechnet, ist also nicht ganz billig. Plaça del Port Bo, im Sommer So-Abend und Mo-Mittag geschlossen, sonst Mo/Di ganztägig. Im Oktober/November Betriebsferien. ℡ 972 615776.

Rest. El Tragamar (6), etwas abseits an der Platja de Canadell. Modernes Lokal mit einer gewissen Art von „Barcelona-Schick", handelt es sich doch um einen Ableger der in der katalanischen Hauptstadt sehr beliebten Tragaluz-Kette. Innen stehen die Tische etwas eng. Einfallsreiche mediterrane Küche, gehobenes Preisniveau: Menü ab etwa 30 € aufwärts. Platja de Canadell s/n. Im Winter Di, Mo-Abend sowie Mi- und Do-Abend geschlossen. ℡ 972 614336.

Bar La Bella Lola (5), urige und originelle Kneipe beim Hauptplatz. Innen über und über mit Fotos von Havaneres-Festivals dekoriert, viele Einheimische. Auf der Karte nur Vorspeisen, Torrades mit Beilagen und Grillgerichte. Gehobenes Preisniveau. Plaça Sant Pere 4, zur NS So/Mo geschlossen, im November Betriebsferien.

Rest-Pizzeria El Salí (4), etwas oberhalb. Raffinierte Küche, gute Vorspeisen, Tagesangebote auf einer Kreidetafel. Die Portionen fallen allerdings relativ schmächtig aus. Nudelgerichte 9-12 €, Pizzas ab 8 €. Carrer Pirroig 3, geöffnet Ostern bis September.

Ü bernachten

1 Camping La Siesta
2 Hotel Alga
3 Camping Moby Dick
8 Hotel La Torre
10 Hotel Sant Roc

E ssen & Trinken

4 Rest.-Pizzeria El Salí
5 Bar La Bella Lola
6 Rest. El Tragamar
7 Rest. El Didal
9 Rest. Tony's

Calella de Palafrugell

100 m

Rest. Tony's (9), die preisgünstigste Möglichkeit, an der Strandzeile direkt am Meer zu sitzen und deshalb oft bis auf den letzten Platz belegt. Hauptgerichte überwiegend um die 10 € (Fisch mehr), auch Spaghetti etc. Carrer de les Voltes 9, geöffnet von Mitte März bis Mitte Oktober, zur NS Mo Ruhetag.

Feste & Veranstaltungen/Sport/Baden

● *Feste* **Festa Major**, das Hauptfest um den 29. Juni zu Ehren von Sant Pere.

Sardanas, Sa-Abend im Juli und August.

Cantada d'Havaneres de Calella, am ersten Samstag im Juli. Das berühmteste und älteste aller Havaneres-Festivals zieht jährlich über zehntausend Zuschauer an, die am Ufer und auch von zahlreichen Booten aus den Musikanten lauschen.

Festival Jardins de Cap Roig, im Juli und August. 1990 begründetes Musikfestival mit bekannten spanischen und internationalen

Künstlern, das im Botanischen Garten Cap Roig stattfindet. Die Tickets sind nicht ganz billig, Programme bei den Fremdenverkehrsämtern oder unter www.caproig.cat.

● *Sport* **Tauchcenter** Poseidon Nemrod Club, am Strand Port Pelegrí, ✆ 972 615345.

● *Baden* Calella besitzt eine ganze Reihe kleiner Strände, die alle aus mittelfeinem bis groben Sand bestehen. Auf einem Spaziergang entlang der Küste hat man in zehn Minuten jeden gesehen und kann sich seinen Lieblingsstrand aussuchen. Gepflegt sind sie allesamt, das Wasser ist sauber.

Platja de Canadell: Der Llafranc am nächsten gelegene Strand ist mit einer Länge von etwa 200 Metern der größte von Calella. Jenseits eines Felskaps folgen auf Höhe des Ortskerns mehrere kurze Sandbuchten, die praktisch ineinander übergehen. Am westlichen Ortsrand erstreckt sich mit der **Platja Port Pelegrí** nochmals ein etwas größerer Strand. Weitere, nicht immer leicht zugängliche Buchten finden sich südlich außerhalb des Ortes beim bzw. hinter dem Kap Cap Roig; teilweise ist dort Nacktbaden üblich.

Jardí Botànic de Cap Roig: Ein botanischer Garten oberhalb des Kaps Cap Roig, etwa einen Kilometer südwestlich von Calella und im Besitz der Bank Caixa de Girona; der Fußweg über einen Camí de Ronda ist beschildert. Gegründet wurde der Garten bereits 1927 vom Ehepaar Woevodsky, einem Exilrussen und seiner englischen Frau. Das ausgedehnte Gelände beherbergt vor allem Mittelmeerpflanzen, eine eigene Abteilung ist den verschiedenen Kakteenarten gewidmet. Mittlerweile hat die Caixa de Girona hier auch einen Skulpturengarten mit großformatigen Werken renommierter Künstler anlegen lassen, der Zug um Zug erweitert wird. Auch der schöne Blick über die Küste lohnt den Abstecher in das kleine Paradies.

Öffnungszeiten Täglich 9–20 Uhr, Winter 9–18 Uhr; Eintrittsgebühr 6 €.

Wanderung ❽ *: Von Calella über Llafranc nach Tamariu*

Wanderung 8: Von Calella über Llafranc nach Tamariu

Route: Calella – Llafranc – Far de Sant Sebastià – Cala Pedrosa – Tamariu; **reine Wanderzeit**: ca. 2–2½ Stunden; **Einkehr**: in den Ortschaften sowie im Hotel-Restaurant am Leuchtturm; Sonnenschutz, Trinkwasser und Badesachen nicht vergessen.

Charakteristik: Entlang der Küste, hoch über dem Meer und durch schattige Wälder erschließt diese herrliche Wanderung alle drei Strandorte um Palafrugell. Sie ist nicht allzu schwierig, auf einem kurzen Anstieg hinter der Cala Pedrosa und entlang der Klippenküste vor Tamariu ist allerdings Trittsicherheit nötig. Die Orientierung fällt leicht, da die Strecke als Teilstück des Fernwanderwegs GR 92 ab Llafranc durch-

Hoch über der Küste: der Wanderweg zwischen Llafranc und Tamariu

gehend weiß-rot markiert ist. Zurück geht es auf demselben Weg, im Sommer alternativ auch per Bus, wobei man in Palafrugell umsteigen muss – erkundigen Sie sich in diesem Fall vorher nach den aktuellen Abfahrtszeiten.

Verlauf: Die Wanderung beginnt in Calella am Strand *Platja de Canadell*. An dessen hinterem Ende steigt man die Treppen hoch und folgt dem küstennah verlaufenden Spazierweg um das kleine Kap herum. In *Llafranc* geht es wieder über Treppen hinab und rechts entlang der gesamten Strandpromenade bis vor die Einfahrt zum Club Nautíc, hier links über die Treppen aufwärts und am Ende rechts. Die Straße, zunächst Passeig de Carles Vila und dann Passeig de Pau Casals genannt, steigt in weiten Kurven durch locker bebautes Gebiet an. Nach knapp 20 anstrengenden Minuten ist man oben beim Leuchtturm *Far de Sant Sebastià*, 1857 errichtet und der lichtstärkste Turm der spanischen Mittelmeerküste. Links vorbei am Ein-

gang des Hotels „El Far" erreicht man die Wallfahrtskirche *Ermita de Sant Sebastià* (18. Jh.) mit einer blau angestrahlten Figur des Heiligen.

Jenseits der Kirche beginnt ein schmaler Wanderweg, der zunächst mit schöner Aussicht hart an der Steilküste entlang führt. An einer Gabelung folgt man dem Schild „Cala Pedrosa/Tamariu" und den weiß-roten Markierungen des GR 92. Der Weg verläuft unterhalb einer Wohnanlage, senkt sich allmählich in den Wald hinein und gabelt sich dann erneut; hier rechts. Nun geht es in Schleifen bergab, allmählich landeinwärts und wieder aus dem Wald heraus. Zwischen eingezäunten Grundstücken hindurch trifft man, etwa fünf Minuten hinter dem Waldrand, auf eine Kreuzung mit einer Staubpiste und einem Verkehrsspiegel. Hier hält man sich geradeaus, ebenso bei der kurz darauf folgenden Abzweigung; wenig später biegt man hinter einem einzeln stehenden Haus dann rechts ab, beschildert „Cala Pedrosa" und „Tamariu". Der Weg führt zunächst am Rand eines Tals abwärts und windet sich dann in dieses hinab. Schließlich erreicht er bei einem Fischerhaus, insgesamt etwa eine Stunde hinter Llafranc, die *Cala Pedrosa*. Die hübsche, recht einsame Steinbucht ist ein schönes Fleckchen für eine Rast.

Auf dem Weiterweg nimmt man den steilen, durch ein Geländer gesicherten Kletterpfad, der in der Nähe des Hauses ansetzt und wieder aus der Bucht heraus führt. Oben geht es durch den Wald etwa parallel zur Küste auf das Kap Musclera Trencada zu. Auf einem kurzen Stück durch Privatbesitz wird der Weg nun breiter, muss aber nach wenigen hundert Metern nach rechts verlassen werden. In einem Bogen kürzt man das Felskap landeinwärts durch den Wald ab und umgeht wenig später ein Privatgrundstück auf der Meerseite. Der Pfad folgt nun immer der Küste, vorbei an kleinen Felsbuchten mit türkisblauem Wasser und über bizarr geformte Klippen hinweg. Eine knappe Dreiviertelstunde hinter der Cala Pedrosa trifft man auf den Strand von Tamariu. Für den Rückweg mag es verlockend erscheinen, den ersten Küstenabschnitt und die Cala Pedrosa auf der Straße bis zur Einmündung des Feldwegs zu umgehen. Dies ist zumindest an Wochenenden und zur Hochsaison jedoch nicht ratsam – die Straße ist kurvig und einen parallel verlaufenden Fußweg gibt es nicht.

Palamós   (17.400 Einwohner)

Mit seinem langen Strand scheint Palamós für den Fremdenverkehr gut gerüstet, ist gelegentlich sogar Station von großen Kreuzfahrtschiffen. Dennoch wirkt das Städtchen gespalten zwischen Tourismus und Alltagsleben.

Palamós liegt etwa acht Kilometer südlich von Palafrugell am Ende einer langen Bucht, die hier in ein kleines Felskap ausläuft. Bestimmen entlang der Zufahrtstraße noch Kleinindustrie und Gewerbeansiedlungen das Bild, so trifft man am Meer fast unvermittelt auf eine sich kilometerlang staffelnde Phalanx von Hotel- und Apartmentblocks, flankiert von einer palmenbestandenen Promenade. Das Zentrum selbst besteht überwiegend aus Neubauten und ist zum Großteil schachbrettartig aufgebaut. Reste der früheren Fischersiedlung finden sich noch im alten Ortskern am Kap und in dessen naher Umgebung; einige der schmalen, für einen kurzen Bummel recht attraktiven Straßen sind heute in Fußgängerzonen verwandelt. Beiderseits des Kaps liegen zwei Häfen: Im Osten der neue Sporthafen, im Westen der traditionsreiche heutige Fischerhafen, in dem während der Woche nachmittags Fischversteigerungen stattfinden. Man sieht es ihm nicht an, welch erstaunlich lange Vergangenheit er besitzt: Schon gegen Ende des 13. Jh. startete hier die Flotte des *Pedro von Aragón* zur „Befreiung" Siziliens von den Franzosen.

In späteren Jahrhunderten landeten immer wieder Seeräuber in Palamós, plünderten und brandschatzten. Schwere Zerstörungen erlitt die Stadt auch im Spanischen Bürgerkrieg – vermutlich die Erklärung für das nüchterne, moderne Ortsbild unserer Tage. Sehenswürdigkeiten im engeren Sinn fehlen deshalb auch weitgehend, von den bescheidenen Resten zweier verfallener Burgen und dem neuen, sehr schön gestalteten Fischereimuseum *Museu de la Pesca* einmal abgesehen.

Die attraktivste Seite von Palamós: der alte Ortskern am Kap

Information/Verbindungen

● *Information* **Oficina Municipal d'Informació Turistica**, Passeig del Mar s/n, ein kioskartiger Bau direkt auf der Promenade; ✆ 972 600550. Öffnungszeiten: Juni Mo-Sa 9-20 Uhr, So 10-14 Uhr, Juli-Sept. täglich 9.30-21.30 Uhr, restliche Monate Mo-Sa 9-14, 16-20 Uhr, So 10-14 Uhr. www.palamos.org.

● *Verbindungen* **Bus:** SARFA-Station am Carrer López Puigcerver 7 (Plaça Catalunya), etwa einen Block hinter der Promenade.

Busse zur Umsteigestation Palafrugell und nach Girona etwa stündlich, Richtung Süden bis Sant Feliu und nach Barcelona ebenfalls etwa stündlich; nach Begur und Torroella 2x täglich. In der HS etwas erweitertes Angebot.

● *Internet-Zugang* **Ciber Café**, im Einkaufszentrum Centro Comercial Carme am Carrer Dídac Garrell, gleich nördlich der Altstadt.

Übernachten (siehe Karte S. 181)

***** **Hotel La Mal Contenta**, 2005 eröffnetes Fünfsternequartier außerhalb der Stadt, im Hinterland der Platja de Castell. Untergebracht in einem alten Landgut, sehr stilvolle Dekoration, jeder Komfort (Pool etc.) selbstverständlich. Zwei Personen zahlen je nach Saison und Standard 170–280 €. Paratge Torre Mirona 12, Zufahrt nördlich der Stadt Richtung Platja de Castell, ✆ 972 312330, ✆ 972 312326, www.lamalcontentahotel.com.

*** **Hotel Trías (6)**, im Zentrum und unter denselben Besitzern, die aus Palamós stammen und sich vor allem in Barcelona (in jüngerer Zeit aber auch hier im Ort) ein wahres Gastronomie-Imperium aufgebaut

haben. Altbewährtes, vor wenigen Jahren renoviertes Haus an der Strandpromenade, nicht weit vom Ortskern. Gute Ausstattung mit Schwimmbad, Parkplatz etc. DZ nach Saison und Lage 100–160 €. Passeig del Mar s/n, ✆ 972 601800, ✆ 972 601819, www.hotel trias.com.

*** **Hotel Hostal Vostra Llar (5)**, Nähe Busstation, also ebenfalls nicht weit von der Altstadt. Hübsches Haus mit geräumigen Zimmern und nettem, günstigem Restaurant. Geöffnet von März bis Oktober. DZ nach Saison etwa 60–90 €, Frühstück inklusive. Carrer President Macià 12, ✆ 972 31 4262, ✆ 972 314307, www.vostrallar.com.

** **Hotel Marina (8)**, sehr zentral; allerdings auch recht laut an der Hauptstraße gelegen. Ganzjährig geöffnet, eine Seltenheit in Palamós. Unterkunft auf Basis von Vollpension, p.P. nach Saison etwa 55–70 €. Avinguda Onze de Setembre 48, ℡ 972 314250, ℡ 972 600024, www.hotelmarina-palamos.com.

** **Pensió Hostal Catalina (3)**, nördlich der Altstadt. Vielsprachig geführt, ordentliche Zimmer mit Sat-TV. DZ etwa 60–85 €, Frühstück inklusive. Carrer Foment 16, ℡ 972 31 4386, ℡ 972 312081, www.hostalcatalina.com.

** **Pensió La Fosca (1)**, recht gut ausgestattete Pension etwas außerhalb am Strand La Fosca, siehe „Baden". DZ/Bad nach Saison etwa 60–70 €. Passeig de la Fosca 24, ℡ 972601071, ℡ 972601072.

• *Camping* Insgesamt liegen sechs Plätze in und um Palamós.

Palamós (4), 1. Kat., links und rechts der Küstenstraße zum Strand La Fosca; Zentrum und Strand jeweils in Fußentfernung. Wiesengelände landeinwärts mit wenig, Terrassen auf der Meerseite mit mehr Schatten und schöner Aussicht. Unterhalb eine steinige Badebucht. Gute Sanitärs und sonstige Ausstattung, Swimmingpool. Geöffnet Ostern bis Ende September. p.P. 6,50 €, Stellplatz ab 14 €, zur NS günstiger. ℡ 972 314296, ℡ 972 601100, www.camping palamos.com.

Camping Internacional Palamós (2), 3. Kat., nahe der Strandbucht La Fosca, also außerhalb des Ortes. Die Kategorie täuscht: großer, gut ausgestatteter Platz mit zwei Pools, teilweise schöner Blick. Geöffnet Ostern bis Ende September, Anfang Oktober. Preise p.P. 4 €, Stellplatz ab rund 17 €, zur NS günstiger. ℡ 972 314736, ℡ 972 31 7626, www.internacionalpalamos.com.

Camping Relax-Nat, 2. Kat., im Gemeindegebiet von Mont-Ras, zwischen Palafrugell und Palamós, leider sehr nahe an der Schnellstraße. Erwähnt als einziger FKK-Campingplatz der Costa Brava, zugelassen sind nur Paare sowie Gruppen beiderlei Geschlechts. Zum Strand fünf Kilometer, Pool vorhanden. Geöffnet Ostern bis September, Zufahrt von der C 31 bei km 329. P.P. 6,50 €, Stellplatz etwa 21 €, zur NS günstiger. ℡ 972 300818, ℡ 972 601100, www.campingrelaxnat.com.

*E*ssen/*N*achtleben

Das muss man Palamós lassen – für einen Ort dieser Größe verfügt es über erstaunlich viele erlesene Lokale. Gute Fischrestaurants gruppieren sich besonders in der Hafengegend an der Südseite des Kaps. Die Spezialität der Stadt sind Gambas, Garnelen, zwischen April und Juni von vielen Restaurants mit einem eigenen „Menú de la Gamba" gewürdigt.

• *Essen* **Restaurant La Gamba (11)**, Nähe Fischerhafen und schon seit vielen Jahren einer der örtlichen Tipps. Innen noble Atmosphäre und Klimaanlage, schöner sitzt man auf der Terrasse. Das „Menu mariner" kommt auf rund 33 €, à la carte legt man eher mehr an. Plaça Sant Pere 1, ℡ 972 314633, Mi und im November geschlossen.

Rest. Maria de Cadaqués (9), seit über einem halben Jahrhundert bestehendes Traditionslokal. Zu den Rennern hier gehören regionale Fischspezialitäten wie Suquet de Peix. Die Preise liegen ähnlich wie im La Gamba. Zu suchen im Gassengewirr vor dem Hafen. Carrer Tauler i Servià 6, ℡ 972 314009, außerhalb der Saison So-Abend und Mo geschlossen.

Rest. La Catifa (12), in Hafennähe. Ein weiterer Spezialist für fangfrischen Fisch, perfekt zubereitet. Preisniveau etwa wie oben, Di sowie im November geschlossen. Carrer Moll 9, ℡ 972 315608.

Rest. La Torreta (10), nicht weit entfernt. Hübsche Terrasse, solide Küche; leckeres Mittagsmenü etwa 10 €, im Angebot auch Salate, Torrades und Fleisch vom Grill. Plaça Sant Pere 13.

Taverna El Portal (7), am Nordrand der Altstadt. Hübsches Ambiente in einem alten Steinhaus, Tische auch im Freien. Recht günstiges Mittagsmenü, daneben auch Salate, Grillgerichte, Schinken... Carrer Salvador Albert i Pey 10.

Rest. Vostra Llar (5), im gleichnamigen Hotel. Katalanische Küche; bei den Einheimischen sehr beliebt, insbesondere wegen des reichhaltigen Mittagsmenüs, das kaum 9 € kostet. „Pünktlich um 13 Uhr vor der Tür stehen, sehr voll, immer" (Leserbrief von Angelika Dreste-Dunkel).

Bar Casa del Mar (13), wichtigster Treffpunkt der im Hafen beschäftigten Arbeiter, der Fischer und Freizeitkapitäne. Quirlige Atmosphäre, relativ preiswerte Raciones,

Essen & Trinken
5 Rest. Vostra Llar
7 Taverna El Portal
9 Rest. Maria de Cadaqués
10 Rest. La Torreta
11 Rest. La Gamba
12 Rest. La Catifa
13 Bar Casa del Mar

Übernachten
1 Pensió La Fosca
2 Camping Int. Palamós
3 Pensió Hostal Catalina
4 Camping Palamós
5 Hotel Hostal Vostra Llar
6 Hotel Trías
8 Hotel Marina

Palamós
200 m

Die mittlere Costa Brava: Baix Empordà
Karte S. 138

Tapas und Bocadillos. Im Sommer öffnet die nahe Terrasse „Terrassa del Mar". An der Plaça de la Catifa, zu erreichen über den Carrer Pagès Ortiz.

• *Nachtleben* El Muro (Die Mauer) nennt sich das wichtigste Nachtgebiet von Palamós – in der Zone am Südende der Av. On-ze de Setembre und um die Plaça Sant Pere finden sich einige Musikkneipen wie „La Pirata" oder „Waikiki". Im Sommer trifft man sich auch in den Lokalen am allerdings wenig mondänen Sporthafen, der **Zona Port Marina**.

*F*este & *V*eranstaltungen/*S*port

• *Feste/Veranstaltungen* **Markt** ist Dienstag. **Carnestoltes**, der Karneval, wird in Palamós besonders spektakulär gefeiert.

Festa Major de Palamós, das große Hauptfest der Stadt, um den 24. Juni.

Verge del Carme, das Fest der Schutzheiligen der Fischer, natürlich mit der üblichen Meeresprozession. Am Samstag nach dem 16. Juli bzw. am 16. Juli selbst, falls dieser auf einen Sonntag fällt.

Aplec de la Sardana, Sardana-Tänze in der zweiten Julihälfte.

• *Sport* **Fahrradverleih** Comercial Ferrer, Avinguda Preisident Macià 139, ℡ 972 601444

Tauchbasis Nautilus Sub, Carretera Club Náutico s/n, ℡ 972 316249. Gegenüber dem Hafen versenkte das Team 1989 einen Frachter und schuf so ein künstliches Riff.

*B*aden

Platja Gran de Palamós: Der kilometerlange Hauptstrand von Palamós glänzt mit feinem Sand, guter Infrastruktur und diversen Sportmöglichkeiten. Mancher wird sich allerdings an der nicht gerade hübsch anzu-sehenden Hochhauskette im Hintergrund stören.

Cala de la Fosca: Eine reizvolle Strandbucht, gut 1,5 Kilometer nordöstlich des Zentrums und zur Saison auch per Stadtbus zu erreichen. Der feine, breite Sandstrand schwingt sich in einem weiten Bogen von mehreren hundert Metern Länge, unterbrochen von einem Felsvorsprung. Alle nötigen Einrichtungen inklusive einer Rot-Kreuz-Station sind vorhanden. Im Hinterland liegt eine nicht allzu störende Urbanisation, auf dem Felskap im Norden stehen die verfallenen Reste einer Burg.

Platja de Castell: Der schönste Strand um Palamós, einen guten Kilometer nördlich der Cala Fosca gelegen, fast ebenso groß wie diese und völlig unverbaut. Zu erreichen ist er nur über kleine Sträßchen im Hinterland (Abzweigung von der C 31, vor-

bei am Camping Benelux) oder zu Fuß: Am Nordrand der Cala Fosca beginnt ein Küstenweg dorthin, Autofahrer können auch im Norden der Urbanisation nach dem unscheinbaren Schild zur Cala S'Alguer suchen und der Piste bis zum Parkplatz am Ende folgen (nichts im Wagen lassen!). In beiden Fällen führt der Fußweg vorbei an der romantischen kleinen Fischersiedlung in der Felsbucht Cala S'Alguer und erreicht kurz darauf die Platja Castell. Es gibt eine Rotkreuz-Station, einige Strandkneipen und Wassersportmöglichkeiten. Auf dem Felskap im Norden liegen die unscheinbaren Reste einer uralten Iberer-Siedlung.

▸ **Museo de La Pesca**: Sehr gut konzipiert ist dieses Fischereimuseum, das in einem ehemaligen Hafenlager untergebracht ist, 2005 ins Finale im Wettbewerb um den „Preis des Europäischen Museums" einzog und dort eine besondere Erwähnung erhielt. Die Ausstellung rund um den Fischfang zeigt nicht nur ein komplettes Fischerboot, sondern informiert auf ebenso lehrreiche wie unterhaltsame Weise über die verschiedenen Arten der Fischerei, ihre Vergangenheit und Gegenwart und das mit ihr verbundene Handwerk. Vor dem Museum liegt ein weiteres klassisches Fischerboot vertäut, mit einem anderen lassen sich im Sommer (etwa 21. Juni bis 21. September) Ausflüge unternehmen; wer möchte, kann hier sogar Kurse im Knüpfen von Seemannsknoten besuchen.

Öffnungszeiten Vom 15. Juni bis 15. September täglich 9-21 Uhr, sonst Di-Sa 10-13.30, 15-19 Uhr, So 10-14, 16-19 Uhr. Eintrittsgebühr 3 €. www.museudelapesca.org.

Sant Antoni de Calonge   (1300 Einwohner)

Auf den ersten Blick ein Vorort von Palamós, politisch jedoch zusammen mit dem Inlandsstädtchen Calonge eine eigene Gemeinde.

Jahrhundertelang war Sant Antoni nur der kleine Hafen des Mutterstädtchens Calonge, erlebte mit dem Beginn des Fremdenverkehrs jedoch einen starken Aufschwung – Grund hierfür war natürlich einmal mehr ein weiter Sandstrand, das wichtigste Kapital der Siedlung. Heute ist Sant Antoni mit Palamós praktisch zusammengewachsen, und auch die vielstöckige Architektur der beiden Orte ähnelt sich zum Verwechseln. Lang gestreckt, aber schmal zwängt sich die Siedlung zwischen Strandpromenade und Durchgangsstraße, das Hinterland ist mit ausgedehnten Urbanisationen bebaut. Südlich von Sant Antoni, in Richtung Platja d'Aro, wird die Küste wieder abwechslungsreicher. Zwischen felsige Kaps schmiegen sich kleine und mittelgroße Sandbuchten, die zur Hochsaison zwar alle Mühe haben, die Besuchermassen der nahen Campingplätze aufzunehmen, im Frühjahr und Herbst aber durchaus ihren Reiz besitzen.

• *Information* **Oficina Municipal de Turisme**, Avinguda de Catalunya 26, an der Durchgangsstraße C 253, ✆ 972 661714. Öffnungszeiten: Mo–Fr 9–14, 16.30–19 Uhr, Sa/So 10–14 Uhr, im Juli/August täglich 9–21 Uhr. www.calonge.cat.

• *Verbindungen* **Bus**: Haltestellen beiderseits der Durchgangsstraße, Ecke Avingu-

da Costa Brava, nicht weit vom Fremdenverkehrsamt. Sarfa-Busse Richtung Palamós und Sant Feliu etwa stündlich, Lokalverbindung nach Calonge 9-mal täglich, zur HS häufiger.

• *Übernachten* ****** Silken Park Hotel San Jorge**, südwestlich außerhalb des Ortes nahe der C 253, hart an der Gemeindegren-

Der hl. Martin teilt seinen Mantel: Skulptur an der Kirche Sant Martí in Calonge

ze zu Platja d'Aro. Ausgesprochen angenehmes Luxusquartier in sehr schöner Lage über der Küste, direkt unterhalb ein feiner Strand. Komfortable Ausstattung mit reizvoll gelegenem Pool, Garten, Sauna, Parkplatz etc. DZ rund 135–225 €, auch Superior-Zimmer. Carretera de Palamós s/n, ✆ 972 652311, ✆ 972 652576, www.hoteles-silken.com.

*** Hotel Cap Roig, ganz in der Nähe und in Lage und Ausstattung fast ebenbürtig. Geöffnet Anfang April bis Anfang Oktober. DZ mit Halbpension je nach Saison und Zimmerqualität etwa 95–210 €. Carretera de Palamós s/n, ✆ 972 652000, ✆ 972 650850, www.caproig.com

● *Camping* Insgesamt sechs Plätze im Gemeindebereich. Die ersten drei der hier erwähnten Plätze liegen alle an der Straße Richtung Platja d'Aro, verteilen sich über teilweise recht steile, terrassierte Hänge, sind überwiegend gut schattig und landschaftlich reizvoll.

Treumal, 1. Kat., schön bepflanztes Gelände auf einem früheren Landgut, meerwärts der Küstenstraße und oberhalb zweier felsgerahmter Sandbuchten. Sehr gute Ausstattung, kleines Schwimmbad, prima Sanitärs, Bar/Supermarkt. Restaurant im ehe-

maligen „Herrenhaus". Geöffnet von Ostern bis September. Preise (HS): p.P. 7,50 €, Stellplatz inkl. Auto, Zelt 27 €. ✆ 972 651095, ✆ 972 651671, www.campingtreumal.com.

Internacional de Calonge, 1. Kat., ein kleines Stück weiter, oberhalb der Verbindungsstraße. Ebenfalls sehr gute Ausstattung, überwiegend schattig, mehrere Pools, Animation, Miet-Bungalows und -Zelte etc. Zur Strandbucht auf einer Brücke über die Straße. Ganzjährig geöffnet. Preise etwa wie bei Treumal. ✆ 972 651233, ✆ 972 652507, www.intercalonge.com.

Cala Gogó, (1. Kat), noch etwas weiter in Richtung Platja d'Aro. Sehr großer Platz beiderseits der C 253, der weit ausgedehntere Teil oberhalb der Straße, zur Strandbucht durch einen Tunnel. Gute Ausstattung, Miet-Bungalows und -Zelte, Animation etc. Geöffnet Ende April bis etwa Mitte/Ende September. Etwa 7 € p.P., Stellplatz 26 €. ✆ 972 651564, www.calagogo.es.

Costa Brava, (2. Kat), kleinerer Platz im Ortsbereich, jenseits der Durchgangsstraße und nahe der Verbindungsstraße nach Calonge, zum Strand ein paar hundert Meter. Geöffnet Juni bis September. Parzelle inkl. 2 Pers., Auto, Zelt 26 €. ✆/✆ 972 650222, www.campingcostabrava.net.

• *Essen* **Rest. Refugi dels Pescadors**, traditionsreiches Lokal an der Strandpromenade. Gehobene Meeresküche, maritime Einrichtung. Menü à la carte ab etwa 30-35 €. Passeig d'en Josep Mundet 55, zur NS So-Abend und Mo geschlossen. ✆ 972 650664.

Rest. Costa Brava, an der Durchgangsstraße unweit des Fremdenverkehrsamts. Gute katalanische Küche, recht günstiges Mittagsmenü à etwa 11 €, à la carte ab etwa 20-25 €. Avinguda de Catalunya 28, Mi geschlossen.

• *Veranstaltungen* **Markttag** ist Mittwoch. **Festa de les Entitats**, am Wochenende, das dem 13. Juni (Sant Antoni de Pàdua) am nächsten liegt.

Sardanas finden im Juli und August jeweils sonntags (22 Uhr) auf der Plaça Catalunya statt.

Festa Major de Sant Antoni, das Hauptfest der Stadt, an mehreren Tagen Ende August, Anfang September.

• *Baden/Wandern* Die **Platja de Sant Antoni** und die **Platja de Torre Valentina**, die beiden kilometerlangen Hauptstrände von Sant Antoni, werden nur durch das im Sommer trockene Flussbett der Riera de Calonge voneinander getrennt. Beide besitzen mittelfeinen Sand und schnell tiefer werdendes Wasser, sind gepflegt und mit allen nötigen Einrichtungen inklusive zweier Rotkreuz-Stationen versehen. An der Platja de Sant Antoni sorgen vorgelagerte Wellenbrecher für ruhiges Wasser.

Buchten südlich von Sant Antoni/Wanderweg nach Platja d'Aro: Beim südlichen Ende der Platja de Torre Valentina beginnt ein Küstenweg („Camí de Ronda"), der bis hinunter nach Platja d'Aro führt. Bis hinter die Platja de Ses Torretes ist der Weg, ein Teilstück des GR 92, in ordentlichem Zustand, danach streckenweise weniger gut in Schuss, weshalb gelegentlich auf die Straße ausgewichen werden muss; eine Restaurierung ist seit Jahren geplant. Unterwegs passiert der Pfad zunächst vorwiegend Felsküste, später eine ganze Reihe kleinerer, recht reizvoller Sandbuchten, die zur HS freilich durch die nahen Campingplätze auch stark frequentiert werden. Die schönsten Buchten von Nord nach Süd: Platja de Can Cristus (feiner Sand, Strandbar), Platja de Ses Torretes (auch: Platja Treumal oder Cala Gogó; Sand, Strandbar), Platja de Cap Roig (Sand, Strandbar), Platja Sant Jordi (auch: Platja Comtat, Sand). Die sich direkt anschließende Platja Belladona (Sand, Strandbar) zählt wie der folgende, überwiegend felsige Abschnitt bereits zur Nachbargemeinde. Kurz vor den langen Stränden von Platja d'Aro liegt noch die hübsche kleine Sandbucht Cala del Pi. Viele der genannten Buchten sind auch von der Verbindungsstraße Sant Antoni-Platja d'Aro zu erreichen. Die oft unscheinbaren Fußwege hinunter ans Meer beginnen in der Regel nahe der Campingplätze und Hotels, Parkplätze an der Straße sind aber nur schwer zu finden.

Calonge   (4800 Einwohner)

Ein altes Inlandsstädtchen, das als Kontrastprogramm zur Architektur der nahen Küstensiedlungen einen Abstecher durchaus wert ist.

Calonge wurde bereits 881 als „Colonico" erstmals urkundlich erwähnt und bildet heute das Verwaltungszentrum der Gemeinde, zu der auch Sant Antoni zählt. Ohne überwältigende Sehenswürdigkeiten zu bieten, lohnt der alte Ortskern doch einen kurzen Bummel. Mittelpunkt und Herz des Städtchens ist die kleine *Plaça Major*, in deren Umfeld auch die auffälligsten Bauten stehen. Die große Barockkirche *Sant Martí* (18. Jh.) wurde auf den Grundmauern einer Vorgängerin des 10. Jh. errichtet. Ganz in der Nähe erhebt sich das *Castell de Calonge*, eine mittelalterliche Schlossburg, die mit ihren Mauern und Türmen über die Jahrhunderte immer wieder erweitert wurde und deshalb Stilformen von der Romanik bis zum Barock zeigt.

• *Verbindungen* **Busse** von/nach Sant Antoni und Palamós 11-mal, Palafrugell 5-mal, Platja d'Aro 11-mal täglich.

• *Essen* An und um die Plaça Major einige Restaurants und Tapa-Bars.

Rest. L'Empordà, auch bekannt als „Can Ramón", an der Hauptstraße von Sant Antoni zum Ortskern. Von außen unscheinbares, wegen seiner guten Küche aber sehr beliebtes Lokal. Menü à la carte ab etwa 20-

25 €, man kann aber auch deutlich mehr ausgeben. Carrer Balmes 21, Ecke Av. D'en Puigcerver.

• *Veranstaltungen* **Markttag** ist Donnerstag. **Sardanes** im Juli/August jeden Donnerstag ab 22 Uhr auf der Plaça Major.

Festa Major de Calonge, das Hauptfest, am zweiten Samstag im Juli.
Festa de Sant Martí, Fest des Schutzpatrons am 11. November, gleichzeitig Weinfest **Festa del Ví**.

Umgebung von Calonge

Landeinwärts von Calonge erhebt sich die *Serra de les Gavarres*, ein entlegenes, bis über 500 Meter hohes Massiv, das dicht mit Stein- und Korkeichenwäldern bewachsen und nur durch schmale Wege und Pisten erschlossen ist. Einen guten Eindruck von dem einsamen Gebiet gewinnt man auf der kurvigen Straße, die von Calonge über Romanyà de la Selva nach Castell d'Aro führt, vorbei an der Cova d'en Daina.

Cova d'en Daina: Eines der bedeutendsten Steinzeitgräber Kataloniens, in einem Korkeichenwald etwa zehn Kilometer hinter Calonge gelegen. Kurz hinter einer Hügelkuppe führt rechts ein beschilderter Weg zu dem uralten Dolmen, der aus der Zeit um 2000 v. Chr. stammt und, ebenso wie der ihn umgebende äußere Steinkreis, ungewöhnlich gut erhalten ist.

Romanyà de la Selva: Nur ein kleines Stück weiter liegt links der Straße dieses putzige kleine Dorf, das nur aus ein paar Häusern besteht. Sie gruppieren sich um die ehrwürdige Kirche *Sant Martí*, deren Glockenturm bis auf das 10. Jh. zurückgeht. Trotz der geringen Größe des Dorfes finden Ausflügler auch zwei Restaurants. Fünf Kilometer hinter Romanyà trifft die Nebenstraße bei Castell d'Aro auf die Hauptverbindung nach Sant Feliu.

Steinzeitgrab im Korkeichenwald: Cova d'en Daina

Die mittlere Costa Brava: Baix Empordà
Karte S. 138

Platja d'Aro   (2800 Einwohner)

Trabantenstadt am goldenen Strand – das größte Ferienzentrum des Baix Empordà, berühmt für sein Nachtleben und berüchtigt für seine Architektur.

Bis Ende der 50er-Jahre standen am langen Strand von Platja d'Aro nur Pinienwälder und ein paar kleine Sommerhäuser. Das hat sich gründlich geändert, heute prägen vielstöckige Hotel- und Apartmentburgen das Bild. Platja d'Aro lebt fast ausschließlich vom Fremdenverkehr, rund 90 Prozent der Einwohner sind im Tourismus oder den mit ihm verbundenen Branchen tätig. Da war es nur konsequent, auch das Rathaus von seinem alten Standort im Inlandsdorf Castell d'Aro hierher an die Küste zu verlagern und die Gemeinde in Castell-Platja d'Aro umzubenennen.

Beliebt ist Platja d'Aro besonders bei Besuchern, die ein breites Unterhaltungsangebot und ein intensives Nachtleben schätzen. Music-Bars und Discos sind fast im Überfluss vorhanden. Insofern lässt sich Platja d'Aro durchaus mit Lloret de Mar vergleichen, wenn auch das Publikum hier im Schnitt etwas älter ist als in der Teenie-Hochburg Lloret. Echter nächtlicher Betrieb herrscht allerdings nur an Wochenenden und zur Sommersaison, die etwa von Mitte Juni bis Mitte September reicht. Übrigens sind es nicht nur Deutsche und andere Mitteleuropäer, die hier ihre „kostbarsten Wochen des Jahres" verbringen – auch viele Spanier besitzen in Platja d'Aro ihr 2,5-Zimmer-Urlaubsdomizil. Bleibt zu erwähnen, dass der Ort trotz seiner modernen Anmutung eigentlich eine lange Geschichte aufweist: Bei Ausgrabungen wurden in der Nähe des Strands Platja Rovira die Grundmauern einer Römersiedlung des 1. Jh. v. Chr. freigelegt. Spötter meinen, es könne sich dabei eigentlich nur um die Reste einer frühen Apartmentanlage handeln ...

Information/Verbindungen

• *Information* **Oficina Municipal de Turisme**, Carrer Mossèn Cinto Verdaguer 4, an der großen Kreuzung im Ortszentrum. Geöffnet täglich 9–13, 16–19/20 Uhr, von Mitte Juli bis Mitte September täglich 8–22 Uhr. Auch Organisation von Spaziergängen, Besuchen im Kastell von Castell d´Aro etc. ✆ 972 817179, www.platjadaro.com.

• *Verbindungen* **Bus:** SARFA-Station knapp landeinwärts der Durchgangsstraße auf Höhe der Plaça Abat Escarre; Verbindungen jeweils etwa stündlich nach Sant Feliu, Sant Antoni, Palamós, Girona und Barcelona.

Übernachten/Camping

Die Mehrzahl der Hotels konzentriert sich an der Strandpromenade und in der erstaunlich ruhigen, z. T. mit Pinien bestandenen Zone zwischen dem Strand und der Durchgangsstraße.

**** Hotel Columbus (8), mit 110 Zimmern recht großes Hotel in guter Lage an der Strandpromenade. Komfortable Ausstattung mit Tennisplatz, Swimmingpool, Garten und Parkplatz. Ganzjährig geöffnet. DZ etwa 85–160 €. Passeig Marítim 100, ✆ 972 817166, 📠 972 817503, www.eurocolumbus.es.

**** Hotel NM Suites (10), schickes, minimalistisch dekoriertes Hotel in einer ruhigen Zone des Ortes. Prima Ausstattung, Garage, Meerwasserpool, gutes Restaurant „Sa Cova". DZ nach Ausstattung und Saison 90–170 €, auch Suiten. Av. Onze de Setembre 70, ✆ 972 825770, 📠 972 826502, www.nm-suites.com.

Ü bernachten

1 Camping Sa Cova
3 Pensió Hostal Marina
4 Pensió Cliper
5 Hotel Els Pins
6 Hotel Planamar
8 Hotel Columbus
10 Hotel NM Suites
11 Camping Vall d'Or
   Europ
12 Camping Riembau

E ssen & Trinken

2 Rest. Aradi
7 Rest. L'Esquinade
9 Rest. Feliú
10 Rest. Sa Cova

Platja d'Aro

200 m

*** **Hotel Els Pins (5)**, familiäres Quartier in zentraler, aber ruhiger Lage einen Block hinter der Strandpromenade. Freundliche Atmosphäre, kleiner Pool. Geöffnet Ostern bis Oktober. DZ inkl. Frühstück etwa 65–120 €. Carrer Verge del Carme 34, ✆ 972 817219, ✉ 972 817546, www.hotelelspins.com.

** **Hotel Planamar (6)**, ebenfalls ein Familienbetrieb, direkt an der Strandpromenade gelegen. Gepflegtes, gut in Schuss gehaltenes Quartier, Clou ist die Dachterrasse mit kleinem Pool. Geöffnet Ostern bis Mitte/Ende Oktober. DZ nach Saison und Ausstattung etwa 60–125 €. Passeig Marítim 85, ✆ 972 817177, ✉ 972 825662, www.planamar.com.

** **Pensió Hostal Marina (3)**, einfaches, aber durchaus brauchbares Quartier unweit der Infostelle, zwei Blocks von der Promenade. Geöffnet Ostern bis September. DZ/Bad etwa 50–75 €. Carrer Ciutat de Palol 1, ✆ 972 817182, ✉ 972 816933.

** **Pensió Cliper (4)**, eine Alternative nur für Nachtschwärmer, die erst morgens ins Bett kommen – die schlichte Pension liegt an der lautesten Kreuzung des Ortes. DZ/Bad etwa 40–60 €. Carretera Sant Feliu 2, ✆ 972 816675.

• *Camping* Insgesamt sechs Plätze in und um den Ort.

Riembau (12), 1. Kat., großer, komfortabler Platz im Hinterland, ein gutes Stück vom Zentrum und vom Strand entfernt. Sehr gute Sanitärs, Animationsprogramm, nebenan ein Fitness- und Freizeitzentrum, das Camper zu vergünstigtem Preis besuchen dürfen. Geöffnet Mai bis September. Beschilderte Zufahrt von der Straße Richtung Sant Feliu landeinwärts. Etwa 5,50 € p.P, Stellplatz 31 €, zur NS günstiger. ✆ 972 817123, ✉ 972 825210, www.riembau.com.

Vall d'Or Europ (11), 2. Kat., in schöner, strandnaher Lage südlich knapp außerhalb von Platja d'Aro, jenseits der Mündung des Riu Ridaura, ins Zentrum gut ein Kilometer. Mittlerer Schatten, recht gute Sanitärs. Geöffnet Ostern bis Oktober. p.P., Auto, Zelt jeweils knapp 9 €. ✆/✉ 972 817585, www.betsa.es.

Sa Cova (1), 2. Kat., der dem Ort am nächsten gelegene Platz, knapp einen Kilometer nördlich des Zentrums. Die kleine Badebucht Sa Cova liegt ganz in der Nähe, zur hübschen Cala del Pi ist es über den Küstenweg auch nicht weit. Geöffnet Ostern bis September. P.P., Auto, Zelt je etwa 7 €. ✆ 972 818234, www.sacova.net.

Essen/Nachtleben (siehe Karte S. 187)

• *Essen* Absolut internationales Angebot. Es gibt belgische, holländische, argentinische, italienische, deutsche, französische und chinesische Restaurants – und sogar ein paar katalanische.

Rest. Sa Cova (10), etwas abseits im Hotel NM Suites gelegen. Frische, kreative Küche, auch bekannt für gute Reisegerichte. Günstiges Mittagsmenü für etwa 12 €, Menü mit Reis rund 20 €, à la carte ab ungefähr 35 € aufwärts. Av. Onze de Setembre 70, ✆ 972 825770. So-Abend, Mo und Di-Mittag geschlossen.

Rest. L'Esquinade (7), an der Hauptstraße im Zentrum. Von außen zwar eher wenig Vertrauen erweckend, die spanisch-internationale Küche genießt jedoch guten Ruf. Menü à la carte ab etwa 30-35 €. Avinguda Sant Feliu 75.

Rest. Feliú (9), im südlichen Ortsbereich. Großes Lokal beiderseits der Straße, ein Imbiss für Mitnahmeware ist angeschlossen. Spezialität ist Fleisch vom Grill, komplettes Menü ab etwa 20 €. Avinguda Reina Fabiola 2.

Rest. Aradi (2), an der Hauptstraße knapp außerhalb des engeren Zentrums. Solide katalanische Küche; täglich wechselndes festes Menü (auch abends) etwa 15 €, à la carte deutlich mehr. Avinguda Palamós 76.

• *Nachtleben* Hier nur ein Überblick über die bekanntesten, seit Jahren eingeführten Clubs. Als Eintrittsgebühr sind im Normalfall etwa 10–15 € zu rechnen. Wer zur Saison abends entlang der Hauptstraße unterwegs ist, wird sicher von Animateuren umworben; die besten Chancen auf Freitickets haben erwartungsgemäß Frauen, gefolgt von Pärchen.

Malibu, schon seit vielen Jahren im Geschäft und immer noch einer der gefragtesten Clubs. Avinguda S'Agaró 75, die Hauptstraße nach Süden, www.malibu.cat.

Ático, junges Publikum, zwei Tanzflächen. Avinguda del Cavall Bernat 44, an der Hauptstraße im Norden des Ortes.

Carrol's, im Zentrum, ebenfalls eine der beliebtesten Discos von Platja d'Aro. Avinguda Sant Feliu 28.

Das große Kapital von Platja d'Aro: der gepflegte, feinsandige Strand

Die mittlere Costa Brava: Baix Empordà
Karte S. 138

Ausflüge/Feste & Veranstaltungen/Sport & Unterhaltung

Besonders im Sommer sehr breites Angebot. Hier nur die wichtigsten Termine und Adressen, ein kompletter Überblick ist beim Fremdenverkehrsamt erhältlich.

• *Schiffsausflüge* **Viajes Marítimos** fährt zur Saison entlang der südlichen Costa Brava bis Blanes, Abfahrten 4-mal täglich, Preisbeispiel: Lloret de Mar und zurück etwa 19 €. Infos unter ☎ 972 369095, www.viajesmaritimos.com.

• *Feste/Veranstaltungen* **Markt** am Freitag, rechter Hand der Straße nach Castell d´Aro. **Carnestoltes**, der Karneval oder Fasching. Die ausgelassenen hiesigen Feiern sind, nach denen von Cádiz und Teneriffa, die drittgrößten Spaniens.
Festa Major, das Hauptfest, an mehreren Tagen um den 15. August.
Festa de la Cervesa, „Fest des Bieres", an mehreren Tagen bis zum 12. Oktober.

• *Sport/Unterhaltung* **Segeln/Windsurfing**: Escola de Vela, am Strand Nähe Sporthafen und Camping Vall d'Or Europ, ☎ 972 816777.
Parc Aquàtic Aquadiver, großer Wasserpark mit reichlich Rutschen und Becken, Hauptattraktion ist der „Waterfall", eine sehr steile Rutsche in einer Röhre. Geöffnet Juni bis Mitte September täglich ab 10 Uhr, Eintritt 23 €, Kinder bis 1,40 Meter und Senioren 14 €, Nachmittagsticket (ab 14 Uhr, HS 15 Uhr) etwa 19 bzw. 13 €. An der Umgehungsstraße Circumval.lacio, Gratis-Zubringerbusse u. a. ab vielen Campingplätzen und dom Busbahnhof. www.aquadiver.com.

Baden/Wandern

Platja Gran: Der feinsandige Hauptstrand von Platja d'Aro erstreckt sich über mehrere Kilometer bis zur Mündung des Riu Ridaura im Süden. Entlang der Promenade finden sich Bars und Restaurants zuhauf, alle wichtigen Einrichtungen inklusive Erste-Hilfe-Stationen sind vorhanden. Nahe dem nördlichen Ende fällt eine markante Felsformation ins Auge, „Cavall Bernat" genannt und das Wahrzeichen von Platja d'Aro – die genaue Herkunft dieses Namens ist unklar, er bezieht sich jedoch, ebenso wie bei den vielen anderen in Katalonien so benannten Felsen, auf die phallische Form des Monolithen.

Platja Rovira: Die sich nördlich an den Hauptstrand anschließende Sandbucht ist immer noch von beachtlichen Dimensionen. Auch hier gibt es Duschen und eine Rotkreuz-Station, eine Strandbar ist ebenfalls vorhanden.

Buchten nördlich von Platja d'Aro/Wanderweg nach Sant Antoni: Am Nordende der Platja Gran beginnt ein „Camí de Ronda" genannter Küstenweg, der bis nach Sant Antoni führt – Teilstrecken sind allerdings in schlechtem Zustand (Restaurie-rung vorgesehen), weshalb man gelegentlich auf die Straße ausweichen muss. Der Weg erschließt eine ganze Reihe reizvoller Buchten, darunter die Platja Rovira, dann die noch von den Fischern benutzte Cala Sa Cova beim gleichnamigen Camping und, ein paar Schritte weiter, die bildhübsche kleine Sandbucht Cala del Pi. Die folgenden, etwas größeren Buchten, gehören bereits zum Gebiet von Sant Antoni, Näheres siehe dort.

▸**Castell d'Aro:** Mit dem Aufkommen des Fremdenverkehrs wurde das alte Inlandsstädtchen von seiner Strandsiedlung weit überflügelt. Heute fungiert der mittelalterliche, rund um das Kastell gelegene Ortskern vor allem als Ausflugsziel. Das *Castell de Benedormiens*, bereits 1041 urkundlich erwähnt, wurde bei Bränden und Explosionen im 15. und 19. Jh. so stark zerstört, dass es mehrfach wieder aufgebaut werden musste und jetzt nur noch Reste der ursprünglichen Bollwerke aufweist. Im Sommer ist das Kastell meist zu Ausstellungen geöffnet, der Eintritt in der Regel frei. Nebenan erhebt sich die spätgotische Kirche *Sant Martí*. Auch die alten Häuser in den umgebenden Gassen lohnen nähere Betrachtung; auf vielen Türstürzen sind das Baujahr und die Namen der früheren Besitzer eingraviert. Bleibt noch eine Sehenswürdigkeit für große und kleine Kinder zu erwähnen: Das Puppenmuseum *Museu de la Nina* im alten Rathaus an der Plaça Lluís Companys zeigt mehr als 350 Puppen aus der ganzen Welt. Geöffnet ist es im Sommer Mo–Fr 18–21 Uhr, Sa/So 11–13, 18–21 Uhr, im Winter nur Sa/So 11–13, 17–19 Uhr; der Eintritt ist frei.

S'Agaró

Eine zweigeteilte Welt: hier eine stilvolle Siedlung der 20er- und 30er-Jahre, dort die schachbrettartig aufgebauten Urbanisationen von heute.

S'Agaró zählt noch zur Gemeinde Castell-Platja d'Aro und liegt wenige Kilometer außerhalb der Strandsiedlung in Richtung Sant Feliu. In traumhafter Lage über dem Meer hat sich Kataloniens Millionärskaste hier bereits vor dem Bürgerkrieg ein nobles Refugium geschaffen, das sich heute von den Urlaubermassen der Umgebung nach Kräften abschottet. Mit feinen architektonischen Details und viel Geschmack geplant, steht die Siedlung in klarem Gegensatz zu den neuen, teilweise erst in den letzten Jahren aus dem Boden gestampften Urbanisationen nahe der Durchgangsstraße. Die Zufahrt ist für Nicht-Residenten gesperrt, der Zugang per pedes dagegen frei. Einen Abstecher lohnt der reizvolle Küstenweg „Camí de Ronda de S'Agaró", der bis zu dem schönen Strand Sa Conca führt.

● *Übernachten/Essen* ***** **Hotel Hostal La Gavina**, 1932 gegründet und dem edlen Charakter der Millionärssiedlung völlig entsprechend. Vielleicht das beste Hotel der Costa Brava, Mitglied der „Leading Hotels of the World". Lage, Service, Ausstattung sind vom Feinsten. Die Küche des zugehörigen Restaurants steht dem Stil des Hauses nicht nach. Geöffnet April bis Oktober. Preisniveau entsprechend dem Gebotenen: Zwei Personen sollten je nach Saison und Zimmerstandard mit etwa 200–350 € rechnen. Plaça de la Rosaleda s/n, ✆ 972 321100, ✆ 972 321573, www.lagavina.com.

● *Baden* S'Agarós Hauptstrand Platja de Pol zählt ganz überwiegend bereits zu Sant Feliu und ist deshalb auch dort beschrieben.

Cala de Sa Conca: Nördlich der Nobelsiedlung, in Richtung des Hafens von Platja d'Aro. Eine ausgesprochen reizvolle Bucht von mehreren hundert Metern Länge, schön geschwungen und von felsigen Kaps geschützt. Der Sand ist gepflegt, das Wasser sauber, es gibt auch eine Rotkreuzstation. Zu erreichen ist die Bucht auf dem oben erwähnten Camí de Ronda oder mit dem Auto durch die Urbanisationen im Hinterland.

Sant Feliu de Guíxols   (21.000 Einwohner)

Eine sehr alte, selbstbewusste und auch durchaus sympathische Küstenstadt mit eigenen Traditionen, deren Wirtschaft nicht ausschließlich auf den Fremdenverkehr setzt.

Aus Richtung Platja d'Aro kommend, glaubt man sich plötzlich fast in einer anderen Welt. Sant Feliu ist eine echte Stadt mit einer viele Jahrhunderte weit zurückreichenden Geschichte. Bereits in vorchristlicher Zeit lebten Iberer auf der kleinen Landzunge vor dem Hafen. Die Gründung der heutigen Siedlung erfolgte im frühen 10. Jh. mit der Errichtung eines Benediktinerklosters, um das sich bald ein Dorf bildete. Im 14. Jh. wurde der Ort in den Rang eines „Carrer" (Straße) von Girona erhoben und erwarb damit dieselben Privilegien wie die große Stadt selbst. Handel brachte raschen Wohlstand nach Sant Feliu, die Stadt besaß Werften und ein eigenes Meereskonsulat. Im 19. und frühen 20. Jh. schließlich blühte auch hier die Korkindustrie, bestens versorgt von den reichen Korkeichenbeständen im Hinterland.

Auch heute noch führt Sant Feliu ein durchaus eigenständiges Leben, ist nicht allein auf den Tourismus angewiesen und „scheint mit einer gewissen Verfremdung auf die spektakuläre touristische und städtebauliche Entwicklung anderer

Keimzelle der Stadt: der Klosterplatz Plaça Monestir

Die mittlere Costa Brava: Baix Empordà Karte S. 138

Ortschaften des Küstenstreifens herabzublicken", wie es in einer Broschüre treffend formuliert ist. Im großen Hafen dümpeln immer noch Fischerboote, auf den beiden meerwärts führenden Ramblas *Vidal* und *Portalet* flanieren nicht nur Urlauber. Das alte Zentrum, klein, überschaubar und im Schachbrettstil angelegt, wird zum Hafen hin durch den breiten Boulevard *Passeig del Mar* abgegrenzt, auf dem im Sommer fliegende Händler ihre Stände aufstellen. Und hier am Meer lässt sich auch vermuten, warum Sant Feliu sich seinen fast nostalgisch anmutenden Charakter so gut bewahrt hat: Der Stadtstrand ist nicht der Schönste, geht direkt in den Hafen über und ist teilweise von Booten belegt. Angenehmer badet es sich am reizvollen Strand Sant Pol am Ortsrand, ebenso in den anderen Buchten etwas außerhalb. In der Stadt selbst bleibt es deshalb, von der absoluten Hochsaison abgesehen, eher ruhig – den alten Herren, die sich im nostalgischen „Casino dels Nois" an der Promenade beim Domino vergnügen, wird's nur recht sein, ebenso dem Reisenden, der auf Rummelplatzatmosphäre und Remmidemmi verzichten kann.

Information/Verbindungen

• *Information* **Oficina Municipal de Turisme**, mit Erscheinen dieser Auflage wohl umgezogen ins Rathausgebäude am Passeig del Mar 8; ob die bisherige Telefonnummer (✆ 972 820051) beibehalten wird, bleibt unklar. Äußerst kompetent, es gibt eine Broschüre mit Wanderrouten etc. Öffnungszeiten: Mo–Sa 10–13, 16–20 Uhr (Winter nur bis 19 Uhr), So 10–14 Uhr; www.guixols.net.

• *Verbindungen* **Bus**: Der Busbahnhof liegt etwas abseits nordwestlich des Zentrums. SARFA-Busse unter anderem etwa stündlich nach Platja d'Aro, Palamós und Palafrugell sowie nach Barcelona. Nach Girona alle 1–2 Stunden, zusätzlich verkehren Busse der Gesellschaft TEISA, die eine schnellere Route bedient. Spärliche Verbindungen nach Tossa und Lloret de Mar (1- bis 2-mal tägl. via Inland) bestehen, je nach Jahresplanung der Sarfa, höchstens im Juli/August. Sonst gibt es keine Direktbusse nach Tossa de Mar, der einzige Weg führt dann über Girona!

Schiff: Eine Alternative zum Bus – „Viajes Marítimos" läuft auf ihren Fahrten zur Saison 4-mal täglich den hiesigen Hafen an: die kürzeste Möglichkeit, ohne eigenes Gefährt nach Tossa de Mar zu gelangen. Die Fahrt lohnt sich auch landschaftlich, denn zwischen Sant Feliu und Lloret liegt einer der schönsten Abschnitte der Costa Brava. Preisbeispiele: Hin- und Rückfahrt nach Tossa 14,50 €, Lloret 15,50 €. Infos unter ✆ 972 369095, www.viajesmaritimos.com.

Fahrrad: Ein Tipp für Radler, aber auch für Wanderer – vor einigen Jahren wurde entlang der Linie einer ehemaligen Schmalspurbahn eine so genannte „Via Verde" (auch „Carril bici" genannt) angelegt, eine Fahrradspur, die von Sant Feliu über Castell d'Aro und Llagostera zum 40 Kilometer entfernten Girona und weiter ins Hinterland bis nach Olot führt; eine Verlängerung bis Ripoll ist im Gespräch.

Übernachten/Camping

*** Hotel Plaça (5), kleines und modernes, komfortables Stadthotel direkt am Marktplatz, eine Parkmöglichkeit. Angesichts der sehr zentralen Lage lässt sich das Fehlen eines Restaurants verschmerzen. Ganzjährig geöffnet. DZ nach Saison etwa 80–115 €. Plaça del Mercat 22, ✆ 972 325155, ✉ 972 821321, www.hotelplaza.org.

*** Hotel Hostal del Sol (11), etwa auf halbem Weg zwischen Zentrum und der Platja San Pol, von beiden nur jeweils etwa zehn

Fußminuten entfernt. Renovierte Modernisme-Villa in Form eines kleinen Schlösschens, mit Garten, Swimmingpool und Liegewiese. 41 (eher schlichte) Zimmer. Geöffnet von Ostern bis September. DZ/Bad nach Saison etwa 65–110 €. Carretera de Palamós 194, ✆ 972 320193, ✉ 972 820677, www.hostaldelsol.es.

* Hotel Coral (2), gegenüber der Post. Ein kleiner, gemütlicher Familienbetrieb mit 24 Zimmern und sonnigem Innenhof; Park-

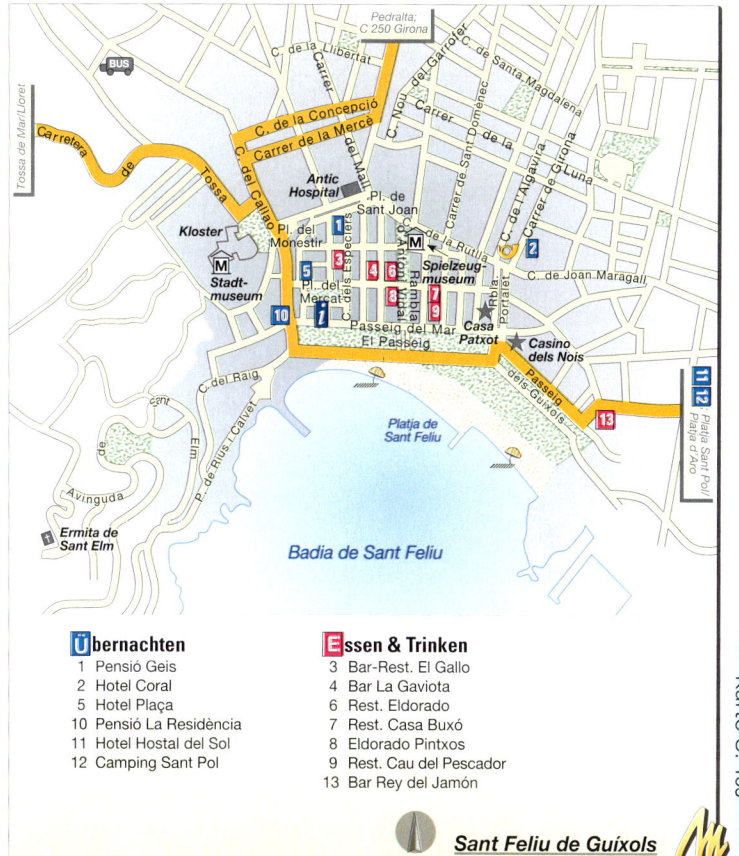

Ⓤbernachten

1 Pensió Geis
2 Hotel Coral
5 Hotel Plaça
10 Pensió La Residència
11 Hotel Hostal del Sol
12 Camping Sant Pol

Ⓔssen & Trinken

3 Bar-Rest. El Gallo
4 Bar La Gaviota
6 Rest. Eldorado
7 Rest. Casa Buxó
8 Eldorado Pintxos
9 Rest. Cau del Pescador
13 Bar Rey del Jamón

Sant Feliu de Guíxols

100 m

---

möglichkeit ist auch vorhanden. Geöffnet April bis Oktober. DZ/Bad nach Saison 40– 70 €. Carrer Girona 26–28, ☎ 972 820200, www.hotelcoral.nct.

** Pensió La Residència (10), in einem Seitengässchen der Hauptstraße. Schlichtes, aber ganzjährig geöffnetes und recht preisgünstiges Quartier. DZ/Bad nach Saison 35–50 €. Carreró St. Llàtzer 2, ☎ 972822387, ✆ 972 326925.

* Pensió Geis (1), in einer der engen Altstadtgassen in Marktnähe, mithin sehr zentral gelegen. Einfach, aber sauber, angenehm und ruhig, sehr freundlicher Wirt. Ganzjährig geöffnet. DZ/Bad rund 45 €.

Carrer Especiers 27, ☎ 972 320679, www.restaurant-isern.com.

● *Camping* **Sant Pol (12)**, (2. Kat), nahe der gleichnamigen Strandbucht nördlich von Sant Feliu. Zum Strand ein paar hundert Meter, auch das Stadtzentrum liegt noch in Fußentfernung. Kleiner, recht schattiger Platz mit guten Sanitärs, Pool und Mietbungalows, durch die nahe Straße leider nicht immer ganz ruhig. Geöffnet Ostern bis Ende November. Preis pro Person etwa 7 €, Stellplatz inkl. Auto und Zelt 25 €, Rabatt zur Nebensaison und für Camper ohne Auto. ☎ 972 327269, www.campingsantpol.com.

Essen/Nachtleben (siehe Karte S. 193)

• *Essen* Sergi Arola, Sternekoch aus Barcelonas Hotel Arts, plant – allerdings schon seit Jahren – ein Luxusrestaurant im historischen Gebäude „Casa de les Punxes" an der Plaça de Mercat. Zuletzt stand dem allerdings noch der Denkmalschutz im Wege.

Rest. Eldorado (6), an der Rambla Vidal, der größeren der beiden Rambles. Eines der gehobenen Restaurants des Ortes, immer gut besucht. Tagesmenü ohne Getränke knapp 20 €, à la carte können es schnell 35-40 € werden. Rambla Vidal 23, ✆ 972 321818. Gegenüber auf Nr. 17, eine Art Cafetería-Ableger des Eldorado und ein guter Platz für ein preisgünstigeres Mittagsmenü, aber auch für Tapas und andere Kleinigkeiten: **Eldorado Pintxos (8)**.

Rest. Casa Buxó (7), ein Restaurant mit langer Tradition: 1931 gegründet. Innen vielleicht etwas überdekoriert, was man aber auch gemütlich finden kann. Mittagsmenü um die 15 €, à la carte ab etwa 25 €, besonders mit Fisch kann man auch deutlich mehr ausgeben. Carrer Major 18, im Zentrum.

Rest. Cau del Pescador (9), nur ein paar Schritte weiter uind ebenfalls eine langjährige Adresse. Neben Fisch und Meeresfrüchten zählen hier auch Reis- und Nudelgerichte zu den Spezialitäten. Preisniveau etwas höher als oben. Carrer Sant Domènec 11, Di Ruhetag.

Bar-Rest. El Gallo (3), freundlich geführtes Lokal, das besonders für seine guten Tapas bekannt ist. Es gibt sogar ein „Menú Tapas", das für zwei Personen 25 € kostet. Carrer Especiers 27, nahe der Pension Geis.

Bar La Gaviota (4), nahe dem Markt und Treff der hiesigen Händler. Einfachste Einrichtung, Mittagsmenü etwa 11 €, auch Tapas, Bocadillos etc. Carrer de Sant Joan, eine Querstraße hinter der Markthalle, Richtung Rambla Vidal.

Bar Rey del Jamón (13), noch im Zentrumsbereich an der Ausfallstraße Richtung Platja Sant Pol. Abends ein beliebter Treffpunkt, im Angebot Wurstwaren und andere einfache Speisen. Carretera de Palamós 6.

• *Nachtleben* Sant Feliu ist ein eher ruhiges Pflaster, aber Platja d'Aro liegt ja nicht weit.

Disco Palm Beach, die einzige echte Disco des Ortes, am Passeig de Rius i Calvet, westlich des Stadtstrands. Nur im Sommer in Betrieb.

Einkaufen/Feste & Veranstaltungen

• *Einkaufen* **Markthalle**, auch architektonisch interessant und sehr lebendig, an der Plaça Espanya, einen Block hinter der Promenade. Verkauf auch auf dem Marktplatz selbst; Di–So jeweils nur vormittags, im Juli und August auch am Montag.

Markttag ist Sonntag, Stände bis zur Strandpromenade und in die umliegenden Gassen hinein.

Weinhandlung La Cava, Carrer Major 38 und Carrer Ruttla 35, zwar nicht ganz billig, doch gibt der deutschsprachige Besitzer gern sehr gute Weinempfehlungen aus ganz Spanien.

• *Veranstaltungen* **Blumenfest** und **Sardana-Tanzfest** an wechselnden Terminen im Mai.

Mostra de Canço de Taverna, etwa Mitte Juni bis Ende Juli, auch an einigen wenigen Tagen im August. Traditionelle volkstümliche Musik der Fischer und Arbeiter, die auf der Straße und in Restaurants vorgetragen wird.

Festival Internacional de Música de la Porta Ferrada, im Juli und August, das älteste Musikfestspiel Kataloniens – bereits 1962 gegründet. Namhafte Orchester, Chöre und Solisten, Eintrittskarten und Programm im Fremdenverkehrsamt.

Festa Major, das Hauptfest zu Ehren des Heiligen Felix (Sant Feliu), erstreckt sich über mehrere Tage um den 1. August. Am 4. August findet über der Bucht ein großes Feuerwerk statt.

Baden

Platja de Sant Feliu: Wie erwähnt, lohnt der Stadtstrand von Sant Feliu den Aufenthalt eher wenig, zumal es in der Umgebung reizvolle Ausweichmöglichkeiten gibt. Für einen kurzen Sprung ins Meer mag er dennoch ausreichen: der feine Sand ist gepflegt, das Wasser sauber. Duschen und eine Rotkreuz-Station sind vorhanden.

Platja de Sant Pol: Die hübschere Alternative, etwa 1,5 Kilometer nördlich des Zentrums und im Sommer auch mit einem „Carrilet" genannten Straßen-Zug erreichbar, der an der Promenade abfährt. Fast einen Kilometer Länge misst die Bucht, der Sand wird zur Saison täglich gereinigt. Alle Einrichtungen wie Rotkreuz-Station, Duschen und eine Strandbar sind vorhanden, es gibt auch einen Windsurf-Verleih. In seinem südlichen Bereich wird der Strand von einer Reihe hübscher Villen aus dem 19. Jh. flankiert; im Norden sind im Hinterland leider ausgedehnte Feriensiedlungen gewachsen.

Strände südlich von Sant Feliu: Unterhalb der kurvigen Strecke nach Tossa de Mar findet sich eine Reihe sehr schöner, kleinerer Strandbuchten, die über Abzweigungen von der Küstenstraße zu erreichen sind. Die Mehrzahl von ihnen zählt bereits zur Comarca La Selva, weshalb dieses Gebiet im folgenden Kapitel beschrieben ist.

Sehenswertes

Bei einem Gang durch Sant Feliu lohnt sich nicht nur der Besuch einzelner Monumente, sondern auch der Blick auf Details wie die schönen Bürgerhäuser der Jahrhundertwende und des Modernisme, des katalanischen Jugendstils.

El Passeig: Die Strandpromenade ist der Stolz der Stadt, Treffpunkt und Bühne der Einwohner und Urlauber. Sie wurde

Baujahr 1889: das „Casino der Jungen"

bereits 1834 unter Mithilfe der Bürgerschaft erbaut und später Richtung Osten um den Passeig dels Guíxols erweitert. Im meerwärts angrenzenden Park erinnert eine alte Lokomotive an die Schmalspurbahn, die über siebzig Jahre lang Sant Feliu mit Girona verband und Ende der 60er eingestellt wurde. Stadteinwärts der Promenade erhebt sich das originelle *Casino dels Nois* (auch: Casino de la Constancia), 1889 errichtet vom Architekten Guitart, der mit dem sogenannten Neomudéjarstil die arabischen Anklänge früherer Jahrhunderte wieder aufgriff. Der Name „Casino der Jungen" führt etwas in die Irre, sind die Besucher doch vorwiegend alte Herren, die hier bei Spiel, Brandy und Zigarren ihren Ruhestand genießen. Direkt gegenüber steht der 1920 fertiggestellte Modernisme-Bau der *Casa Patxot*.

Museu d´Història de la Joguina: Das Spielwarenmuseum an der Rambla d´Antoni Vidal 48–50 ist ein Projekt des engagierten Privatmanns Tomàs Pla, der im Laufe der Zeit mehr als 2500 Spielzeuge aus den Jahren 1860–1960 gesammelt hat. Ausgestellt sind sie im repräsentativen Rahmen eines Stadtpalasts des frühen 19. Jahrhunderts.

Öffnungszeiten Mitte Juni bis Mitte September täglich 10-13, 17-21 Uhr, sonst Di–Sa 10–13, 16–19 Uhr (Sa bis 20 Uhr), So 11–14 Uhr; Eintrittsgebühr 3,50 €.

Plaça del Mercat: Der zweite Fixpunkt der Stadt, seit dem 13. Jh. der wichtigste Platz des alten Sant Feliu; heute hat ihm die Strandpromenade etwas den Rang abgelaufen. Neben dem *Rathaus*, im Bürgerkrieg zerbombt und danach wieder aufgebaut, ist die hübsche, 1929 errichtete städtische *Markthalle* das auffallendste Gebäude hier. Ein Blick auf die bunte, geschäftige Atmosphäre im Inneren lohnt sich.

Er wackelt, aber er fällt nicht: La Pedralta

Plaça del Monestir: An diesem Platz am westlichen Rand des Zentrums findet sich das bedeutendste architektonische Ensemble von Sant Feliu – hier stehen die Reste des im 10. Jh. gegründeten Klosters und damit die Ursprünge der Stadt. In späterer Zeit immer wieder verändert, ist es schwierig, den Zweck der einzelnen Bauteile des mit mehreren Türmen befestigten Komplexes zu entschlüsseln. Nicht geklärt ist vor allem die Funktion des „Hufeisentors", der dreibogigen *Porta Ferrada* (10. Jh.), die vielleicht den Rest eines verschwundenen Kreuzgangs darstellt. Hinter der Porta Ferrada erhebt sich die romanisch-gotische *Pfarrkirche* und mitten auf dem Platz das freistehende Barocktor *Arc de Sant Benet*, 1747 errichtet und seinerzeit der Eingang zum Klosterhof. Das Klostergebäude selbst stammt aus dem 18. Jh. und beherbergt neben dem historischen Archiv auch das sehenswerte Stadtmuseum *Museu d'Història de la Ciutat* (Di–Sa 10–13, 17-20 Uhr, So 10-13 Uhr; gratis). Neben kirchlicher Kunst und Exponaten zur Vor- und Frühgeschichte gibt es hier auch zwei Säle, die der Korkverarbeitung und dem Meer gewidmet sind, daneben finden auch temporäre Ausstellungen statt. Künftig soll im Kloster auch das Gemäldemuseum *Museu Thyssen* residieren, das die Privatsammlung der Baronin Carmen Cervera Thyssen-Bornemisza beherbergen wird. Bis die rund 180 Werke katalanischer Meister gezeigt werden können, dürften aber noch einige Jahre vergehen.

Ermita de Sant Elm: Eine kleine Kapelle im Südwesten der Stadt, auf dem 99 Meter hohen Hügel Puig Castellar, auf dem in früheren Zeiten eine Burg stand. Der 1723 an Stelle einer Vorgängerin errichtete Bau ist wenig spektakulär, der Ausblick dagegen umso mehr. Hier oben soll denn auch 1908 der Journalist und Schriftsteller Ferran Agulló den Namen „Wilde Küste" geprägt haben; ein Gedenkstein erinnert daran.

La Pedralta: In einer ruhigen, von Korkeichenwäldern geprägten Landschaft einige Kilometer außerhalb von Sant Feliu trifft man auf ein geologisches Phänomen. Wie der Name, abgeleitet aus *pedra sobre l'altre pedra* (ein Stein über dem anderen Stein), schon andeutet, handelt es sich um einen Wackelstein, angeblich den größten Europas. Der obere der beiden gigantischen Granitblöcke scheint fast über dem unteren zu schweben und soll sogar von Menschenhand bewegt werden können, balanciert sich aber immer wieder aus. Zu erreichen ist das Naturmonument auf einem etwa fünf Kilometer langen Asphaltsträßchen, das von der Hauptstraße nach Girona links abzweigt.

Girona (92.000 Einwohner)

Auf den ersten Blick alles andere als eine Schönheit. Girona empfängt mit Industrieanlagen, dichtem Verkehr und hässlichen Wohnkästen. Was von den Durchgangsstraßen nicht zu erkennen ist: Die mittelalterliche Altstadt Barri Vell zählt zu den reizvollsten Spaniens.

Girona ist nicht nur die Hauptstadt der Comarca Gironès, sondern auch der Provinz Girona, und damit die Hauptstadt der gesamten Costa Brava. Von einigen Tagesausflüglern abgesehen, wird die uralte Siedlung unverständlicherweise nur wenig besucht. Die meisten Reisenden nämlich, ob per Jet auf dem hiesigen Flughafen eingeschwebt oder mit dem Auto oder Zug von Frankreich kommend, starten gleich durch zur Küste oder gen Barcelona. Sie verpassen eine Menge. Malerisch hängen rote, gelbe und ockerfarbene Häuser über dem Riu Onyar, und hinter dieser Uferfront, umgeben von einer teils noch römischen, teils mittelalterlichen Stadtmauer, wartet ein wahres historisches Schatzkästlein. Winklige Gassen und Bogengänge, prächtige Kirchen und Bürgerpaläste bilden ein von

Malerische Zeile am Fluss: Häuser am Riu Onyar

Die mittlere Costa Brava: Baix Empordà · Karte S. 138

modernen Einflüssen nahezu unberührtes Ensemble. Mittendrin ein Bonbon besonderer Art: Das ehemalige Judenviertel *El Call*, das besterhaltene Kataloniens und ein einziges Labyrinth engster Treppenwege.

Der Riu Onyar teilt die Stadt in eine westliche und eine östliche Hälfte. Auf der Westseite liegt das moderne Girona samt Durchgangsstraße N II und Bahnlinie. Sein Zentrum, wenn auch nicht im geographischen Sinn, ist die arkadengesäumte *Plaça de la Independéncia* in Flussnähe. Die Ostseite des Flusses, über zahlreiche Brücken oder die im Flussbett aufgeschüttete *Plaça Catalunya* zugänglich, gehört der hügelwärts strebenden Altstadt. Als Treffpunkt und abendliche Flanierstraße dient hier die parallel zum Riu Onyar liegende Fußgängerzone *Rambla de la Llibertat*. Hauptgassen des mittelalterlichen Kerns aber sind die weiter östlich verlaufenden, aufeinander folgenden *Carrer dels Ciutadans*, *Carrer Peralta* und *Carrer de la Força*.

Geschichte: Girona gilt als iberische Gründung des 5. Jh. v. Christus. Seine strategische Lage, nahe der Mündung des Riu Onyar in den Riu Ter und vor allem an der römischen Heeres- und Handelsstraße *Via Augusta*, verführte schon die Feldherren des Altertums: Girona, stets stark befestigt, war über die Jahrhunderte hart umkämpft. Den Römern folgten die Westgoten; um 715 sicherten sich die Mauren die Herrschaft, 785 abgelöst von den Franken Karls des Großen. Im 10. Jh. wurde Girona zur eigenständigen Grafschaft, später dem Herrschaftsbereich Barcelonas unterstellt, doch zur Ruhe kam es nie. Andere Grafschaften und immer wieder auch französische Heere versuchten ihr Kriegsglück an den mächtigen Mauern der Stadt. 1809 erhielt Girona den Beinamen „Die Unsterbliche": Sieben Monate lang hatten die Bewohner den Truppen Napoleons getrotzt.

Information/Verbindungen

● *Information* **Oficina de Turisme**, Rambla de la Llibertat 1, unweit der Plaça Catalunya; ein freundliches, mit Broschüren aller Art gut ausgestattetes und kompetentes Büro; Öffnungszeiten Mo–Fr 8–20 Uhr, Sa 8–14, 16–20 Uhr, So 9–14 Uhr. ✆ 972   226575, www.ajgirona.cat/turisme.
Weitere Infostellen: Bahnhof (nur Juli bis September, kein Tel.) und Airport (ganzjährig, ✆ 972 186708).
● *Verbindungen* **Auto**: Das Labyrinth der Altstadt ist für Ortsfremde ein Alptraum und bietet kaum Parkmöglichkeiten – besser, das Fahrzeug gleich auf einem der gebührenpflichtigen Parkplätze oder in einer der Tiefgaragen der Neustadtseite abzustellen.
Flug: Der Flughafen Girona ist Hauptzubringer zur Costa Brava und liegt etwa 15 Kilometer südlich der Stadt nahe der Autobahn. Mit der Gesellschaft BARCELONA BUS bzw. SAGALÈS (www.sagales.com) bestehen regelmäßige Busverbindungen u.a. zum Busbahnhof Girona, nach Lloret, Tossa und Blanes sowie nach Barcelona.

SARFA (www.sarfa.com) fährt zum Beispiel nach Lloret, Tossa, Figueres und Roses. Ein Taxi ins Stadtzentrum sollte tagsüber etwa 20-25 € kosten. Mit der geplanten Hochgeschwindigkeits-Zugverbindung von Barcelona nach Perpignan wird der Airport evtl. ans Schienennetz angeschlossen werden.
Zug: Bahnhof an der Plaça d'Espanya, südwestlich des Zentrums und jenseits der Durchgangsstraße. Zur Altstadt sind es etwa 15 Minuten Fußweg. Für die Anbindung an die künftige Hochgeschwindigkeitslinie nach Perpignan (Fertigstellung wohl kaum vor 2011, wenn nicht später) ist der Bahnhof gegenwärtig in Umbau. Anschlüsse nach Barcelona und Figueres tagsüber etwa stündlich, zum Grenzbahnhof Port Bou etwa alle zwei Stunden. RENFE-Auskunft unter ✆ 902 240202.
Bus: Wegen der Bauarbeiten am Bahnhof wurde der Busbahnhof (eigentlich direkt gegenüber vom Bahnhof) provisorisch wenige hundert Meter in Richtung Plaça d´Europa verlegt. Wichtige Verteilstation vor allem für die südliche Costa Brava, dem-

entsprechend vor allem im Sommer gute Verbindungen. SARFA fährt zu den meisten Küstenorten, unter anderem etwa stündlich nach Palafrugell, Palamós und Sant Feliu, 2-mal täglich nach L'Escala und je 1-mal nach Begur und Tossa de Mar. AMPSA bedient L'Estartit 6-mal, RAFAEL MAS Lloret de Mar 10-mal, TEISA Olot 11-mal täglich sowie Sant Feliu etwa stündlich und schneller als die SARFA-Busse. BARCELONA BUS startet 6-mal täglich nach Figueres und 5-mal nach Barcelona. Zur HS teilweise erweitertes Angebot.

Fahrrad: Vor einigen Jahren wurde entlang der 1969 aufgegebenen, rund 40 km langen Schmalspurstrecke Girona-Llagostera-Sant Feliu ein Radweg angelegt, genannt „Carril bici" oder „Via Verde"; er beginnt im südlichen Stadtbereich an der Plaça Països Catalans, Nähe Fluss. Ein ähnlicher Weg führt etwa parallel zur N 141/C 63 ins Inlandsstädtchen Olot, das etwa 60 km nordwestlich von Girona liegt.

• *Internet-Zugang* **Cibercafé La Llibreria**, Carrer Ciutadans 15, im gleichnamigen Bar-Restaurant (siehe „Essen"), ✆ 972 204818.
Locutorio Comunica-T, nicht weit entfernt, Carreras Peralta 4. Hier auch Ausdrucke.

Übernachten (siehe Karte S. 201)

**** Hotel Carlemany (15), eines der Spitzenhotels von Girona. Geräumige, komfortable und hübsch eingerichtete Zimmer. Garage. Halbwegs zentrumsnah südwestlich der Plaça de Catalunya gelegen, etwa auf Höhe des Bahnhofs. DZ etwa 130 €, am Wochenende auch schon mal deutlich günstigere Sonderangebote. Es gibt auch Suiten. Plaça Miquel Santaló 1, ✆ 972 21 1212, ✆ 972 214994, www.carlemany.es.

**** Hotel Històric (2), südlich nahe bei der Kathedrale. Hübsches kleines Hotel mit nur sechs Zimmern und zwei Suiten. DZ etwa 125 €. Zum Haus gehören zudem mehrere komplett ausgestattete (z.T. auch familientaugliche) Apartments in verschiedenen Gebäuden der Umgebung, die auch nur für eine Nacht vermietet werden und für zwei bis drei Personen etwa 90–100 € kosten. Carrer Bellmirall 4 A, ✆ 972 223583, ✆ 972 200932, www.hotelhistoric.com.

* Hotel Rest. Peninsular (12), in seiner Klasse ein solides Quartier, interessant auch wegen der sehr zentralen Lage. Vor wenigen Jahren renoviert, 70 Zimmer und fast immer Platz. Zu suchen auf der Neustadt-

*Verwinkelt:
Treppengassen der Altstadt*

seite nahe Fluss und Plaça Catalunya. DZ etwa 75–95 €. Carrer Nou 3, ✆ 972 203800, ✆ 972 210492, www.novarahotels.com.

** Pensió Bellmirall (1), gegenüber dem Hotel Històric. Ein Traum von einem Hostal. In einem historischen Haus, Naturstein auch an den Wänden der nur sieben Zimmer, alles mit Bildern, Töpferwaren, Kacheln und viel Holz liebevoll dekoriert – urgemütlich! Jan./Feb. geschlossen, zur Hauptreisezeit besser rechtzeitig reservieren. DZ etwa 65–75 €, Zimmer ohne Bad etwas günstiger. Carrer Bellmiral 3, ✆ 972 204009, www.grn.es/bellmirall.

* Pensió Viladomat (10), in der Altstadt, fast direkt neben der Jugendherberge. Von außen wenig begeisternd, innen jedoch durchaus gepflegt und angenehm – eine gute Wahl in dieser Kategorie. Nur acht Zimmer, bessere DZ/Bad etwa 60 €, ohne Bad 40 €. Carrer Ciutadans 5, ✆ 972 203176.

* Pensió Coll (7), auf der Neustadtseite, nur ein paar Schritte von der Plaça Independencia. Einfach, aber in Ordnung, saubere Zimmer, die je nach Lage unterschiedlich ausfallen – vorher zeigen lassen. DZ/Bad etwa 40 €. Carrer Hortes 24, ☎ 972 203086.

Jugendherberge Alberg de Joventut (9), (IYHF), renoviertes historisches Gebäude in der Altstadt, von Lesern für den guten Service gelobt. Anmeldung von 8–11, 18–21 Uhr; über Weihnachten geschlossen. Carrer dels Ciutadans 9, nahe Plaça del Ví, ☎ 972 218003.

Essen/Nachtleben

● *Essen*   **Rest. Albereda (14)**, luxuriöses Restaurant im südlichen Altstadtbereich. Exklusive katalanisch-französische Küche, aufmerksamer Service, gute Weinauswahl. Menü à la carte ab etwa 35 €. Carrer Albereda 7, ☎ 972 226002. Geschlossen So, Mo-Abend, über Weihnachten, Ostern und an zwei Wochen im August.

Rest. La Llarga (13), auf der Neustadtseite unter den Arkaden unweit der Plaça de Catalunya. Von außen eher abschreckend, das werktägliche Mittagsmenü bietet für etwa 16 € jedoch exzellenten Gegenwert; à la carte legt man um die 30 € an. Avinguda Sant Francesc 11; So geschlossen.

Rest. Boira (4), beliebter Treffpunkt an der Plaça Independencia. Verwinkeltes Gebäude mit modern eingerichteter Bar und einem großern Speisesaal mit Blick auf den Fluss und die Altstadt; auch Tische direkt an der Plaça. Kreative Küche, gute Tapas. Das Tagesmenü kostet rund 13 €, à la carte ist man ab etwa 25 € dabei. Plaça Independencia 10.

Rest. Casa Marieta (3), schräg gegenüber an diesem Platz, an dem es vor Bars und Restaurants nur so wimmelt. Traditionsreiches Lokal mit klassisch-katalanischer Küche und soliden Preisen: Ein Menü à la carte kostet nur etwa 18-20 €. Plaça Independencia 5-6, Mo Ruhetag.

Rest. La Penyora (11), in der Altstadt. Hübsch und mit künstlerischen Anklängen dekoriertes Restaurant. Tagesmenü oder vegetarisches Menü jeweils knapp 15 €, die Karte leider nur auf Katalanisch. Carrer Nou del Teatre 3.

Café-Rest. Le Bistrot (6), in einer der schönsten Ecken der Altstadt. Geschmackvoll eingerichtetes, besonders mittags sehr beliebtes Lokal. Auch hier die Karte nur auf Katalanisch, die Speisenfolge wird aber gern erklärt. Gutes Tagesmenü 14 €. Pujada Sant Domènec 4.

Rest. Taj (5), ganz in der Nähe, frisch eröffnet – mal abwarten, ob es sich hält. Ein Lesertipp von Susanne Kopta und Thilo Lacoste: „Indisches Restaurant mit sehr vielen vegetarischen Gerichten. Uns hat es sehr gut geschmeckt." Günstige Preise (Reis, Brot etc. gehen jedoch extra), Tagesmenü 10,50 €. Cort Reial 6.

Bar-Rest. La Llibreria (8), ebenfalls in diesem Gebiet. Einmal etwas anderes – dieses nette Lokal ist einer Bücherei angeschlossen. Tische innen und im kleinen Gässchen dahinter, im Angebot vorwiegend Backofengerichte wie Lasagne etc. Tagesmenü etwa 11 €. Auch Internet-Zugang. Carrer Ciutadans 15, Eingang auch auf der Rückseite.

● *Nachtleben* Am meisten Betrieb herrscht in der Universitätsstadt natürlich zur Semesterzeit von Oktober bis Juni.

Die **Plaça Independencia** und in geringerem Maß auch die **Altstadt** um den nördlichen Bereich des Carrer Ciutadans sind beliebte nächtliche Treffpunkte mit einer guten Auswahl an Musikbars.

Las Carpas: In heißen Sommernächten die erste Adresse – etwa von Juni bis September werden im Stadtpark Parque de la Devesa mehrere Open-Air-Bars installiert. Gelegentlich finden auch Konzerte statt.

Einkaufen/Feste & Veranstaltungen

● *Einkaufen*   **Markt** jeweils Di und Sa am Rand des Stadtparks, an und um den Passeig de la Devesa.

Librería Ulysus, eine Buchhandlung der Altstadt, besitzt ein recht breites Sortiment an Wander- und topographischen Karten;

außerdem auch Reiseführer etc. Carrer Ballesteries 29, eine Parallelstraße zum Fluss, nördlich der Rambla Llibertat. Das Haus selbst ist übrigens ein Modernismebau des lokalen Architekten Masó und demnächst wahrscheinlich zur Besichtigung freigegeben.

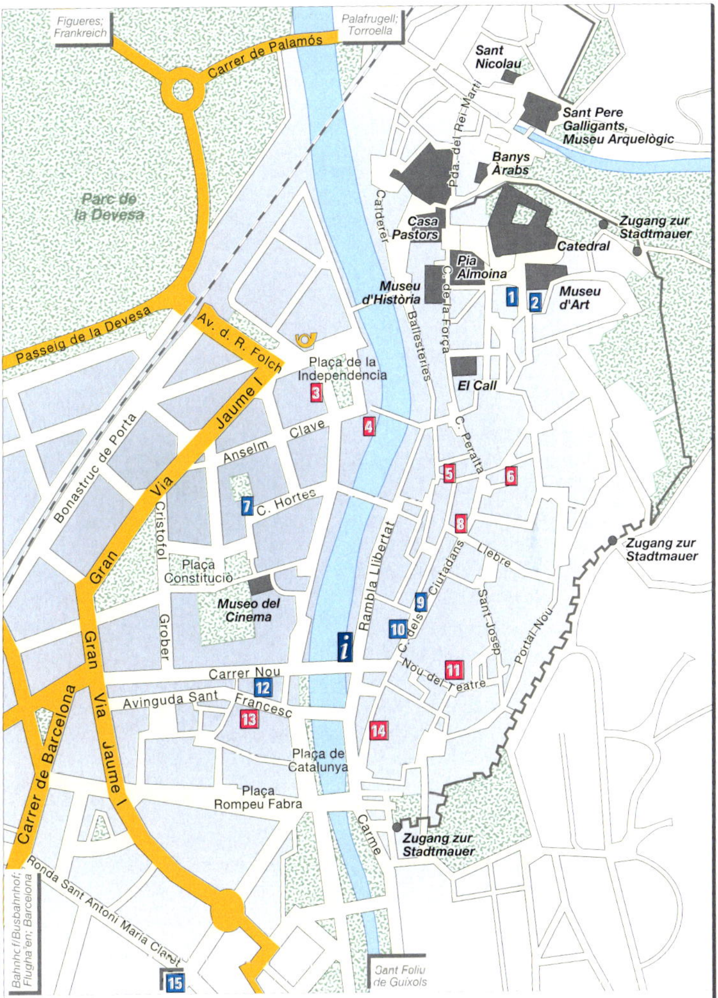

Die mittlere Costa Brava: Baix Empordà
Karte S. 138

Figueres;
Frankreich

Carrer de Palamós

Palafrugell;
Torroella

Sant Nicolau

Sant Pere Galligants, Museu Arqueològic

Banys Àrabs

Parc de la Devesa

Casa Pastors

Pujada del Rei Martí

Cardera

Ballesteries

Zugang zur Stadtmauer

Pia Almoina

Catedral

Museu d'Història

Museu d'Art

Pujada de la Força

1 **2**

Passeig de la Devesa

Av. d. R. Folch

Bonastruc de Porta

Vía Jaume I

Anselm Clave

Plaça de la Independencia

3

4

El Call

C. peralta

5 **6**

C. Hortes

7

Cristofol

Gran

Plaça Constitució

Grober

Vía Jaume I

Carrer de Barcelona

Rambla Llibertat

C. dels Ciutadans

C. de la Força

Llebre

8

Sant-Josep

9

10

Zugang zur Stadtmauer

Carrer Nou

Nou del teatre

Portal Nou

Avinguda Sant Francesc

12

13

11

Plaça de Catalunya

14

Museo del Cinema

i

Plaça Rompeu Fabra

Carme

Zugang zur Stadtmauer

Bahnhof (Bus)bahnhof; Flugha ten; Barcelona

Ronda Sant Antoni Maria Claret

15

Sant Feliu de Guixols

Übernachten
1 Pensió Bellmirall
2 Hotel Històric
7 Pensió Coll
9 Jugendherberge
10 Pensió Viladomat
12 Hotel Res. Peninsular
15 Hotel Carlemany

Essen & Trinken
3 Rest. Casa Marieta
4 Rest. Boira
5 Rest. Taj
6 Café-Rest. Le Bistrot
8 Bar-Rest. La Llibrería
11 Rest. La Penyora
13 Rest. La Llarga
14 Rest. Albereda

Girona
100 m

Ambrosía, Geschäft mit ungewöhnlichem Angebot: Hier gibt es vor allem Köstlichkeiten aus der Produktion verschiedener Klöster, darunter Konfitüren, Naschwerk etc. In der Altstadt, Carreras Peralta 4.

• *Feste und Veranstaltungen* Über die genauen, oft jährlich wechselnden Termine informiert das Fremdenverkehrsamt.

Procesión de Semana Santa, am Karfreitag. Die Osterprozession beginnt an der Kathedrale und wird von rund einhundert „Manaiaes" angeführt, die als römische Soldaten gekleidet sind.

Girona Temps de Flors, an wechselnden Terminen etwa Mitte Mai. Fantastische, teilweise sehr moderne Blumen- und Grün-pflanzeninstallationen lassen historische Gebäude, Plätze und Parks Gironas floralem Schmuck leuchten.

Festival de Músiques Religioses del Món, ein Festival religiöser Musik aus allen Teilen der Welt, über rund zwei Wochen Ende Juni, Anfang Juli.

Fiesta del Pedal, in der zweiten Septemberhälfte. Ein organisierter Fahrradausflug, an dem alljährlich über 6000 Personen teilnehmen. Nicht alle legen die 25 Kilometer lange Strecke auf gewöhnlichen Fahrrädern zurück: Man sieht auch Räder, die zu kuriosen Flugzeugen, Autos, Rikschas und anderen Spaßmobilen umgebaut sind.

Sehenswertes

Fast alle Sehenswürdigkeiten liegen auf der Altstadtseite und sind üppig beschildert. Ein guter Ausgangspunkt für einen Rundgang ist die Plaça Catalunya über dem Fluss.

Rambla de la Llibertad: Gironas Fußgängerzone birgt keine besonderen Sehenswürdigkeiten, füllt sich dafür aber allabendlich mit regem Leben. Familien, Pärchen und Grüppchen flanieren unter den Bäumen oder setzen sich in eins der Cafés und lassen flanieren.

Carrer de la Força: Die Hauptgasse der Altstadt – ihr Name „Straße der Stärke" soll auf den Widerstandswillen der Bürger Gironas anspielen – entspricht in ihrem Verlauf immer noch der alten Via Augusta. Gleichzeitig bildete sie auch die untere Grenze des ehemaligen Judenviertels *El Call*, eines der besterhaltenen Europas. Seit dem 9. Jh. bestand in Girona eine große jüdische Gemeinde. Ab dem 11. Jh. von der christlichen Stadtbevölkerung stark angefeindet und mehrfach sogar Pogromen ausgesetzt, musste sich das Viertel auch baulich immer mehr isolieren, bis es schließlich nur mehr über einen einzigen Zugang zu erreichen war. 1492 schließlich unterzeichneten die „Katholischen Könige" Isabella und Ferdinand ein Verdikt, das alle Juden Spaniens zur Taufe oder zur Auswanderung zwang.

Centre Bonastruc Ça Porta: Im Gassengewirr oberhalb des Carrer de la Força ist dieses Museum ausgeschildert, das die leidvolle Geschichte der Juden Gironas dokumentiert. Auch der verwinkelte Gebäudekomplex selbst, errichtet im 15. Jh., lohnt den kleinen Abstecher.

Öffnungszeiten Mai–Oktober Mo–Sa 10-20 Uhr, sonst bis 18 Uhr; So 10–15 Uhr; Eintritt 2 €.

Museu d'Història de la Ciutat: Wieder zurück am Carrer de la Força, etwa 200 Meter weiter auf der linken Seite. Das sehr vielfältig ausstaffierte Museum für Stadtgeschichte präsentiert nicht nur einen ausführlichen Überblick über den historischen Werdegang der Stadt, es besitzt auch eine sehenswerte Sammlung alter Technik.

Öffnungszeiten Di–Sa 10-14, 17-19 Uhr, So 10-14 Uhr; Eintrittsgebühr 3 €.

Von hier gelangt man, vorbei am mittelalterlichen Palast *Pia Almoina*, zum Justizgebäude *Casa Pastors* aus dem 18. Jh. Gegenüber führt eine mächtige

Detailverliebt: Kapitell im Kreuzgang

Freitreppe in neunzig Stufen zu einer der architektonisch ungewöhnlichsten Kirchen Spaniens.

Catedral: Die eindeutig bedeutendste Sehenswürdigkeit von Girona. Ab dem 14. Jh. an Stelle eines romanischen Vorgängerbaus errichtet, wurde an der Kathedrale fast ein halbes Jahrtausend lang gebaut; die barocke Fassade oberhalb der monumentalen Freitreppe stammt zum Beispiel erst aus dem 18. Jahrhundert. Doch so unterschiedlich die einzelnen Stilrichtungen des Gebäudes auch sein mögen, so harmonisch mutet erstaunlicherweise das Ganze an. Verblüffender noch zeigt sich das Innere der Kirche: ein einziges gigantisches Schiff anstelle der üblichen drei. Die unkonventionelle Lösung entstand im 15. Jh. unter Baumeister Guillem Bofill und gegen das Urteil einer Architektenkommission – die meisten der Experten hielten das Vorhaben für zu riskant. Ein Gewölbe von 51 Meter Länge, 34 Meter Höhe und fast 23 Meter Breite ohne stützende Pfeilerkonstruktion zu errichten, sei technisch unmöglich, meinte die Mehrzahl der Baumeister. Nun, es steht, das *größte gotische Gewölbe der Welt*. Und es macht einen überwältigenden Eindruck. Die Kostbarkeiten der Kirchenausstattung, darunter der schöne Hochaltar mit reich vergoldetem Aufsatz (14. Jh.) sowie zahlreiche Gräber, verblassen fast angesichts des schieren Raumgefühls. Schade, dass die in späterer Zeit hier installierte Orgel den Ausblick etwas versperrt.

Kreuzgang und **Museu Capitular**: Der Kreuzgang ist, neben dem Turm nördlich des Chors, der letzte Rest des romanischen Vorgängerbaus. Im 12. Jh. entstanden, gilt er als einer der schönsten Kataloniens. Ungewöhnlich ist der trapezförmige Grundriss, bedingt durch die Geländeverhältnisse und die nahe Stadtmauer. Besonders detailliert und fein gearbeitet sind die Dekorationen der Kapitelle, herausragend vor allem die Darstellung der Schöpfungsgeschichte an der der Kathedrale zugewandten Südseite. Über eine Treppe gelangt man vom Kreuzgang ins Museu Textil, in dem eine Reihe von Kirchengewändern ausgestellt ist. Das eigentliche *Museum der Kathedrale*, dessen Eingang nahe dem Kreuzgang liegt, birgt mittelalterliche Schätze wie den um 975 entstandenen Kommentar zur Apokalypse des Mönches Beatus von Liébana. Berühmt ist es jedoch wegen des einmaligen Schöpfungsteppichs Tapiz de la Creación. Der wahrscheinlich im 12. Jh. gewebte seidene Wandteppich zeigt Christus als Pantokrator (Weltenherrscher), umgeben von allegorischen Figuren und Darstellungen der Schöpfungsgeschichte.

Öffnungszeiten Mo–Fr 10–20 Uhr, im Winter bis 19 Uhr, Sa ganzjährig 10-16.30 Uhr, So 10-20 bzw. 19 Uhr (Kirche dann erst ab 14 Uhr). Eintrittsgebühr für Kathedrale, Kreuzgang und Museum 5 € (Audioguia inkl.), So Eintritt frei.

Museu d'Art de Girona: Untergebracht im *Palau Episcopal*, dem ehemaligen Bischofspalast südlich auf Höhe der Kathedrale. Das Kunstmuseum beherbergt vor allem sakrale Kunstschätze, Gemälde, Goldschmiede- und Schnitzarbeiten des Mittelalters und der Renaissance, doch reicht der zeitliche Rahmen bis hin zum Modernisme und der zeitgenössischen Kunst.

Öffnungszeiten Di–Sa 10-19 Uhr (im Winter bis 18 Uhr), So 10-14 Uhr; Eintritt 2 €.

Sant Feliu: An der Verlängerung des Carrer de la Força gelegen, war die wehrhafte Kirche des 13. und 14. Jh. ehemals ein Bestandteil der Stadtbefestigung. Ins Auge fällt besonders der vieleckige Glockenturm, der oben abgeflacht ist, da seine Spitze im 16. Jh. durch Blitzschlag zerstört wurde. Im Chor sind mehrere römische Sarkophage zu sehen. Flusswärts der Kirche erstreckt sich ein volkstümliches Viertel von seltsam altmodischem Charme, das von Spekulanten und Stadterneuerern bislang offensichtlich übersehen wurde. Hier reihen sich nostalgische Bars und Geschäfte, wirken die Fassaden nicht so blank gescheuert, wie es in der Altstadt sonst oft der Fall ist.

Banys Àrabs: Zu erreichen über den Carrer Fernan el Catòlic, der gegenüber von Sant Feliu beginnt und entlang der alten Stadtmauer verläuft. Die „arabischen Bäder" stammen gar nicht von Arabern. Sie entstanden erst im 12./13. Jh., also lange nach Vertreibung der Mauren, und zeigen, wie dauerhaft deren Einfluss auch im so früh „befreiten" Katalonien anhielt. Die Anlage besteht aus Dampfräumen sowie Bädern für verschiedene Temperaturen; besonders hübsch fällt der Ruheraum aus, dessen Oberlicht sich in einem kleinen, säulenumstandenen Becken spiegelt.

Öffnungszeiten April bis September Mo-Sa 10-19 Uhr, So 10-14 Uhr, im restlichen Jahr täglich 10-14 Uhr; Eintritt etwa 2 €. www.banysarabs.org.

90 Stufen muss man gehen: die Kathedrale

Sant Pere Galligants und Museu Arqueològic: Das ehemalige Benediktinerkloster liegt jenseits des Flüsschens Galligants. Es wurde schon 992 urkundlich erwähnt, der dreischiffige romanische Bau, der heute zu sehen ist, stammt jedoch aus dem 12. Jh. Auch Sant Pere glänzt mit einem hübschen Kreuzgang, in dessen Kapitellen Kunsthistoriker Verwandtschaft mit denen der Kathedrale zu erkennen glauben. Im Kloster ist auch das Archäologische Museum Gironas untergebracht, das neben einer Reihe jüdischer Grabsteine unter anderem auch Funde aus Empúries ausstellt. Noch ein Stück nördlich von Sant Pere findet sich die ehemals zum Kloster gehörige und gut restaurierte Kapelle *Sant Nicolau* aus dem 13. Jahrhundert.

Öffnungszeiten Juni bis September Di–Sa 10.30–13.30, 16–19 Uhr, sonst 10–14, 16–18 Uhr, So jeweils 10–14 Uhr; Eintrittsgebühr etwa 2,50 €. www.mac.es.

Passeig de la Muralla: Auf der alten Stadtmauer von Girona wurde ein sehr schöner Fußweg angelegt. Der etwa halbstündige Spaziergang eröffnet einen völlig neuen Panoramablick auf die Stadt. Zugänge (täglich 10–20 Uhr) bestehen unter anderem im Norden am Portal de Sant Cristòfol und bei den nahen Jardins d'Alemanys, im Süden an der Plaça General Marvà; sehr ratsam jedoch, im Norden zu starten, da es von hier aus bergab geht.

Museu del Cinema: Das Kino-Museum auf der Neustadtseite des Zentrums, im Carrer Sèquia 1 und unweit der Plaça Constitució, gilt als eines der wichtigsten Europas. Zu verdanken ist es der Sammelleidenschaft des 1923 in Sant Pere Pescador geborenen Cineasten Tomás Mallol, der im Laufe der Jahrzehnte rund 7500 Gerätschaften sowie 15.000 Plakate, Zeitschriften, Filme und Dokumente aus der Frühzeit des Kinos zusammengetragen hat.

Öffnungszeiten Mai bis September Di–So 10–20 Uhr, restliche Monate Di–Fr 10–18 Uhr, Sa 10–20 Uhr, So 11–15 Uhr; Eintrittsgebühr 4 €. www.museudelcinema.org.

Parque de la Devesa: Gironas sehr ausgedehnter Stadtpark erstreckt sich jenseits der Bahnlinie und der Durchgangsstraße auf der Neustadtseite. Das dicht mit uralten Platanen bestandene und von Spazierwegen durchzogene Gelände ist ein besonders für sonntägliche Picknicks gern aufgesuchter Familientreffpunkt, mit seinen Freiluftbars aber auch ein sommerliches Zentrum des Nachtlebens.

Umgebung von Girona

Banyoles: Die Kleinstadt am See, gut zwanzig Kilometer nördlich von Girona gelegen, ist ein beliebtes Ausflugsziel der Einwohner. Hat man erst einmal den Ring von Gewerbegebieten um Banyoles durchquert, so erweist sich der Ortskern um den von Arkaden flankierten Hauptplatz Plaça Major als durchaus reizvoll. Der nahe, etwa zwei Kilometer lange und bis zu 700 Meter breite See *Estany de Banyoles* wird hauptsächlich aus unterirdischen Quellen gespeist. Sein Wasser ist angenehm warm, der Sprung hinein aus Naturschutzgründen jedoch nur an bestimmten, teilweise gebührenpflichtigen Badeplätzen gestattet. An der Westseite des Sees lohnt die romanische Kirche *Santa María* einen Abstecher; leider ist sie oft geschlossen.

• *Übernachten* **** Hotel Mirallac, dem Namen gemäß direkt am See. Geräumige Zimmer, gute Ausstattung. DZ nach Saison etwa 100–135 €, Frühstück inklusive. Passeig Darder 50, ✆ 972 571045, ✆ 972 580887, www.hotelmirallac.com.

Jugendherberge Alberg Juvenil Banyoles, zentral im Ort gelegen. Carrer Migdia 10, um die Ecke von der Plaça Major, ✆ 972 575454.

Die mittlere Costa Brava: Baix Empordà
Karte S. 138

Traumhaft schön: die Küste bei Tossa

Die südliche Costa Brava: La Selva

Herbe Steilküste und kleine Sandbuchten, Fischerhäfen und Hochhausschluchten: Die südlichste Region der Costa Brava bietet noch einmal alles, was diese Küste berühmt und berüchtigt gemacht hat.

Mit rund 1000 Quadratkilometern Fläche und einer Einwohnerzahl von knapp 160.000 Personen besitzt die Comarca de la Selva ähnliche Dimensionen wie die anderen beiden Landkreise der Costa Brava. Der Küstenabschnitt des Bezirks fällt mit einer Länge von etwa dreißig Kilometern allerdings ziemlich kurz aus, da sich der weit überwiegende Teil der Comarca tief ins Inland hinein erstreckt. In ihrem nördlichen Bereich wird die Küste von steil zum Meer abfallenden Hängen geprägt, in deren felsige Ausläufer kleine Sandbuchten eingelagert sind. Am schönsten präsentiert sich dieses Gebiet von der Meerseite aus, beispielsweise auf einer Tour mit einem der Ausflugsboote, doch gewährt auch die kurvige Küstenstraße zwischen Sant Feliu de Guíxols und Tossa de Mar fantastische Panoramen dieser traumhaften Landschaft. Weiter südlich werden die Hügel niedriger, die Sandstrände länger. Im Hinterland stehen ausgedehnte Wälder und Macchiagebiete, denen das Gebiet seinen Namen Selva (Wald, Urwald) verdankt.

Zwar zählt die kurze Küste der Selva neben einer Reihe kleinerer Strandsiedlungen gerade mal drei richtige Ortschaften, doch handelt es sich bei allen dreien um echte touristische Hochkaräter, die zudem ganz unterschiedliche Charakteristika aufweisen. *Tossa de Mar* steht für eine lange Tradition im Fremdenverkehr ebenso wie für eine relativ behutsame Tourismuspolitik. Hier wissen die Stadtväter um die Notwendigkeit, vorhandene Ressourcen zu pflegen, schützten den mittelalterlichen Ortskern deshalb vor der Bauspekulation und bewahrten so das besondere Ambiente Tossas. In jeder Hinsicht ein ganz anderes Kaliber ist *Lloret de Mar*, das wichtigste Touristenzentrum der gesamten Costa Brava und verantwortlich für einen guten Teil der Vorurteile, unter denen die „Wilde Küste" leidet. Im Sommer tobt hier die Jugend Europas, füllt allabendlich Dutzende von Discos und tagsüber den kilometerlangen, von vielstöckigen Bettenburgen begleiteten Strand. Bleibt *Blanes*, das südliche Ende der Costa Brava und ihre größte Ortschaft. Blanes lebt zwar auch vom Fremdenverkehr, insbesondere von den vielen Campern auf den zahlreichen Plätzen der Stadt, hat jedoch die entsprechende Feriensiedlung sozusagen ausgegliedert und sich im Ortskern und am ausgedehnten Fischerhafen viel Eigenständigkeit bewahrt.

Die Küste zwischen Sant Feliu und Tossa de Mar

Die Küstenstraße von Sant Feliu de Guíxols nach Tossa de Mar zählt sicher zu den landschaftlich schönsten Routen der gesamten spanischen Mittelmeerküste.

In zahllosen Kurven und Kehren geht es hoch über dem Meer durch grüne Macchia; eine Reihe von Aussichtspunkten erlaubt es, in Ruhe die Panoramen zu genießen. Tief unten glitzern kleine Buchten, die nur teilweise von der Landseite her zugänglich sind – oft bleibt nur der neidvolle Blick auf die Besitzer der zahlreich kreuzenden Yachten und Motorboote. Hier von Nord nach Süd die Beschreibung derjenigen Buchten, die von der Küstenstraße aus zugänglich sind, sei es, weil sie an einer solchen Urbanisation liegen, weil eine Schotterpiste hinab angelegt wurde oder weil es einen Fußweg gibt. In den Buchten, die mit dem Auto angefahren wer-

den können, sind Parkplätze rar und häufig gebührenpflichtig. Eine Tankstelle existiert auf der gesamten, 23 Kilometer langen Strecke nicht.

Platja de Canyerets/Platja de Canyet: Zwei Strände, die über die Urbanisation Rosamar zu erreichen sind, Abzweigung etwa bei km 37 der Küstenstraße, rund acht Kilometer hinter Sant Feliu; trotz des Schilds und der Sperre ist die Zufahrt legal. Unten angekommen, trifft man auf ein schön gelegenes Restaurant und einen Supermarkt (nur im Sommer geöffnet), Parkplätze sind zumindest zur Saison gebührenpflichtig. Links der Zufahrt erstreckt sich die hübsche Platja de Canyerets, ein recht großer, mittel- bis feinsandiger Strand mit türkisfarbenem Wasser. Rechts, durch ein kleines Kap getrennt, liegt die unscheinbare, recht steinige Platja de Canyet; die nahe Felsküste ist von bizarrer Schönheit.

Cala del Senyor Ramón: Etwa auf Höhe von km 35 führt eine gut befahrbare (aber nur zur Saison freigegebene), knapp einen Kilometer lange Piste hinab zu diesem ausgesprochen reizvollen, langen Strand, an dem Nacktbaden üblich ist. Unten angekommen, wird man allerdings (nach Parkdauer berechnet) kräftig zur Kasse gebeten. Der Strand selbst ist natürlich frei; außer einem Restaurant gibt es keinerlei Bebauung.

Platja de Vallpresona: Etwa bei km 34 beginnt im Einschnitt eines Tals ein Fußweg hinab zur Küste. Er endet an der steinigen Platja de Vallpresona, einem entlegenen Strand, der offiziell als Nacktbadestrand ausgewiesen ist; meist steht hier trotz offiziellen Verbots auch eine Reihe von Zelten. Besondere Einrichtungen gibt es nicht.

Cala Salionç: Etwa zwei Kilometer weiter, dazwischen liegen ein Mirador und die Abzweigung hinauf zur Kapelle Ermita de Sant Grau auf fast 400 Meter Höhe. Eine kleine Sandbucht, zu erreichen über die gleichnamige Urbanisation; die Anfahrt lohnt sich höchstens zur Nebensaison – im Sommer reichen die bescheidenen Dimensionen des Strandes kaum aus, die Bewohner der Feriensiedlung zu fassen.

Cala de Sa Futadera: Zwischen km 30 und 29 führt ein Weg vom Cap des Pentiner, von dem aus man über einen steilen Treppenweg zu der kleinen Strandbucht hinab steigen kann. Keinerlei Einrichtungen.

Cala Giverola: Nur ein kleines Stück weiter Richtung Tossa, unscheinbare und schlecht beschilderte Zufahrt etwa bei km 29. Eine große, früher einmal traumschöne Strandbucht, die besonders unter dem Urbanisierungswahn zu leiden hatte – direkt oberhalb liegt die ausgedehnte Anlage des Clubhotels Giverola, das seine Gäste per Zahnradbahn hinab zum Strand und zum angeschlossenen Aquapark expediert. In der Nebensaison mag die Cala Giverola dennoch einen Abstecher wert sein. Parkplätze sind Mangelware und zumindest zur Saison kräftig gebührenpflichtig.

Cala Pola: Praktisch auf der Rückseite der Cala Giverola, zwischen km 28 und 27. An der relativ kleinen, fast fjordartig eingeschnittenen Bucht liegt der gleichnamige Campingplatz (siehe Tossa), der auch den einzigen Zugang zum Strand bildet.

Cala Bona: Eine winzige Bucht, zu erreichen über zwei Fußwege, die etwa zwischen km 27 und 26 beginnen. Die schmale, felsige Cala Bona dient vor allem als Ankerplatz für Boote; eine Strandkneipe ist vorhanden.

Tossa im Blick: Aussicht von der Küstenstraße

Tossa de Mar   (5700 Einwohner)

Tossa – das bedeutet vor allem Tourismus mit langer Tradition. Trotz mancher Zugeständnisse an den Fremdenverkehr konnte sich das Städtchen seinen Charme aber durchaus bewahren.

Schon in den 20er-Jahren existierte in Tossa eine kleine katalanische Künstlerkolonie, der zeitweise auch der Maler Marc Chagall angehörte. Ein Jahrzehnt später war die Kleinstadt bereits so beliebt, dass eine regelmäßige Busverbindung von Paris eingerichtet wurde. 1951 fungierte Tossa unter dem Phantasienamen „Esperanza" als malerische Kulisse für den englischen Spielfilm „Pandora und der fliegende Holländer", in dem Ava Gardner und James Mason die Hauptrollen spielten. Durch diesen Streifen wurde Tossa auch dem breiteren Publikum bekannt, und schon bald darauf rollten die ersten Busse aus deutschen Landen an.

Wegen des touristischen Aufschwungs wurde zwar reichlich gebaut, doch konnten die Hotelkästen erfreulicherweise nicht bis in den immer noch reizvollen Ortskern vordringen. Der älteste Teil von Tossa, die unter Denkmalschutz stehende *Vila Vella*, erhebt sich auf einem Felskap, das bereits zu Zeiten der Römer besiedelt war. Die Mauern und Verteidigungstürme der Vila Vella, angelegt vom 12. bis ins 14. Jh., sind heute das weithin sichtbare Wahrzeichen von Tossa. Von hier öffnet sich ein schöner Blick auf die geschwungene Sandbucht im Norden, der die Stadt wohl ebenfalls einen guten Teil ihrer Beliebtheit zu verdanken hat.

Tossa genießt zu Recht den Ruf, eine fortschrittliche Tourismuspolitik zu betreiben. Dabei wissen die Damen und Herren vom Fremdenverkehrsamt durchaus um die Bedürfnisse ihrer vorwiegend ausländischen Gäste. Stolz verweist man auf ein ausgedehntes Netz von Wanderwegen und auf die dank der Kläranlage hervorragende Wasserqualität, die mit der blauen Europafahne belohnt wurde. Gezielte Bemühungen gelten dem in nördlichen Gefilden stärker pochenden Herz für Tiere: „Erster Ort mit städtischem Tierheim", „Erster Ort mit Strandzone für Badegäste mit Tieren" und, geradezu heroisch, „Erster Anti-Stierkampf-Ort Spaniens" lauten die ganz offensichtlich nicht an Spanier gerichteten Werbebotschaften.

Information/Verbindungen

● *Information* **Oficina Municipal de Turisme**, Avinguda del Pelegrí 25, nahe der Durchgangsstraße bei der Abzweigung nach Lloret, neben dem Busbahnhof. Man spricht selbstverständlich Deutsch. Saisonal mehrfach wechselnde Öffnungszeiten, von Juni bis September Mo–Sa 9–21 Uhr, So 10–14 Uhr, im Winter Mo–Sa 10–14, 16–19 Uhr; ☎ 972 340108. Eine Sommerfiliale öffnet in einem Kiosk in Strandnähe, am Kreisel beim Anfang der Avinguda de la Palma. www.infotossa.com.

● *Verbindungen* **Zug:** Der nächste Bahnhof liegt bei Blanes. Die Busverbindung dorthin ist zwar mit Umsteigen in Lloret verbunden, dafür fahren die Busse aber weit häufiger als nach Girona.

Bus: Busbahnhof an der Durchgangsstraße bei der Abzweigung nach Lloret. SARFA-Busse nach Barcelona 11-mal, nach Girona 1-mal täglich. Eine Verbindung nach Sant Feliu besteht, je nach jährlicher Planung der Gesellschaft, höchstens im Juli und August und auch dann nur 1- bis 2mal täglich – Alternative: Ausflugsschiffe, siehe unten. PUJOL & PUJOL fährt tagsüber halbstündlich nach Lloret de Mar. Zur HS teilweise erweiterte Frequenzen.

Auto: Gebührenpflichtige Parkplätze unter anderem am Hauptstrand und an der Avinguda del Pelegrí nahe der Touristeninformation; ein recht großer, kostenloser Parkplatz liegt am Ortsausgang Richtung Lloret de Mar. Achtung: Nichts im Wagen lassen, schon in der Vorsaison sind Spezialisten des schnellen Griffs durch eingeschlagene Scheiben unterwegs.

• *Internet-Zugang* **Cibercafé La Paleta**, einem Friseursalon angeschlossen. Avinguda Costa Brava 32, ✆ 972 342975.
Locutorio Cyberstar, Carrer Nou 1.

Übernachten (siehe Karte S. 213)

Trotz gewaltiger Kapazitäten kann es im Hochsommer eng werden: Reiseveranstalter sind eine harte Konkurrenz beim Kampf ums Bett. Fast alle Betriebe bleiben im Winter geschlossen. Die besten Chancen bestehen dann noch in den kleinen Fondas und Casas Huespedes der Altstadt, eine Liste gibt es im Tourismusbüro.

**** Best Western Gran Hotel Reymar (11), in schöner Lage nahe der Strandbucht Platja Mar Menuda. Ein Klassiker in Tossa, bereits 1964 eröffnet. Aller Komfort inklusive Pool, Sauna, Garage, Tennis; viele der 166 Zimmer besitzen Meerblick. Geöffnet Ende April, Anfang Mai bis Oktober. DZ nach Saison etwa 130–290 €, DZ mit „Salón" gegen Aufpreis. Platja Mar Menuda s/n, ✆ 972 340312, ✇ 972 341504, www.ghreymar.com.

*** Best Western Hotel Mar Menuda (14), direkt beim gleichnamigen Strand. Kleineres Hotel mit nur 40 Zimmern, die teilweise schön zum Meer liegen; gute Ausstattung mit Garage, Pool und Tennisplatz. DZ nach Saison und Lage etwa 80–190 €, Frühstück inklusive. Platja Mar Menuda s/n, ✆ 972 341000, ✇ 972 340087, www.hotelmarmenuda.com.

** Hotel Diana (8), um 1850 erbaut und wahrhaft ein Hotel für Liebhaber. 1a-Jugendstil mit Spiegeln, Buntglas – und einem von Maestro Gaudí persönlich entworfenen Kamin. Geöffnet von Mitte März bis November sowie über Weihnachten und Silvester. DZ nach Saison und Lage etwa 80–160 €, Frühstück inklusive. Plaça Espanya 10 (zentral), ✆ 972 341886, ✇ 972 341103, www.diana-hotel.com.

** Hotel Capri (12), an der Strandpromenade im Zentrum. Ordentlich eingerichtetes kleines Hotel mit 23 Zimmern, etwa die Hälfte mit Balkon zur Promenade. Gutes, von Lesern gelobtes Restaurant angeschlossen. Geöffnet März-Oktober. DZ nach Lage und Saison etwa 65–95 €, Frühstück inbegriffen. Passeig del Mar 17, ✆ 972 340358, ✇ 972 341552, www.hotelcapritossa.com.

* Hotel Tarull (1), im südlichen Ortsbereich etwas abseits des Rummels. Familiär geführtes Quartier, Dachterrasse mit schönem Blick, Zimmer schlicht, aber sauber; Garage. Viele Stammgäste und Mountainbi-

ker. Geöffnet April–Oktober. DZ etwa 60–70 €, Frühstück inklusive. Carrer Rosa Rissech 35, ✆ 972 340127, ✇ 972 341935, www.hoteltarull.com.

* Hotel Tonet (5), in zentraler Lage direkt am Kirchplatz und als einziges Hotel in Tossa ganzjährig geöffnet. Eher einfach ausgestattete, aber recht große und freundliche Zimmer; Dachterrasse. DZ etwa 70 €, Frühstück inklusive. Plaça de l´Església s/n, ✆ 972 340237, ✇ 972 343096, www.hoteltonet.com.

** Pensió L´Hostalet de Tossa (7), gleich gegenüber. Relativ große Pension, deren freundlich gestaltete Zimmer sich auf unterschiedliche Trakte verteilen. Nette Leitung. Parkmöglichkeit etwas abseits. Geöffnet etwa Mai bis September. DZ/Bad je nach Saison und Ausstattung (mit/ohne Balkon) 50–80 €, Frühstück inklusive. Plaça de l´Església 3, ✆ 972 341853, ✇ 972 342969, www.hostalettossa.com.

* Pensió Carmen (4), mit hübschem, blumengeschmückten Innenhof. Familiäre Atmosphäre, ganzjährig geöffnet. Im Umfeld noch einige weitere preisgünstige Pensionen. DZ/Bad nach Saison etwa 40–50 €. Carrer Sant Miquel 8, eine Abzweigung von der Altstadt-Hauptgasse Carrer Pou de la Vila, nördlich der Plaça Espanya, ✆ 972 340526. www.pensionpepi.com.

* Pensió Fonda Can Lluna (13), sehr hübsche Pension in bestechender Lage im Zentrum. Zimmer etwas eng, aber gepflegt; von der mit Stühlen und Tischen versehenen Dachterrasse fantastischer Blick auf die Vila Vella. Ganzjährig geöffnet. DZ/Bad etwa 40–50 €. Carrer Roqueta 20, ✆ 972 340365, www.fondalluna.com.

• *Camping* Insgesamt fünf Plätze liegen in und um Tossa.

Cala Llevadó, 1. Kat., bei der Urbanisation Llorell, etwa drei Kilometer Richtung Lloret

Nachts beleuchtet: die Mauern der Vila Vella

de Mar. Tolle Lage, in der Nebensaison ein echter Traum: terrassiertes, schattiges und absolut ruhiges Gelände in einem zum Meer hin abfallenden Taleinschnitt, unterhalb mehrere kleine Buchten, der längere Sandstrand Platja de Llorell in naher Fußentfernung. Exzellente Sanitärs, gute sonstige Ausstattung, Swimmingpool, reiche Sportmöglichkeiten (z. B. Windsurf, Tennis, Tauchflaschenfüllung); Mietzelte und Mietcaravans. Geöffnet Mai–September; Beschilderte Abzweigung an der Straße nach Lloret. Preise zur HS p.P., Auto, Zelt je etwa 9,50 €, zur NS Ermäßigung. ✆ 972 340314, ✆ 972 341187, www.calallevado.com.

Pola, 1. Kat., ca. vier Kilometer Richtung Sant Fellu. Nahe der gleichnamigen Sandbucht; an Ausstattung (u. a. Mietzelte, Pools) und Sportmöglichkeiten (Tauchfla-

schenfüllung, Tennis etc.) gibt's nichts zu mäkeln. Geöffnet von etwa Juni bis September. Preise zur HS p.P. 7 €, Stellplatz 22 €, in der NS ermäßigt. ✆ 972 341050.

Can Martí, 1. Kat., am Rand der Urbanisation Mas Font und der zentrumsnächste Platz. Ausgedehntes, teils schattiges Gelände. Gute Ausstattung, schöner Poolbereich mit großem Schwimmbecken; die Sanitärs sind zwar ordentlich und sauber, entsprechen aber nicht mehr ganz der Kategorie. In Fußentfernung vom Ort, ca. 1,5 Kilometer landeinwärts des Hauptstrands von Tossa, durch das trockene Flussbett von der Straße nach Llagostera getrennt. Geöffnet etwa Mitte Mai bis Mitte September. Preise zur HS: p.P. und Zelt jeweils 9 €, Auto 5 €, zur NS günstiger ✆ 972 340851, www.campingcanmarti.net.

Essen/Nachtleben (siehe Karte S. 213)

Am Carrer Portal beim Eingang zur Vila Vella liegt eine ganze Reihe von Restaurants; für die nette Atmosphäre an den alten Mauern zahlt man allerdings Ortszuschlag. Eine noch kräftigere Romantik-Gebühr wird innerhalb der Vila Vella fällig, doch dafür sitzt man hier auch wirklich lauschig.

Rest. Cuina de Can Simón (16), ganz oben in der Restaurantgasse von Tossa und der örtliche Vertreter der Michelinstern-Liga. Kreative mediterrane Küche, gute Weinaus-

wahl. „Klassisches" festes Menü etwa 60 €, à la carte ähnliches Preisniveau. Carrer Portal 24, außerhalb der Saison So-Abend, Mo und Di geschlossen. ✆ 972 341269.

Rest. Bahía (10), in der nördlichen Verlängerung des Carrer Portal. Renommiertes, schon 1954 gegründetes Lokal, spezialisiert auf traditionelle katalanische Küche mit Schwerpunkt auf Fischgerichten. Gute Paella. Tagesmenü rund 17 €, Spezialmenü etwa 30 €, Menü à la carte ab ca. 25 €. Im Dezember/Januar für mehrere Wochen geschlossen. Passeig de Mar 19, ✆ 972 340322.

Rest. Santa Marta (17), mitten in der Altstadt Vila Vella. Sehr schönes Ambiente, gute Küche. Das feste Menü kostet rund 16 €, à la carte ab etwa 30 €. Carrer Francesc Aromir 2, Mitte Oktober bis Mitte März geschlossen.

Rest. Es Racó (9), ein Lesertipp von Sabine Nagl: „Viel Fisch, überwiegend einheimische Gerichte, preiswert. Alle Speisen von hervorragender individueller Qualität. Der Chef bedient und berät persönlich, sehr guter Service im Allgemeinen. Carrer Sant Pere 5."

Rest. Sa Muralla (15), eines der vielen Lokale am Rand der Vila Vella. Hübsche Lage, ordentliche Küche. Das Mittagsmenü (wie üblich nur Mo-Fr) kommt auf rund 15 €, à la carte legt man weitaus mehr an. Carrer Portal 16, direkt gegenüber dem Stadttor.

Rest.-Brasería Berlin (3), ein beliebtes und oft voll besetztes Lokal vom alten Schlag, in dem die (spanische) Chefin ein freundliches Regiment führt. Exzellentes Preis-Leistungs-Verhältnis insbesondere beim festen Menü, das es auch abends gibt und das für gerade mal 10 € eine prima Auswahl bietet. Carrer Sant Antoni 12.

Rest. L´Ajustada (2), nicht weit entfernt, mit einem hübschen Gärtchen nach hinten. Trotz eines Besitzerwechsels (die alte Eigentümerin ist leider verstorben) laut einer Leserzuschrift immer noch eine Empfehlung, auch dank der relativ günstigen Preise – ein Menü à la carte kommt auf etwa 15 €. Carrer Nou 13.

Bar La Taberna de Tossa (6), einfaches, aber gemütliches Lokal in dunklem Holz. Gut für Tapas und diverse Variationen von Pa amb Tomaquet (Weißbrot mit Tomate). Carrer Sant Telmo 24, zwischen Plaça Espanya und Kirchplatz.

● *Nachtleben, Kneipen* Zwar existieren einige Discos in Tossa, sie sind jedoch zumindest außerhalb der Hochsaison eher müden Charakters – zu groß ist die Konkurrenz des nahen Lloret. Nachtschwärmer dorthin ohne eigenes Fahrzeug müssen, so sie nicht gleich durchmachen, mangels Nachtbussen mit dem Taxi zurück. An Kneipen ist dafür kein Mangel, insbesondere am Carrer Sant Josep.

Ely, relativ große Disco im Zentrum. Carrer Bernats 2, Ecke Carrer Nou.

Paradis, eine weitere zentral gelegene Disco, am Carrer Pou de la Vila, nahe der Avinguda Costa Brava.

Tu Raï, etwas abseits an der Avinguda de Catalunya, Richtung Sportgelände. Hier ist oft etwas mehr Betrieb als in den zentralen Discos.

Pirata Bar, am Ende der Calle Portal und über dem kleinen Strand Es Codolar, spielt in ihren ehrwürdigen alten Mauern und auf der kleinen Terrasse schon seit vielen Jahren die beste Rockmusik Tossas.

Bar Josep, im Carrer Estolt. Eine der wenigen urwüchsigen Kneipen im Ort. Fast nur einheimische Gäste, plärrender Fernseher und Wein vom Fass.

Ausflüge/Veranstaltungen/Sport

● *Schiffsausflüge* **Viajes Marítimos**, einer von mehreren Anbietern, fährt zur Saison 4-mal täglich nach Norden bis Platja d´Aro und Sant Antoni, nach Süden 7-mal täglich bis hinter Blanes. Preisbeispiele (hin + zurück): entlang der höchst reizvollen Küste bis Sant Feliu etwa 15 €, nach Lloret de Mar 12 €. Informationen unter ✆ 972 369095 oder www.viajesmaritimos.com.

● *Veranstaltungen* Reichhaltiges Programm, vor allem im Sommer. Hier nur die Hauptfeste, einen ausführlichen Veranstaltungskalender gibt es bei der Touristeninformation. **Markttag** ist Donnerstag, Stände an der Rambla Pau Casals (Ri. Wanderung 9).

El Pelegrí de Tossa am 20. und 21. Januar, eine rund 40 Kilometer weite Wallfahrt nach Santa Coloma de Farners, erstmals im 15. Jh. zur Rettung vor einer Pestepidemie begangen. Der erwählte Pilger, der die Wanderung schweigend und mit einem muscheldekorierten Pilgermantel bekleidet zurücklegt, wird von rund tausend Personen begleitet. Bei Sonnenuntergang trifft der Zug in Santa Coloma ein, am nächsten Morgen geht es zurück. Die Ankunft in Tossa wird mit einer großen Prozession gefeiert.

Sant Vincenç, am 22. Januar, das Winterfest des Stadtheiligen.

Übernachten
1 Hotel Tarull
4 Pensió Carmen
5 Hotel Tonet
7 Pensió L'Hostalet
8 Hotel Diana
11 Best Western Gran
   Hotel Reymar
12 Hotel Capri
13 Pensió Fonda Can Lluna
14 Best Western Hotel Mar
   Menuda

Essen & Trinken
2 Rest. L'Ajustada
3 Rest.-Brasería Berlin
6 La Taberna de Tossa
9 Rest. Es Racó
10 Rest. Bahia
15 Rest. Sa Muralla
16 Rest. La Cuina de San
   Simón
17 Rest. Santa Marta

Sta. Maria d. Llorell; Camping Cala Levadó; Lloret
Llagostera; Girona

Villa Romana

BUS

Avinguda Ferran Aguiló

Llagostera; Girona
Camping Can Martí, Wanderung 9
Sant Feliu de Guíxols
Camping Pola

Rambla Pau Casals
Avinguda de Catalunya

Carrer la Guardia
Avinguda del Pelegri
Carrer Maria Auxiliadora
Carrer Nou
C. St. Miguel
C. Pola
Avinguda Costa Brava
Avinguda de la Palma

Carrer San Antoni
Carrer la Guardia
C. Pola
C. Pou de la...

Carrer San Josep
Pl. Espanya

Can Ganga
C. Estölt
C. Pescadors
C. Portal
C. Socals
Passeig del Mar

Es Codolar
Cami de Rondau...
C. Porta...

M *Museu Municipal*
Vila Vella
Ruinen-kirche
El Far M

Platja del Reig
Platja de Mar Menuda

Platja Gran

Tossa de Mar
100 m

Die südliche Costa Brava: La Selva — Karte S. 207

La Santa Creu, das „Heilige Kreuz", am 1. Mai, mit Sardana-Tänzen sowie einer Prozession und einem Wettbewerb blumengeschmückter Kreuze.

Día del Pescador, am ersten Sonntag im Juni. Der „Tag des Fischers" wird unter anderem mit einem Sardinenfrühstück am Strand begangen.

Sant Pere, vom 29. Juni bis 1./2. Juli, das Sommerfest mit Sardanes, Theater und Tanz in der Stadt, am Strand und in den eigens im trockenen Flussbett aufgestellten Zelten.

Festival Internacional de Música, im Verlauf des Monats August.

Concurso de Pintura Rápida, am letzten Sonntag im August. Der Wettbewerb der Schnellmalerei besteht seit über fünfunddreißig Jahren; rund zweihundert Künstler wetteifern um den Titel des schnellsten Pinselschwingers.

● *Sport* **Fahrradverleih**: Jimbo Bikes, Rambla Pau Casals 12, auf dem Weg zum Camping Can Martí, ✆ 972 343044. Auch Mopeds.
Tauchschule: Centro de Submarinismo

Mar Menuda, am gleichnamigen Strand, ✆ 689 785168.

Kajaks: Kayaks Nicolau, ebenfalls am Strand Mar Menuda, ✆ 972 342646.

Baden

Tossa besitzt gleich mehrere Strände, allesamt sehr gepflegt. Weitere Strandbuchten finden sich außerhalb in Richtung Sant Feliu (siehe vorheriges Kapitel) und in Richtung Lloret de Mar (siehe unten).

Platja Gran: Der ausgedehnte, mehrere hundert Meter lange Hauptstrand von Tossa ist mit Rotkreuz-Station, Duschen etc. bestens ausgestattet, im Umfeld gibt es eine gute Auswahl an Bars und Restaurants. Allerdings wird der Strand trotz seiner Größe zur Saison reichlich voll.

Platja del Reig, eine winzige Strandbucht hinter dem Hauptstrand, ist der Platz für Hundebesitzer: Hier sind, eine Seltenheit in Spanien, auch die vierbeinigen Lieblinge zugelassen.

Platja de Mar Menuda: Der zweite Hauptstrand von Tossa, nur etwa halb so groß wie die Platja Gran, liegt ein paar hundert Meter nordöstlich bei der gleichnamigen Urbanisation. Er ist in der Regel nicht ganz so bevölkert; es gibt Duschen, Bars, Restaurants und zahlreiche Wassersportangebote. Schnorchler finden bei den vorgelagerten Inselchen ein reiches Betätigungsfeld.

Platja Es Codolar, eine kleine Sandbucht, liegt gleich westlich unterhalb der Vila Vella, diente dem alten Tossa als Hafen und ist auch heute noch teilweise von Fischerbooten belegt. Mit etwas beschwerlicherem Zugang zieht dieser Strand eher das jüngere Publikum an, eine Bar und Duschen sind vorhanden. Gute Schnorchelmöglichkeiten an der Felsküste.

Sehenswertes

Vila Vella: Das malerische Ensemble von Verteidigungsanlagen und Treppenwegen ist Standardprogramm für jeden Besucher und komplett unter Denkmalschutz gestellt – immerhin handelt es sich um das einzige noch erhaltene Beispiel einer befestigten mittelalterlichen Siedlung an der katalanischen Küste. In ihren Grundzügen stammen die Trockensteinmauern, die vier großen rechteckigen und die drei runden Türme aus den letzten Jahrzehnten des 12. Jahrhunderts, als hier auf dem damals als „Mont Guardí" bekannten Vorgebirge eine Siedlung angelegt wurde. Ende des 14. Jh. wurden die Wälle erweitert und schützten Tossa so vor den Piratenüberfällen, die vor allem im 16. Jh. viele andere Küstensiedlungen verwüsteten. Etwa 80 Natursteinhäuser standen damals innerhalb der Mauern, der Großteil davon ist heute noch bewohnt. Besonders reizvoll gibt sich die Vila Vella am Abend, wenn ihre honiggelben Mauern die Hitze des Tages abstrahlen. Innerhalb des Komplexes liegen ein Leuchtturm mit Aussicht, das städtische Museum und die Reste der gotischen Kirche Església Vela Sant Vicenç (15. Jh.), vor deren malerischer Kulisse gelegentlich Konzerte stattfinden. Zerstört wurde der Bau bei einer Explosion im 19. Jh. – französische Soldaten hatten die Kirche als Pulvermagazin missbraucht.

Museu Municipal: Das städtische Museum im ehemaligen Gouverneurspalast, dem auffälligsten Gebäude innerhalb der Vila Vella, zeigt eine Sammlung moderner Kunst, darunter auch Arbeiten von Marc Chagall. Die Werke sollen an die große Zeit Tossas erinnern, als die Stadt in der ersten Hälfte der 30er-Jahre zahlreiche nationale und internationale Künstler anzog. Weiterhin zu sehen sind archäologische Funde aus der Vergangenheit Tossas; Prunkstück ist ein Mosaikfußboden des 4./5. Jh., der in der hiesigen Vila Romana freigelegt wurde. Daneben finden auch wechselnde Ausstellungen statt.

Öffnungszeiten Von Juni bis Mitte September täglich 10–14, 16–20 Uhr, sonst Di–Sa 10–14, 16–18 Uhr, So 10–14 Uhr; Eintrittsgebühr 3 €, bei besonderen Ausstellungen auch mal mehr.

El Far: Der Leuchtturm von Tossa, hoch über der Vila Vella gelegen, wurde zu einem Museum und Interpretationszentrum umgebaut, das sich mit moderner audiovisueller Technik den Leuchttürmen des Mittelmeers und dem Leben ihrer Wärter widmet. Trotz gewisser finanzieller und auch technischer Schwierigkeiten (wegen denen das Museum bei der letzten Recherche vorübergehend geschlossen war) soll auch künftig eine ganzjährige Öffnungszeit beibehalten werden – mal abwarten, ob´s klappt.

Öffnungszeiten Zur Saison täglich 10-22 Uhr, sonst Di-So 10-18 Uhr; Eintrittsgebühr 3 €.

Can Ganga: Errichtet im 16. Jh. und damit eines der ältesten bestehenden Häuser außerhalb des befestigten Mauerrings, wird Can Ganga auch „Can Leandro" genannt. Die Fassade mit ihrem schönen, von Engelsköpfen flankierten gotischen Fenster ist mit einer Pechnase gegen Angriffe gewappnet, was angesichts der damaligen Piratengefahr sicher ratsam war. Im Inneren fällt, neben den Exponaten eines kleinen Ethnographischen Museums, besonders ein begehbarer, in den Fels gehauener „Kühlschrank" ins Auge.

Lage und Öffnungszeiten C. Codolar 4, ein Seitengässchen des C. Estolt. Geöffnet 16-19 Uhr, zur Saison täglich, im Winter Mo geschlossen; Eintrittsgebühr 3 €.

Vila Romana: Die einzig erhaltenen Reste der römischen Vergangenheit liegen an der Avinguda del Pelegri nahe der Touristeninformation. Die beiden Anwesen – oberhalb eine Stadtvilla, unterhalb ein ländlicher Bau – stammen aus der Zeit zwischen dem ersten und dem vierten Jahrhundert. Außer Grundmauern und einigen weniger bemerkenswerten Mosaiken (die schönsten sind im Stadtmuseum) ist allerdings wenig zu sehen. Geöffnet ist nur zur Saison, dann Di-So 10-19 Uhr, Eintritt frei.

Camí de Ronda: Sehr reizvolle Ausblicke bietet dieser teilweise als Treppenweg neu angelegte Fußpfad, der hoch über der Küste zu mehreren Aussichtsplattformen und weiter in Richtung der Urbanísation Santa María de Llorell führt; er beginnt oberhalb der Platja Es Codolar um die Ecke von der „Pirata Bar". Festes Schuhwerk ist ratsam.

Wanderung 9: Von Tossa zur verfallenen Kapelle Mare de Dèu de Gràcia

Route: Tossa – Camping Can Martí – Coll de Sastre – Mare de Déu de Gràcia – Camping Can Martí – Tossa; **reine Wanderzeit**: etwa 1,5–2 Stunden; **Einkehr**: unterwegs keine Möglichkeiten; Sonnenschutz und Trinkwasser nicht vergessen.

Charakteristik: In der Umgebung von Tossa sollen an die 50 Kilometer Wanderwege ausgeschildert und markiert sein, viele davon auch für Mountainbiker gut geeignet. Ein großer Teil von ihnen verläuft im hügeligen Hinterland auf den bewaldeten Hängen des Puig de ses Cadiretes. Wanderbroschüren sind im Fremdenverkehrsamt erhältlich.

Die hier vorgestellte, mäßig anstrengende Wanderung ist eine kürzere Variante der in einer dieser Broschüren vorgeschlagenen Route zur Ermita Sant Grau und führt zu einer verfallenen kleinen Kapelle auf etwa 250 Meter Höhe und im Bogen wieder zurück hinab nach Tossa. Wer Lust auf größere Exkursionen hat, kann die Wanderung natürlich auch bis zur Ermita selbst oder auch bis zum Gipfel Puig de ses Cadiretes (518 m, hin und zurück etwa vier Stunden) fortsetzen, beide Routen sind beschildert.

Verlauf: Die Wanderung beginnt bei der Brücke an der Durchgangsstraße Avinguda Ferran Agulló. Hier geht es landeinwärts entlang der Rambla Pau Casals, der rechten der beiden parallel zum Flussbett führenden Straßen. Vorbei am ausgedehnten Gelände des Campings Can Martí erreicht man den Wald und trifft gleich auf ein verwirrendes Geflecht von Wegen. Man nimmt den rechts aufwärts führenden, relativ breiten Fahrweg, beschildert u.a. „Mare de Déu de Gràcia". Nach etwa 20 Minuten wird bei einer Baumgruppe eine Art Pass erreicht, der *Coll del Sastre*. Hier gabelt sich der Weg:

rechts geht es hinab in Richtung der Bucht Cala Pola, zum Ruinenkirchlein folgt man jedoch dem weiter ansteigenden Hauptweg, der eine scharfe Linkskurve beschreibt. Gut fünf Minuten später kann man bei einer weiteren Gabelung und einem mit der Aufschrift „Pins del Bispe" markierten Stein über den schmalen Pfad abkürzen, der genau zwischen der Hauptpiste und einem links abzweigenden Weg ansetzt. In leichtem Zickzack geht es nun durch den Wald noch steiler aufwärts, bis nach knapp zehn Minuten die verfallene Kapelle *Mare de Déu de Gràcia* erreicht ist. Gemessen an der Größe des Baumes, der in das Mauerwerk hineinragt, muss die kleine Kapelle schon vor langer Zeit eingestürzt sein, wird aber immer noch mit Blumen und Kerzen geschmückt. Zur Ermita Sant Grau und zum Puig de ses Cadiretes ginge es hier weiter aufwärts.

Zurück nach Tossa folgt man jedoch dem (aus der Aufstiegsrichtung gesehen) links abwärts führenden Weg. Nach etwa drei Minuten geht es an einem hart nach links unten abzweigenden Weg geradeaus vorbei, wenige Minuten später passiert man mehrere von rechts oben kommende Abzweigungen. Man bleibt jedoch immer auf dem deutlich erkennbaren, abwärts führenden Hauptweg, bis man wieder das schon vom Aufstieg bekannte Geflecht von Pisten und Wegen erreicht. Geradeaus vorbei am Camping San Martí geht es zurück ins Zentrum von Tossa.

Wanderung ❾:
Von Tossa zur verfallenen Kapelle Mare de Déu de Gràcia

Die Küste zwischen Tossa und Lloret de Mar

Die Küste südwestlich von Tossa zeigt sich zwar nicht mehr überall so wildromantisch wie der Abschnitt in Richtung Sant Feliu, doch findet man auch hier noch eine Reihe hübscher Buchten.

Abgeschiedene Lage: Cala Morisca

▶ **Santa María de Llorell**: So heißt die private Urbanisation, deren Zufahrt zwischen km 19 und 18 der Küstenstraße Richtung Lloret abzweigt, etwa drei Kilometer hinter Tossa. Die Durchfahrt ist zwar nur Anliegern gestattet, der Zugang zu den Strandbuchten unterhalb zu Fuß jedoch möglich. Kürzer und durchaus erlaubt ist jedoch der Weg durch das Gelände des Campings Cala Llevadó. Die Autozufahrt ist bis zum Wächterhäuschen an der Sperre des Campings möglich; so nicht allzuviel Betrieb herrscht, kann man dort parken und sich dann einen der steilen Wege hinunter zum Meer suchen.

● *Baden* **Cala Llevadó**: Die östliche der beiden kleinen Buchten direkt unterhalb des Campings, der ihr seinen Namen verdankt. Der Strand hier ist nicht übermäßig attraktiv, eine Mischung aus Sand und Kies; oberhalb liegt eine große Apartmentanlage. Eine Strandbar ist vorhanden.

Cala d'en Carles: Ebenfalls praktisch auf dem Gelände des Campingplatzes, Zugang jedoch auch hier frei möglich. Die kleine Bucht mit ihrem Kieselstrand schmiegt sich zwischen zwei Kaps, Nacktbaden ist üblich.

Platja de Llorell: Der attraktive Hauptstrand der Urbanisation schließt sich westlich an das Gelände des Campings an. Mit mehreren hundert Metern Länge bietet die breite, feinsandige Platja de Llorell relativ viel Platz, ist aber auch gut besucht. Es gibt eine Rotkreuz-Station, Duschen, eine Strandbar und ein Restaurant.

Platja de Porto Pí: Ein schöner Sandstrand gleich hinter der Platja de Llorell, von dieser jedoch durch ein steiles Felskap getrennt – ohne widerrechtlich in Privatbesitz einzudringen, ist der Zugang von Land praktisch nicht möglich. Wer mag, kann natürlich hinschwimmen oder mit der Luftmatratze hinüber paddeln. Die meisten Besucher kommen allerdings von Tossa aus mit Ausflugsbooten zu „Beach-Partys".

● *Sport* **Cala Llevadó Watersports Centre**, mit einer ganzen Reihe von Wassersportmöglichkeiten, u.a. Kanus, Windsurfing, Segeln, Wasserski und Tauchen. ✆ 972 341866, www.cll-watersports.com.

Die südliche Costa Brava: La Selva

Karte S. 207

▶ **Canyelles**: Eine weitere, sehr ausgedehnte Urbanisation, die bereits zum Gemeindegebiet von Lloret de Mar zählt. Zu erreichen ist Canyelles über zwei Zufahrten von der Küstenstraße: Die erste liegt ungefähr sechs Kilometer hinter Tossa zwischen km 17 und 16, die andere zwischen km 14 und 13, noch etwa drei Kilometer vor Lloret. Mit mehreren Bars und Restaurants, Einkaufsmöglichkeiten, einem Campingplatz und einem Sporthafen ist Canyelles während der Sommersaison fast schon eine richtige Ortschaft.

● *Camping* **Canyelles** (2. Kat), nicht weit vom Strand, schneller zu erreichen über die zweite Zufahrt aus Richtung Tossa. Schön gelegenes, teilweise terrassiertes Hanggelände, manche der Sträßchen recht steil und kurvig. Gute Ausstattung, Tennisplätze, Swimmingpool, Mietcaravans und Apartments. Geöffnet etwa April bis September; Preise p.P., Auto, Zelt je rund 7 €. ✆ 972 364504, 📠 972 368506, info@ccanyelles.com, www.ccanyelles.com.

● *Essen* **Restaurant El Trull**, an der zweiten Zufahrt beschildert. Eines der Spitzenrestaurants in diesem Teil der Küste, spezialisiert auf Fisch und Meeresgetier. Sehr großes Lokal, das in verschiedenen Speisesälen Platz für mehrere hundert Personen bietet. Feine Küche, gehobene Preise – das Probiermenü kostet an die 65 €, à la carte sollte man mit etwa 35 € aufwärts rechnen. Cala Canyelles s/n, ✆ 972 364928.

● *Baden* Die **Platja de Canyelles**, einfacher über die zweite Zufahrt aus Richtung Tossa anzufahren, erstreckt sich über mehrere hundert Meter vom Sporthafen im Westen bis zu einem felsigen Vorgebirge im Osten. Ein hübscher, zur Saison allerdings auch stark besuchter Strand, landschaftlich besonders reizvoll an seinem östlichen Ende. Es gibt mehrere Strandbars und diverse Wassersportmöglichkeiten, eine beschränkte Zahl von Parkplätzen findet sich direkt an der Zufahrt kurz vor dem Strand selbst.

Cala Morisca: Die sehr schöne, von Felsen umschlossene kleine Strandbucht liegt östlich der Platja de Canyelles, ist nur zu Fuß zu erreichen und deshalb selten überfüllt; die abgeschiedene Lage ermuntert zumindest zur Nebensaison manchen, hier auch die letzten Hüllen fallen zu lassen. Anzusteuern über die erste Zufahrt aus Richtung Tossa, nach 100 m links, nach 300 m wieder links und sofort rechts, den Schildern zur Urbanisation „Playa Brava" folgen. In der ersten Kurve ist der Fußweg beschildert, dann immer bergab (nicht durch das Tor), bei einer kleinen Bauruine links auf den schmalen Pfad. Der Abstieg dauert etwa eine Viertelstunde.

Lloret de Mar   (35.000 Einwohner)

Der größte Ferienkomplex der Costa Brava. Rummel rund um die Uhr, Dutzende von Discos, reichlich Bars und Spielsalons: Das legendäre Lloret muss man fast gesehen haben, auch wenn man es sonst eher ruhig mag.

Die „Tourismuskapitale der Welt", so wurde Lloret einmal in einem Prospekt des Fremdenverkehrsamtes genannt, ist wirklich ein ganz besonderes Stückchen Spanien. Den 35.000 Einwohnern stehen in Hotels, Pensionen und Apartments rund die doppelte Anzahl Gästebetten entgegen. Zusammen mit den zahlreichen privaten Ferienunterkünften kann Lloret zur Hochsaison weit über 150.000 Personen unterbringen. In der kleinen Altstadt und in den weiträumigen neueren Vierteln beherbergt fast jedes Gebäude einen irgendwie am Tourismus verdienenden Betrieb.

Wer nach Lloret fährt (der Großteil der Besucher tut dies per Reisebus) weiß in der Regel, was ihn erwartet – und stört sich an dem doch eher negativ besetzten Image des Orts nicht im geringsten. Vom Ruf der Stadt als Dorado für Pistengänger fühlen sich dabei nicht nur Nordländer angezogen, im Sommer tummelt sich auch viel spanisches Jungvolk in den Fast-Foods, Diskotheken und Spielsalons. Unabhängig von der Nation gestaltet sich der Tagesablauf der meisten

Gäste: Nach durchtanzter oder durchzechter Nacht und einigen Stunden Schlaf geht es zur Resterholung an den proppevollen Strand. Durch ein Nickerchen in der Sonne krebsrot gebraten, sonst aber halbwegs wiederhergestellt, wird am Abend mit ein paar Hamburgern oder einer Pizza der Magen beruhigt und in einer der Sangría-Bars für den rechten Alkoholspiegel gesorgt, bevor spätestens gegen Mitternacht wieder die Piste angesagt ist. Und so fort... Tonangebend ist die Jugend aber nur von Mitte Juni bis in den September hinein, die restlichen Monate gehören dem Publikum von Verkaufsfahrten und anderen Sonderreisen zum Billigtarif. Lediglich an den Wochenenden kommt durch spanische Gäste der näheren und weiteren Umgebung etwas Stimmung in dem dann ziemlich trist wirkenden Ort auf.

Nicht weit vom Kirchplatz: Haus im Modernisme-Stil

Bleibt anzumerken, daß auch Individualreisende – mit etwas selbstironischem Augenzwinkern vielleicht – für den einen oder anderen Tag ihren Spaß am Rummel von Lloret haben können. Wer jedoch seine gesamten Ferien auf hiesige Art ableisten will, fährt mit einem Pauschalangebot finanziell wesentlich günstiger.

Information/Verbindungen

● *Information* **Oficina Municipal de Turisme**, die Hauptstelle an der Zufahrt von Girona, etwas nördlich der Abzweigung Richtung Blanes. Geöffnet Juni bis September Mo–Sa 9–20 Uhr, im restl. Jahr Mo–Sa 9-13, 16-19 Uhr. Avinguda de les Alegries 3, ✆ 972 365788, www.lloretdemar.org. **Zweigstelle** im zentralen Museu del Mar (Meeresmuseum), ✆ 972 364735. Öffnungszeiten: Juni bis Sept. Mo–Sa 9–20 Uhr, So 10–13, 16–19 Uhr Uhr; restliche Monate Mo–Sa 9–13, 16–19 Uhr.

● *Verbindungen* **Zug**: Nächster Bahnhof (Estació Blanes) südwestlich außerhalb des Nachbarorts Blanes, Busverbindung mehrmals stündlich.

Bus: Busbahnhof („Terminal Bus") an der Durchgangsstraße Carretera de Blanes. Stadtbusverbindung nach Blanes mehrmals stündlich, SARFA-Busse nach Barcelona 11-mal täglich, nach Sant Feliu je nach Jahresplanung der Gesellschaft höchstens im Juli/August, dann 1- bis 2-mal täglich. PUJOL & PUJOL fährt tagsüber halbstündlich nach Tossa, RAFAEL MAS 10-mal täglich nach Girona. In der HS teilweise erweitertes Angebot.

● *Internet-Zugang* **I-Net**, im Hostal La Playa, Rambla de Romà Barnés 21, nicht weit von der Plaça d´Espanya.

Übernachten (siehe Karte S. 220/221)

Lloret zählt weit über hundert Hotelbetriebe von der Viersterne-Klasse bis zur einfachsten Pension, daneben Zehntausende von Apartmentbetten. In den unteren Kategorien spotten die Zimmer und Sanitärs oft jeder Beschreibung – vorher ansehen.

Handicap: Nicht nur die meisten Hotels, auch viele einfache Pensionen sind oft von Reiseveranstaltern blockiert; im Sommer wird man deshalb nehmen müssen, was gerade frei ist.

**** Gran Hotel Monterrey (3), Oase am Ortsrand. Traditionsreiches und komfortables Quartier in einem weitläufigen Park, Swimmingpool, Hallenbad etc. Zuletzt zum Fünfsterner hochrenoviert und damit die erste Adresse in Lloret. Gutes Restaurant. Weite Preisspanne, in der günstigsten Kategorie "Superior ohne Balkon" je nach Saison ab etwa 90 €, man kann aber auch leicht ein Mehrfaches ausgeben, in der "Luxe"-Kategorie z.B. 175–270 €. Avinguda Villa de Tossa s/n, oberhalb der Durchgangsstraße, ☎ 972 346054, ✆ 972 363512, www.ghmonterrey.com.

**** Hotel Vila del Mar (6), angenehmes Stadthotel in zentraler Lage mit nur 36 Zimmern, auf dem Dach ein kleiner Pool. Nach einem Besitzerwechsel war das Haus bei der letzten Recherche (noch) geschlossen, das Datum der Wiedereröffnung unklar. Carrer de la Vila 55, ☎ 972 349292, ✆ 972 371168.

**** Hotel Marsol (10), direkt an der Strandpromenade, als eines der wenigen Hotels von Lloret ganzjährig geöffnet. Gute Ausstattung mit schallisolierten Fenstern (in dieser Lage natürlich ein Muss), Pool, Sauna etc. 116 Zimmer. DZ mit Frühstück je nach Saison und Lage 70–170 €. Passeig Jacint Verdaguer 7, ☎ 972 365754, ✆ 972 372205, www.marsolhotel.com.

**** Hotel Miramar (9), zwei Schritte weiter und in Charakter und Services ganz ähnlich. Geöffnet März bis Oktober. DZ nach Lage und Saison 85–180 €, Frühstück inklusive. Passeig Jacint Verdaguer 6, ☎ 972 364762, ✆ 972 364515, info@hotelmiramarlloret.com.

** Pensió Hostal Santa Ana (4), sehr solider Familienbetrieb, mit 96 Betten für die Klasse recht groß. Die Zimmern fallen relativ schlicht aus, sind aber sauber und gut in Schuss gehalten, überwiegend mit Balkon. Geöffnet Juni bis September. DZ/Bad kosten offiziell etwa 40–50 €, manchmal geht es auch günstiger. Carrer Sènia del Rabic 26, im nördlichen Zentrumsbereich, ☎/✆ 972 373266, www.santaanalloret.com.

● *Camping* Den Platz bei Canyelles (siehe dort) eingerechnet, zählt Lloret insgesamt fünf Campingplätze.

Santa Elena Ciutat (2), 1. Kat., großes Gelände etwas außerhalb an der Straße Richtung Blanes; der Strand Platja de Fenals liegt von hier aus deutlich näher als das Ortszentrum. Gut begrünt und überwiegend schattig, recht großer Pool. Ganzjährig geöffnet. Pro Person, Auto, Zelt je etwa 9 €, zur NS günstiger. Av. Vila de Blanes 166-170, ☎ 972 364009, ✆ 972 367954, www.betsa.es.

Lloret Europ (1), 2. Kat., stadtnächster Platz, ins Zentrum knapp einen Kilometer. Teils terrassiertes, teils ebenes Gelände am Ortsrand, mittlerer Schatten, recht gute Sanitärausstattung. Vorwiegend junges Publi-

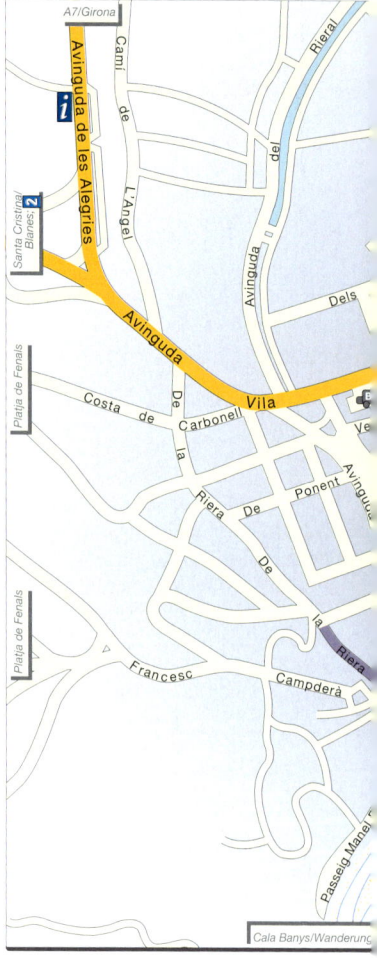

Within the map:

E ssen & Trinken

3   Rest. Es Freu
5   Rest. El Celler del Stop
7   Rest. Can Bolet
8   Rest. Can Tarradas

Ü bernachten

1   Camping Lloret Europ
2   Camping Santa Elena Ciutat
3   Gran Hotel Monterrey
4   Pensió Hostal Santa Ana
6   Hotel Vila del Mar
9   Hotel Miramar
10 Hotel Marsol

Lloret de Mar

100 m

kum; in der Saison sehr voll. Swimmingpool, Supermarkt und Bar/Cafeteria sind vorhanden. Anfahrt von der Hauptstraße beim Schild Richtung Vidreres. Geöffnet etwa Ostern bis September Pro Person, Auto, Zelt je etwa 8 €, zur NS ermäßigt. Ap. Correus 164, ℡ 972 365483, ℡ 972 367954, www.betsa.es.

Essen/Nachtleben

Das Stammpublikum von Lloret steht nicht unbedingt im Ruf, große kulinarische Ansprüche zu stellen. Lokale mit feiner Küche sind denn auch recht selten, ein paar empfehlenswerte Restaurants gibt es aber doch.

Rest. Es Freu (3), im Gebäude des Gran Hotel Monterrey, geführt von den renommierten Chefs Paula Casanovas und Flip Planas. Variantenreiche, kreative Küche mit dem gewissen Etwas, freundlicher Service. Feste Menüs ab etwa 60 €, à la carte ähnliches

Preisniveau. Mo und im Januar geschlossen, im August nur abends geöffnet. ✆ 972 369326.

Rest. Can Bolet (7), eine der ersten Adressen im Zentrum. Speisesaal im ersten Stock, bekannt gute Küche mit Schwergewicht auf katalanischen Fischspezialitäten. Menü à la carte ab etwa 30 € weit aufwärts, oft sind aber auch preisgünstigere Tagesmenüs im Angebot. Carrer de Sant Mateu 6, eine Seitenstraße der strandnahen Plaça d'Espanya, ✆ 972 371237. Im Januar und Februar sowie (außer zur HS) So-Abend und Mo geschlossen.

Rest. Can Tarradas (8), direkt an der hübschen Plaça d'Espanya. Ordentlich zubereitete katalanische Gerichte, Menü à la carte ab etwa 20 €. Wohl als Zugeständnis an die Laufkundschaft wird daneben auch Pizza angeboten, die recht deftig ausfällt und ihre ca. 6–8 € durchaus wert ist. Plaça d'Espanya 7, ✆ 972 369795, im Winter Mi Ruhetag.

Restaurant El Celler del Stop (5), in etwas abgeschiedener Lage und deshalb vorwiegend von Einheimischen und Residenten besucht. Ein freundlicher Familienbetrieb mit nur wenigen Tischen im Freien. Das feste Menü kommt hier zwar eine Kleinigkeit teurer als in den Billigrestaurants des Zentrums, ist dafür aber sorgfältig zubereitet und immer noch preisgünstig. Carrer Puntaires 15, in einem neueren Viertel nordöstlich des Zentrums.

Nachtleben: Besondere Originalität ist nicht zu erwarten – Lloret orientiert sich am Durchschnittsgeschmack. Trotzdem wechseln viele der In-Discos unter den Dutzenden von Tanztempeln praktisch jährlich. Schon länger eingeführte Ausnahmen sind z. B. **Hollywood**, Av. Villa de Tossa 4; **Moef Ga-Ga**, Carrer Santa Cristina 8, **Revolution**, Pla de Carbonell 25, und **Tropics**, Av. Just Marlés i Villarodona 35. Ganz gute Infos über den aktuellen Stand gibt es im Touristenbüro, hier deshalb nur noch einige allgemeine Tipps.

Die **Avinguda Just Marlés i Vilarrodona** ist „die" Disco-Straße von Lloret, alle oben aufgeführten Adressen liegen in ihrer unmittelbaren Nähe. Wer abends hier oder in den benachbarten Altstadtgassen umherstreift, wird garantiert von einem der schick gewandeten Animateure beiderlei Geschlechts angesprochen und erhält vielleicht sogar eine Gratiskarte. Die Eintrittsgebühr für die meisten Discos beträgt inkl. einem Drink im Juli/August etwa 12-15 €, für Frauen bzw. in der NS ist auch mal freier Eintritt drin.

Bar Cala Banys: Ein lauschiger Platz an der kleinen Felsbucht Cala Banys. Schöne Terrasse unter Palmen, vom Trubel meilenweit entfernt. In wenigen Minuten zu erreichen über den Küstenweg, der am westlichen Strandende beginnt.

*A*usflüge/*V*eranstaltungen/*U*nterhaltung

Schiffsausflüge **Viajes Marítimos**, einer von mehreren Anbietern, bedient zur Saison rund 7-mal täglich die Küste bis hinter Blanes (hin und zurück 10 €); Abfahrten Richtung Tossa (12 €) in der Regel 9-mal täglich. Informationen bei den Kiosken an der Strandpromenade, Nähe Infostelle, unter ✆ 972 369095 oder unter www.viajesmaritimos.com.

Veranstaltungen Im Sommer breites Programm. Hier nur ein Überblick über die wichtigsten Aktivitäten, ein Veranstaltungskalender ist im Infobüro erhältlich.

Markt am Dienstag am Carrer dels Mestres, im Gebiet landeinwärts des Busbahnhofs.

Festa de Sant Quirze, Fest eines Schutzheiligen, am 19. Juni.

Festa del Barri dels Pescadors, am 28./29. Juni im gleichnamigen Viertel oberhalb der Avinguda de Pau Casals, mit Havaneres-Gesängen und Cremat-Cocktails à la Calela de Palafrugell.

Festa Mayor, das Hauptfest, etwa vom 23.–26. Juli. Den Höhepunkt bildet die Meeresprozession „Processó per Mar" zu Ehren der Heiligen Cristina, Abfahrt am 24.7. um acht Uhr morgens am Hauptstrand, kostenlose Begleitboote für Touristen. Am 24. und 26. Juli findet im Stadtzentrum der traditionelle Tanz der „Almorratxes" statt.

Unterhaltung Breites Angebot – den Besucher erwarten Sportmöglichkeiten en masse, eine Go-Kartbahn an der Straße nach Girona etc.

Parc Aquàtic Water World, ein großer Wasserpark mit zahlreichen Becken, bis zu 250 Meter langen, teilweise im Dunkeln verlaufenden Rutschen etc. Etwas außerhalb der Stadt, Ctra. Vidreres, km 1,2; Gratis-Busse ab Busbahnhof. Geöffnet etwa Mitte Mai bis September täglich 10–18/19 Uhr, Eintritt Erwachsene 23 €, Kinder bis 1,40 m Körpergröße 14 €, unter 1 m gratis. Nachmittags günstigere Preise.

Baden/Wandern

- *Baden* **Platja de Lloret**: Der über einen Kilometer lange Hauptstrand erstreckt sich direkt vor der Promenade und ist gleichermaßen gut gepflegt wie ausgestattet, besitzt Erste Hilfe, WCs, Duschen, Verleih von Liegestühlen, diverse Wassersportangebote etc. Zur Saison wird er allerdings regelmäßig knackvoll, und auch die Bebauung an der Promenade weckt nicht durchgängig Begeisterung.

Platja de Fenals: Der zweite große Strand von Lloret, knapp einen Kilometer südwestlich bei der gleichnamigen Urbanisation gelegen, zu erreichen per Stadbus oder auch zu Fuß (siehe Wanderung 10). Nur wenig kleiner als die Platja de Lloret, bietet er ebenfalls reichlich Platz und ist mit Rotkreuz-Station, Duschen und zahlreichen Wassersportmöglichkeiten versehen. In seinem östlichen Abschnitt stehen große Apartment-Kästen, der westliche Bereich grenzt jedoch an einen schönen Pinienwald.

- *Wandern* Recht gute Möglichkeiten um Lloret, siehe auch unten unter Wanderung 10. Im Osten des Hauptstrands beginnt ein sehr schöner, wenn auch anstrengender Küstenweg (Camí de Ronda), der teilweise hoch über dem Meer angelegt ist. Vorbei am Wahrzeichen Llorets, einer erst in jüngerer Zeit errichteten „Burg" im Disney-Stil, führt er zu einer Reihe von Felsbuchten. Ein ähnlicher Camí de Ronda setzt am westlichen Strandende an, endet jedoch schon bald bei der felsigen kleinen Bucht Cala Banys; künftig soll dieser Camí evtl. bis zur Platja de Fenals ausgebaut werden.

Sehenswertes

Lloret besitzt eine durchaus lange Geschichte und erlangte mit der Freigabe des Seehandels im 18. Jh. sogar beträchtlichen Wohlstand. Neben den üblichen Hotel- und Apartmentkästen finden sich an der Strandpromenade und in der Altstadt deshalb auch einige repräsentative Bauten, darunter Beispiele des katalanischen Jugendstils Modernisme.

Església de Sant Romà: Die Pfarrkirche am gemütlichen kleinen Kirchplatz stammt aus dem frühen 16. Jh. und zeigt dies in einem Stil, der den Übergang von der Gotik zur Renaissance repräsentiert.

Museu del Mar: An der Strandpromenade, untergebracht in der Casa Garriga, einer schönen Villa des 19. Jh., die einst „Indianos" gehörte, also einer in den Kolonien reich gewordenen Familie. Auf mehreren Etagen informiert das erst 2007 eröffnete Meeresmuseum (kein Aquarium) mit detailgetreuen Schiffsmodellen, alten Karten, Fotografien, Möbeln, teilweise recht witzig gemachten Schaukästen etc. über die traditionell enge Beziehung des Städtchens zum Meer. Deutschsprachige Begleitblätter zu den einzelnen Bereichen liegen aus.
Öffnungszeiten Im Sommer Mo-Sa 10-13, 16-20 Uhr, So 10-13, 16-19 Uhr, im Winter Mo-Sa 9-13, 16-19 Uhr, So 10-13, 16-19 Uhr; Eintrittsgebühr 4 €.

Castell de Sant Joan: Oberhalb der Küste westlich von Lloret, unweit der Platja de Fenals, liegen die bescheidenen Reste einer mittelalterlichen Festung des 10. Jh., die eigentlich nur noch aus einem Turm besteht und zwar restauriert wurde, aber nur an Wochenden (Sa/So jeweils 10-13, 16-20 Uhr, im Winter nur 10-15 Uhr, 3 €) besichtigt werden kann.

Jardins de Santa Clotilde: Ein sehr ausgedehnter Botanischer Garten westlich außerhalb der Stadt, noch jenseits der Platja de Fenals. Anfahrt über eine Abzweigung der Straße nach Blanes, Nähe Ortsausgang; der Garten ist jedoch auch zu Fuß zu erreichen, siehe Wanderung 10. Das reizvoll über der Küste gelegene Areal wurde ab 1919 von dem Architekten und Stadtplaner Nicolau

Die südliche Costa Brava: La Selva Karte S. 207

Maria Rubió i Tudurí im italienischen Renaissance-Stil angelegt und besticht durch eine Fülle an Pflanzenarten, Skulpturen und Brunnen.

Öffnungszeiten Di–So 10–13, 16–19 Uhr, im Winter nur bis 12 bzw. 19 Uhr. Eintrittsgebühr 4 €. Die Zahl der Besucher, die jeweils anwesend sein dürfen, ist auf fünfzig Personen begrenzt.

Wanderung 10: Von Lloret de Mar nach Blanes

Route: Lloret – Platja Fenals – Jardins de Santa Clotilde – Santa Cristina – Blanes; **reine Wanderzeit**: etwa 1,5–2 Stunden; **Einkehr**: zur Saison an den Stränden; Sonnenschutz, Trinkwasser und evtl. Badesachen nicht vergessen.

Charakteristik: Immer etwa parallel zur Küste führt diese leichte Wanderung von Lloret in die Nachbarstadt Blanes. In dem recht dicht besiedelten Gebiet lässt es sich kaum vermeiden, auch Asphaltstraßen zu benutzen, das Verkehrsaufkommen ist jedoch gering. Streckenweise ist die Route als Teil eines Fernwanderwegs weiß-rot markiert. Wer die Wanderung für einen Badeaufenthalt unterbrechen möchte, hat dazu reichlich Gelegenheit, führt der Weg doch an gleich mehreren reizvollen Stränden vorbei; eine Beschreibung finden Sie im folgenden Kapitel. Irgendwann in (wohl noch fernerer) Zukunft wird der geplante Ausbau des Küstenwegs zwischen der Cala Banys und der Platja de Fenals den ersten Abschnitt der Route attraktiver machen. Zurück geht es auf demselben Weg oder mit einem der häufig verkehrenden Lokalbusse ab Blanes.

Verlauf: Am westlichen Ende der Strandpromenade von Lloret nimmt man zunächst den Passeig Manel Bernat, der bald in einen schmaleren Küstenweg übergeht und, vorbei an einem Monument, das der „Seefahrerfrau" gewidmet ist, zur kleinen Bucht Cala Banys führt. Direkt vor der gleichnamigen Bar geht es praktisch zwischen den Tischen hindurch die Treppen hoch, einen steilen Erdfweg (orange Pfeile) hinauf und dann die steil ansteigende Asphaltstraße entlang. Dort, wo der Asphalt in einen Sandweg übergeht, ließe sich nach links ein

kurzer Abstecher zum Castell de Sant Joan einlegen, das aber nur am Wochenende zu besichtigen ist; ansonsten geradeaus dem Sandweg folgen. An seinem Ende überquert man die Querstraße, steigt die Treppen hinunter, über eine weitere Straße hinweg und weiter bergab. An dem folgenden Platz hält man sich links, am Rondell erneut links, und erreicht so den Strand *Platja de Fenals*.

Man folgt der Promenade, abweichend von der Beschilderung, fast bis zu ihrem Ende und biegt dann vor dem letzten Haus (zuletzt in Ausbau zu einer Art Interpretationszentrum) und dem hübsch gestylten Sommer-Strandkiosk Punta Garbí rechts aufwärts in den Wald hinein ab. An einer Verzweigung mehrerer Wege hält man sich an den relativ breiten, im Bogen nach schräg rechts aufwärts und vom Meer weg führenden Pfad, beschildert u.a. „Jardins de Santa Clotilde". Der Weg beschreibt eine S-Kurve und erreicht am Waldrand eine Asphaltstraße; hier links abwärts und an der folgenden Gabelung erneut links bis zum Rondell bei den *Jardins de Santa Clotilde*. Nun hält man sich links, am Eingang zu den Gärten vorbei und gleich wieder links hoch. Nach etwa zweihundert Metern führt eine Abzweigung nach links durch ein Tor zum Strand *Platja de Sa Boadella*; Richtung Blanes geht es jedoch weiter auf der Straße aufwärts. Am Ende des Asphalts angekommen, nimmt man die für Fahrzeuge in dieser Richtung

Wanderung ➓ :
Von Lloret de Mar nach Blanes

gesperrte Sandpiste geradeaus. Sie führt vorbei an der Zufahrt zum Nobelhotel „Santa Marta" und erreicht dann wieder eine Asphaltstraße, an der man sich links hält. 200 Meter weiter folgt eine Gabelung: Links bergab käme man zu den schönen Stränden *Platja de Santa Cristina* (mit der gleichnamigen Wallfahrtskirche) und *Platja de Treumal*.

Unsere Wanderung folgt jedoch der rechten Straße, die zum *Jardí Botànic Pinya de Rosa* (siehe unter Blanes) führt. Auf diesem sog. „Camí de Santa Cristina" geht es auch bald vorbei an diesem Botanischen Garten zu einer Abzweigung, an der man sich geradeaus hält. Wenige Minuten später folgt man zunächst dem Schild „Cala Sant Francesc" durch unbebautes Gebiet,

später geradeaus über einen Kreisverkehr hinweg. Etwa 200 Meter weiter zweigt bei einem kleinen Häuschen die Straße zur Bucht und Urbanisation Cala Sant Francesc hart links meerwärts ab, wir nehmen jedoch die rechte Straße hinab nach Blanes. Rechts oberhalb am Berg erkennt man die Kapelle Santa Bàrbara, links die Reste der Festung Castell de Sant Joan, beide auf Abstechern zu erreichen. Immer bergab sind es über den Passeig/Carrer Santa Bàrbara jetzt nur noch wenige Minuten ins Zentrum von Blanes. Der Weg endet am Carrer Jaume Ferrer; links geht es zum Hauptplatz Plaça Espanya, an dem sich auch eine Bushaltestelle findet – Bus Nr. 1 fährt zurück nach Lloret de Mar.

Die Küste zwischen Lloret de Mar und Blanes

Im Gebiet südlich von Lloret stehen zwar mehrere Urbanisationen, die Küste selbst ist hingegen bis kurz vor Blanes erfreulich wenig verbaut. Neben felsigen Abschnitten finden sich hier auch ausgesprochen schöne Sandbuchten, außerdem ein Wallfahrtskirchlein und zwei Botanische Gärten. Zu erreichen sind die Strände über Zufahrten von der Verbindungsstraße Lloret-Blanes, siehe auch die Karte zu Wanderung 10.

Die südliche Costa Brava: La Selva

Karte S. 207

Am 24. Juli Ziel einer Wallfahrt: Kirche Santa Cristina

Platja de Sa Boadella: Unweit südlich des Botanischen Gartens Jardins de Santa Clotilde (siehe auch Lloret de Mar/Sehenswertes) liegt dieser landschaftlich sehr reizvolle, von Wäldern umgebene und gar nicht einmal so kleine Strand. Markante, verwitterte Felsen erheben sich aus dem etwas grobkörnigen Sand und teilen den Strand in zwei Hälften. Außer einer Strandkneipe gibt es keinerlei Einrichtungen, Nacktbaden ist üblich und wird toleriert.

Santa Cristina: Eine locker gebaute Urbanisation etwas oberhalb der Küste, wie das gesamte Gebiet benannt nach der nahen Wallfahrtskirche *Ermita de Santa Cristina*, die ganz in der Nähe zweier sehr schöner Strände steht. Das Kirchlein, im 18. Jh. an Stelle einer weit älteren Vorgängerin erbaut, ist am 24. Juli jeden Jahres Ziel einer großen Bootswallfahrt ab Lloret; der Marmoraltar im Inneren stammt aus Italien. Vor der Kirche liegt ein Parkplatz, der zur Saison kräftig gebührenpflichtig (5 €) ist; ein zweiter, nur etwas günstigerer Parkplatz findet sich ein paar hundert Meter weiter oberhalb der Platja de Treumal.

● *Übernachten* **★★★★ Hotel Santa Marta**, luxuriöses Quartier in traumhafter Lage über dem Strand Santa Cristina; Zufahrt links von der Straße zum Strand beschildert. Sehr gutes Restaurant, Pool, Tennis und, zumindest nachts, herrliche Ruhe. Geöffnet Februar bis Mitte Dezember. Splendid isolation für den, der es sich leisten kann: DZ kosten von etwa Mitte Juni bis Mitte September je nach Lage und Ausstattung etwa 210–330 €, zur NS fallen die Preise z.T. beträchtlich. Platja de Santa Cristina s/n, ✆ 972 364904, ✆ 972 369280, www.hstamarta.com.

Apartamentos Albamar, nebenan und von Lesern als preisgünstigere Alternative an diesem Strand empfohlen. Geöffnet Mitte März bis Oktober. Zweier-Apartment (mit Ausklappbett von bis zu 4 Personen nutzbar) nach Saison etwa 50–110 €. ✆ 972 364823, ✆ 972 370816, www.albamar.com.

● *Baden* Die **Platja de Santa Cristina** ist der größere der beiden Strände unterhalb des Wallfahrtskirchleins, eine mehrere hundert Meter lange, halbmondförmig geschwungene Bucht mit feinem Sand. An Sonnenschirmvermietern herrscht kein Mangel, Duschen und schön gelegene Strandbars sind auch vorhanden.

Platja de Treumal: Gleich südlich der Platja de Santa Cristina, durch ein kleines Felskap von ihr getrennt und ebenfalls ein sehr attraktiver Strand von allerdings bescheidene- ren Dimensionen. Da die beiden Strände etwas unterschiedlich ausgerichtet sind, branden die Wellen je nach Windrichtung und Strömungsverhältnissen mal an dem einen, mal an dem anderen Strand kräftiger herein.

▸ **Jardí Botànic Pinya de Rosa**: Ein großer Botanischer Garten, der sich am südlichen Rand der Urbanisation Santa Cristina ersteckt und schon zum Gemeindebereich von Blanes gehört. 1945 gegründet, zählt er immerhin über 7000 verschiedene Ar- ten; die Bestände an Agaven, Aloe, Yucca und Opuntien werden zu den wertvolls- ten Europas gerechnet. Geöffnet ist täglich 9–18 Uhr, der Eintritt beträgt 4 €.

Blanes (38.000 Einwohner)

Die südlichste Siedlung der Costa Brava, gleichzeitig die größte Stadt dieser Küste. Blanes wirkt bodenständig, familiär und ehrlich, scheint auf Glanz und Glitzer à la Lloret gern zu verzichten.

Unter dem Namen „Blanda" oder „Blandae" war das Gebiet von Blanes schon zu römischer Zeit besiedelt. Im Mittelalter bestand unter den Vizegrafen Cabrera, damals Lehnsherren des Städtchens, bereits ein blühendes Gemeinwesen. Eine weitere hohe Zeit erlebte der Ort im 18. und besonders im 19. Jh., als in Blanes die wichtigsten Werften des nördlichen Katalonien arbeiteten. Heute lebt die Stadt auch, aber keinesfalls nur vom Fremdenverkehr; die Textilindustrie und der be- triebsame Fischereihafen tragen ebenfalls ihren guten Teil zum Einkommen bei.

Die Dimensionen werden schnell deutlich, wenn man Blanes mit Lloret ver- gleicht: Blanes besitzt etwa 30 Hotels und Pensionen, der kleinere Nachbar mehr als fünfmal so viele. Führend an der Costa Brava ist die Stadt hingegen, was die Zahl der Campingplätze betrifft. Im Gemeindegebiet liegt ein volles Dutzend Plätze mit einer Kapazität von insgesamt rund 10.000 Personen, davon allein elf in der strandnahen, wie üblich schachbrettartig aufgebauten Camping- und Ho- telsiedlung, die dem eigentlichen Ort im Süden angegliedert ist – nicht umsonst wurde der zentrale Platz hier *Placa dels Càmpings* benannt. Im Sommer herrscht am kilometerlangen, breiten und feinsandigen Strand wahrer Hochbetrieb, au- ßerhalb der Saison ist das Gebiet jedoch völlig verwaist.

Der Ort selbst zeigt sich hingegen rund ums Jahr belebt und vom Fremdenverkehr insgesamt eher wenig beeindruckt – immerhin bildet Blanes nicht nur die größte Siedlung der Küste, sondern nach Girona und Figueres auch die drittgrößte Stadt der gesamten Provinz Girona. Sein Zentrum kann zwar, ebenso wie die in den 60ern und 70ern errichteten Häuser der Uferzeile, nicht direkt als Schönheit gel- ten, besitzt aber gewissermaßen Charakter. Durchaus reizvoll präsentiert sich die üppig begrünte und mit Palmen bestandene Strandpromenade, die nahe der *Plaça de Catalunya* beginnt und im Norden am großen Sport- und Fischereihafen endet. Ein Bummel durch das Hafengebiet lohnt sich allemal, schlägt hier doch seit jeher das Herz der Stadt.

Die südliche Costa Brava: La Selva Karte S. 207

Information/Verbindungen

● *Information* **Oficina Municipal de Turis- me**, in der Biblioteca Comarcal am Passeig de Catalunya 2, nahe der Plaça dels Paisos Catalans; engagiert, kompetent und deutschsprachig. Öffnungszeiten Juni bis Sept. Mo–Sa 9–20 Uhr, im Juli/August auch So 9.30–14 Uhr; restliche Monate Mo–Fr 9– 14 Uhr (Mai/Okt. auch 16–19 Uhr), Sa 10–14 Uhr. ✆ 972 330348, www.blanes.net. **Zweigstellen**, nur von Juni bis September geöffnet, gibt es an der Plaça de Catalunya 21, am Hafen sowie an der Plaça dels Càmpings in der Strandsiedlung.

● *Verbindungen* Zug: Der Bahnhof Estació Blanes liegt südwestlich außerhalb des Ortes, häufige Busverbindung mit Linie 4. Züge der Cercanía bzw. Rodalies-Linie C1 fahren halbstündlich nach Barcelona sowie etwa stündlich nach Maçanet-Massanes, dem Umsteigebahnhof Richtung Girona. Stadtbus Nr. 6 fährt vom Bahnhof nach Lloret.

Bus: Busbahnhof am Passeig de Catalunya, etwas stadtauswärts der Haupt-Infostelle; Busse von BARCELONA BUS nach Barcelona 2-mal, Girona 10-mal täglich. Nach Lloret de Mar mit Stadtbus Nr. 1 mehrmals stündlich, Haltestellen in der Hotelsiedlung und an der Plaça Catalunya. Stadtbus Nr. 3 fährt von der Plaça Catalunya zum Botanischen Garten Mar i Murtra, Nr. 7 (nur im Sommer) zur Campingzone.

Übernachten *(siehe Karte S. 230/231)*

Die größeren Hotels höherer Kategorie liegen überwiegend in der Strandsiedlung, kleinere Quartiere und Pensionen im Ort selbst.

**** Hotel Blau Cel (13), im Zentrum der Strandsiedlung, zum Meer nur ein Katzensprung. Großes Schwesterhotel des Blau Mar, ganz überwiegend pauschal gebucht, mit gigantischem gemeinsamen Speisesaal für mehr als 600 Gäste. Nicht gerade zurückhaltende Architektur, aber eben mit Viersternekomfort. Geöffnet Ostern–Oktober. DZ/F nach Saison und Lage etwa 80–160 €, zur HS nur mit Halbpension. Avinguda de la Vila de Madrid 27, ✆ 972 358550, ✉ 972 351876, www.blaucelblanes.com.

*** Hotel Horitzó (10), am stadtwärtigen Rand der Strandsiedlung, noch nicht weit vom Ortskern selbst. Gute Ausstattung, viele Zimmer mit Balkon zum Meer und zur Strandpromenade, allerdings auch zur Straße, die hier noch die Promenade begleitet. Spa, Garage. Geöffnet Mitte März bis Mitte November. DZ inklusive Frühstück je nach Lage und Saison 70–125 €. Passeig Marítim S'Abanell 11, ✆ 972 330400, ✉ 972 337863, www.hotelhoritzo.com.

*** Hotel Blau Mar (11), unweit der Plaça dels Càmpings. Das ältere Schwesterhotel des Blau Cel (siehe oben), mit 174 Zimmern eines der größten Hotels vor Ort, komfortabel und mit Pool und Garage. Geöffnet Ostern–Oktober. DZ/F nach Saison etwa 70–135 €. Avinguda de la Vila de Madrid 31, ✆ 972 351301, ✉ 972 351876, www.blaumarblanes.com.

** Hotel Stella Maris (12), ebenfalls in der Nähe der Plaça dels Càmpings. Deutlich kleiner und familiärer als „Blau Mar", Pool und Parkmöglichkeit vorhanden; die weiter hinten gelegenen Zimmer fallen ruhiger aus als die zur Hauptstraße. Geöffnet März–Oktober. DZ nach Saison etwa 50–75 €. Avinguda de la Vila de Madrid 18, ✆ 972 330092, ✉ 972 335703, www.stellamarisblanes.com.

** Hotel Costa Brava (2), im Ort selbst, an der Hauptzufahrt aus Richtung Barcelona, nur einen Katzensprung vom Zentrum. Großes, schon etwas älteres, dabei jedoch durchaus brauchbares Quartier; Zimmer schlicht, aber in Schuss. Dachterrassenpool, Cafeteria, Parkmöglichkeit im Hof. Im Sommer viele Pauschalgäste. DZ etwa 45–55 €. Carrer Anselm Calvé 48, ✆ 972 330082, ✉ 972 330019, hcostabrava@terra.es.

** Pensió Hostal Doll (5), an der Promenade des Zentrums. Freundliche, familiäre Atmosphäre, gepflegte Zimmer in hellem Holz und teilweise mit Balkon zum Meer. Geöffnet Juni bis September. DZ/Bad je nach Lage und Saison etwa 55–70 €, Frühstück inklusive. Passeig Pau Casals 71, ✆ 972 330008, www.hostaldoll.com.

** Pensió Hostal Regina (4), ganz in der Nähe, eine Reihe landeinwärts und deshalb ohne Meerblick, sonst aber durchaus in Ordnung. Geöffnet April bis September. DZ etwa 40–50 €. Carrer Esperanza 49, ✆/✉ 972 330426, www.hostalreginablanes.com.

● *Camping* Alle elf Plätze (im Ort schlicht mit „Campings" ausgeschildert) der Strandsiedlung zählen zur zweiten Kategorie und sind sich sowohl in der Ausstattung als auch im Preis relativ ähnlich, weshalb hier nur zwei Beispiele aufgeführt werden. Bei der Auswahl kommt auch der Lage eine gewisse Bedeutung zu: Vom zentrumsnächsten Camping sind es zur Plaça Espanya und damit zum Ortskern 1,2 km, von dem am weitesten entfernten Platz gut das Doppelte! **El Pinar**, 2. Kat., mittelgroßer Platz mit guter Sanitärausstattung und schönem Pool, insgesamt allerdings eher wenig Schatten. Ganz am südlichen Ende der Siedlung beim hier sehr breiten und schönen Strand, vom Zentrum deshalb weit entfernt. Unverständlich, dass der Platz für Camper mit Motorrad verschlossen bleibt. Geöffnet etwa Mitte April bis Anfang Oktober. Pro Person etwa 7 €, Stellplatz rund 21 €, zur NS ermäßigt. ✆ 972 331083, ✆ 972 331100, www.elpinarbeach.com.

Camping Blanes, 2. Kat., einer der ortsnäheren Plätze. Gelände mit recht gutem Schatten, strandnah gleich hinter der Uferpromenade gelegen. In der Nachbarschaft noch zwei weitere Plätze. Ganzjährig geöffnet, Preise ähnlich wie oben. Avda. Villa de Madrid, 33 - Ap. 72, ✆ 972 331591, ✆ 972 337063, www.campingblanes.com.

Essen (siehe Karte S. 230/231)

Angesichts des großen Fischereihafens ist klar, dass Liebhaber frischer maritimer Spezialitäten in Blanes voll auf ihre Kosten kommen. Viele gute Fischlokale liegen am oder im Hafen selbst.

Rest. S'Auguer (9), praktisch direkt an der Plaça Catalunya. Gediegener Speisesaal im ersten Stock, Schwerpunkt auf Fischgerichten, gutes Preis-Leistungs-Verhältnis; Menü à la carte ab etwa 30 €. Carrer S'Auguer 2, ✆ 972 351405. Mi und im Januar geschlossen.

Rest. Marisquería El Port (7), an der Rückseite der Fischauktionshalle Llotja. Klar, dass Fisch und Meeresfrüchte hier die Renner sind. Verglaster Speisesaal im ersten Stock. Mittagsmenü bescheidene 10 €, à la carte ab etwa 25 €. Esplanada del Port s/n.

Rest. Can Flores I und II (3), im Hafenbereich. Ein kleines Restaurant-Imperium aus zwei einander benachbarten Lokalen. Ebenfalls bekannt für Fisch und Meeresfrüchte, umfangreiche Speisekarte. Menü à la carte ab etwa 20 € aufwärts; es gibt auch Tapas und günstige Tagesgerichte. Esplanada del Port s/n.

Rest. Chaves (1), in der Nähe der Markthalle, ein Lesertipp von Ute Paschertz: „Etwas abseits vom Touristenstrom, sehr unscheinbar von außen. Zivile Preise, sehr freundliche Bedienung und leckeres Essen. Plaza 11 de Septembre 3."

Etwa auf halbem Weg zwischen Lloret und Blanes: Platja de Treumal

Snack Bar Marathon (8), im Zentrum. Eigentlich nur eine griechische Imbiss-Stube, jedoch mit Tischen direkt an der Uferpromenade, ordentlicher Küche und zivilen Preisen. Bei den Einheimischen sehr gefragt. Carrer Muralla 1.

Café Terrassens (6), im Ortskern. Traditionelle Bar im alten Stil mit Tischen auch im Freien, beliebter Treffpunkt der Einwohner. Gute Auswahl an Tapas und Bocadillos, nicht teuer. Carrer Ample 1.

Diverses

• *Schiffsausflüge* Diverse Anbieter an den Promenaden im Zentrum und in der Strandsiedlung. Die wildere Costa Brava ist gerade vom Meer aus reizvoller als die flache Maresme-Küste im Süden. **Viajes Marítimos** fährt im Norden bis Platja d´Aro und Sant Antoni, Preisbeispiel: Tossa de Mar etwa 14 €. Infos unter ✆ 972 369095 bzw. www.viajesmaritimos.com.

• *Märkte* Eine feine Sache für die zahlreichen zeltenden Selbstversorger. **Markthalle** am Carrer Mas Enlaire im Norden der Stadt, geöffnet Mo–Sa bis 14 Uhr, Fr/Sa auch 17–20.30 Uhr.

Gemüsemarkt Mo–Sa vormittags am Passeig de Dintre, einen Block hinter der Promenade.

Wochenmarkt jeden Montag, an der Promenade im Zentrum.

• *Feste und Veranstaltungen* **Festa Major**, das Hauptfest zu Ehren der Schutzpatronin Santa Ana, vom 21.–28. Juli. Höhepunkt ist der „Concurs Internacional de Focs d'Artifici Costa Brava", ein Festival des Feuerwerks, bei dem Feuerwerker aus zahlreichen Ländern zur leuchtenden und knallenden Demonstration ihres Könnens jährlich rund 500 Kilogramm Schwarzpulver in die Luft jagen. **Festa Major Petita**, das „kleine Hauptfest", am 21. August.

• *Unterhaltung* **Marineland**, etwas außerhalb an der Straße zwischen den Nachbarorten Malgrat und Palafolls. Ein großer Wasserpark auf 65.000 Quadratmetern, bei dem der Schwerpunkt jedoch (obwohl durchaus vorhanden) nicht auf Schwimmbecken, Rutschen etc. liegt, sondern auf Dressurvorführungen von Delphinen, Papageien und Seelöwen. Geöffnet Ende April bis Anfang Oktober, Erwachsene zahlen 22 €, Kinder bis 12 Jahre 16 €, unter 4 Jahre gratis.

• *Wandern* Die oben beschriebene **Wanderung 10** von Lloret nach Blanes lässt sich natürlich auch in der Gegenrichtung begehen; der Weg beginnt am Carrer Ample/ Carrer Jaume Ferrer und führt bergwärts über den Carrer Santa Bàrbara. Darüber hinaus ist im Fremdenverkehrsamt eine Broschüre erhältlich, die mehrere schöne Spaziergänge in und um Blanes auflistet.

*B*aden

Platja de Blanes: Der eher grobkörnige Stadtstrand von Blanes, gut einen halben Kilometer lang, erstreckt sich direkt vor dem Zentrum und reicht bis zum markanten Felskap Punta de Sa Palomera. Obwohl durchaus gepflegt und mit der nötigen Infrastruktur ausgestattet, wirkt er durch die Nähe zum Hafen nicht allzu attraktiv.

Platja de S'Abanell: Der Strand vor der Feriensiedlung ist da schon von ganz anderem Kaliber. Zwar ebenfalls recht grobkörnig, bietet er mit rund 2,5 Kilometer Länge und einer Breite von bis zu 100 Metern mehr als genug Platz. Es gibt eine Rotkreuz-Station, Duschen, einen Windsurfverleih und eine Segelschule, Bars und Res-

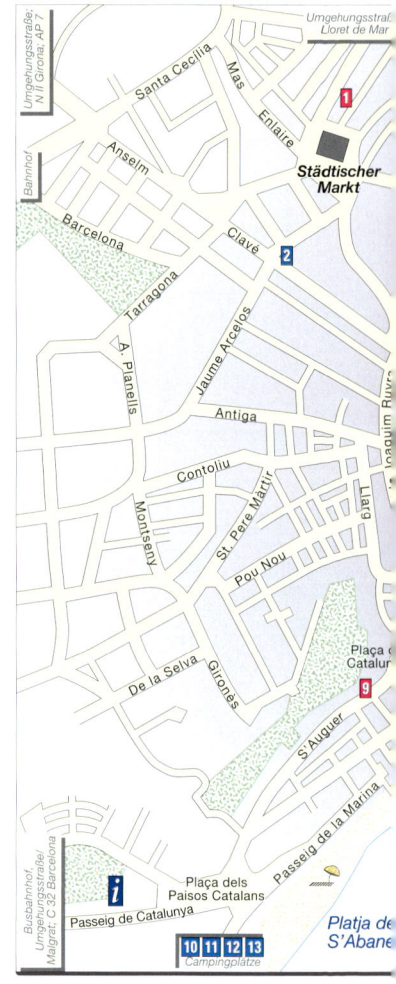

taurants sind natürlich auch vorhanden. Am reizvollsten, da unbebaut und ausgesprochen breit, zeigt sich das Strandgebiet weit im Süden, nahe der Mündung des Riu Tordera, die seine Grenze markiert – allzu nahe der Flussmündung selbst sollte man freilich vorsichtshalber auch wieder nicht baden.

Cala de Sant Francesc: Westlich etwas außerhalb von Blanes selbst liegt diese Strandbucht, zu erreichen durch die gleichnamige, steil zum Meer abfallende Urbanisation oder über einen Fußweg, der beim

Botanischen Garten Mar i Murtra beginnt. Der immerhin 200 Meter lange, relativ breite Strand ist hübsch geschwungen, wird allerdings zur Hochsaison durch die Bewohner der nahen Feriensiedlung gut besucht. Es gibt Duschen und einen Kiosk. Auf jeden Fall einen Besuch lohnt die Cala Sant Francesc am 28. Juli, wenn in der Bucht das „Volksfest der Liebe" gefeiert wird.

Sehenswertes

Font Gòtica: Ein gotischer Brunnen im Stadtzentrum, bemerkenswert, da nicht viele Profanbauten jener Zeit die Jahrhunderte überstanden haben. Die Vizegräfin Cabrera ließ ihn im frühen 15. Jh. errichten, damals vermutlich in der Mitte eines kleinen Platzes. Seitdem hat sich der Straßenverlauf etwas geändert, und so steht der sechseckige Brunnen mit seinem verschnörkelten Maßwerk nun am Rand des Carrer Ample.

Església Parroquial: Die Pfarrkirche steht etwas erhöht auf dem Kirchplatz Plaça Església, im Mittelalter der Kern des Städtchens. Der gotische Bau des 14./15. Jh. wurde, ebenso wie der angrenzende Palast der Vizegrafen Cabrera, im Krieg gegen Frankreich schwer zerstört, original erhalten blieben jedoch die Fassade und der Glockenturm.

Nicht nur Fischern vorbehalten: der Hafen von Blanes

Sa Palomera: Die Felsengruppe, die die beiden Strände von Blanes trennt, gilt als das Südende der Costa Brava, auch wenn die offizielle Grenze weiter südlich am Fluss Tordera liegt. Man kann hinaufsteigen und genießt von dort einen schönen Blick auf die Stadt.

La Llotja: Von Montag bis Freitag nachmittags ist die Fischauktionshalle am Hafen einen Besuch wert. Zwischen etwa 16 und 19 Uhr findet hier eine Versteigerung der täglichen Fänge statt, die heute vollständig elektronisch abläuft: Auf einer Anzeigetafel erscheinen die Fischsorte, Menge, das Fangschiff und der Preis, die Käufer machen ihren Zuschlag per Fernbedienung. Gut beobachten lässt sich das Geschehen von der Bar im ersten Stock.

Jardí Botànic Mar i Murtra: Vielleicht der bedeutendste Botanische Garten der Costa Brava, mit schönen Aussichtspunkten ein Stück oberhalb der Stadt und des Hafens gelegen. Er wurde ab den 20er-Jahren durch den Deutschen Karl Faust angelegt, der hin noch kurz vor seinem Tod 1954 eine wissenschaftliche Stiftung zur Erforschung und Erhaltung der Flora gründete. Heute beherbergt das botanische Paradies mehr als 4000 Pflanzenarten, die aus mediterranen Zonen, aber auch aus Afrika, Südamerika und sogar aus dem australischen Busch stammen.

• *Öffnungszeiten* April, Mai und Oktober täglich 9–18 Uhr, Juni bis September täglich 9-20 Uhr, November bis März Mo–Fr 10–17 Uhr, Sa/So bis 14 Uhr; Eintrittsgebühr 5,50 €. Der Weg hinauf ist steil, der Garten jedoch auch mit einem offenen Bus, dem so genannten „Carrilet" (Bus Nr. 3) ab der Plaça de Catalunya zu erreichen.

Castell i Ermita de Sant Joan: Immerhin rund 170 Meter Höhe misst der Hügel, auf dem die Reste eines Kastells und einer kleinen Wallfahrtskapelle thronen. Die Burg wurde schon im 11. Jh. dokumentiert, der verbliebene Turm selbst stammt jedoch aus dem 16. Jh. Die Kapelle, Johannes dem Täufer geweiht, geht bis ins 15. Jh. zurück. Schräg gegenüber erhebt sich auf einem weiteren Hügel ein ähnliches Ensemble, die romanische Wallfahrtskapelle *Santa Bàrbara* (12. Jh.) und ein Verteidigungsturm des 16. Jh. Beide lassen sich auch auf Abstechern von der oben beschriebenen Wanderung 10 besuchen.

Modernisme-Hauptstadt Barcelona: Casa Bruno Cuadros an den Rambles

Barcelona (1,6 Millionen Einwohner)

Barcelona ist jede Reise wert. Von der Costa Brava aus liegt Kataloniens Hauptstadt gar nicht weit entfernt – ein Abstecher lohnt sich ganz sicher.

„Die südlichste aller Hauptstädte des Nordens und die nördlichste aller Hauptstädte des Südens" (Manuel Vázquez Montalbán) ist ein Fest für die Liebhaber extravaganter Architektur, avantgardistischen Designs und hochklassiger Museen, gleichzeitig natürlich ein Shoppingparadies. Barcelona glänzt mit einer schönen Altstadt, hervorragenden Restaurants und einem Nachtleben, das seinesgleichen sucht. In den 90er-Jahren hat sich Kataloniens Kapitale mächtig herausgeputzt, öffnet sich jetzt mit neu gestaltetem Hafen und einer fünf Kilometer langen Uferpromenade zur See hin. Bei allem Vorwärtsdrang konnte sich die zweitgrößte Stadt Spaniens ihre traditionellen Reize jedoch durchaus bewahren. Das Viertel Barri Gòtic lockt rund um die Kathedrale immer noch mit mittelalterlichem Flair, der berühmte Flanierboulevard der Rambles mit kosmopolitischer Atmosphäre. Viele der zahlreichen Bauten des katalanischen Jugendstils Modernisme sind renoviert worden und jetzt oft auch für Besucher zugänglich.

Tagesausflüge sollte man möglichst nicht auf einen Sonntag legen, da dann die Geschäfte und fast alle Restaurants geschlossen sind. Montags wiederum haben viele Museen ihren Ruhetag. Es empfiehlt sich zudem, möglichst früh am Vormittag einzutreffen, da sich die hiesigen Sitten am Tagesablauf der Einheimischen orientieren: Zwischen 14 und 17 Uhr hält man in Barcelona nach Möglichkeit Siesta (auch wenn in Ämtern mittlerweile durchgearbeitet wird).

Karten S. 236/237 und 238/239

Fährt auch abgelegene Sehenswürdigkeiten an: Bus turístic

Barcelona per Bus entdecken: Bus Turístic & Barcelona Tours

Eine durchaus reizvolle, zudem bei richtiger Nutzung sehr preiswerte Angelegenheit – Stadtrundfahrt auf eigene Faust. Kein Wunder, dass der Bus Turístic zuletzt fast eineinhalb Millionen Fahrgäste pro Jahr zählte. Die Busse fahren auf mehreren Routen („Blau" im Süden, „Rot" im Norden, von etwa Ostern bis September auch „Grün" zum Fòrum 2004) viele Sehenswürdigkeiten Barcelonas ab, die sonst oft nur umständlich zu erreichen sind. Zusteigemöglichkeiten bestehen z. B. an der Kolumbussäule am Hafen, der Plaça de Catalunya und dem Bahnhof Sants. Betriebszeit ganzjährig außer am 25. Dezember und 1. Januar, von etwa April bis Oktober 9–20 Uhr, sonst 9–19 Uhr. Preise pro Tag 20 €, Kinder von 4–12 J. 12 €; Zweitageskarte 26 bzw. 16 €. Von etwa Mitte Mai bis Ende September verkehrt zudem ab der Plaça Catalunya ein Nachtbus („Barcelona Bus Turístic Nit", Abfahrt nur Fr-So um 21.30 Uhr), der eine eigene Route nimmt; p.P. 16 €, Kinder 10 €. Für Besitzer aller Tickets werden zudem eine Reihe von Ermäßigungen auf Eintrittskarten etc. gewährt, die nicht nur am Fahrtag gelten, sondern auch noch später in Anspruch genommen werden können. Tickets gibt es im Bus, in den TMB-Infostellen und bei den Fremdenverkehrsämtern an der Plaça Catalunya und im Bahnhof Sants. Relativ ungünstige Tage für eine Rundfahrt sind Sonntag (sehr voll, nachmittags Museen geschlossen) und Montag (fast alle Museen ganztägig geschlossen). Und noch ein Tipp: Achten Sie auf dem offenen Oberdeck auf ausreichenden Sonnenschutz (Mütze), denn durch den Fahrtwind spürt man die Sonneneinstrahlung fast nicht.

Barcelona Tours: Die Konkurrenz zum Bus Turístic – Route ähnlich (keine Fòrumslinie), Preise eine Winzigkeit höher. Vorteile: oft weniger voll, deutschsprachige Erläuterungen per Kopfhörer; Nachteile: Haltestellen (z. B. Plaça Catalunya Nähe Hard Rock Café oder am Monument a Colom) nicht gekennzeichnet, geringere Frequenzen, keine Rabatte auf Eintrittskarten.

Erste Orientierung

Quer durch die Altstadt **Ciutat Vella** verläuft der ewige Lebensnerv Barcelonas: Die Flaniermeile der *Rambles* (span.: Ramblas) verbindet die zentrale *Plaça Catalunya* mit der Kolumbussäule am Hafen. Rechts der Rambles liegt das Viertel *El Raval*, auch bekannt als Barri Xinés, heute im Umbruch vom Rotlichtbezirk zum Szeneviertel, aber immer noch zumindest nachts mit Vorsicht zu genießen. Links der Rambles erstreckt sich rund um die Kathedrale der *Barri Gòtic* (Barrio Gótico), das mittelalterliche Herz Barcelonas. Jenseits der Via Laietana liegt ein weiteres, im Aufschwung befindliches Altstadtviertel: *La Ribera*, auch bekannt als El Born. Die Stadterweiterung **Eixample** schließt sich oberhalb der Altstadt an. Ihr schachbrettartiger Aufbau aus sich rechtwinklig kreuzenden Straßen ist charakteristisch für Barcelona.

Information

• *Fremdenverkehrsämter* **Turisme de Barcelona**, Plaça de Catalunya 17, im Tiefgeschoss, zentrale Telefonnummer 932 853834 (nur Mo–Fr 9-20 Uhr), ✆ 932 853831. Sehr zentrales und gut ausgestattetes Büro der Stadt. Neben Broschüren und Auskünften auch Geldwechsel und Souvenirverkauf, bei persönlichem Erscheinen ist Hotelreservierung möglich. Oft sehr voll. Geöffnet täglich 9–21 Uhr.

Zweigstelle an der zentralen Plaça Sant Jaume im Barri Gòtic. Weniger Andrang, freundliches Personal. Geöffnet Mo–Fr 9–20 Uhr, Sa 10–20 Uhr, So 10–14 Uhr. Wie auch in den folgenden Büros sind keine telefonischen Anfragen möglich.

Zweigstelle im Bahnhof Estaciò Sants, geöffnet Mo–Fr 8–20 Uhr, Sa/So 8–14 Uhr, zur Hochsaison (24.6.-24.9.) tägl. 8–20 Uhr.

Zweigstelle im Palau de Congressos auf dem Messegelände, nur während größerer Messen geöffnet, dann Mo–Sa 10–20 Uhr, So 10–14 Uhr.

Flughafen-Zweigstellen, Aeroport de Barcelona; Terminal A und Terminal B; beide geöffnet 9–21 Uhr.

Cabines d'informació, Infokioske, z.B. an der Kolumbusstatue, der Sagrada Família, der Plaça Espanya, dem Busbahnhof oder dem Passeig Joan de Borbó von Barceloneta. Unterschiedliche, auch saisonal wechselnde Öffnungszeiten.

Centre d'Informació Turística de Catalunya, im Palau Robert, Passeig de Gràcia 107, an der Kreuzung mit der Avinguda Diagonal; Metro 3 und 5, Station Diagonal; ✆ 932 388091-93, ✆ 932 384010. Das Büro der Generalitat, zuständig für die Stadt und ganz Katalonien. Öffnungszeiten: Mo–Sa 10–19 Uhr, So 10–14 Uhr, an Feiertagen geschlossen.

Anreise

Zu erreichen ist Barcelona problemlos von jedem Ort der Costa Brava aus. Es muss ja nicht unbedingt mit dem Auto sein, das in der Millionenstadt mit ihrem hektischen Verkehr nur einen Klotz am Bein darstellt. Organisierte Touren lassen sich fast überall buchen, aber auch die öffentlichen Busverbindungen sind gut. Eine andere Option bietet, besonders im nördlichen und im äußersten südlichen Abschnitt der Costa Brava, die dort relativ küstennah verlaufende Bahn; Parkplätze sind an kleineren Bahnhöfen meist problemlos zu finden.

• *Flug* **Aeroport Internacional Barcelona** (BCN), auch bekannt als Aeroport del Prat,

etwa 15 Kilometer südlich des Zentrums. Drei Terminals (A, B, C), ein viertes soll noch 2009 fertiggestellt sein. Wer die Costa Brava über Barcelona ansteuert, findet hier alles Nötige inklusive Infostellen, Geldautomaten, Autovermietung etc. Info-Telefon ✆ 902 404704. www.aena.es. Ein **Taxi** ins Zentrum darf tagsüber etwa 25 € kosten, nur bei sehr ungünstigen Verkehrsverhältnissen auch mehr. **Nahverkehrszüge** (Cercanías/Rodalies, Linie C 10) der Bahngesellschaft RENFE sind eine preiswerte Alternative und bleiben nicht im Stau stecken. Sie verkehren halbstündlich zwischen ungefähr 6 und 23 Uhr (Zusatzzug um 23.44 Uhr) zum

Bahnhof Sants, Passeig de Gràcia (Eixample) und zur Estació França, letztere günstig gelegen fürs Born-Viertel/La Ribera. Am Übergang zwischen Terminal B und A vom Obergeschoss dem Zugsymbol über die lange „Röhren"-Brücke folgen, Fahrzeit nach Sants ca. 20 Minuten. Fahrkarten an Automaten, RENFE-Einzelticket etwa 2,60 €, mit einem Streifen des ohnehin zu empfehlenden städtischen Zehnertickets T-10 kostet die Fahrt im ATM-Verbund (Renfe, Metro, Bus) sogar nicht einmal 80 Cents. **Busverbindung**: „Aerobus" fährt von und zur Plaça de Catalunya. Zwischenstopps bei der Hinfahrt sind Plaça Espanya (Doppeltürme), Gran Vía/Ecke Comte d´Urgell und Plaça Universitat, bei der Rückfahrt Passeig de Gràcia/Ecke Diputació, Av. Roma/Ecke Comte d´Urgell, Bahnhof Sants und Plaças Espanya/Ecke Creu Coberta. Im Bus und besonders beim Aussteigen sollte man gut auf seine Sachen aufpassen. Abfahrten vor den Terminals zwischen etwa 6 und 1 Uhr alle 6 bis 15 Minuten; die Fahrt kommt mit rund 4 € teurer als der Zug; Tickets im Bus. Es gibt auch Mehrtages-Kombitickets mit Metro und Bus (nicht: FGC). Nachts fährt bis etwa 5 Uhr der Nachtbus N 17 von/zur Plaça Catalunya.

● *Auto* **Anfahrt** von der Costa Brava über die Autobahnen A 7 von Girona und A 19 entlang der Küste; ins Zentrum von der Plaça de les Glòries Catalanes (mit Park-and-Ride-Möglichkeit) jeweils über die Gran Via. Autofahrer sollten sich jedoch auf Schwierigkeiten gefasst machen: Der hektische Verkehr brandet auf bis zu sieben oder acht Fahrspuren in einer Richtung, und es gibt zahlreiche Einbahnstraßen. Was es nicht gibt, sind gebührenfreie Parkplätze. Die Altstadt ist überwiegend Fußgängerzone.

Parken sollte man auch aus Sicherheitsgründen (Autoaufbrüche sind Alltag) nur in den gut ausgeschilderten Parkhäusern und auf bewachten Parkplätzen. Die Tarife allerdings können bei bis zu 2,50 €/Stunde bzw. 25 €/Tag liegen. Parkgaragen finden sich z.B. entlang der Gran Via, der Via Laietana und der Plaça de Catalunya; Achtung, nicht alle sind rund um die Uhr geöffnet. Infos unter www.onaparcar.bcn.es.

Aparcament B:SM Plaça Fòrum: Ein Tipp für Barcelona-Besucher, die mehrere Tage bleiben wollen. Dieser Parkplatz liegt an der Plaça d´Ernest Lluch i Martín an der küstennahen, z.B. mit der Metrolinie L4 gut ans Nahverkehrsnetz angebundenen Gelände

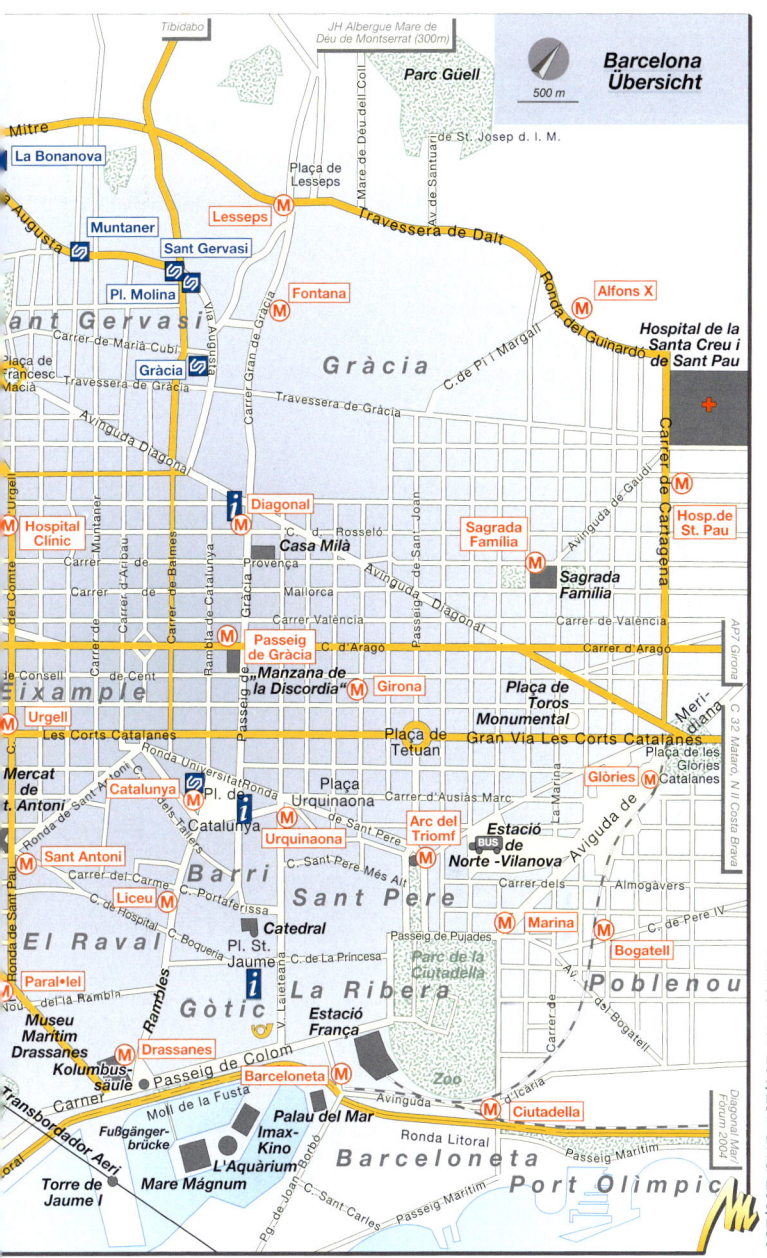

Tibidabo

JH Albergue Mare de
Déu de Montserrat (300m)

Parc Güell

Barcelona
Übersicht

500 m

Mitre

La Bonanova

Muntaner

Sant Gervasi

Pl. Molina

Sant Gervasi

Plaça de
Lessers

Lesseps

Travessera de Dalt

Mare de Déu del Coll

Av. de Santua

de St. Josep d. l. M.

Alfons X

Ronda del Guinardó

Fontana

C. de Marià Cubí

Gràcia

Gràcia

Travessera de Gràcia

Travessera de Gràcia

Avinguda Diagonal

Diagonal

Casa Milà

Provença

Carrer de Balmes

Rambla de Catalunya

Passeig de Gràcia

Mallorca

Carrer València

Passeig de Gràcia

C. d'Aragó

"Manzana de
la Discordia"

Girona

de Consell

de Cent

Eixample

Urgell

Les Corts Catalanes

Mercat
de
t. Antoni

Ronda de Sant Antoni

Catalunya

Ronda
Universitat

Pl. de

Ronda de Sant Pere

Ausià Marc

C. dels Tallers

Catalunya

Barri

Urquinaona

Sant Antoni

C. Sant Pere Més Alt

Liceu

C. del Carme

C. Portaferrissa

Sant Pere

C. de Hospital

C. Boqueria

El Raval

Ramblas

Catedral

Pl. St.
Jaume

C. de La Princesa

La Ribera

Paral·lel

de la Rambla

Gòtic

Taleteta

Estació
França

Museu
Marítim
Drassanes

Kolumbus-
säule

Drassanes

Passeig de Colom

Barceloneta

Zoo

Ciutadella

Carner

Moll de la Fusta

Avinguda

d'Icaria

Fußgänger-
brücke

Palau del Mar
Imax-Kino

Ronda Litoral

Passeig Marítim

Transbordador Aeri

Torre de
Jaume I

L'Aquàrium
Mare Mágnum

Pg. de Joan Borbó

C. Sant Carles

Passeig Marítim

Barceloneta

Port Olímpic

Hospital de la
Santa Creu i
de Sant Pau

Carrer de Cartagena

Hosp. de
St. Pau

Avinguda de Gaudí

Sagrada
Família

Sagrada
Família

Carrer de València

Carrer d'Aragó

Plaça de
Toros
Monumental

Meridiana

Plaça de
Tetuan

Gran Via Les Corts Catalanes

Plaça de les
Glòries
Catalanes

Glòries

La Marina

Arc del
Triomf

Estació
de
Norte -Vilanova

Carrer dels

Almogàvers

Marina

C. de Pere IV

Bogatell

Poblenou

Parc de la
Ciutadella

Passeig de Pujades

Carrer de

Passeig del Bogatell

Diagonal Mar
Fòrum 2004

AP7 Girona

C. 32 Mataró N II Costa Brava

des Fòrum 2004 im Nordosten der Stadt und bietet mit der „Targeta P-8 dies Plaça Fòrum" zum Pauschalpreis von 45 € (Ticketverkauf nur Mo-Fr 8-22 Uhr) Parkmöglichkeit für bis zu acht Tage am Stück. Kleine Einschränkung: Das Fahrzeug darf das Parkgelände nicht verlassen, sonst verfällt die Gebühr. Internet-Info unter www.bsmsa.es, Stichwort P-8/11 Dies".

● *Zug* Die Linie Figueres-Girona-Barcelona wird tagsüber etwa stündlich bedient, ab dem Grenzbahnhof Port Bou fahren die Züge etwa alle zwei Stunden. Die Fahrzeit beträgt ab Figueres je nach Zugtyp etwa 1,5 bis 2 Stunden. Ab Blanes fährt die Nahverkehrslinie C1 der Renfe-Cercanías. Wichtige Bahnhöfe sind die **Estació Passeig de Gràcia**, ein untergeordneter, aber zentral gelegener Bahnhof in Eixample, an dem viele, aber nicht alle Züge aus Richtung Norden einen Stopp einlegen (zur Plaça Catalunya mit der grünen Metro-Linie L 3 oder zu Fuß) sowie der **Hauptbahnhof Estació-Sants** westlich des Zentrums zwischen Avinguda Diagonal und Plaça d'Espanya (zur Plaça Catalunya mit Metro L3). Die **Estació de França**, Barcelonas nostalgischer Nobelbahnhof, wird nur noch von wenigen Zügen angefahren, die **Estació La Sagrera** wird erst in einigen Jahren mit Fertigstellung der aus Frankreich kommenden Hochgeschwindigkeitslinie eine Rolle spielen.

● *Bus* SARFA verbindet die meisten Ortschaften der Costa Brava mit Barcelonas Busbahnhof **Estació del Nord** am Carrer Alí Bei 80, ein paar Blocks oberhalb des Ciutadella-Parks, nahe der Avinguda Vilanova. Ein kleines Stück westlich liegt die Metro- und Renfe-Cercanías-Station Arc de Triomf. ✆ 902 260606, www.barcelonanord.com.

*S*tadtverkehr

● *Metro/FFCC* Sechs Linien (L 1–5 sowie die Vorortlinie L 11, auf Plänen und Wegweisern auch durch unterschiedliche Farben hervorgehoben) erschließen Barcelona; mit der bogenförmig im Inland verlaufenden, vollautomatisierten L 9 (Stationen u.a. Airport, Messe, Maria Cristina, Sagrera) und ihrem Ableger L 10 sollen ab frühestens 2012 zwei weitere Linien eröffnen. Einzelfahrten kosten 1,30 €, die auch von mehreren Personen verwendbaren Zehnertickets „T-10" sind mit etwa 7,50 € deutlich preisgünstiger, bei häufigen Fahrten vielleicht auch das Tagesticket „T-Dia" für knapp 6 €.

Altstadt von Barcelona

• *Stadtbus* Auf den ersten Blick verwirrendes Linien-Geflecht, die Infobroschüre der Verkehrsbetriebe (erhältlich bei den Touristeninformationen) ist sehr hilfreich. Einzelfahrten kosten auch im Bus 1,30 €, „T-10" und „T-Dia" sind verwendbar.

• *Taxi* Taxis sind am schwarz-gelben Design zu erkennen, ein leuchtendes grünes Dachlicht signalisiert „frei". Die Preise sind moderat. Bestellungen/Reservierungen z. B. ✆ 932 250000 oder ✆ 933 300300, behindertengerechte Taxis unter ✆ 934 208088.

Adressen/Kriminalität

• *Notruf* Tel 112 (mehrsprachig)
• *Polizeinotruf* ✆ 091
• *Ambulanz* ✆ 061
• *Deutsches Konsulat* Passeig de Gràcia 111 (Eixample), ganz oben jenseits der Diagonal, ✆ 932 921000.
• *Österreichisches Konsulat* Carrer Marià Cubí 7, 1r-2a (Gràcia), ✆ 933 686003
• *Schweizer Konsulat* Gran Via Carlos III. 94 (Eixample), ✆ 934 090650.
• *Internet-Zugang* Easyeverything, Rambles 31 und Ronda de la Universitat 35; rund um die Uhr geöffnet. Vorsicht vor Dieben!

Bornet, gleich beim Picasso-Museum, mit kleiner Bar. Mo-Sa 10-22 Uhr, So 13-22 Uhr. Carrer Barra de Ferro 3

• *Kriminalität* Barcelonas Ruf ist nicht der Beste. Zu den neuralgischen Zonen gehören die abgelegeneren Ecken im Barri Gòtic, die Viertel beiderseits der hafennahen Rambles, nicht zuletzt auch die Rambles selbst, an denen vornehmlich Taschen- und Trickdiebe ihrer Tätigkeit nachgehen: Sollte man hier angesprochen werden oder auch ganz „harmlos" nur eine Nelke ins Knopfloch gesteckt bekommen, darf man ruhig mal etwas misstrauischer sein als sonst.

Übernachten (siehe Karte S. 238/239)

Trotz großer Auswahl sind die empfehlenswerteren Hotels und Pensionen oft voll belegt, rechtzeitige Reservierung ist ratsam.

• *Preise/Reservierungen* Das Preisniveau liegt deutlich über dem katalanischen Durchschnitt und ist in den letzten Jahren nochmals rapide gestiegen. Von billigen Pensionen sollte man also nicht zuviel Komfort erwarten. In Zeiten hoher Nachfrage wie zu Weihnachten, Ostern, verlängerten Wochenenden und Messen ziehen die Tarife in manchen Häusern nochmals an – unsere Angaben beziehen sich auf den Normalfall, nicht auf absolute Toptermine. Reservierungszentralen bestehen am Bahnhof Sants und in der Infostelle an der Plaça Catalunya. Vermittelt wird aber nur in der Hotel-Kategorie, also keine einfacheren Unterkünfte. Die Vorab-Buchung von Hotels ist auch über viele Reisebüros der Costa Brava möglich und kommt dann, insbesondere in den höheren Kategorien, oft sogar deutlich günstiger als private Reservierung. Zur Lage der einzelnen Quartiere siehe den Altstadtplan von Barcelona.

**** **Hotel Colón (5)**, ein Klassiker in zentraler und recht ruhiger Lage gegenüber der Kathedrale. Charmante Dekoration; die Zimmer selbst sind komfortabel, fallen aber je nach Lage im Gebäude unterschiedlich aus. DZ nach Lage etwa 255–280 € (im Internet auch schon mal günstiger), es gibt

auch Superior-Zimmer und Suiten. Avinguda Catedral 7, ✆ 933 011404, ✆ 933 172915, www.hotelcolon.es.

*** **Hotel Catalonia Albinoni (3)**, direkt in der Einkaufszone des Portal de l'Àngel. Eleganter, schön renovierter Bau. Moderne und geschmackvoll eingerichtete, allerdings nicht durchgängig geräumige Zimmer, Bar-Cafeteria im überdachten Patio. DZ offiziell etwa 205 €, mit Internet-Angeboten oft günstiger. Portal de l'Àngel 17, ✆ 933 184141, ✆ 933 012631, www.hoteles-catalonia.com.es.

*** **Hotel Oriente (19)**, der Jugendstil-Klassiker der Rambles. Der bildschöne Salon besitzt eine ganz besondere Atmosphäre, die Zimmer fallen unterschiedlich und bislang zum Teil noch relativ schlicht aus, doch wird das Haus gegenwärtig (und wohl noch einige Jahre) Zug um Zug renoviert, bleibt dabei aber geöffnet. Mitglied der Husa-Hotelkette. Weite Preisspanne: DZ etwa 100-270 €. Rambles 45/47. ✆ 933 022558, ✆ 934 12 3819. www.husa.es.

*** **Hotel Banys Orientals (20)**, schön gestaltetes Design-Hotel in guter Lage. Edles Interieur, direkter Zugang zum zugehörigen Restaurant „Senyor Parellada". Die 43 Zimmer fallen nicht allzu groß aus, sind aber komfortabel und stilvoll eingerichtet. DZ

Stadtbekannter Grill: Restaurant Los Caracoles

ganzjährig etwa 130 €, Frühstück inklusive; Suiten sind ebenfalls im Angebot. Carrer de l'Argenteria 37, ☎ 932 688460, ⌨ 932 688461, www.hotelbanysorientals.com.

** **Hotel Mesón de Castilla (1)**, eine gute Adresse nahe der Plaça de la Universitat. Ruhige und sichere Lage, Gesellschaftsräume mit Tendenz zur Tradition, dunkles Holz und viele Antiquitäten. Zimmer der Marke solide-bürgerlich, eigene Garage. DZ mit Frühstück nach Saison und Ausstattung 120–170 €. Carrer Valldoncella 5, eine Seitenstraße der Ronda Sant Antonio, Nähe Carrer Tallers, ☎ 933 182182, ⌨ 934 124020, www.mesoncastilla.com.

** **Hotel Internacional (10)**, direkt an den Rambles, der Husa-Kette angeschlossen. Ungefähr ein Drittel der Räume geht mit einem kleinen Balkon auf die Rambles, ein idealer Aussichtsposten, klar jedoch, dass die Zimmer nach hinten ruhiger ausfallen. Zuletzt in Umbau vom Ein- zum Zweisterner, die bis dato relativ günstigen Preise dürften dadurch etwas steigen. Rambles 78–80, ☎ 933 022566, ⌨ 933 176190, www.husa.es.

* **Hotel Roma Reial (21)**, an der auch nachts sehr lebendigen Plaça Reial. Gut renovierte, etwas nüchterne, aber ordentliche Zimmer, DZ etwa 75–90 €. Plaça Reial 11, ☎ 933 020366, ⌨ 933 011839, www.hotelromareial.com.

* **Hotel Call (13)**, im Gebiet zwischen Plaça Sant Jaume und den Rambles, ein kleineres Hotel in ruhiger Lage. Recht einfach möblierte, aber gepflegte Zimmer. DZ/Bad etwa 60 €. Arc de Sant Ramón del Call 4, ☎ 933 021123, ⌨ 933 013486, www.hotelcall.es.

** **Pensió Layetana (9)**, am Rand des Barri Gòtic. Große Zimmer mit Deckenstuck, allerdings auch weniger schöne kleine Räume – vorher ansehen. Die Zimmer zur Via Laietana sind sehr laut. Parkplatz in der Nähe. DZ/Bad etwa 65–70 €, ohne Bad um die 50–55 €. Plaça Ramon Berenguer el Gran. ☎/⌨ 933 192012, www.hostallayetana.com.

** **Pensió Hostal-Albergue Fernando (16)**, recht große Pension unweit der Rambles, die auch Unterkunft in Stockbetten offeriert. Internationale Atmosphäre, schlicht möblierte, aber gepflegte Zimmer, z. T. sogar mit TV, gute Bäder. DZ/Bad etwa 55-70 €, Stockbett im Fünfpersonenzimmer 17-24 €. Carrer Ferran 31. ☎ 933 017993, ⌨ 935 112150. www.hfernando.com.

* **Pensió Òpera (11)**, nur ein paar Schritte von den Rambles entfernt, gegenüber dem Gran Teatre de Liceu. Große, hotelähnliche und komplett renovierte Pension mit fast siebzig funktional-komfortablen Zimmern, die sogar über Klimaanlagen verfügen. DZ/Bad rund 70–90 €. Carrer Sant Pau 20. ☎ 933 188201, www.hostalopera.com.

Karten S. 236/237 und 238/239

Barcelona

* Pensió Hostal La Terrassa (8), westlich der Rambles, Treffpunkt vor allem für internationale Rucksackreisende. Gut in Schuss gehalten, zuletzt wurden gerade Klimaanlagen eingebaut. Zur Saison ist Reservierung ratsam. Preisrahmen zwischen etwa 55 und 80 €, je nach Größe (die „Standard"-Zimmer sind größer als die „Basic" genannten Räume) und Lage (innen/außen). Carrer Junta de Comerç 11, ☎ 93 3025174, ✆ 93 3012188, www.laterrassa-barcelona.com.

Jugendherberge Gothic Point (17), in günstiger Lage nahe der Via Laietana. Komfortabel, mit freiem Internetzugang und ge-nerell gut konzipiert. Ü/F p. P. 17,50–23 €. Carrer Vigatans 5. ☎ 932 687808, ✆ 933 107755. www.gothicpoint.com.

Jugendherberge Albergue Palau (24), kleinere Herberge nahe der Plaça Sant Jaume, mitten im Barri Gòtic. Freundliche Atmosphäre, moderne Ausstattung. Kochmöglichkeit und Internetzugang. Eine Filiale („Hostel New York", Tel. 933 150304) liegt im Carrer Gignàs 6, Nähe Post. Übernachtung p. Pers. 16–24 €. Carrer Palau 6, am besten vom Carrer Ferràn aus anzusteuern. ☎ 934 125080, ✆ 943 195325, www.bcnalberg.com.

*E*ssen/*T*rinken *(siehe *K*arte S. 238/239)*

Sonntags haben Hungrige schlechte Karten in Barcelona, da dann die meisten Restaurants ihren Ruhetag nehmen.

● *Cafés* **Granja Dulcinea (6)**, in einem schönen Gässchen bei der Plaça del Pi. Das „Dulcinea" ist Café und Granja (Milchbar) in einem, zu suchen im Carrer Petritxol 2. Nur ein paar Schritte weiter in der gleichen Gasse liegt auf Nummer 11 die bereits 1947 gegründete **Granja La Pallaresa**.

Café de l'Òpera (12), beliebtes und bis spät in die Nacht geöffnetes Jugendstil-Café. Interessantes Publikum. Rambles 79.

Café Zürich (2), ebenfalls eine Institution. Das alte Gebäude wurde in den Neunzigern abgerissen, im Neubau hat das „Zürich" jedoch seinen Platz wiedergefunden. Plaça de Catalunya, Ecke Rambles.

● *Restaurants und Tapa-Bars in der Altstadt, am Hafen und in Barceloneta* **Rest. Set Portes (27)**, zwischen Altstadt und Barceloneta. Eines der ältesten Restaurants der Stadt, eines der angenehmsten dazu. Gut portionierte Fischgerichte, Menü ab etwa 35 € aufwärts. Täglich geöffnet. Passeig d'Isabell II. 14, ☎ 933 193033.

Rest. Can Culleretes (15), ein weiteres Traditionslokal, gleichermaßen beliebt bei Einheimischen wie Touristen – wenn abends um 21 Uhr geöffnet wird, steht meist schon eine Warteschlange davor. Menü à la carte ab etwa 18 €, Tagesmenü kaum über 12 €. So-Abend/Mo geschlossen. Carrer Quintana 3, von den Rambles über den Carrer Ferràn zu erreichen. Reservierung ist nützlich: ☎ 933 176485.

Rest. Los Caracoles (25), eines der bekanntesten Lokale der Stadt. „Caracoles" sind Schnecken; eine weitere Spezialität sind die Hühnchen, die sich draußen so appetitanregend am Grill drehen. Mit 30 € auf-wärts ist man dabei. Nicht verschwiegen werden soll die Meinung eines Lesers, bei dem Lokal handele es sich mittlerweile um „eine pure Touristenschwemme mit völlig überzogenen Preisen." Carrer dels Escudellers, eine Seitenstraße der unteren Rambles, ☎ 933 023185.

Café-Restaurant Els Quatre Gats (4), mehr als ein Restaurant: Bar, Café, Bierstube und ein Frühwerk des Modernisme-Architekten Puig i Cadafalch. Die „Vier Katzen" sahen schon Picassos allererste Ausstellung. Carrer Montsió 3, eine Seitenstraße des Portal de l'Angel.

Rest. Les Quinze Nits (18), direkt an der Plaça Reial. Qualität, große Portionen und günstige Preise ergeben eine verführerische Kombination. Oft lange Warteschlangen; besser, etwas vor den üblichen Essenszeiten zu kommen. Menü à la carte ab etwa 15 €. Plaça Reial 6. Gleich nebenan, mit einem sehr guten und günstigen Mittagsmenü (nur innen), à la carte jedoch teurer: **Taxidermista**.

Rest. La Fonda (26), ein Stück hafenwärts. Selbe Besitzer wie „Les Quinze Nits", selbes Erfolgsrezept: flinke Kellner, prima Küche, nettes Ambiente, niedrige Preise. Warteschlangen sind üblich. Carrer Escudellers 10, eine Seitenstraße der unteren Rambles.

Restaurant Senyor Parellada (20), einer der Klassiker des Trend-Viertels La Ribera/El Born. Elegantes Ambiente, solider Service, kreative katalanische Küche und die für das Gebotene ungewöhnlich niedrigen Preise (Menü ab etwa 20 € aufwärts) sorgen für stets volle Tische – reservieren! Carrer Argenteria 37, ☎ 933 105094.

Bar-Rest. Euskal Etxea (23), nicht weit vom Picasso-Museum. Eines der vielen baskischen Lokale des Viertels, hervorgegangen aus einem baskischen Kulturzentrum und mit sehr verführerischen Tapas an der Theke – abgerechnet wird nach Zahl der Zahnstocher, auf denen die Häppchen stecken. Placeta Montcada 1-3.

Bar-Rest. Sagardi (22), noch eine baskische Bar mit bodenständiger Atmosphäre und günstigen Preisen, oft gesteckt voll. Im angeschlossenen Grill-Restaurant gibt man natürlich mehr aus. Carrer Argenteria 62.

Taverna Basca Irati (7), eine weitere baskische Tapa-Bar, diesmal nahe den Rambles. Das angeschlossene Restaurant ist nicht ganz billig. Carrer Cardenal Casañas 15, zwischen Rambles und Plaça del Pi.

Xampanyeria Can Paixano (28), volkstümlicher Treff und Sektbar, immer gestopft voll. Preiswerte Bocadillos und Raciones, Glas Cava schon ab 50 Cent. Zwischen Altstadt und Barceloneta, Carrer Reina Cristina 7, eine Parallelstraße zum Passeig d'Isabel II.

• *Tapa-Bars in Eixample* **Tapa C24**, eine Tapa-Bar unter prominenter Leitung, geführt von Carles Abellán, einem Schüler von Ferrán Adrià. Prima Tapas erster Qualität aus hochwertigen Produkten, die Preise entsprechen dem Gebotenen. Auch ein netter Platz fürs Frühstück. Abends wird es voll hier. Carrer Diputació 269, nahe Passeig de Gràcia.

Bar La Bodegueta, eine weitere Tapa-Bar, in der es auch glasweise feinen Cava gibt. Tische an der Rambla, unten urige Atmosphäre. Rambla de Catalunya 100.

Schneller Happen in der Bar ums Eck

Feste & Veranstaltungen/Einkaufen

• *Veranstaltungs-Information* **Oficina d'Informació Cultural**, Palau de la Virreina, Rambles 99; ✆ 933 017775. Tickets und Informationen zu Konzerten, Theater, Opern etc.

• *Feste* **Sant Joan**, 23. Juni, nächtliche Freudenfeuer, Riesenfeuerwerk am Montjuïc. Am nächsten Tag wird weiter gefeiert.

Teatre Grec, Festival mit Theater, Tanz und Performances, etwa von Ende Juni bis Anfang August im gleichnamigen Amphitheater auf dem Montjuïc und an anderen Standorten. www.barcelonafestival.com

Festa Major de Gràcia, 15. August und die folgende Woche. Musik, Tanz und Trubel im ganzen Viertel.

Festes de la Mercè, in der Woche um den 24. September. Seit 1977 die Neuauflage der früheren Festa Major von Barcelona. Gewaltiges Programm, Straßenmusik, Gratis-Konzerte, außerdem „Ball de Gegants", Tanz der Riesenfiguren, und das „Lauffeuer" Correfoc, ein Feuerwerksumzug von Pappmaché-Monstern.

• *Einkaufen* Es gibt zwei bevorzugte Reviere. Das Schild „Rebaixes" bzw. „Rebajas" signalisiert herabgesetzte Preise.

Obere Altstadt, besonders die nordöstliche Seite der Rambles: Avinguda Portal de l'Angel, Carrer Portaferrissa, Carrer de la Palla, Carrer del Pi; auf der anderen Seite der Rambles der Carrer Pelai. Hier vor allem preisgünstigere Boutiquen und Schuhgeschäfte.

Eixample, mit dem Passeig de Gràcia und der Rambla de Catalunya sowie den oberen, nahe der Diagonal gelegenen Bereichen der Carrer Balmes und Carrer Muntaner. Das Gebiet der internationalen Ketten, großen Modelabels und Designerläden.

Schönster Platz Barcelonas: Plaça Real

Sehenswertes

Zu sehen gibt es in Barcelona mehr als reichlich. An einem Tag ist es praktisch unmöglich, auch nur die wichtigsten Sehenswürdigkeiten zu besuchen. Ratsam deshalb, eine gezielte Auswahl zu treffen.

Eilige Besucher, die in kurzer Zeit möglichst viel erleben wollen, seien auf den *Bus Turístic* (siehe „Stadtverkehr") verwiesen, der durch geschickte Routenführung viel Zeit einzusparen hilft. Die Altstadt erkundet man allerdings besser zu Fuß.

Öffnungszeiten sind im Text angegeben, ändern sich aber so häufig, dass sie eher als Orientierungshilfe zu verstehen sind.
Ermäßigungen auf die angegebenen Eintrittspreise gelten für Kinder, oft auch für Studenten und über 65-Jährige.
Museen gibt es in Barcelona in derart großer Zahl, dass eine komplette Beschreibung den Rahmen bei weitem sprengen würde. Bei den Fremdenverkehrsämtern der Stadt sind aktualisierte Aufstellungen erhältlich. Am ersten Sonntag im Monat, alternativ manchmal am ersten Mittwoch oder Samstag, ist der Eintritt in den städtischen Museen oft frei; am Montag ist fast überall geschlossen.

Entlang der Rambles

Es ist wohl nicht übertrieben, diesen prächtigen Boulevard als den „berühmtesten Kilometer Spaniens" (genauer: 1,2 km) zu bezeichnen, gleichermaßen heiß geliebt von Touristen wie den Einwohnern selbst.

Rambla meint im ganzen Land eigentlich ein im Sommer ausgetrocknetes Flussbett, das als Weg benutzt wird, und das waren die Rambles früher auch. Heute geben im Schatten der Platanen eine ganze Reihe von Zeitschriftenkiosken, Blu-

Barcelona-Highlights

Diese selbstverständlich subjektive und natürlich viel zu kurze Übersicht soll bei der Auswahl „Ihrer" Sehenswürdigkeiten helfen. Die Reihenfolge bedeutet keine Wertung. Alle Highlights liegen an oder in unmittelbarer Nähe der Routen des „Bus Turístic".

Rambles: Barcelonas weltberühmter Boulevard, eine Platanenallee voller Atmosphäre. Dank des bunten Publikums wird der Aufenthalt in den zahlreichen Cafés nie langweilig.

Drassanes/Museu Marítim: Die alten Werften am unteren Ende der Rambles erinnern an die goldenen Zeiten Barcelonas als Stadt des Seehandels. Heute beherbergen sie ein exquisites Schifffahrtsmuseum.

Port Vell/L´Aquàrium: Der Hafenbereich am unteren Ende der Rambles ist ein schönes Gebiet für Spaziergänge. Die hiesige Hauptattraktion bildet das moderne Aquarium, eines der größten Europas.

Barri Gòtic: Das mittelalterliche Barcelona rund um die gotische Kathedrale, ein lebendiges Viertel prachtvoller Paläste, engster Pflastergassen und hübscher kleiner Plätze.

Museu Picasso: Eines der meistbesuchten Museen der Stadt. Zu sehen sind zahlreiche Werke des genialen Künstlers, der zwar nicht in Barcelona geboren wurde, hier jedoch seine erste Ausstellung feierte. Es liegt im Trendviertel La Ribera/El Born.

Casa Battló/Casa Milà: Zwei Modernisme-Wohnhäuser im Viertel Eixample, gestaltet vom genialen Architekten Antoni Gaudí. In der Casa Milà gibt es ein Museum, das Gaudís Leben und Werk gewidmet ist.

La Sagrada Familia: Gaudís wichtigstes Werk, das Wahrzeichen Barcelonas. Die große Modernisme-Kirche ist bis heute unvollendet, lohnt einen Besuch aber auf jeden Fall.

Parc Güell: Und noch einmal Gaudí. Am Rand des Viertels Gràcia verlegte der Meister sich auf die Gestaltung eines Parks, der überdeutlich seine Vorliebe für naturnahe Formen zeigt.

Museu Nacional d'Art de Catalunya: Dieses Museum auf dem Montjuïc ist in Bezug auf romanische und gotische Kunstwerke die wohl bedeutendste Ausstellung Europas, zeigt jedoch auch Sammlungen späterer Epochen.

Fundació Joan Miró: Ebenfalls auf dem Montjuïc. Ein sehr reizvoll gestaltetes Museum, das neben Werken des katalanischen Meisters der Formen und Farben auch Arbeiten von Tàpies, Moore und Matisse präsentiert.

menständen und Vogelverkäufern den Rahmen für ein Volkstheater besonderer Art, in dem die Zuschauer gleichzeitig auch Akteure sind. Vom Morgen bis nach Mitternacht versammeln sich hier Jongleure und Pantomimen, Schuhputzer und Karikaturisten, Feuerschlucker, Bettler, Musikanten und Wahrsager. Man flaniert oder sitzt in einem der Cafés und lässt flanieren.

Plaça de Catalunya: Startplatz zu einem Rambles-Bummel und wichtiger Verkehrsknotenpunkt, die Grenze zwischen Altstadt und der Stadterweiterung Eixample.

▸ **Rambla Canaletes**: Der erste Abschnitt der Rambles verdankt seinen Namen dem eisernen Brunnen *Font de Canaletes* aus dem 19. Jh., traditionell mittäglicher Treffpunkt der Rentner unter den Fans des FC Barcelona.

Karten S. 236/237 und 238/239

Barcelona

▶ **Museu d´Art Contemporani de Barcelona (MACBA)**: Ein erster möglicher Abstecher führt zu diesem Kulturzentrum, dessen elegante Architektur von Richard Meier stammt. In wechselnden Ausstellungen zeigt es die Arbeiten zeitgenössischer Künstler.

● *Lage und Öffnungszeiten* Plaça dels Àngels, geöffnet vom 25. Juni bis 24. September Mo/Mi 11–20 Uhr, Do/Fr 10-24 Uhr, Sa 10–20 Uhr, So 10–15 Uhr; im restlichen Jahr Mo/Mi/Do/Fr 11-19.30 Uhr, Sa 10-20 Uhr, So 10-15 Uhr. Di ist jeweils geschlossen. Eintritt 7,50 € (Teilbereiche günstiger), Mi 3,50 €. www.macba.es.

Kosmopolitische Flaniermeile: Barcelonas Rambles

▶ **Rambla dels Estudis/Rambla Sant Josep**: Die beiden nächsten Abschnitte der Rambles sind auch als *Rambla dels Ocells* und *Rambla dels Flors* bekannt, so bezeichnet nach den Vögeln bzw. den Blumen, die hier von zahlreichen Ständen verkauft werden. An letzterer liegt der Markt *La Boquería*, mit über 800 Ständen der größte Markt Barcelonas. Den Abschluss der Rambla dels Flors bildet der *Pla de la Boquería*, ein kleiner Platz, dessen Pflaster von Joan Miró entworfen wurde; in seinem Umfeld finden sich interessante Fassaden des Modernisme, darunter die *Casa Bruno Cuadros* auf Nummer 82.

▶ **El Raval**: Richtung Hafen rechts der Rambles liegt das im Umbruch befindliche Viertel El Raval, auch bekannt als „Chinesisches Viertel" Barri Xinés. Innerhalb dieses (Ex-) Rotlichtdistrikts, der längst auch von der Szene in Beschlag genommen worden ist, hat sich ein kleinbürgerlicher Mikrokosmos erhalten, der auf gewisse Weise rührend wirkt: kleine Schänken, urige Kneipen der derberen Sorte, islamische Metzgereien, winzige Handwerksläden ... Mit etwas Aufmerksamkeit kann tagsüber eigentlich wenig passieren, die menschenleere Siesta-Zeit sollte man jedoch besser meiden.

▶ **Plaça del Pi**: Ebenfalls von der Pla de la Boquería, diesmal aber in Gegenrichtung über den Carrer Cardenal Casañas, gelangt man zu einem reizenden Ensemble kleiner Plätze, das besonders am frühen Abend sehr lauschig ist.

▶ **Rambla dels Caputxins**: Die Rambla meerwärts der Pla de la Boquería ist die Rambla der Straßenakteure und der Cafés, darunter das berühmte Café de la Opera. Hier treffen sich die von Zuschauern umdrängten Artisten – und in ihrem Gefolge die Taschendiebe. An dieser Rambla liegt auch das *Gran Teatre de Liceu*, eines der berühmtesten und reizvollsten Opernhäuser Spaniens.

Plaça Reial: Der wohl schönste Platz Barcelonas, 1884 angelegt, ist durch einen Durchgang links der Rambles zu erreichen. Palmengeschmückt und von klassizistischen Hausfassaden umschlossen, besitzt die Plaça eine wohnliche Atmosphäre und brummt nachts geradezu vor Leben.

▶ **Palau Güell:** Im Carrer Nou de la Rambla 3 findet sich dieses 1886–88 von Antoni Gaudí gestaltete Palais, das von der Unesco in der Liste des Weltkulturerbes geführt wird. Beeindruckend sind besonders die von einer Parabolkuppel überspannte mehrstöckige Halle und die Dachlandschaft der Kamine.

• Öffnungszeiten Zuletzt in Renovierung, sollte das Haus mit Erscheinen dieser Auflage wieder besichtigt werden können. Öffnungszeiten bis dato: April bis etwa Ende Oktober Mo–Sa 10–18.30 Uhr, sonst Mo–Sa 10–13.30 Uhr; es bestand Zugangsbeschränkung auf maximal 22 Personen pro Viertelstunde; am besten vormittags kommen und sich evtl. ein Reservierungsticket für einen späteren Zeitpunkt holen.

▶ **Rambla Santa Monica**: Der letzte Abschnitt der Rambles wurde früher vom Charakter der nahen Rotlicht-Viertel geprägt. Der Ausbau der Hafengegend, die nun verstärkt Besucher anzieht, hat aber auch diese Rambla teilweise neu belebt.

Museu de Cera: In einer winzigen Seitengasse links der Rambles liegt das Wachsfiguren-Museum mit seinen etwa 300 Figuren, die reale Personen, aber auch fiktive Gestalten nachbilden.

Öffnungszeiten Juli bis September täglich 10–22 Uhr, sonst Mo–Fr 10–13.30, 16–19.30 Uhr, Sa/So 11–14, 16.30–20.30 Uhr; Eintritt 7,50 €.

Blick über die Kolumbussäule auf die Rambles

Der Hafen

Dank der radikalen Umbaumaßnahmen der Neunziger zählt das Hafengebiet jetzt zu den großen Attraktionen der Stadt.

Im Gebiet zwischen Kolumbussäule und Barceloneta wurde der älteste Hafenbereich „Port Vell" (Alter Hafen) um einiges schöner gestaltet. Highlight ist der Kai Moll d'Espanya mitten im Hafenbecken.

Monument a Colom (Kolumbussäule): Die bronzene, 1886 errichtete Kolumbusstatue erhebt sich verkehrsumtost auf einer 50 Meter hohen Eisensäule am Ende der Rambles. Per (engem) Aufzug im Inneren fährt man in den kleinen Raum zu Füßen der Statue hoch und kann die Aussicht auf den Hafen und die Stadt genießen. In der Nähe der Statue starten die *Golondrinas* genannten Barkassen zu ihren Hafenrundfahrten.

Betriebszeiten des Aufzugs Juni bis September täglich 9–20.30 Uhr, sonst 10–18.30 Uhr; Auffahrt etwa 2,50 €.

Drassanes/Museu Marítim: Die „Königlichen Docks" Reials Drassanes liegen schräg gegenüber der Kolumbussäule und gehen in ihren Anfängen bis auf das 13. Jh. zurück. Heute ist in der Werft das hervorragende Schifffahrtsmuseum

Karten S. 236/237 und 238/239

Barcelona

Museu Marítim untergebracht, das auf unterhaltsame Weise vielfältige Exponate rund um die Seefahrt präsentiert.

Öffnungszeiten Mo–So 10–19 Uhr, Eintritt 6,50 € (am ersten Sa im Monat ab 15 Uhr gratis). Im Eintrittspreis inbegriffen sind sog. „Audioguías" mit Kopfhörer.

Moll de Barcelona: Auf dem Kai südlich der Kolumbussäule steht der Eisenturm Torre de Jaume I., die Zwischenstation der Schwebebahn *Transbordador Aeri*, die von Barceloneta (Näheres siehe dort) zum Montjuïc führt.

▶ **Moll d´Espanya**: Dieser Kai ist über eine klappbare Holzbrücke zu erreichen, die in der Nähe der Kolumbussäule beginnt. Highlights sind das Einkaufszentrum Maremàgnum, ein ganzer Kinokomplex und vor allem das große Aquarium.

L'Aquàrium: Neben mehr als 8000 mediterranen und exotischen Fischen in 20 Bassins besitzt die großzügig konzipierte Anlage auch ein unterseeisches Großbecken, durch das die Besucher in einem langen Glastunnel auf einem Laufband gefahren werden. Durch das Spezialglas lassen sich Muränen, Haie und Rochen aus allernächster Nähe betrachten.

Öffnungszeiten Täglich 9.30–21 Uhr (Sa/So sowie im Juni und September täglich bis 21.30 Uhr, Juli/August täglich bis 23 Uhr), Kassenschluss eine Stunde vorher; Eintritt 16 €, Kinder (4–12 J.) 11 €, über 60-Jährige 12,50 €.

Barri Gòtic

Das Herz Barcelonas entspricht in seiner Lage weitgehend den römischen Anfängen der Stadt und gehört zu den Glanzlichtern jeder Tour.

Attraktiv sind nicht nur die zahlreichen mittelalterlichen Monumente, sondern auch das Viertel an sich mit seinem Gewirr von engen Gässchen und den zahlreichen kleinen Kneipen und originellen Geschäften.

Plaça Sant Jaume I.: Der zentrale Platz des Barri Gòtic. An seiner Südostseite erhebt sich das Rathaus *Casa de la Ciutat*, gegenüber steht der wuchtige *Palau de la Generalitat*, Sitz der katalanischen Regierung.

Catedral de Santa Eulàlia (La Seu): Der Bau der dreischiffigen, der Stadtpatronin gewidmeten Kirche dauerte von 1298 bis 1448, die Fassade wurde sogar erst Ende des 19. Jh. fertiggestellt. Im Innenraum fällt der weitgehende Verzicht auf dekorative Elemente ins Auge; herausgestellt ist eher die elegante Konstruktion in ihrer Gesamtheit. Aufwändig geschmückt zeigt sich hingegen der prächtige Chor, ebenso die vielen Seitenkapellen. Eine Oase der Stille ist der *Kreuzgang* (14./15. Jh.) mit seinem üppigen Garten und einem plätschernden Brunnen, in dem weiße Gänse schwimmen. Die nahe *Sala Capitular* mit dem Museum der Kathedrale ist nur von 11–13 Uhr zugänglich.

● *Öffnungszeiten* Kathedrale Mo–Sa 8–12.45, 17.15–19.30 (Sa 19.45) Uhr, So 8–13.45, 17.15–19.45 Uhr; gratis. Rein touristische „Visitas especiales" mit Zugang zu allen Kirchenteilen Mo-Sa 13–17 Uhr, So 14-17 Uhr; 5 €. Kreuzgang geöffnet Mo–Sa 8.30–12.30, 17.15–19 Uhr, So 8.30-13.30, 17.15-19 Uhr; gratis. Leider häufige Wechsel.

Museu Frederic Marès: Unweit der Kathedrale ist in einem ehemaligen Grafenpalast am Carrer dels Comtes das Skulpturenmuseum des Bildhauers Frederic Marès untergebracht; seine Sammlung, die von der Ibererzeit bis ins 20. Jh. reicht, zählt zu den wichtigsten Spaniens. In den oberen Stockwerken zeigt das „Museu Sentimental" ein sympathisches Sammelsurium von Alltagsgegenständen.

Öffnungszeiten Di–Sa 10–19 Uhr; So 10–15 Uhr; Eintritt etwa 4,50 €, Mi-Nachmittag und am ersten So im Monat gratis.

Museu d'Història de la Ciutat: Das Museum für Stadtgeschichte liegt im Carrer del Veguer. Hauptattraktion und den Besuch absolut wert sind die Überreste römischer und westgotischer Häuser und Straßenzüge im Tiefgeschoss, neun Meter unter der heutigen Oberfläche. Der Rundgang endet im königlichen Palau Reial aus dem 14. Jh.

Öffnungszeiten April bis September Di–Sa durchgängig 10–20 Uhr, sonst Di–Sa 10–14, 16–19 Uhr, So ganzjährig 10–15 Uhr. Eintritt 6 €, am ersten Sa im Monat nachmittags gratis.

Jenseits der Via Laietana: La Ribera/El Born

Im Mittelalter lag hier das Viertel der Seefahrer und wohlhabenden Kaufleute. Heute ist der „Born", wie Insider die Zone schlicht nennen, eines der Szeneviertel Barcelonas schlechthin. Besonders belebt zeigt sich das Gebiet um den Passeig del Born und die herrliche gotische Kirche *Eglésia Santa Maria del Mar*, erbaut 1328–1383 und das wohl schönste Gebäude katalanischer Gotik überhaupt.

Palau de la Música Catalana: Im Carrer de Sant Pere Mès Alt, einer Seitenstraße der oberen Via Laietana. Einer der

Herz des Barri Gòtic: die Kathedrale

originellsten Bauten von Domènech i Montaner, errichtet 1905 bis 1908 und von der Unesco in die Liste des Weltkulturerbes aufgenommen. Besonders beachtenswert sind die Glasfenster, Mosaiken und Skulpturen.

Führungen Täglich 10–15.30 Uhr, im August bis 18 Uhr; Führungen in Englisch zu jeder vollen Stunde. Dauer knapp 60 min., 10 €. Oft ausgebucht, Karten können auch im voraus erworben werden.

Museu Picasso: Das berühmte Museum im Carrer Montcada ist die bei weitem größte Picasso-Ausstellung ganz Spaniens, präsentiert mehr als tausend zeitlich geordnete Arbeiten des Meisters und bietet so einen guten Überblick über die vielen Sprünge im Werk des experimentierfreudigen Genies.

Öffnungszeiten Di–Sa 10–20 Uhr, So 10–15 Uhr; Eintritt 9 €; am ersten So im Monat gratis.

Parc de la Ciutadella/Barceloneta

▸ **Parc de la Ciutadella**: Schon deutlich außerhalb des Barri Gòtic erstreckt sich Barcelonas Stadtpark. Sein Name verweist auf eine längst abgerissene Zitadelle, die der verhasste bourbonische Eroberer Philip V. ab 1715 errichten ließ. 1888 fand hier eine Weltausstellung statt, von der noch mehrere Gebäude erhalten blieben. Der Park enthält weiterhin den *Zoo* (Sommer 10–19, Winter 10–17 Uhr; 16 €) sowie mehrere Museen.

▶ **Barceloneta**: Ein Viertel der Fischer und Hafenarbeiter, errichtet nach dem Bau der Zitadelle, der Tausende von Menschen wohnungslos gemacht hatte. Große Sehenswürdigkeiten sind hier kaum zu bewundern, anziehend ist eher die gelassene, vorstädtische Atmosphäre. Vorgelagert erstrecken sich, weit über den Olympiahafen hinaus und bis kurz vors Fòrum 2004, Barcelonas schön herausgeputzte Strände.

Palau del Mar/Museu d'Història de Catalunya: Das ehemalige Lagerhaus an der neu gestalteten Uferfront beherbergt das sehr reizvoll gestaltete, interaktive Museum der Geschichte Kataloniens; ein Begleitheft in englischer Sprache ist erhältlich. Angeschlossen ist ein Café mit schöner Aussicht, außerhalb liegt eine Reihe beliebter, aber teurer Terrassenrestaurants.

Der „Fisch" von Frank O. Gehry

Öffnungszeiten Di–Sa 10–19 Uhr (Mi bis 20 Uhr), So 10–14.30 Uhr; Eintritt 4 €.

Transbordador Aeri: Am Kai Moll Nou, hinter dem Ende des Passeig de Joan Borbó, steht die „Talstation" der Schwebebahn, die über die Moll de Barcelona hinauf zum Montjuïc führt und mutige Fahrgäste mit einem atemberaubenden Blick über die Stadt belohnt.

• *Betriebszeiten* März bis Mitte Juni sowie Mitte September bis Mitte Oktober täglich 10.45–19 Uhr, Mitte Juni bis Mitte September täglich 11–20 Uhr, sonst täglich 10–17.45 Uhr. Bei starkem Wind kein Betrieb. Viertelstündliche Abfahrten, zum Montjuïc einfach 9 €, retour 12,50 €. Die reine Auffahrt per Lift kostet 4 €.

Port Olímpic: Der Olympiahafen ist mit Barceloneta durch eine Strandpromenade verbunden. Mit den vielen Bars und Restaurants zieht das Gebiet um die beiden je 136 Meter hohen Wolkenkratzer und die goldglänzende Fischskulptur von Gehry an Wochenenden und warmen Abenden zahlreiche Besucher an.

Fòrum 2004: Gut drei Kilometer hinter dem Olympiahafen (ein schöner Promenadenspaziergang entlang mehrerer Strände) liegt dieses hochmoderne Neubaugebiet, das für das Unesco-Weltforum der Kulturen im Jahr 2004 erschlossen wurde. Wenn es nicht von genügend Menschen belebt wird, was bislang nur selten der Fall ist, wirkt das rund 25 Hektar große Areal freilich eher trist.

Weltkulturerbe seit 1984: Casa Milà

Die neueren Stadtviertel: Eixample und Umgebung

Schon bei einem Blick auf den Stadtplan erweist sich die Stadterweiterung Eixample als geradezu charakteristisch für Barcelona.

Die schachbrettartigen Boulevards, in der zweiten Hälfte des 19. Jh. angelegt, wurden vom aufstrebenden Bürgertum begeistert in Beschlag genommen. Genug Geld war dank des Wirtschaftsaufschwungs vorhanden, und so baute mancher in einem gerade in Mode gekommenen Stil, dem Modernisme.

▶ **Manzana de la Discòrdia**: Der „Streitapfel" (Manzana bedeutet Apfel, aber auch Häuserblock) steht am Passeig de Gràcia 35–43, oberhalb des Carrer de Consell de Cent und wird deshalb so genannt, weil in dem Block die drei berühmtesten Architekten des katalanischen Modernisme ihre Visitenkarte hinterlassen haben.

Casa Lleó Morera (1905), das erste Haus der Reihe, stammt von *Domènech i Montaner* (1850–1923). An der Fassade im zweiten Stock sind die damals frischen Errungenschaften der Technik verewigt: Grammophon, Glühbirne, Telefon und Kamera. Das Innere ist nicht zugänglich.

Casa Amatller (1898), Nr. 41, konzipiert von *Puig i Cadafalch* (1867–1957). Das Haus der Familie Amatller (Führungen durch den 4. Stock Mo–Fr 11, 12 und 13 Uhr, So 12 Uhr; Eintrittsgebühr 8 €; Anmeldung im Erdgeschoss) besitzt eine stufenartig ansteigende und mit bunter Keramik geschmückte Front nebst überhängender Galerie; auch ein Blick in die Vorhalle mit Buntglastüren und Glasdach lohnt sich.

Casa Batlló (1905–07), auf Nr. 43 und das beeindruckendste Haus der Reihe. Es stammt von *Antoni Gaudí* (1852–1926), wenn auch als Umbau eines bereits vorhandenen Gebäudes. Besonders in den unteren Partien wird die sanfte, naturnahe Handschrift des Meisters deutlich: Die weich geschwungene Fassade ist mit Mosaiken geschmückt, der Erker mit knochenförmigen Säulen. Besucht werden können nicht nur die Innenräume, sondern auch das Dach mit den typischen Gaudí-Kaminlandschaft – ein Vergnügen, das freilich seinen Preis hat.

● *Öffnungszeiten* Täglich 9–20 Uhr, bei geschlossenen Veranstaltungen nur bis 14 Uhr. Eintrittsgebühr etwa 17 €; „Audioguías" (Erläuterungen per Kopfhörer) inbegriffen.

Karten S. 236/237 und 238/239

▶ **Editorial Montaner i Simon/Fundació Antoni Tàpies** (1880): Im Carrer Arragó 255, um die Ecke vom Passeig de Gràcia, erhebt sich dieses erste bedeutende Bauwerk von Domènech i Montaner. Das vom maurischen Mudéjar-Stil beeinflusste Gebäude beherbergt eine permanente Ausstellung des Malers und Grafikers *Antoni Tàpies*, einem der bedeutendsten zeitgenössischen Künstlern Spaniens.
Öffnungszeiten Di–So 10–20 Uhr; Eintritt etwa 6 €.

Modernisme in Barcelona

Die Jahrzehnte um die Wende des 19. zum 20. Jh. waren geprägt von vorwärtsdrängendem Optimismus, der sich auf wirtschaftlichen Aufschwung und Fortschritt in Wissenschaft und Technik stützte. Etwa zeitgleich entwickelte sich in vielen westlichen Ländern eine Kunstform, die sich nicht mehr mit der Nachahmung bestehender Stile begnügen wollte, sie allenfalls genüßlich und etwas schräg zitierte. Besonders auf dem Gebiet der Architektur und der angewandten Kunst eröffneten sich durch die Verbindung junger Techniken und Materialien mit alter Handwerkskunst Möglichkeiten neuen künstlerischen Ausdrucks. In Deutschland entstand der Jugendstil, in Frankreich die Art Nouveau, England und USA erlebten die Geburt des Modern Style, in Italien feierte der Liberty und in Österreich die Sezession Triumphe. Ein unterscheidendes Merkmal des katalanischen Modernisme ist seine Betonung der nationalen Elemente.

Unverkennbar: Gaudís Handschrift

Es war die Zeit der kulturellen Wiedergeburt Kataloniens, der Renaixença, und so grüßt der Schutzpatron Sant Jordi von zahlreichen Erkern, präsentieren viele Gebäude stolz die katalanische Flagge.

▶ **Casa Milà (La Pedrera)**: Am Passeig de Gràcia 92 steht eines der spektakulärsten Wohngebäude des Modernisme, erbaut 1905–1910 von Antoni Gaudí. Der Volksmund nennt das Haus durchaus passend „La Pedrera": Steinbruch, Steinhaufen. Auffällig wird hier Gaudís Vorliebe für Eisen, die in den senkrecht eingelassenen Trägern und den skurril geformten Balkonbrüstungen zum Ausdruck kommt. Im Dachgeschoss bietet das „Espai Gaudí" genannte Museum einen guten Einblick in Leben, Werk und Arbeitsweise Gaudís, gleichzeitig den Zugang zur Dachterrasse, die eine ganze Armee von Schornsteinen und Entlüftungskaminen ziert.
Öffnungszeiten Täglich 10–20 Uhr, November bis Februar nur bis 18.30 Uhr. Eintrittsgebühr 8 €, oft lange Warteschlangen.

▶ **La Sagrada Familia**: Gaudís 1883 begonnenes Meisterstück liegt etwas abseits (Metro L 5/L2). Obwohl bis heute nicht vollendet, brilliert der „Sühnetempel der Heiligen Familie" durch seine ungewöhnliche Formensprache abseits alle herkömmlichen Stile. Seine Struktur beherrscht religiöser Symbolismus: Die über hundert Meter hohen, durchbrochenen und konisch zulaufenden Türme sollen für die Apostel stehen, ein mit 170 Metern Höhe alles überragender Turm wird (irgendwann...) Jesus Christus symbolisieren, ein weiterer über der Apsis die Jungfrau Maria. „Gaudí pur", also zu Lebzeiten des Meisters fertiggestellt, sind nur die Hauptkrypta, die Apsis, einer der Türme und die Ostfassade mit der Geburt Christi. Zu einer weiten Aussicht verhilft der Aufstieg oder die Liftauffahrt (2 €) in einem der Türme.

Öffnungszeiten April bis September 9–20 Uhr, sonst 9–18 Uhr, Eintrittsgebühr 8 €, ermäßigt 5 €. Englischsprachige Führungen (3,50 € Aufpreis) Mai bis Oktober um 11, 13, 15 und 17 Uhr, im restlichen Jahr um 11 und 13 Uhr. Mit Wartezeiten ist zu rechnen.

Oft mit Bischofsmützen verglichen: Turmspitzen der Sagrada Família

▶ **Parc Güell**: Gaudís Park oberhalb der Diagonal, am Rand des Viertels Gràcia, sollte ursprünglich eine Gartenstadt werden. Da die geplanten Villen keine Käufer fanden, wurde 1922 das Gelände als Park eröffnet – ein von kleinen Details und großen Ideen belebter Märchengarten, von der Unesco in die Liste des Weltkulturerbes aufgenommen. Zwischen zwei türmchenbewehrten Pavillons mit Café gelangt man zu einer Treppe, die in der Mitte von einem freundlichen Drachen bewacht wird und zu einem Saal mit 86 Säulen führt, der ursprünglich als Markthalle des Wohngebiets gedacht war. Oberhalb liegt ein weiter Platz, an dessen Rand sich die berühmte gewundene Bank schlängelt, wie die Treppe mit farbiger Bruchkeramik geschmückt. Dahinter erstreckt sich der eigentliche Park, ein originelles Gewirr von Wegen, Laubengängen, Mauern und Brücken. Ein Besuch lohnt sich auch in der „Casa-Museu Gaudí", in der Möbel, Zeichnungen, Modelle und Pläne Gaudís zu sehen sind.

• *Stadtverkehr/Öffnungszeiten* Ab der Plaça Universitat und der Plaça Catalunya fährt (via Passeig de Gràcia, Gran de Gràcia und Plaça Lesseps an der „grünen" Metro L 3) recht häufig Bus Nr. 24; die beste Haltestelle ist Carretera del Carmel-Parc Güell, dann noch ein kurzes Stück zu Fuß. Variante, fast bis vor den Haupteingang: „Gelbe" Metro L 4 bis Station Joanic (Gràcia); ein kleines Stück oberhalb der Metro-Station hält am Carrer Escorial, kurz hinter einer Haltestelle größerer Busse, der Kleinbus Nr. 116 zum Park; Abfahrten Mo–Fr häufig, Sa alle 20 min, So kein Verkehr. Park geöffnet November bis Februar 10–18 Uhr, März und Oktober 10–19 Uhr, April und September 10–20 Uhr, Mai bis August 10–21 Uhr; Eintritt frei. Casa-Museu Gaudí geöffnet April bis September 10–20 Uhr, sonst 10–18 Uhr; Eintrittsgebühr (vielleicht etwas hoch gegriffene) 4 €.

Nostalgisch: nachgestellter Fanclub im Museu F.C. Barcelona

Camp Nou – Stadion und Museum des F.C. Barcelona

Der 1899 gegründete F.C. Barcelona, schlicht *Barça* genannt, ist der stete Rivale der Vereine von Madrid – Barcelona und Real Madrid spielen beide seit mehr als sechzig Jahren ununterbrochen in der höchsten spanischen Liga. Für seine Anhänger ist Barça mehr als ein Verein, nämlich Zweitreligion, Familienersatz, selbstverständlich auch seit jeher ein Symbol Kataloniens. Genannt werden die Barça-Fans *Culés*, die „Hintern“, da man früher durch die Ränge nur die verlängerten Rücken der Sitzenden sah. Und ihrer sind viele: Derzeit weit mehr als hunderttausend eingeschriebene Mitglieder, Weltrekord. Selbst der frühere Papst Johannes Paul II. gehörte dazu. Auch das Stadion ist von üppigen Dimensionen – das legendäre Camp Nou, eine der größten Arenen der Welt, fasst 99.000 Zuschauer und soll in den nächsten Jahren für 300 Millionen Euro von Stararchitekt Sir Norman Foster komplett umgebaut und dabei noch erweitert werden; die Fertigstellung wird frühestens 2012 erfolgen. – Kaum verwunderlich, dass das *Museu FC Barcelona President Núñez* (Eingang durch Tor 7) zu den am besten besuchten Ausstellungen der Stadt zählt. Neben zahlreichen Erinnerungsstücken bietet es das Privileg eines besonderen Blicks auf den Platz: aus der Präsidentenloge. Natürlich ist ein großer „Megastore“ mit Fanartikeln angeschlossen; hier gibt es auch die Tickets für den Besuch.

● *Stadtverkehr/Öffnungszeiten* Von der Metro-Station Palau Reial (L3) über den Ausgang Sortida Facultat de Biologia, gleich links in den Carrer Martí i Franquès und bergab, in Richtung der gut sichtbaren Kuppel des „Miniestadi“; am Ende links. Geöffnet von etwa Mitte April bis Mitte Oktober Mo–Sa 10–20 Uhr (Rest des Jahres 10–18.30 Uhr), So ganzjährig 10–14.30 Uhr; an Tagen mit Spielbetrieb nur bis 13 Uhr geöffnet, Stadiontour dann nicht möglich. Eintritt 8,50 €, Tour durch das Stadion 13 €; mit zusätzlicher 3D-Projektion „Experiència virtual“ 17 €. Bleibt abzuwarten, inwieweit sich die geplanten Umbauten auf die Besichtigungsmöglichkeiten auswirken werden.

▶ **Tibidabo**: Barcelonas 512 Meter hoher Hausberg ragt im Nordwesten der Stadt aus dem Höhenzug der Serra de Collserola heraus. Der Blick auf die Stadt ist konkurrenzlos. Oben gibt es einen nostalgischen Vergnügungspark und eine Kirche, in der man per Aufzug zur Jesus-Statue auf ihrer Spitze fahren kann, um dort einen noch umfassenderen Ausblick zu genießen.

• *Stadtverkehr* Ab Plaça de Catalunya mit der FFCC bis zur Endstation der Nebenlinie an der Avinguda del Tibidabo, dann mit der nostalgischen Straßenbahn „Tramvía Blau" (hin und zurück 3,90 €, fährt zur NS nur Sa/So, Ersatz durch Busse), an der Endstation umsteigen in die Zahnradbahn „Funicular" (hin und zurück 3 €; zuletzt täglich in Betrieb, Änderungen aber möglich) hinauf zum Tibidabo.

Montjuïc

Barcelonas 213 Meter hoher „Haushügel", ältestes Siedlungsgebiet der Stadt und größte Grünfläche weit und breit, war bis in unser Jahrhundert vor allem von strategischer Bedeutung.

Kontrolle über den Montjuïc bedeutete Kontrolle über Barcelona. Die Wende zur zivilen Nutzung brachte vor allem die Weltausstellung 1929.

Ein Fest für Schwindelfreie: Parc d'Atraccions auf dem Tibidabo

Parks wurden angelegt, monumentale Gebäude errichtet. Eine weitere Aufwertung erfuhr das Areal durch die Bauten des „Olympischen Rings" L'Anella Olímpica. Achtung: Montag ist „Ruhetag" auf dem Montjuïc, vieles hat dann geschlossen!

• *Stadtverkehr* **Per pedes/Bus**: Optisch spektakulärer Zugang von der Plaça d'Espanya. Von dort u.a. auch die Buslinien PM bzw. „Parc de Montjuïc" sowie Nr. 50.
Bus Montjuïc turístic: Eine neue, private Buslinie, die auf zwei Linien mit offenen Bussen den Montjuïc bedient. Betrieb von etwa Ende Juni bis Mitte September täglich, sonst nur an Wochenenden, von etwa November bis Ostern gar nicht. Abfahrten alle 40 min. u.a. an der Plaça Portal de la Pau (Kolumbusstatue) und der Plaça d'Espanya, Tagesticket 3 €.
Transbordador Aeri: Die Schwebebahn fährt von Barceloneta über den Torre de Jaume I. am Hafen zu den Jardins de Miramar und bietet fantastische Panoramen der Stadt. Von den Sehenswürdigkeiten des Montjuïc ist man am Ziel allerdings noch eine Ecke entfernt. In Betrieb März bis Mitte Juni sowie Mitte September bis Mitte Oktober täglich 10.45–19 Uhr, Mitte Juni bis Mitte September täglich 11–20 Uhr, sonst täglich 10–17.45 Uhr. Viertelstündliche Abfahrten, einfach 9 €, retour 12,50 €.
Funicular de Montjuïc: eine Art unterirdische Standseilbahn ab der Metrostation Parallel. Die Bahn ist dem Tarifsystem des Stadtverkehrs angeschlossen, „Targetes" und Einzeltickets sind gültig.

Telefèric de Montjuïc: Die Seilbahn zum Kastell startet an der Avinguda Miramar gleich bei der Funicular. Einfache Fahrt 5,70 €, hin und zurück 7,90 €. Betriebszeit von Juni bis September 10-21 Uhr, sonst je nach Monat bis 18 oder 19 Uhr.

Avinguda Reina María Cristina: Zwei hohe Türme und die Bauten des Messegeländes bilden einen eindrucksvollen Rahmen für den Hauptzugang von der Nordseite her. Am Ende erhebt sich eine terrassenartig ansteigende Folge von Plätzen, deren Abschluss das wuchtige Gebäude des Palau Nacional bildet. Unterhalb des Palastes finden am Brunnen *Font Mágica* regelmäßig Spiele aus Wasserfontänen und farblich wechselnden Lichteffekten statt, die zeitweise von Musik untermalt werden – kitschig, aber hübsch.

Betriebszeiten Halbstündliche Shows, von etwa Mai bis September Do–So 21.30–23 Uhr, sonst Fr/Sa 19–20.30 Uhr; November, Dezember und Januar zeitweise kein Betrieb.

Monumental: Aufgang zum Palau Nacional auf dem Montjuïc

Museu Nacional d'Art de Catalunya (MNAC): Der monumentale Palau Nacional beherbergt eines der wichtigsten Kunstmuseen Spaniens. Seinen Ruhm verdankt es insbesondere den beiden Abteilungen für Romanik (Fresken des 10.–12. Jh. aus Dorfkirchen der Pyrenäen) und Gotik (Altarbilder Kataloniens und der Nachbarregionen), doch besitzt das MNAC nach groß angelegten Umbauarbeiten auch bedeutende Sammlungen späterer Epochen bis hin zur modernen Kunst.

Öffnungszeiten Di–Sa 10–19 Uhr, So 10–14.30 Uhr. Eintrittsgebühr 8,50 €, Kombiticket mit dem Poble Espanyol 12 €. Am ersten So im Monat Eintritt frei.

Museu Arqueológic: Das Archäologische Museum östlich des Palau Nacional widmet sich hauptsächlich Exponaten Kataloniens und der Balearen, darunter zahlreiche Funde aus *Empùries*.

Öffnungszeiten Di–Sa 9.30–19 Uhr; So 10–14.30 Uhr. Eintritt 3 €.

Fundació Joan Miró: An der „Hauptstraße" des Montjuïc beherbergt das von Architekt Josep Lluís Sert wunderschön gestaltete Museum zahlreiche Arbeiten des

Kontraste: das Olympiastadion von 1929 und der „Wechsel" von 1992

Avantgardisten Joan Miró (1893–1983), dessen Stil von kräftigen Linien, organischen Formen und intensiven Farben geprägt wird. Die Mehrzahl von Mirós abstrakten Werken ist von bunter und heiterer Atmosphäre, vorherrschend die Farben rot, blau und gelb; Beispiele für seine Handschrift sind das Logo der Spanischen Fremdenverkehrswerbung oder das der Pensionskasse „La Caixa". Doch auch einen ganz anderen Miró gibt es im Museum zu sehen: Die 50 Lithographien der schwarzen „Barcelona-Serie" spiegeln in ihrer Düsternis und Aggressivität den Spanischen Bürgerkrieg.

Öffnungszeiten Di–Sa 10–19 Uhr (Sommer bis 20 Uhr), Do bis 21.30 Uhr; So 10.30–14.30 Uhr. Eintrittsgebühr 8 €, für temporäre Ausstellungen und den „Espai 13" mit Werken junger Künstler zusätzlich 4 €.

L'Anella Olímpica: Der „Olympische Ring" liegt jenseits der Avinguda de l'Estadi, etwa auf Höhe des Palau Nacional. Das geräumige *Olympiastadion* entstand bereits zur Weltausstellung 1929. Nebenan steht die futuristische Sporthalle *Palau Sant Jordi* des japanischen Architekten Arata Isozaki. Erst 2007 eröffnet wurde das *Museu Olímpic i de L´Esport* (April bis September Mi–Mo 10–20 Uhr, sonst bis 18 Uhr; Di zu; 4 €), in dem sich auf mehreren Etagen alles um den Sport und die Olympischen Spiele dreht.

Poble Espanyol: Ganz im Westen des Montjuïc erstreckt sich dieses für die Weltausstellung 1929 angelegte „Spanien im Kleinformat", eine Siedlung aus charakteristischen Gebäuden und typischen Baustilen der spanischen Provinzen. Obwohl eine ausgewachsene Touristenshow, ist das Spanische Dorf als eine Art architektonische Schnuppertour durchs gesamte Land nicht unamüsant. Vor allem am Wochenende fungiert das Poble Espanyol auch als Nightlife-Zone.

Öffnungszeiten Täglich ab 9 Uhr; So bis 24 Uhr, Mo bis 20 Uhr, Di–Do bis 2 Uhr, Fr bis 4 Uhr, Sa bis 5 Uhr morgens; Eintritt 8 €, es gibt auch ein Kombiticket mit dem MNAC (12 €).

Karten S. 236/237 und 238/239

Barcelona

Kleiner Sprachführer

Català, die traditionelle Sprache Kataloniens, bildet für die vielen Zuwanderer aus anderen Regionen Spaniens oft ein Problem. Castellano hingegen, seit dem 15. Jahrhundert Amtssprache des Königreichs Spanien und oft schlicht als Español (Spanisch) bezeichnet, wird von praktisch allen Bewohnern Kataloniens gesprochen. Katalanische Ausdrücke sind im Folgenden fett gedruckt.

● *Aussprache des Katalanischen* Die Akzente, egal, in welche Richtung sie weisen, zeigen immer diejenige Silbe (oft nur ein einzelner Vokal) an, die betont wird. Die Vokale werden ungefähr wie im Deutschen ausgesprochen;
Ausnahme: o = u (olímpic = ulimpic)

c:	vor a,o und u wie k, vor e und i wie s
ç:	immer wie ss; also plaça = plassa
g:	vor e und i wie sch, sonst wie das deutsche g
j:	immer weich, wie beim französischen "jean"
ll:	wie j, "l.l" jedoch wie l.
ny:	ersetzt das spanische ñ; Catalunya = Katalunja
tg, tj:	"dsch" (platja = pladscha)
x:	wie "sch" (això = aischo)

● *Aussprache des Spanischen* Für die Akzente gilt dasselbe wie im Katalanischen.

c:	vor a, o, u wie k, vor e und i wie engl. "th" (cero = thero)
ch:	wie tsch (mucho = mutscho)
g:	vor a,o,u wie das deutsche g, vor e und i ählich dem deutschen ch, nur tief im Rachen etwa wie in "Ach du liebe Güte"
h:	ist stumm (helado = elado)
j:	wie ch (rojo = rocho)
ll:	wie j (calle = caje), manchmal auch wie lj
ñ:	wie nj (año = anjo)
qu:	wie k (queso = keso)
v:	wie leichtes b (vaso = baso), manchmal wie w (vino = wino)
y:	wie j (yo = jo)
z:	wie engl. "th" (zona = thona)

Minimal-Wortschatz

Ja	**sí**/sí
Nein	**no**/no
Bitte	**si us plau**/por favor
Vielen Dank	**moltes gràcies**/ muchas gracias
Entschuldigung	**perdó**/perdón
groß/klein	**gran/petit**/ grande/pequeño
gut/schlecht	**bo/dolent**/ bueno/mal(o)
billig/teuer	**barat/car**/barato/caro
mehr/weniger	**mes/menys**/ mas/menos
mit/ohne	**amb/sense**/con/sin
offen/geschlossen	**obert/tancat**/ abierto/cerrado
Frau	**senyora**/señora
junge Frau	**senyoreta**/señorita
Herr	**senyor**/señor

Sprechen Sie Deutsch (Englisch)?	**Parleu alemany (anglès)?**/ Habla usted alemán (inglés)?
Ich verstehe nicht	**No entenc**/ no entiendo

Grüße & Small Talk

Guten Morgen (bis Mittag)	**bon dia**/ buenos días
Guten Tag (bis zum Abend)	**bona tarde**/ buenas tardes
Guten Abend/ gute Nacht	**bona nit**/ buenas noches
Hallo	**hola**/hola
Auf Wiedersehen	**adéu**/adiós
Wie geht's?	**Com va?**/ Cómo está?
Sehr gut, danke	**Molt bé, gràcies**/ muy bien, gracias

Fragen & Antworten

Gibt es ... ?	**hi ha ...?**/hay ...?	*Kann/darf man ...?*	**Es pot...?**/ Se puede...?
Was kostet das?	**Cuant costa això?**/ Cuánto cuesta esto?	*wo?/wann?*	**on?/quan?**/ dónde?/cuando?
Wissen Sie ...?	**Vostès saben...?**/ Sabe usted ... ?	*links/rechts*	**esquerra/dreta**/ izquierda/derecha
Ich weiß nicht	**Yo no sé**/Yo no sé	*geradeaus*	**tot dret**/ todo derecho
Haben Sie ... ?	**Té ...?**/Tiene ... ?	*hier/dort*	**aquí/allí**/aquí/allí
Ich möchte ...	**Voldria...**/Quisiera ...		

Zeiten & Tage

Morgen (bis Mittag)	**matí**/mañana	*Samstag*	**dissabte**/sábado
Nachmittag/Abend	**tarda**/tarde	*Sonntag*	**diumenge**/domingo
Nacht	**nit**/noche	*Werktage (Mo–Sa)*	**feiners**/laborables
Montag	**dilluns**/lunes	*Feiertage*	**festius**/festivos
Dienstag	**dimarts**/martes	*heute*	**avui**/hoy
Mittwoch	**dimecres**/miércoles	*morgen*	**demà**/mañana
Donnerstag	**dijous**/jueves	*gestern*	**ahir**/ayer
Freitag	**divendres**/viernes		

Unterwegs

Ich möchte mieten...	**voldria llogar...**/ quisiera alquilar	*Autobus*	**autobús**/autobús
ein Auto	**un cotxe**/un coche	*Bahnhof*	**estació**/estación
ein Motorrad	**una moto**/una moto	*Haltestelle*	**parada**/parada
Tankstelle	**benzinera**/ gasolinera	*Fahrkarte*	**bitllet**/billete
bleifreies Benzin	**benzina sense plom**/ gasolina sin plomo	*hin und zurück*	**anada i tornada**/ ida y vuelta
Diesel	**gas-oil**/gasoleo	*Abfahrt*	**sortida**/salida
volltanken	**ple**/lleno	*Ankunft*	**arribada**/llegada
parken	**aparcar**/aparcar	*Ich möchte aussteigen*	**voldria baixar**/ quisiera salir

Im Hotel & Restaurant

Haben Sie ... ?	**té ...?**/tiene ...?	*... für eine Nacht (Woche)*	**... per una nit (una setmana)**/para una noche (semana)
ein Doppel- (Einzel-) Zimmer	**una habitació doble (individual)**/ una habitación doble (individual)	*mit Dusche/Bad*	**amb dutxa/bany**/ con ducha/baño

Frühstück	**l'esmorzar**/desayuno	*Toiletten*	**serveis**/servicios
Pension (Voll/Halb)	**pensió (completa/ mitja)**/pensión (completa/media)	*Damen/Herren*	**Dones/Hombres/** Señoras/Hombres
Die Rechnung bitte	**el compte, si us plau/** la cuenta por favor		

Zur Speisekarte und den katalanischen und spanischen Spezialitäten siehe im ausführlichen Kapitel "Essen und Trinken" vorne im Buch.

Krankheit & Hilfe

Arzt	**metge**/médico	*Unfall*	**accident**/accidente
Zahnarzt	**dentista**/dentista	*Ich habe Schmerzen (hier)*	**em fa mal (aquí)/** me duele (aquí)
Krankenhaus	**hospital**/hospital	*Apotheke*	**farmàcia**/farmacia
Krankenwagen	**ambulància/** ambulancia		

Zahlen

0	**zero**/cero	*18*	**divuit/** dieciocho	*80*	**vuitanta/** ochenta
1	**un (una)/** un/una	*19*	**dinou/** diecinueve	*90*	**novanta/** noventa
2	**dos (dues)**/dos	*20*	**vint**/veinte	*100*	**cento**/cien
3	**tres**/tres	*21*	**vint-i-un/** veintiuno	*110*	**cent deu/** ciento diez
4	**quatre**/cuatro	*22*	**vint-i-dos/** veintidós	*200*	**dos-cents/** doscientos
5	**cinc**/cinco	*23*	**vint-i-tres/** veintitrés	*300*	**tres-cents/** trescientos
6	**sis**/seis	*30*	**trenta**/treinta	*500*	**cinc-cents/** quinientos
7	**set**/siete	*31*	**trenta-i-un/** treinta y uno	*1000*	**mil**/mil
8	**vuit**/ocho	*32*	**trenta-i-dos/** treinta y dos	*2000*	**dos mil/** dos mil
9	**nou**/nueve	*40*	**quaranta/** cuarenta	*5000*	**cinc mil/** cinco mil
10	**deu**/diez	*50*	**cinquanta/** cincuenta	*10.000*	**deu mil/** diez mil
11	**onze**/once	*60*	**seixanta/** sesenta	*100.000*	**cento mil/** cien mil
12	**dotze**/doce	*70*	**setanta/** setenta	*1.000.000*	**un milló/** un millón
13	**tretze**/trece				
14	**catorze/** catorce				
15	**qinze**/quince				
16	**setze/** dieciséis				
17	**disset/** diecisiete				

Register

Barcelona – Register (ab S. 233)